ローザ・ルクセンブルク

経済学入門

訳
保住敏彦
久間清俊
桂木健次
梅澤直樹
柴田周二
二階堂達郎

『ローザ・ルクセンブルク選集』編集委員会編

Rosa Luxemburg

Einführung in die Nationalökonomie

御茶の水書房

刊行のことば

一九八九年のベルリンの壁の崩壊を契機として、ソ連邦や東欧の社会主義諸国が崩壊して以来、社会主義とりわけマルクス主義の思想や理論は影響力を失い、いまだ混迷を脱していない。

それに代わって影響力を持つにいたったのが、社会科学の分野でも、政治の世界でも、新自由主義の潮流である。この潮流は一九七〇年代以降、市場を通じて商品・労働力・資本・資源の効率的配分を行うべきだとする立場から、国有企業の民営化、経済に対する政府規制の緩和・撤廃を主張し、実践した。しかし、新自由主義的な実践が進む中で、社会と経済のあらゆる分野での格差の拡大が顕著に現れるようになり、新自由主義が軽視してきた社会保障・社会福祉の問題、あるいは非正規雇用の増大の問題が注目されるようになり、現代の社会問題を解決するための政策は、新自由主義ではなく社会主義の思想を基礎にせざるを得ないという認識が、徐々に広がりつつある。

このたび、我々がその選集（経済論集および政治論集）を刊行しようとするローザ・ルクセンブルクは、一八七一年にロシア領ポーランド王国のザモシチに生まれた。若くして社会主義運動に入ったが、一八八九年、官憲の手から逃れるためにスイスのチューリヒに亡命した。一八九三年には、ポーランド王国社会民主党の結成に加わり、パリで発行されたその機関紙『スプラヴァ・ロボトニチャ（労働者問題）』の編集に携わった。一八九八年にはベルリンに転居し、ドイツ社会民主党（ＳＰＤ）に入党し、活動の拠点をドイツに移したが、ポーランドの労働運動に終生かかわり続け、ポーランド語論文も多数著している。

彼女は、二〇世紀の新しい状況に合わせてマルクス主義を発展させようと試みた一人であり、マルクス理論についての深い理解に基づき、二〇世紀初頭の欧米先進国および植民地の政治経済状況の分析を試み、社会主義運動を発展させ社会主義の理想を実現しようとした。そのため彼女は、二〇世紀の社会主義運動において最も取り上げられた人物の一人であった。特に急進的な社会主義勢力は、しばしば彼女の理論や戦略を自己の運動の武器にした。

彼女は二〇世紀への転換期に繰り広げられた修正主義論争においては、ベルンシュタインの修正主義論を批判し、二〇世紀初頭の帝国主義論争においては、カルヴァーやシッペルの保護貿易論、あるいはベルンシュタインやヴァン・コールの植民地是認論を批判した。さらに、一九〇五年の第一次ロシア革命の際に生じた政治的大衆ストライキ論争においては、政治的大衆ストライキを労働者の最後の手段とするSPD中央派の抑制的・受動的な立場を批判し、より積極的な攻撃の手段と見なす立場をとった。この意見対立は、一九一〇年に大衆ストライキ論争が再燃した時に、彼女やカール・リープクネヒトを中心とした急進左派が、ベーベルやカウツキー等のSPD中央派と決定的に対立する原因となった。

SPDの主導権は、その後一九一三年に、党内の革命的勢力と改良主義的勢力の調停者の役割を果たしていたベーベルが死去すると、改良主義者でありプラグマティストでもあるエーベルトの手に移り、このような状況の下でSPDは、一九一四年に第一次世界大戦を迎えた。このとき同党は、帝国主義戦争に反対することを義務づけた一九一二年の第二インターナショナル・バーゼル決議に反して、ドイツ帝国議会において戦時公債法案に賛成票を投じ、「祖国防衛」「城内平和」の立場をとり、第二インターナショナルを崩壊せしめた。

ローザ・ルクセンブルク等のマルクス主義的急進左派グループは、党の戦争協力政策を批判して直ちにグルッペ・インタナツイオナーレを結成し（その後スパルタクスグルッペ、さらにスパルタクスブントへと名称を変更）、反戦闘争を組織した。ローザ・ルクセンブルクは戦前の反戦演説を理由にした裁判の判決に基づいて一九一五年二月から一年間投獄され（一九一六年七月からの軍事裁判の起訴後勾留期間を含めると、拘束期間は三年四ヶ月に及んだ）、カール・リープクネヒトは、一九一六年にベルリンのメーデーにおいて反戦・反政府演説を行ったために投獄された（二年六ヶ月間）。

しかし、戦争がドイツの侵略戦争であることが明確になるにしたがい、帝国議会議員団の中にも、党の規律を破って戦時公債法案に反対票を投じる者が増加した。一九一六年に彼らはSPD帝国議会議員団から除名されたため、独自の会派を結成した。戦争の長期化とともに次第に反戦闘争が高揚する中で、一九一七年にはドイツ独立社会民主党（USPD）が結成された。しかし、スパルタクスグルッペも参加した同党は、革命的マルクス主義者から改良主義者にいたるまでの雑多な勢力の寄せ集めにすぎず、目前に迫りつつあった革命を指導する能力を備えていなかった。

一九一八年一一月、敗戦必至の状況下でドイツ革命が勃発した時、革命に反対していたエーベルト指導下のSPDは、革命の流れに巧みに合流し、USPD右派指導部を引き入れて臨時革命政府を樹立し、その指導権を握った。同時にエーベルトは、陸軍最高指令部のグレーナー少将と秘密協定を結び、帝政の解体によって危機に瀕していた軍・将校団の温存を確約し、「ボルシェヴィズム」の脅威に当たらせようとした。USPD右派指導部は、妥協に妥協を重ねていた。一二月半ばに開催された第一回全国労兵評議会大会は、一九一九年一月一九日に国民議会選挙を実施するというSPDの方針にそった決議案を採択するとともに、労兵評議会を最高権力機関とするというUSPDの方針にそった決議案を否決し、最高権力機関としての労兵評議会の存続に自ら終止符を打った。これ以降、急進的勢力とSPDとの対立が激化し、USPD左派の支配下にあった人民海兵団と正規軍との流血の衝突が起こった。これに抗議する党末端組織の圧力を受けてUSPD右派指導部は、一二月二九日、臨時革命政府から去り、こうして臨時革命政府はSPDが単独で率いることになった。

ローザ・ルクセンブルクやカール・リープクネヒト等のスパルタクスブントは、ここに至り、他の急進左派グループとともに、同年大晦日にドイツ共産党（ＫＰＤ）を結成した。結党大会において、ローザ・ルクセンブルクやカール・リープクネヒトは、第一回全国労兵評議会大会に現れた力関係の冷静な評価に基づいて、党の現在の最も重要な任務は未成熟な大衆を教育・啓蒙することにあり、そのためには国民議会を革命的に利用すべきであり、したがって国民議会選挙に参加すべきであると主張したが、彼らの提案は反対多数で否決された。

こうして武力革命路線をとったＫＰＤは、準備の整わないうちに反革命的な義勇軍に攻撃され、ベルリンにおけるいわゆる一月闘争において敗北した。一九一九年一月一五日、ローザ・ルクセンブルクとカール・リープクネヒトは、義勇軍の兵士によって殺害され、ドイツ労働運動は最良の指導者を失った。ロシア革命を成功に導いた革命家レーニンやトロツキーと対等の権威をもって発言出来た彼女たちを失うことによって、ＫＰＤは漸次、スターリン支配下のロシア共産党・ソヴィエト共産党およびコミンテルン（共産主義インターナショナル）の影響下に置かれ、それに従属するにいたった。

こうした社会主義者としての生涯にわたる活動のなかで、ローザ・ルクセンブルクは、ＳＰＤ内での主要な論争においては、常にマルクス主義の立場から、重要な論文を発表し演説を行った。しかし、彼女は、そうした政治論文と関連して、『ライプツィヒ人民新聞』紙、『フォーァヴェルツ（前進）』紙、『ノイエ・ツァイト（新時代）』誌等に、欧米の政治経済情勢を分析した多くの論文も発表している。

彼女の政治的主張は、綿密な経済情勢の分析を伴っており、唯物史観の観点からの政治経済情勢分析の手本をなしている。『社会改良か革命か』、『社会民主党の危機』等に、それは窺える。それだけではなく、彼女は、一九〇七年以来、ベルリンの党学校において講師として経済学を教授するなかで、『国民経済学入門』や『資本蓄積論』等のもっぱら経済学と経済問題を論じた著作を著している。これらの著作は、マルクス理論の帝国主義時代における新たな展開として、以前から、欧米及び我が国の経済学者によって研究されてきたマルクス経済学の古典となっている。

彼女は、経済分析において、一国的な視点を取ることを否定し、国境を越えた世界経済的視点から考察した。このことは、『ポーランドの産業的発展』において、ポーランド経済をロシア経済との不可分の結び付きのなかで捉えたこと、また『社会改良か革命か』において、世界市場の完成の予測により資本主義崩壊の必然性を論証しようとした点に認められる。『国民経済学入門』では、歴史学派の経済学者の国民経済に関する定義を批判することから論述を始めている。『資本蓄積論』においては、世界市場を諸国民経済の集合と捉えるのではなく、国境を越えた区分である資本主義領域と非資本主義領域に分け、両領域の間で行われる商品流通を通じて、資本主義的蓄積は進行すると捉えた。このような彼女の世界市場論的視角にたつ経済情勢の認識は、今日の我々に教えるところが大きい。彼女の経済学関係の著作をまとめて、経済論集として刊行する所以である。経済論集に続き、政治論集の刊行も予定されている。

このたび、御茶の水書房の御尽力により、『ローザ・ルクセンブルク選集』の刊行がなされるにいたったことは、誠に喜ばしいことである。彼女の経済と経済学に関する著作、および政治論文が、新たな訳によって刊行されることは、わが国の社会問題の解決策を模索している人々に、また社会問題の理論的・歴史的・政策的研究を行っている人々に有益な知識を与えることになるだろう。

また、現在、ローザ・ルクセンブルクの活動と著作についての新たな研究のために、新たな邦訳を必要としていると思われる。というのも、彼女は一方ではテロリストのように見られ、その著作の客観的な検討が十分にはなされてこなかったからである。他方では、彼女は右翼的な多数派社会民主党の手にある義勇軍によって殺害された革命の殉教者であるということだけがコミンテルン（共産主義インターナショナル）等によって強調され、彼女がロシア・マルクス主義の幾つかの教義に対して行った批判は、必ずしも十分には検討されてこなかったからである。ロシア社会民主党のボリシェヴィキの中央集権的な党運営に対して、またロシア革命の際のボリシェヴィキ政権による農民への土地の分配に対して、彼女は鋭い批判を加えた。彼女が一九一九年以後も生きていたならば、スターリン主義の思想や政策に対して批判的な態度をとったであろうことは充分に予想される。こうしたロシア・マルクス主義に対する彼女の批判は、ソヴィエト連邦型の社会主義国家が崩壊した今日、再検討されるべきではないかと思われる。

二〇一一年三月

『ローザ・ルクセンブルク選集』編集委員会
代表　保住敏彦
同　小林　勝

経済学入門　目　次

刊行のことば　i
凡例　xxii

I　〔第一章〕国民経済学とは何か……3

一．経済学の対象　3
・経済学の対象についての経済学者の解釈の相違
・ロッシャーの解釈とシュモラーの解釈
・経済学発生の時期についての見解の相違
・ブランキ、デューリング、ラサールの解釈
・マルクスの解釈（古典派までの経済学を批判する経済学の樹立）
・シュモラーの経済学の規定
・経済学とは何か、いつそれが成立したかが問題

二．「国民経済」の本質　9
・国民経済の本質に関する歴史学派の解釈
・ビュッヒャーの解釈とそれへの批判

三．国民経済か世界経済か　16

・国民の自立的経済は存在するか
・ドイツ国民の経済生活は国際性をもつ
・国際的経済の存在
・ブルジョア学者は世界経済の存立を否認する
・国際貿易は工業国と農業国との対立に由来するという説への批判
・ドイツの輸出入の分析からドイツの工業国との貿易は明らか
・ドイツは食料、衣類、贅沢品、あるいは繊維産業、皮革産業、重工業、金属業などの材料は、自国だけでは、調達できない
・ドイツは世界経済への依存なしには経済を維持できない
・第一次大戦中も、ドイツは諸外国の財貨を利用した
・ロシアは農業から収奪しながら、フランスからの借入により機械を購入し工業化した
・アメリカはイギリスからの資金調達により工業化し、製品を中南米に輸出する
・国民経済は自立しておらず、金融、原料輸入、および製品輸出のため、他国と結合

四．国民経済か世界経済か（続）　43
・ビュッヒャーは世界経済を洞察せず
・イギリスの木綿工業の発展は、アメリカ、エジプト、インドの綿花生産を助長した
・綿工業はドイツ、ロシアにも波及し、その地の資本主義化をもたらす
・ビュッヒャー、ゾンバルトなどは国民経済のみに注目し、世界経済の運動を見失っている

五．資本主義生産様式の法則の発見　50
・自然経済時代の農民経済・一七五〇年代の高地スコットランドの農民、一八七〇年代のロシアの農民、ボスニア、ヘルツェゴビナ、セルビア、ダルマチアの今日の農民に、あるいはカール大帝の経済経営に、農民経済の実態を知る
・失業と恐慌は資本主義経済の特徴である
・経済学の任務は、資本主義生産様式の法則の発見にある
・古代経済、中世経済は計画性をもった
・資本主義経済は自由競争をその基礎としている。それは無政府性を特徴とする。資本主義は、組織も計画も規制もない
・ブルジョア経済学者は、世界経済に目を向けず国民経済に注目する。プロレタリアの立場からは、資本主義経済の世界資本主義への道を認識し、そこでの矛盾、非組織性、非計画性の克服が要請される
六．経済学と労働者階級　70
・資本主義の存立に伴って、経済学は成立した
・ビュッヒャーは専制国家の啓蒙絶対主義が経済学の母体と見るが、むしろ政治的中央集権は資本主義生産の結果である
・初期社会主義の限界とマルクス主義
・経済学は、資本主義の無政府的経済が、計画的で全体として活動する社会によって意識的に組織され、管理された経済秩序に交代するやいなや、その役割を終える
・資本主義は、以前の経済形態と同様に、永遠に存続するのではなく、社会発展の無限の階梯における一時的な歴史的局面、一段階に過ぎない

・国民経済学説の最終章は、世界プロレタリアートの社会革命

Ⅱ〔第二章〕経済史的な諸事実（Ⅰ）……97

一　原始共産社会の歴史的位置　97

・マウラーの発見
・ゲルマン民族のマルク共同体
・フォン・ハクストハウゼンのロシアの農民についての発見
・スラヴ民族のマルク共同体、インドの村落共同体、アラビアの氏族連合、古代ペルーのインカ帝国の共同体所有
・モーガンの原始的文化史学説――（一）未開-野蛮-文明の文化発展の発見（二）原始的社会における家族関係と家族の発展様式の発見（三）親族団体に初めて徹底的な研究をなした（四）氏族組織は社会的発展を文明の戸口まで導いた。そこでは生産と科学と芸術の最大で急激な進歩と階級対立による社会の最も深い分裂があった
・マルクスとエンゲルスは、資本主義の経済学的分析により次代のために共産主義世界への歴史的移行を論じた

二　原始共産主義学説と資本家的階級利害　118

・モーガンの『古代社会』は、『共産党宣言』への補足的な入門書
・原始共産主義学説に対するリッペルト、ビュッヒャー、およびグローセの反対論
・これらへの反論
・共同所有の崩壊後、経済史は私的所有にはじまり私的所有に終わる

三　原始的種族における共産主義　136
・農業に到達しない最原始的種族の生活―オーストラリアの黒人、南カリフォルニア・インディアン族、南アメリカのボロロ族、フェゴ島民、アジアのミンコピー族、アフリカのブッシュマン
・農業に到達しない種族の間の共産主義経済の存在
・農業共産主義は原始共産主義の最高で最終の形態
四　経済史に対する資本家階級の見地と労働者階級の見地　153
・経済史的発展の要因は何か
・決定的要因―生産手段の所有者と生産手段に対する労働力の関係
・歴史学派の学者の経済史的段階の分類―現在から過去を反省し発展段階論を立てる
・ビュッヒャーの分類―（一）閉鎖的過程経済の段階　（二）都市経済の段階　（三）国民経済の段階
・それへの批判
・経済史の尺度―生産手段に対する労働力の諸関係の形態をその歴史的な変遷の中で隠蔽することがブルジョア階級の階級的利益であるが、プロレタリア階級の利益は、この関係を前面に押し出して、社会の経済的構造の尺度とすることを命ずる
・経済史に対する階級的立場の相反
Ⅲ〔第三章〕　経済史的な諸事実（Ⅱ）……………………179
一　原始共産社会の内部構造と崩壊様式　179

・ゲルマン共同体（マルク共同体）の内部組織―共同体が土地を所有し、農民はその一部を割り替えで耕作する森、野原等は共同所有である
・古代ペルー共同体の内部組織―マルク共同体と似たマルタ共同体をもつ。土地は共有で、農民は割り替えによりその一部を耕作する。支配する氏族と支配される氏族
・古代ギリシア共同体の内部的組織
・原始的社会組織の崩壊の経路
・資本主義との衝突―インカ帝国の共同体社会は資本主義国に侵略されて共同体を失う
・スペイン植民地におけるインディアン共同体の崩壊様式―スペインの金鉱採掘等のためのインディアンからの略奪がかれらの共同体を破壊した
・インド共同体の内部組織とその崩壊様式
・ロシア共同体の内部組織とその崩壊様式―帝国の収税政策のもとに農民は没落した

二　原始共産社会の崩壊過程　219

・原始共産社会の崩壊過程
・資本主義の侵入―ロシアの村落共同体の崩壊とともに原始的共同体は崩壊し、資本主義化が進む
・土地共同体の順応性と耐久性―共同体はそれ自体の漸次的な崩壊と資本主義化による崩壊との両方によって崩壊した
・労働生産力と生産関係との衝突
・集約的耕作の必要と土地私有の発生―耕作の集約化の中で土地の私有も進んだ
・公共的仕事の増大と身分的分化―原始社会における公共的仕事の増加と身分の分化

・アフリカ黒人社会における専制政治
・アフリカにおける外来民族の支配―アフリカへのイスラム教徒の支配に始まり、資本主義国の侵入と支配がアフリカでの共同体を崩壊させた
・資本主義の侵入―ロシアの村落共同体の崩壊とともに原始的共同体は崩壊し、資本主義化が進む
・ヨーロッパの資本主義は世界各地において、あらゆる圧政と搾取よりも悪質な無政府状態と独自にヨーロッパ的現象である社会的存在の不安定性を発生させる。被征服人口は賃労働者として資本主義によって吸収される

Ⅳ 〔第四章〕 商品生産 …… 247

一．商品経済の構造的特徴――労働の計画組織を備えた共同体との対比―― 247
・共同体：構成員の労働分担や分配関係が直接的に把握され、簡明
・商品経済：社会的分業を商品という物財の交換が媒介（物象化）
・私的生産者たちは自由な選択を保有するが、その生活は不安を伴う
・計画的経済と共同体規制のある社会から、商品交換が労働の分担、富の分配、分業調整を行う社会へ転換

二．多数者間での交換に伴う困難を解消する手段としての貨幣の成立 260
・一般的交換に伴う困難（いわゆる物々交換の不便）
・貨幣の生成：誰もが欲する基礎的生活財（例：家畜）が交換の仲介手段に
・家畜（貨幣）の多面的な役割：交換手段、蓄蔵手段、価値尺度、富の化身
・商品交換社会は、貨幣の支配する社会となる

三．商品経済についての理論的考察と歴史的過程の対比　270
・商品経済への変化は、ヨーロッパでは数千年要し、欧米諸国の未開地域への侵入では急激になされた
・共同体内部では高度な分業は未発展⇒分業の発展と商品交換の発展は相互前提的
・交換は、共同体の内部ではなく、共同体間、部族間で始まり、しだいに発展
・私有財産と交換の発展は分業を発展させる
・一般的商品は、当初は家畜などの生活基礎財であるが、交換の発展とともに金属貨幣になる
・金属貨幣の出現は商品経済を拡大し、古い共同体は解体し、資本主義へ
四．商品経済をめぐる諸経済学説　282
・古典派経済学は労働価値説を発見したが、人間の労働関係がなぜ商品（物）の価値関係として現れるのかを問わなかった
・マルクス：商品経済を自明のもの、人間にとって自然的なものと理解したからこその古典派経済学の欠陥を乗りこえ、上記の謎を解明し、貨幣の秘密を説き明かす
・貨幣廃止による社会主義実現の意図―トムソン、ブレーなど（イギリス人）、ロートベルトゥス（ドイツ人）、プルードン（フランス人）などにより主張された
・初期社会主義への批判：価値通りの交換が行われても如何にして富の不平等が現れるのか。かれらは、商品経済が個人的自由を尊重し、最高の道徳原理を基礎とした経済秩序であるという外観に惑わされ、交換に貨幣が介入することで不正が生じると錯誤

V 〔第五章〕 賃金法則……………………………………………………………295

一．労働力の商品化（資本主義的搾取のカギ）が意味するもの　295

・資本主義的搾取の秘密：労働力商品のみが、等価交換の下で、不平等を生み出す
・労働力商品の特殊性（一般商品との違い）：労働力の使用価値が価値を創造する
・労働力の商品化の条件：労働者の人格的自由、労働者の生産手段からの分離、労働生産力の一定の高さ（剰余労働を生み出す可能性）、商品経済の一般的な支配
・第一の条件（基本的人権の確立と生産手段からの分離）も、第二の条件（剰余価値を生み出すには生産力の発展が必要）も、社会的現象であり、長い発展的歴史の所産
・労働力の売買という単純商品取引には、社会的・歴史的関係の連鎖が内在

二．資本主義の下での剰余労働の搾取　303

・労働日＝支払い労働時間＋剰余労働時間
・奴隷労働の搾取と賃金労働の搾取との相違
・農奴の労働と賃金労働者の労働はともに剰余労働を生むが、必要労働と剰余労働との区別についての認識は異なる
・奴隷主や領主の搾取欲と資本家の搾取欲とは異なる。後者の貨幣欲は無制限
・資本の剰余価値増大のための二方針─労働日の延長と賃金の引き下げ
・剰余価値（剰余労働時間）を増産する手段としての賃金の引き下げ
・一九世紀：労働日の上限の法定（個別資本の暴走を抑制する総資本の意志も機能）
・労働日をめぐる闘争史─労働日の長さは資本家対労働者の力関係によって決定される

・最小限労働日制定の時期―工業化の初期には労働者の労働強化の努力がなされた
・最大限労働日制定の時代―イギリスの工場法、フランス、ロシアの労働時間短縮
・労働者保護法の意味―商品生産と商品交換の基礎にある形式的な平等と自由とは、労働力が商品として市場に現われて以来、既に破綻し、不平等と不自由へと転化している

三．剰余価値を増産する第二の手段としての労賃の引き下げ　313
・名目賃金（名目的な貨幣賃金）と実質賃金（労働者が受け取る生活手段の総量）
・労働力売買における資本家の立場と労働者の立場の対立
・労働組合や労働者政党が成立するまで、賃金水準は最低基準へと圧下されてきた
・労働組合組織や労働政党の努力によってのみ労働力は価値通りに売られる
・労働者生活基準が生理的最低限度に引き下げられる傾向

四．産業予備軍の発生　318
・産業予備軍（常態化した労働者の一群の非消費）は、資本主義固有の現象
・産業予備軍の存在は資本主義経済の存立条件―経済発展期の必要労働者の提供
・産業予備軍の機能：景気変動に即応する労働力の貯水池、及び現役労働者への圧力
・産業予備軍の諸階層―（景気変動に合わせ失職と就職を繰り返す上層工業労働者、農村から都市へ流入する不熟練労働者層、不規則にしか就業できず臨時雇用を探す底辺層、被救護者と貧民）
・産業予備軍の形成は資本主義特有の現象―古代、中世には社会が貧民を救護した
・ブルジョア学者は失業者層の存在を自然律と見る―マルサスは出産数の過剰に失業の原因を求める

五．相対賃金（いわゆる労働分配率）と社会主義運動　325

・ある階級の富裕度ないし貧困度は、他の階級と比較してはじめて判断可能
・生産力の発展がもたらす必要労働時間の短縮（相対的剰余価値の生産）⇓資本主義発展は相対的剰余価値の増大をもたらす
・相対賃金の低下は資本主義の発展が伴う技術進歩の不可避的帰結
・相対賃金低下に対する抗争はもはや商品生産の基盤上での闘いではなくて、この経済に対する革命的な攻撃であり、社会主義的な運動である
・組合運動と社会主義運動との相違
・絶対賃金（生活水準）は上昇しても、相対賃金は低下しうる
・原始共産社会では平等な分配が支配
・農奴には、労働分配率を改善する余地がある━領主の取り分は事前に決定されるので、農奴は増産に努力して多少とも取り分を増やせる
・資本主義の下で労働分配率を引き下げるのは、たえまなく実現される技術進歩、生産性の向上という、目に見えない、抵抗しえない力
・絶対賃金（生活水準）の引き下げには、労働組合が抵抗できる
・相対賃金の低下には、賃金制度の枠内では抵抗できない ⇓ 抵抗するには、この経済体制の転覆をめざす社会主義的運動が必要
・資本家階級は、労働組合が社会主義に対抗するかぎり、そうした労働組合には寛容に

六．資本主義的賃金法則と労働組合　331
・資本主義的賃金法則を理解するには、絶対賃金と相対賃金との区別がまず必要
・貨幣額即名目賃金であり、実質賃金はそれで獲得できる生活資料の総量
・資本は実質賃金を生理的最低限へ押し下げようとする不断の傾向をもつ
・この資本の傾向に対して、労働者は組織化することでバランスを保つ
・労働組合及び社会民主主義の機能：労働者の欲求を高め、精神的に成長させて、労働者の一定の文化的生活水準を創出し、その侵害と闘う
・ブルジョア階層がそれらに対抗して設立する競合的労働組合も、プロレタリアートのより広い範囲で、組織化の教育的作用と文化水準の向上をもたらす
・このように、労働組合は、近代的賃金制度の不可欠な一環を構成
・労働組合は、賃金法則を止揚するのではなく（ラサール批判）、労働力商品の価値通りの売買を実現させる役割を果たす
・労働組合の闘いにとっての課題―産業予備軍の圧力の下での、また景気変動からの圧力を受けながらの守勢の闘い、労働組合の影響の及ぶ範囲は、産業予備軍の上層までと限定されるが、その内部では幅広く浸透する。その結果、社会全体での格差は拡大する
・資本主義的賃金法則について就業労働者の賃金のみを対象とするのは誤り
・賃金が必要な生活資料の最低限に向かう傾向をめぐる諸経済学説
・古典派経済学者が主張し、ラサールが鉄の賃金法則として継承した人口法則の批判
・労働市場を規定するのは、労働者の自然的増加ではなく、農村や、手工業や労働者の妻子から新たに流入するプロレタリア層

・資本主義的賃金法則は、「鉄の法則」ではなくて「弾力性」をもつが、その弾力性はいっそう無慈悲で残酷なかたちで顕現
・大量の失業者の存在は就業労働者の賃金を生活資料の最低限にまで引き下げようとする
・賃金法則は、絶対賃金の動きと相対賃金の機械的低下の法則により理解しうる
・資本主義の弾力的賃金法則を、産業予備軍の作用と結びつけて解明したのがマルクス

七．賃金労働者（生産手段から分離された労働者）はどこから現れたか　337

・近代的プロレタリアートの最初の成立―一方で、封建制の解体による農奴制やギルド強制からの解放（人格的自由の獲得）、他方で、大規模な農民追放（エンクロージャー）による生産手段からの分離

Ⅵ　〔第六章〕　資本主義経済の傾向……349

一．資本主義的生産様式の矛盾　349

無秩序を原則とする資本主義経済を可能にする諸条件
・商品交換と貨幣経済：すべての生産者と地球上のあらゆる地域を結合、分業網に編入
・自由競争：技術進歩を保証し、また小生産者を没落させて労働力商品を補充
・資本主義的賃金法則：労働力商品の再生産、及び剰余価値の増大による資本蓄積の促進
・産業予備軍：労働力の貯水池として資本蓄積を保証
・利潤率の平均化：資本の産業部門間移動を促し、社会的分業の均衡を調整
・価格の変動と恐慌：日々の、あるいは周期的変動を通じて、生産と消費の均衡を調整

生産拡大と消費の限界との矛盾
・資本主義経済も人類の歴史的進歩という巨視的な展望の下でのひとつの過渡的局面
・資本主義は生産の拡大可能性をもち、それは技術発展により無制限である。このことにより生産の拡大可能性と販売可能性との矛盾が拡大する
・資本主義のきわだった特質は、全地球上に拡大し、他の社会秩序を駆逐すること
・資本の世界的運動、世界貿易と植民地侵略⇓未開で野蛮な社会を資本主義化するという資本主義の内的法則が、資本主義を存立不可能に追い込む諸関連を創出
・経済行為の目的である人間的消費が資本蓄積のための手段に
・資本主義の矛盾は世界経済の成立により赤裸々に現れる。一方で、資本の支配領域の巨大な拡大。他方で、地球上の人間のより広い範囲の貧困化と生存の不安定化
資本主義の現状とその抱える根本矛盾
・目下のところ、先進資本主義諸国内にも、地球上にも、資本主義にとってのフロンティア（旧経済形態を駆逐して資本主義化すべき領域）はなお多く残存している
・だが、資本主義的な生産が後進的な生産に取って代わることを推し進めれば推し進めるほど、資本主義的生産の拡大欲求に対する市場制限はそれだけ狭くなる

解　説……………………………………………………………………………………………………361

あとがき　369

凡例

一．本訳書は、保住敏彦（第一章）、久間清俊・桂木健次（第二～三章）、梅澤直樹・柴田周二・二階堂達郎（第四～六章）が邦訳した。訳注もそれぞれが担当した。訳者同士の点検を行った。

二．原注：著者ローザ・ルクセンブルクが草稿または校正に付した字句と文書。

三．編注：„Rosa Luxemburg Gesammelte Werke" Dietz Verlag Berlin 1975, Band 5に収録されたEinführung in die Nationalökonomie（SS.524～778）に付された編集者の注釈。

四．訳注：本訳稿を担当した訳者の記した注釈。

五．注釈の表記：本書は、問題設定および経済学および社会思想史を踏まえてマルクス主義について論じた第一章、古代から現代までの歴史と近現代のアフリカ、南米、アジアなどの実態を踏まえて共同体から私有制までの発展を論じた第二～三章、および『資本論』を踏まえて商品経済の独自的仕組や貨幣、労働力商品の特徴、産業予備軍の形成とその意義などを論じ、資本主義的世界経済の崩壊から社会主義的世界経済への転換を論じた第四～六章の三つの部分に内容上分かれている。注釈は、各章毎に、文末脚注として表記した。邦訳も訳注も、前記の訳者たちによって探求され、付された。

六．原典：なお、訳者たちは、ドイツの〝連邦文書館〟の所蔵するルクセンブルクの手書きの草稿を利用することができた。これは御茶の水書房社長橋本盛作氏および伊藤成彦氏の努力によって入手されたものである。さらに、第一次大戦後の一九二四年に、ルクセンブルクの友人であったパール・レーヴィーの刊行した最初の本書の刊行本（Rosa Luxemburug „Einführung in die Nationalökonomie“ 1925. Herausgegeben von Paul Levi, E.Laubsche Verlagsbuchhamdlung D.m.b.H. Berlin W 30.）も愛知大学図書館より参照することができた。第二次大戦前に出版された佐野文夫訳の訳稿は、このレーヴィー版の訳稿である。他方、第二次大戦後刊行された岡崎次郎・時永淑訳は、ディーツ出版社刊のローザ・ルクセンブルク全集の第五巻に収録された原書の邦訳である。本訳稿はディーツ版を基本とし、Bundesarchiv からの手稿を参考に、翻訳された。

七．参考資料：Dieter Herz/Veronika Weinberger（Hrsg.）„Lexikon ökonomischer Werke“ 2006 Verlag Wirtschaft und Finanzen im Schäffer-Poeschel Verlag,Verlagsgruppe Handelsblatt GmbH,Dusseldorf。および、わが国の経済学辞典、社会思想史辞典、西洋史辞典、世界大百科事典、西洋人名辞典、西洋人物レファレンス事典、世界地名大事典など。

八．目次の表記：原本には、数字によって内容の区分がなされていた。本訳書においては、内容の要旨を示す文章を記し、内容の理解を深めるように努めた。

九．本訳書中には、今日の観点からみると蔑称とされていることばもあるが、原著にしたがって訳した。本訳書中原著者の強調部分は傍点で示した。

経済学入門①

I〔第一章〕国民経済学とは何か

一．経済学の対象[2]

国民経済学はふしぎな学問である。この領域で最初の第一歩を踏み出すと、もう既に難解さと諸見解の対立が始まる。つまり、なにがこの学問の本来の対象であるのかという、もっとも基本的な問題において、難解で、かつ諸見解が対立している。国民経済学がなにを教えるのかについてまったく漠然とした観念しかもっていない単純労働者は、自分の無理解を自分自身の乏しい一般教養のせいにするであろう。だが、かれはこの問題では、博学の博士や、経済学について分厚い著作を書き、大学で学ぶ青年に講義している教授と、ある意味で、この不幸な事態を分かち合っているのである。こうして、経済学の大多数の専門家が、かれらの教育の現実の対象がなんであるかについてひじょうに不明瞭な概念しかもっていないということは、信じられないように聞こえるが、事実なのである。

諸定義を駆使すること、つまりきわめて複雑な物事の本質を二、三のよく整理された命題をもって完全に論じつくすことは、専門家諸氏にとっては必要なことである。そこで、われわれは試しに経済学の広く認められた代表者から、この学問が根本的に見てなにであるかについて、聞いてみることにしよう。まず、ドイツの学会の長老であり、経済学に関する無数の、驚くほど厚い教科書の著者であり、いわゆる「歴史学派」の創設者であるヴィルヘルム・

ロッシャー[3]が、この点に関してなにを語ることを心得ていたか、聞いてみよう。かれの最初の大著『経済学の基礎・・実務家と学生のためのハンディーな読本』は、一八五四年に刊行され、以来二三版を重ねたものである。その第二章第一六節に次のような文章を見出す。

「われわれは、国民経済学を、国民経済すなわち経済的な国民生活の諸発展法則に関する学説（マンゴルトによると国民経済史に関する哲学）と理解する。それは、国民生活に関するすべての学問と同様に、一面では個々の人間の考察と結びついており、他面では全人類の探求と結びついている。」[4]

さて、「実務家や学生」は、これで経済学とはなにかについて理解できるだろうか。国民経済学とはまさしく――国民経済に関する学説である。あたかも、角縁メガネとはなにか。角張った縁のついたメガネである。荷ロバとはなにか。背中に荷物を負わされたロバであるというのと同じである。じっさい、これは小さな子どもに複雑な言葉の使用を教えるためのきわめて単純なやり方である。そのさい、欠陥は、ただ次の点にある。すなわち、もともと問われている言葉の意味が理解できていなかった者にとっては、その言葉がどのように使われようとそれについて理解が深まることはない、と。

ついで、もうひとりのドイツの学者、すなわち官庁公認の学問の権威であり、「母国を超えて海外にまで」著名な、ベルリン大学の現在の経済学教師、シュモラー教授[5]に向かおう。コンラート教授とレクシス教授によって編集された、ドイツの教授たちの大部な著作集である『国家学事典』において、シュモラーは経済学についての論文のなかで、この学問はなにかという問いに対して、次のような答えを与えている。すなわち、「それ〔国民経済学〕は、国民経済の諸現象を叙述し、定義し、諸原因から解明するとともに、相互に関連し合った全体として把握しようとする学問であり、そのさい、当然にも、国民経済がまえもって正しく定義されていることを前提していると、わたしは言いたい。この学問の中心には、今日の文明国民において繰り返される典型的な現象、すなわち分業と労働組織、交易、所得分配、社会的な経済制度などの現象が存在する。それら諸現象は、一定の形態の私法ないしは公法に依拠し、同じかあるいはよく似た心理的諸力に支配されながら、類似のあるいは同じ秩序ないしは諸力を生み出すのであり、その全体的な叙述において、現在の経済的文明生活の静態、その平均的な体制の在り方を叙述する。そこから出発して、この学問は、個々の国民経済相互の変異や、各国での諸組織の多様な形態を確証しようと試みたのであり、また、多様な〔組織〕形態がどのような結びつきと結果をもたらしたのかを問うのである。こうして、諸〔組織〕形態どうしの因果的発展と、経済状態の歴史的な継起という観念に到達する。経済学はこのように静態的な考察に動態的な考察を付け加えた。そして、経済学は、それが最初に現れた時、既に、倫理的、歴史的価値判断をもつことによりもろもろの観念を列挙したように、それはこの実践的な機能を、いつも、ある程度まで、保持しつづけたのである。経済学は、理論とともに、たえず、生活のための実践的な教えを提示したのである。」[6]

うーむ！　一息いれよう。これで理解できただろうか。社会的経済制度――私法と公法――心理的な諸力――類似のものと同じもの――同じものと類似のもの――統計――静態――動態――平均的な体制――因果的な発展――倫理的・歴史的価値判断……[7]。しかし、普通の人間にとっては、水車の輪が頭のなかでぐるぐる回っているような状況は、たしかに、馬鹿げたことである。かれは、頑固な知識への衝動と、専門的な知識の泉を盲目的に信頼しつつ、無意味な言葉を二度も三度も熱心に取り上げ、なんらかの理解しうる意味を取りだそうと、苦心している。おそらくその努力は報いられないだろう。ここで与えられたものは、まさしく、音声だけの文章、気取った言葉の発声以外のなにものでもない。そして、その点に関して、まぎれのない証拠が存在する。つまり、明瞭に考え、自分が語っている事柄を根底的に理解している人は、それを明瞭かつ理解できるように表現するということである。哲学の純粋の思想像ないしは宗教的神秘の非現実的な妄想が問題になっていないところで、愚鈍にかつ非現実的に表現する者は、かれが事柄そのものを不明瞭にするか、あるいは明瞭さを避けようとするか、いずれかであることを示しているにすぎない。われわれはのちに、国民経済学の本質に関するブルジョア学者の不明確で混乱した発言が偶然ではないこと、またそのなかには、むしろふたつの事柄、すなわち学者諸氏自身の固有の不明瞭さと、問題の真の解明に対するかれの頑固な嫌悪の傾向とが表現されているとみられる。

ある外的な事情によって、国民経済学の本質に関する明瞭な規定が、事実上、論議の渦中にある問題であるという事情は、納得ゆくものになる。経済学の古さについてきわめて矛盾した見解が述べられてきたという事実が、それである。著名な歴史家でパリ大学の元経済学教授であるアドルフ・ブランキ[8]——有名な社会主義指導者でパリ・コミューンの闘士であったアウグスト・ブランキの兄[9]——は、たとえば一八三七年に刊行された『経済発展の歴史』[10]の第一章を、次のような内容の説明をもって始めた。「政治経済学（国民経済学のフランス的表現——ローザ・ルクセンブルク）は、人々が考えるよりも古い。ギリシア人やローマ人は、既に、かれらの経済学をもっていた」と。他の経済学史家、たとえばベルリン大学の元講師オイゲン・デューリング[11]は、逆のことを強調し、経済学は人々が通常考えているよりももっと若いのであって、この学問は一八世紀後半に本来初めて成立したことが重要だと、見なしたのである[12]。この点に関する社会主義者の判断を引用すれば、ラサール[13]が一八六四年にかれの古典的な論争書への序文のなかで、シュルツェ＝デーリチュの『資本と労働』について、つぎのように述べていた。「経済学は、その出発点は存在するが、さらに作り上げてゆかねばならないような、学問である」[14]と。

これに対して、カール・マルクスは、その経済学上の主著『資本論』——その第一巻は上記の三年後に、ラサールの表明した期待を満たすものとして刊行された——に、「経済学批判」という副題を与えた。こういう仕方で、マルクスは、かれ自身の著作を、これまでの経済学の外部に置いたのであり、これまでの経済学を、かれの側から批判を加えるなにか完成したもの、出来あがったものと見なしたのである。ある学問について誰かが、その学問は人類の文字による歴史とほとんど同じくらい古いと主張し、別の誰かが古くとも一五〇年間以内だと主張し、第三の者はそれがまだ揺籃期にあると言い、これに対して別の者が、再び、それは老衰期にあり、いまやそれを批判的に埋葬する時だと言う――そうした学問が、いささか特別な、複雑な問題を示していることは、明瞭である。

もし、われわれが、この学問の官許の代弁者に対して、経済学が、今日支配的な見解となっている一五〇年前ではなくて、むしろひじょうに遅れて最近になって初めて成立したという、もともとふしぎな事実をどのように説明すべきかについて問うばあいにも、われわれは同じような語り方しか与えられないだろうか。たとえば、デューリング教授は、われわれに対して、次のようなひじょうに冗漫な言葉を用いて説明するだろう。古代のギリシア人とローマ人は経済的な事柄についてまったく科学的な概念をもたず、むしろ、日常の経験から得られた、たんなる「あてにならない」「表面的な」「まったく当たり前の」理念をもっていたにすぎないのであり、中世は概して、きわめて「非科学的」であった[15]と。教えられたどの説明も、われわれを一歩も前進させなかったことは明らかである。そもそも、中世に関するその一般的特徴づけが、まったく誤ったものであるということを別としても。

シュモラー教授は、別の独創的な説明を完成させた。われわれが先に引用した『国家学事典』の同じ論文のなかで、きわめて賢明にもかれは次のような文章を提示している。

「数百年にわたって、個々の私経済的および社会経済的事実が観察され、叙述されてきたし、個々の国民経済的な真実が認識され、道徳体系および法体系のなかで、経済問題が論じられてきた。これに属する個々の諸部分をはじめて特定の学問に結合することができたのは、国民経済的問題が、一七世紀から一九世紀にかけて、国家の管理や行政にとって以前には認められなかったような意義をもつに至り、多数の文筆家が経済問題に携わり、勉学する若者がそれを学ぶことが必要になり、同時に、概して、学問的思索が、一八世紀の重要な文筆家が行ったように、集積された国民経済的な命題や真理を、貨幣と交換、国家の経済政策、労働と分業のような根本的な理念によって結びつけられた、独立した体系に結合しようとするに至った時だった。この時以来、国民経済学が、独立した学問として成立したのである」(16)

この長い論述の意味を短く要約すれば、次のような教えを得る。つまり、長いあいだ、分散して存在した、個々の国民経済についての観察は、「国家の管理と行政」の必要性と政府のそれに対する必要性が存在するようになった時、また、大学において経済学を教えることがこの目的のために必要となった時、ひとつの特別な学問にまとめられたのである。この説明は、ドイツの教授にとって、どれほどすばらしくまた古典的なものだったろうか！　まず、きわめて賞賛すべき政府の「必要」から講壇がつくられて、職務に熱心な教授がその席を占める。ついで、当然にも、それにふさわしい学問が作られねばならない。というのも、そうでなければ、教授は何を教えるべきなのか。このような説明に出会って、君主制はつねに存続しなければならない、なぜなら君主制が存在しなければ宮廷儀典長はなんのために存在するのかということになるからと主張した宮廷儀典長のことを考えない者がいるだろうか。けれども、事柄の核心は、経済学が、近代国家の政府がこの学問を必要としたために、成立したということである。当局の要請が、経済学の本来の誕生を正統化するものである。そのときどきの政府の学問的な奉仕者として、政府の委託に従って、望ましい艦隊提案や関税ないし租税の提案のために、「学問的な」アジテーションを行い、あるいは戦時下の走狗として排外主義的な他民族憎悪と精神的なカニバリズムを説教している、今日の教授の思考様式にまったくふさわしいものこそ、上述のように、王侯の貨幣欲と「王侯の宝庫」の利害が、また政府の命令の言葉が、まったく新しい学問を作りだすのに十分だと、想像することなのである。しかしながら、国庫から給料を貰っていない、かれら以外の人間にとっては、そうした観念は、難点がある。とりわけ、この説明は、われわれに新たな謎を提出する。というのも、われわれはこう問わねばならないからである。シュモラー教授が主張したように、一七世紀頃に、近代国家の政府が、突然、かれらの愛すべき臣下を学問的な原理に従ってたぶらかす必要性を感じるという事態が生じたのは、なぜなのか。他方で、政府はこのことを、数百年にわたって、そうした原理なしに昔ながらの律義なやり方で配慮してきたのであり、しかもよい成果を収めてきたのにもかかわらず。ここでは、ものごとを逆立ちさせてはいけないのか。「王侯の宝庫」の現代風の欲求は、おそらくは、一九世紀中頃の、経済学という新しい学問がそこから生じてきた、かの偉大な歴史的変化のひとつのささやかな結果にすぎなかったのではないのか、と。

要約しよう。われわれが、さしあたり職人的学者からは、国民経済学が本来なにを取り扱うのかについてなにも知ることがなかった以上、われわれは、いつまたなぜにそれが成立したのかについて、わからないというわけである。

二　「国民経済」の本質

いずれにせよ、われわれが上に引用したブルジョア学者のすべての定義において、いつも「国民経済」が語られているというひとつのことが確認できる。経済学（National Ökonomie）は、国民経済学（Volkswirtschaftslehre）の外来語にすぎない。国民経済学の概念は、この学問のすべての公式の代表者において、叙述の中心に置かれている。では、本来、国民経済とは何か？　その『国民経済の成立』に関する著作が、ドイツでも外国でもひじょうな名声を享受しているビュッヒャー教授[17]は、この点について次のような解答を与えている。

「一国民の全体の欲求充足が引き起こす、行事、制度、および出来事の全体が、国民経済を構成する。国民経済は、ふたたび無数の個別経済に分解するが、これらは交易によって互いに結びついており、また互いに幾重にも相互依存し合っている。これは、それぞれの個別経済がすべての他の個別経済のために一定の課題を引き受け、また他の個別経済が自らのためにそうした課題を引き受けるようにさせられるという仕方によってである。」(18)

われわれは、この学者風の「定義」を、普通の人間の言葉に翻訳しようと思う。

もしわれわれがまず「制度と事象の全体」について、なにが全国民の欲求を充足すると規定してきたのか聞きたいと思うなら、われわれはすべての可能なものを考えねばならない。つまり、工場と作業所、農耕と畜産、鉄道と百貨店などについて考えねばならない。しかし、また、教会礼拝所と警察について、バレー演技場、戸籍登記所、天文台などについて、議会選挙、君主、および軍事同盟などについて、チェスクラブ、犬の品評会、決闘などについても少なからず考える必要がある。というのも、これらすべてと、加えて「他の制度や事象」の無限の連鎖は、今日、「全国民の欲求を満たすのに」役立っているからである。［ビュッヒャー氏によれば］国民経済は、天上と地上のあいだで生じるすべてを結びつけうるという。また、国民経済学は、ラテン語の格言にいうように、「すべての事象とさらにそれ以上のもの」に関する普遍科学であるというのだ。

ライプツィヒの教授の寛大な定義は、明らかにある限定をくわえられねばならない。おそらく、かれは、ただ、ある国民の物質的欲求の充足に役立つ、あるいはもっと正確に言えば、物質的な事物による欲求の充足に役立つような、「制度と事象」についてだけ語りたかったのだ。そのばあいには、「全体」は、もっと豊かにもっと深く把握されただろうし、そしてまた容易に曖昧さのなかに消滅しただろう。けれども、われわれは、できるかぎり、正しい道を探すように努力しよう。

すべての人々は、生きてゆくことができるためには、食物と飲物、身を守るための屋根、より寒い地域では着物、さらにあらゆる種類の家財道具を、家庭での日々の使用のために必要としている。これらの事物は、簡素であれ洗練されたかたちであれ、僅かであれ豊富であれ、分配されるものであり、いつでもどの人間社会にとってもその存立のためには不可欠なものであり、それゆえ、――食事用にフライにされた鳩が口のなかに飛び込んでくることはどこにもないのであるから――人々によって、たえず生産されねばならない。あらゆる文明状態において、生活をすばらしくし、精神的および社会的欲求を充足するのに役立つような、あるいは敵から身を守るための武器のような、あらゆる対象物が存在する。いわゆる野蛮人においては、ダンスのための仮面や、弓と矢や、偶像などが、またわれわれにおいては、奢侈品や教会や機関銃や潜水艦などが存在する。これらのすべての対象物を生産するためには、今度は、多様な自然素材や――それはどこから生じるのか――、またそれら対象物を生産するための多様な道具が、必要である。また、石材、木材、金属などのような素材は、地中から人間労働によって取り出されるのであり、そのさい利用される道具は、やはり人間労働の産物なのである。

われわれが、さしあたり、粗削りの表象に満足してもよいのなら、われわれは国民経済をたとえば次のように考えることができるだろう。すなわち、どの国民も、たえず、自分自身の労働により、生活に必要な一定量の物を、――つまり、食料、衣類、建築物、家具、装飾品、武器、崇拝対象など――およびそうした必要不可欠なものを生産するための、素材や道具を作る。どのようにしてある国民がこれらの労働を遂行するのか、どのようにしてこの国民は生産された財貨をその個々の成員の間で分配するのか、またどのようにしてこの国民はそれらの財貨を使用し、生活の永続的な循環のなかで新たに生産するのかなどといった様式と方法は、すべてこれらが関連して、ある国の経済、つまり「国民経済」を形成する、と。このことが、おそらくは、ビュッヒャー教授の定義の最初の一節の意味であるだろう。だが、われわれは、さらに注釈を行おう。

「国民経済は、ふたたび、無数の個別経済に分解するが、これらは交易によって互いに結びついており、また互いに幾重にも相互依存し合っている。これは、それぞれの個別経済がすべての他の個別経済のために一定の課題を引き受け、また他の個別経済が自分のためにそうした課題を引き受けるようにさせるという仕方によってである。」ここで、われわれは新しい問題に直面する。われわれがまず苦心して正答にたどりついたあの「国民経済」が分解してゆくという、「個別経済」に関する問題がそれである。ついで直面するのは、われわれがその個別経済のもとに個々の家族の状態と家族経済を考えることができるということである。じっさい、いわゆる文明国のどの国民も、無数の家族から成り立っており、どの家族も、通常、それ自身のためにある「経済」を営んでいる。この私的経済はつぎの点に存している。家族が、その成人の成員の仕事からであれ、それ以外の源泉からであれ、一定の貨幣収入を獲得し、それをもって、再び、食物、衣服、住居などへの欲求を賄う。そのさい、われわれがある家族経済を考えると、この表象の中心には、通常、主婦、台所、洗濯棚、および子ども部屋があらわれる。「国民経済」は、そうした「個別経済」に分解するべきなのか。われわれは、当惑する。われわれがまさしく構成してきたような国民経済においては、とりわけ、食物、衣服、住居、家具、道具、および素材として、生活や労働に必要なすべての財貨の生産が、重要である。国民経済の中心には、生産がある。これに対して、家族経済においては、家族がその所得に応じて獲得する対象物の消費があるに過ぎない。われわれは、近代国家のたいていの家族が、ほとんどすべての生活手段、衣服、家具などを、店舗において、市場において、完成品として購入していることを知っている。家族経済においては、単に、購入された生活手段から、料理がつくられるか、あるいはせいぜいのところ、購入された素材から衣服が作り上げられるかするだけである。ただ、まったく遅れた地方においてのみ、たいていの生活に必要な物を家族内の自己労働によって賄う農家を見出す。もちろん、他面では、近代国家においても、まさしく家庭において多様な工業生産物を大量に作り出す、多くの家族が存在する。たとえば、家内織工、既製服縫製工である。また、われわれの知っているように、玩具やその類のものを家内工業において製造している村落も存在する。ただ、まさにここにおいてこそ、家族によって製造された生産物が、もっぱら、それを発注しかつ支払う企業家に属しているのである。そのうちのほんの僅かのものも、家内労働を行う家族の、自己使用に、その経済に、まわされることはないのである。自家の経済のためには、家内労働者は、他の家族と同様にかれの僅かの賃金から、既製品として購入する。それゆえ、われわれは、国民経済は個々の個別経済に分解するというビュッヒャーの命題をもってすれば、それを言い換えて、全国民の生存手段の製造は個々の家族の生活手段の使用において字義通り「分解する」という結論にいたるだろうし、これはまったく無意味にみえる命題である。

さらに別の疑問が、浮かび上がる。ビュッヒャー教授によれば、「個別経済」は、「交易によって互いに結合されて」、「各々が他のすべてのもののために一定の任務を引き受けるので」、互いにまったく依存し合っている。この文でもって、どのような交易が、またどのような依存が、考えられているのか。それはおよそ、多様な私的な家族のあいだで起こる、友好的で隣人らしい仕方での交易なのか。そしてこの交易は、国民経済や経済一般といったいどのように関係しているのか。しかしながら、どの賢明な主婦もが主張するように、隣人との家庭同士の交易が少なければ少ないほど、経済と家庭の平和にとっては有益である。そして、ここで語られた「依存」についていうと、年金生活者マイヤーの家庭経済が、高等学校の上級教師シュルツの経済にとって、また「すべての他の者にとって」、どのような任務を引き受けたのかについて、想像することはできない。われわれは、明らかに、まったく道をまちがえたのであり、アプローチを変えて、別の目的を設定する問題に取り掛からなければならない。

それゆえ、個別の家族経済は、見たところ、ビュッヒャー教授の「国民経済」がそれに分解するようなものではありえない。それは、個別の工場、作業場、農業経営、およびそうした類のものではないのか。われわれが今度は正しい道を歩んでいることを、ひとつの事情が確証しているように見える。すなわち、すべてこれらの経営においては、すべての国民の維持に役立つものが、まったく多様に生産されている。そして、他面では、現実に、それらの間の交易と相互依存が成立している。たとえば、縫製工場がズボンのボタンなしにはズボンをうまく仕上げることができないのに対して、ズボン用ボタンの製造工場はまったく縫製工場の工房を当てにしており、そこに自らの商品の買い手を見出すのである。他方では、縫製工場は材料を必要としており、同時に、羊毛ないしは木綿の織工を当てにしている。これらは、それはそれで、羊の飼育と綿花取引に依存している、等々。ここに、われわれは、事実上、生産の分岐した関連を見出すのである。たしかに、これらの経営のそれぞれが「すべての他の者のために引き受ける任務」について語ることは、おそらく誇張である。というのも、ズボンのボタンを仕立屋に売り、羊毛を紡績業者に売る等々の、きわめてありふれた販売が、取り扱われているからである。しかし、われわれは、そうした贅言を、ひとたびは、避けがたい教授風の理解しにくい言葉として甘受しなければならない。それは、シュモラー教授がひじょうに美しく語ったように、企業家世界の儲けの多いビジネスに、いささか詩的なものや「倫理的価値判断」をまとわせることを好むのである。ただ、まさにここにおいて、もっと嫌な疑念が浮かび上がってくる。個別の工場、農業経営、炭鉱、製鉄所などもまた、同様に、多くの「個別経済」であり、国民経済はそれへと「分解する」のである。しかし、少なくともわれわれが国民経済について思い浮かべてきたような「経済」の概念に属するのは、明らかに、ある程度まで、生活手段の生産と分配、生産と消費とである。しかし、工場、作業所、炭坑、製鉄所においては、ただ生産がなされるだけであり、しかも、他の者のために生産が行われる。これに対して完成した生産物は、それを生産した経営体においてはまったく使用されない。ズボンのボタンは、ボタン工場の所有者やその家族によっては使用されず、まして同工場の労働者によって使用されないのであり、鉄管は製鉄所の所有者によって家族のなかで、使用されることはない。さらに、われわれがもっと詳しく「経済」を定義しようと思うとすれば、われわれは少なくともその言葉が、なにか全体的なもの――それ自体としてある程度完結的なもの――だと理解しなければならない。つまり、人間の生存に含まれている、もっとも重要な生活手段のほとんどすべての生産と使用とを、理解しなければならない。しかし、今日の個々の工業経営と農業経営は、どんな子どもも知っているように、ただ、一つのあるいは二、三の生産物を供給するにすぎない。この生産物は、人間の生計をまずは充分に充足できないだろうし、しかもそれらのうちの大多数のものは、まだまったく消費できるものではなく、ただ生活手段の一部、ないしはそのための原料ないしは道具だけが、消費できるものである。今日の生産経営体は、経済のまさに純然たる断片であり、経済的立場からすればそれ自体としてはまったく意味も目的ももたない。ただ、生産経営体は、まさしく、それらがそれ自体としては決して「経済」ではなく、経済のかたちのない断片であるということによってのみ、無学な者の目差しを引くのである。それゆえ、国民経済は、すなわち国民の欲求の充足に役立つような制度と事象の総体は、工場、作業場、炭坑などが存在するときには、再び、個別経済に分解すると言うことができるとすれば、同様にまた、人間の身体のすべての機能の遂行に役立つ生物的な諸組織は人間そのものであり、鼻、耳、肢、腕などが存在するときには人間は再び多くの個別の器官に分解されると、言うことができるだろう。事実、今日の工場は、ちょうど鼻が個別器官であるように、おそらくある程度までは、「個別経済」である。

こうして、われわれは、この仕方によっても、ある無意味さにたどりつく。ブルジョア学者によってきわめて外面的な指標と言葉の分割に基づいて構築された、人工的な定義は、このばあいは、事柄の真の核心を避けるという明白な根拠をもっているのだ。
われわれは、自ら、国民経済の概念をより詳細に吟味するように努めよう。

三　国民経済か世界経済か

人は、われわれに、ある国民の欲求について、一つの関連ある経済におけるこの欲求の充足について説明し、そして、このような仕方で、ある国民の経済について説明する。国民経済学は、われわれにこの国民経済の本質を説明する学問であり、つまりは、ある国民が、その富を労働によって創造し、増大させ、個々人に分配し、消費し、そして新たに創り出すさいに順応する、法則を説明する学問であると言う。したがって、探求の対象をなしているのは、ひとつの全体的な国民の経済生活であり、それがなにを意味しようと、私的経済や個別経済とは対立したものであると言う。こうして、こうした見解の外見上の証明として、一七七六年に刊行されたイギリス人アダム・スミス――人は経済学の父と名付けているが――の画期的な著作は、『諸国民の富』[19]と題されている。

とりわけわれわれが問わなければならないのは、現実に、ある国民の経済というようなものが存在するのだろうかということだ。というのも、諸国民は、それぞれ特別の家計、自らのための閉鎖的な経済生活を営んでいるのだろうか。「国民経済」という表現は、とりわけドイツにおいてとくに好んで使用されている。そこで、われわれは、われわれの目をドイツに向けよう。

ドイツの男女労働者の手によって、毎年農業と工業において、さまざまに使用される財が、きわめて大量に生産される。だが、これらすべては、ドイツ帝国に住む人口の自己消費のために生産されたのだろうか。われわれは、ドイツの生産物の巨大な、毎年増大する部分が、他の国へ、他の世界の地域に、外国の国民のために、輸出されることを知っている。ドイツの鉄製品は、ヨーロッパのさまざまな隣国に、さらには南米やオーストラリアに輸出される。革と革製品は、ドイツからすべてのヨーロッパ諸国へ向かう。ガラス製品、砂糖、手袋は、イギリスへ渡ってゆく。毛皮は、フランス、イギリス、オーストリア＝ハンガリーへ。染料のアリザリンは、イギリス、アメリカ合衆国、およびインドへ。肥料として役立つトーマス鉱滓は、オランダとオーストリア＝ハンガリーへ。コークスは、フランスへ。石炭は、オーストリア、ベルギー、オランダ、およびスイスへ。電気ケーブルは、イギリス、スウェーデン、ベルギーへ。玩具は、合衆国へ。ドイツ・ビール、インディゴおよびアニリン、その他のタール染料、ドイツの薬品、セルロース、金商品、靴下、木綿と羊毛の素材、および衣服、ドイツの鉄道レールなどは、世界のほとんどすべての商業地域へ、輸送される。

しかしまた、逆に、ドイツ国民も、いたるところで、仕事においても日々の消費においても、外国と外国人の活動の成果を頼りにしている。われわれは、ロシアの穀物からつくられたパンとハンガリー、デンマーク、およびロシアの家畜の肉を食べる。われわれが食べる米は、東インドと北アメリカから来る。タバコは、オランダ領インドとブラジルから来る。われわれは、カカオの豆を西アフリカ、胡椒をインドから入手する。豚のラードを合衆国から、お茶を中国から、果物をイタリア、スペイン、および合衆国から。コーヒーをブラジル、中央アメリカ、およびオランダ領インドから、肉エキスをウルグアイから。卵をロシア、ハンガリー、およびブルガリアから、葉巻をキューバ島から、懐中時計をスイスから、シャンペンをフランスから。牛革をアルゼンチンから。ベッド用羽毛を中国から。絹糸をイタリアとフランスから。亜麻と麻をロシアから、綿花を合衆国、インド、およびエジプトから、上質の羊毛をイギリスから、ジュートをインドから、麦芽をオーストリア＝ハンガリーから、亜麻の種をアルゼンチンから、ある種の石炭をイギリスから、褐炭をオーストリアから、硝石をチリから、革鞣し用のケベ杉材をアルゼンチンから、建築用木材をロシアから、コルク材をポルトガルから、銅を合衆国から、錫をオランダ領インドから、亜鉛をオーストラリアから、アルミニュームをオランダ領ハンガリーとカナダから、アスベストをカナダから。アスファルトと大理石をイタリアから、舗石をスウェーデンから、鉛をベルギー、合衆国、オーストラリアから、黒鉛をセイロンから、リン酸性石灰をアメリカとアルジェリアから、ヨードをチリから、等々……[20]。

日々の消費のためのもっともありふれた食糧から、選り抜きの奢侈品や不可欠の資源や道具にいたるまで、たいていの物は、直接または間接に、全体またはその構成部分が諸外国からもたらされたものであり、外国の国民労働の産物である。こうして、われわれは、ドイツで生き、労働するために、ほとんどすべての国、国民、世界の一部を、われわれのために労働させるのであり、われわれの側も、すべての国のために労働するのである。

この交換の巨大さを思い浮かべるためには、輸出入に関する公式統計に目を向けねばならない。一九一四年の『ドイツ帝国統計年報』によれば、全輸出入（すなわち、ドイツを通過輸送するだけの外国商品を除いた）は、次のような姿をとっている。

ドイツは、一九一三年に、以下のように輸入した。

原材料	五二億六二〇〇万マルク
半製品	一二億四六〇〇万マルク
完成品	一七億七六〇〇万マルク
食料品と嗜好品	三〇億六三〇〇万マルク
生きている家畜	二億八九〇〇万マルク

総額	一一六億三八〇〇万マルク(21)

すなわち、輸入総額は一二〇億マルクに近い。

同じ年に、ドイツは以下のように輸出した。

原材料	一七億二〇〇〇万マルク
半製品	一一億五九〇〇万マルク
完成品	六六億四二〇〇万マルク
食料と嗜好品	一三億六二〇〇万マルク
生きた家畜	七〇〇万マルク
総額	一〇八億九一〇〇万マルク

すなわち、輸出総額は一一〇億マルクに近い。

こうして、総計すると、ドイツの年々の外国貿易は、二二〇億マルク以上である。

しかしドイツにおけると同じことが、多かれ少なかれ、その他の近代国家についても、つまり国民経済学がもっぱら取り扱っているまさしくその国家について、当てはまる。すべてこれらの国は、お互いのために生産し、部分的にはもっとも遠くの諸大陸のためにも生産するが、また、それらの諸国の側でも、いたるところで、すべての大陸の生産物を、生産においても消費においても、利用しているのである。

このようにひじょうに発展した相互的交換に直面すれば、ある国民の「経済」と別の国民のそれとのあいだに、どのようにして境界を引くべきか。また、同様に、多くの「国民経済」について、まるでそれが経済的にはまったく独立したものとして取り扱われる領域であるかのように語られるべきだろうか。

ところで、増大する国際的商品交換は、もちろん、ブルジョア学者には知られていないような発見ではない。毎年の公表される報告を伴う公式の統計的調査は、当該の事実を、長期的にはすべての知識階級の共有財産とする。さらに、営業マンや工業労働者はそれを日々の生活から知る。世界貿易の急速な増大という事実は、今日、あまねく知られており、承認されているので、それにはもはや反論したり、疑問を呈したりできない。しかしながらこの事実は、経済学の専門家によって、どのように把握されているのだろうか。まったく外面的な緩やかな関連として、ある国の生産物の自国需要を超える、いわゆる「過剰」の輸出として、そして自国経済にとって「欠如したもの」の輸入として捉えられている――つまり、この関連は、経済の専門家が、従来通り、「国民経済」や「国民経済学」について語ることをまったく妨げないのである。

　こうして、たとえば、ビュッヒャー教授は、われわれに対して今日の「国民経済」について、それが一連の歴史的な経済諸形態の最高で最後の発展段階であると、長々とまた幅広く見解を教えたのちに、次のように宣告している。

> 「自由主義的時代になされた国際交易の成功は終焉し、ついには国民経済の時期が始まり、世界経済の時代にとって代わるだろうと考えるならば、それは誤りである。……たしかに、われわれは今日ヨーロッパにおいて、一方では、その国がきわめて大量の食糧と奢侈品を外国から引き出さざるを得ないが、他方では、その工業生産物が国民の需要をはるかに超えて増大しており、外国の消費領域においてそれが利用されねばならないような過剰を持続的に供給しているかぎりでは、その財貨供給における国民的独立性が欠けているような多くの国があることを認める。しかし、互いに相互依存し合う、そうした工業生産国と原材料生産国とが併存することは、つまり「国際分業」は、人類が世界経済の名のもとにそれ以前の段階に対置されねばならないような、新しい発展段階にのぼり詰め始めたことの兆候と見ることはできない。というのも、一方では、どんな経済段階も欲求充足の完全な自立性を長期間は保証しなかったのであり、どの発展段階もどのみち充足されねばならないある種の隙間の存在を許さざるをえないからである。他方では、かのいわゆる世界経済は、今日まで、少なくとも本質的なメ

ルクマールにおいて、国民経済の諸現象とは隔離しているような現象が出現することを許してこなかったのであり、そうした現象が近い将来に出現することも、ひじょうに疑わしいからである。」(22)

ビュッヒャー教授の年少の同僚であるゾンバルト(23)は、もっと大胆であり、率直に、われわれは世界経済に組み込まれていないし、むしろ反対に、それからますます遠ざかっていると明言している。「わたしがむしろ主張したいのは、諸文明国民は、今日、(それらの全体経済に比べて)通商関係によって本質的には相互に結合されていないのであり、むしろますます結合されなくなっている。個々の国民経済は、今日もはや世界市場には組み込まれておらず、むしろ一〇〇年あるいは五〇年前に比べて、少ししか世界経済に組み込まれていない。少なくとも、……国際的通商関係が、現代の国民経済にとってかなり重要になっていると見なすことは、誤りである。その逆が正しい。」ゾンバルト教授は、「個々の国民経済がますます完成したミクロコスモス(すなわち、小さな閉鎖的な諸世界――ローザ・ルクセンブルク)になり、すべての産業について、国内市場は世界市場よりもますますその重要性を増大させている」(24)と、確信している。

経済生活についてのすべての日々の知見に一撃を加えるきわだった愚かさを見れば、きわめて幸運なことには、世界経済を人類社会の新たな発展段階として承認することに対する学者先生たちの頑固な反感を強調できる。――われわれはその反感に注目しなければならないし、その隠された根本原因を追究しなければならない。

それゆえ、既に、「ずっと以前の経済段階に」、たとえばネブカドネザル王の時代に、人類の経済生活における「ある隙間」が交換によって充足されたので、今日の世界貿易はなんの意味もないものであり、「国民経済」のままである。これが、ビュッヒャー教授の見解である。

かれの名声が鋭敏で深い経済史的洞察に基づいていると自称する学者の、歴史的見解の粗雑さは、なんと特徴的なことか。数千年を通じて区別された、もっとも多様な文明・経済段階の国際貿易を、かれは、無味乾燥な図式のために、無造作に、一つの帽子のもとに纏めている。もちろん、交換を伴わないどんな社会形態も存在しないし、また存在しなかった。もっとも古い先史時代の発掘物、「ノアの洪水以前の」人類に居住空間として役立っていたもっとも素朴な洞窟、先史時代のもっとも粗野な墓、それらすべては、たしかに、遠く離れた地域のあいだの生産物の疑いのない交換の証拠である。交換は、人類の文明史とともに古いのであり、交換は昔からいつも、人類のたえざる同伴者であり、もっとも力強い支援者であった。ところで、この一般的な、そして一般的であるがゆえにまったく曖昧な認識のうちに、わが学者は、時代の、文明段階の、経済形態の、すべての特殊性を埋没させるのである。夜にはすべての猫が灰色であるように、この教授風の理論のなかでは、交換のすべてのきわめて多様な形態は、同じものなのである。ブラジルにおける土着民の集団の素朴な交換――その集団はあちこちで、機会あるごとに、それ特有の編み上げられたダンス用仮面を他の集団の精巧に作られた弓や矢と交換するが――、オリエントの宮廷財政の壮麗さが積み重ねられているバビロンの光り輝く倉庫、新月にはオリエントのリンネル、ギリシアの陶磁器、チルス産の紙、シリアとアナトリアの奴隷が富裕な奴隷所有者に対して売りに出されるコリントの古代の市場、奢侈品をヨーロッパの封建領主の宮廷や都市貴族の家庭に供給したヴェネチアの中世の海洋貿易、――そして、東洋と西洋、北と南、すべての海洋と世界の諸地域をその網に編み込み、すべてのものを――乞食の日々のパンとマッチから富裕な愛好家の熱望する芸術品まで、もっとも素朴な土地生産物からもっとも複雑な道具まで、すべての富の源泉である労働の手から戦争における殺人の道具に至るまで――年々歳々、巨大な量で、駆けめぐらせている。これらすべてが、わが国民経済学教授にとっては、同じものなのである。すなわち、独立した経済有機体のなかの「ある隙間」を単に「埋める」ことなのである。(25)

五〇年前に、シュルツェ・フォン・デーリッチェは、ドイツの労働者にこう語ってきかせた。それぞれの者は今日、入手する生産物をまず自分のために生産するが、「それを自分自身のために使用するわけではない」。余剰についてはかれは「他人の生産物と交換にその生産物を提供するのである」[26]と。この不合理に対するラサールの答えは、いつまでも忘れられないものである。

「シュルツェさん。領主裁判官さん！　では、あなたは今日の社会的労働の現実の形態について、まったくなんの概念をももっていないのですか。あなたはビターフェルトとデーリッチェから出たことはないのですか。そもそもあなたは、中世のどの世紀に、そうしたすべてのあなたの見解を抱いて生きているのですか。……今日の社会的労働が、各人はかれが自分のためには使用できないものを生産しているという特徴をまさしくもっているということについて、なんら気づいていないのですか。あなたは、こうした事態が大工業以来存在すること、今日の労働の形態と本質がこの点に存するということについて、この点をもっとも鋭く保持することなしにはわれわれの経済状態のただひとつの側面も、われわれの今日の経済現象のただひとつも理解できないということについて、気づいていないのですか。」

「あなたによれば、ヴェステ・ギールスドルフのレオノール・ライヘンハイム氏は、ギールスドルフの荒れ地において、まず自分自身で使用するために綿糸を生産する。かれの娘がかれのためにストッキングやナイトウェアに加工し、もはや加工できなくなった余剰物を、かれは交換する。」

「ボルジッヒ氏は、最初は、かれの家族の需要のために機械を生産する。ついで、過剰な機械を売却する。

喪服仕立屋は、まず、自身の家族における死亡の事例のために、あらかじめ配慮して働く。ついで、こうした事態はあまりに僅かしか生じないので、喪服の素材のうち残ったものを、かれらは交換する。

同地の電報局の所有者であるボルフ氏は、まず、電報を自分自身の指令のために用い、満足する。ついで、かれは、十分にそれに満足し、なお余ったものを、取引所の狼たちや新聞編集者たちと交換する。これに対して、かれらは余った新聞通信や株式をボルフ氏に提供する！

それゆえ、人々が当時まず自分自身の需要のために生産し、その余剰を手放したこと、つまり優勢な現物経済を推奨したことが、昔の社会形態における労働の、他とは異なった、明確な特徴なのである。

各人はかれがまったく使用しないものを生産するだけということ、つまり、各人は、昔は主として使用価値を生産したように、今では交換価値を生産しているというのが、近代社会の他とは異なった特徴であり、特殊な規定なのである。

シュルツェさん。分業が近代社会におけると同じように発展した一社会において、このことが必然的で、かつますます広がっている『労働活動の形式と方法』であることを、あなたはわかっていないのでしょうか。」[27]

ラサールが、ここでシュルツェさんに対して資本主義的な私的経営について説明しようとした事柄は、イギリス、ドイツ、ベルギー、アメリカ合衆国のように、強力に発展した資本主義諸国の経済様式について、今日では日々ますます、妥当しているのである。それらの諸国の足元には、その他の国がひとつまたひとつと現れているのである。そして、ビターフェルトの領主裁判官による労働者に対する欺きは、とりわけひどく素朴なものであるが、今日世界経済の概念に反対するビュッヒャーやゾンバルトのある傾向を帯びた論難に比べても、それほど粗野なものではなかったのだ。

ドイツの教授は、かれの専門領域では厳格な官吏として、秩序を好んでいる。秩序を好むので、かれは世界をもまた美しく清潔な仕方で、ひとつの学問的な図式の引き出しに嵌め込む癖がある。そして、かれがその書物を書架に配架するのと同じように、かれはさまざまな国をふたつの棚に分けるのである。ここには、工業生産物を生産し、国内に「ある過剰」をもつ諸国があり、あそこには、農耕と牧畜とを営み、その原料品は先のグループの国にとっては欠如している。国際貿易は、このことにより成立し、これに基づいている。

ドイツは、世界のもっとも工業化した国のひとつである。この図式に従えば、ドイツはロシアのような農業国ともっとも活発な交換をするにちがいない。それでは、ドイツのもっとも重要な貿易上のパートナーが、アメリカ合衆国とイギリスという、ふたつの別のもっとも工業化した国であることは、どのようにして生じたのか。ドイツの合衆国との交換は、一九一三年には、二四億マルクであり、イギリスとの交換は一三億マルクである。ロシア［との交換］は、ようやく第三番目に見られる。そして、とくに輸出についていうと、まさしく世界の第一の工業国家がドイツ工業にとって最大の顧客である。一四億マルクのドイツからの年間輸入をもってイギリスが頂点に立ち、すべてその他の国をはるか下位においている。だが、その植民地を含めた大英帝国は、ドイツの総輸出額の五分の一しか受け入れていない。教授の図式は、この奇妙な現象にたいして、どう語るのか。

ここには工業国家、あそこには農業国家、これが、ビュッヒャー教授とその同僚の大部分の者が取り扱っている世界経済関係についての、硬直した根本特徴である。さて、ドイツは、一八六〇代には農業国家であった。ドイツは農業生産物の過剰を輸出したが、もっとも必要な工業生産物をイギリスに供給してもらわざるをえなかった。その後、ドイツは自力で工業国家になり、イギリスのもっとも強力なライバルに変化した。合衆国は、ドイツが一八七〇年代および一八八〇年代に通り抜けたのと同じことを、もっと短期間で通過している。つまり、合衆国は、まさに変化のまっただなかにある。さらに、合衆国は、ロシア、カナダ、オーストラリア、およびルーマニアと並んで、世界の最大の小麦生産国であり、最近の統計によれば（もちろん一九〇〇年の統計から見て）その全人口の三六％は農業に従事していた。同時に、合衆国の工業は、他に例のない速さで前進し、その結果、合衆国は、イギリスおよびドイツと並んで、危険な競争相手として登場した。われわれは、高級とされている経済学部に対して、合衆国は、ビュッヒャー教授の図式によれば、農業国家の部類に入れられるべきか、それとも工業国家の部類に入れられるべきかを明確にするという、懸賞問題を与えよう。ロシアは、ゆっくりと、同じ行路をたどっている。ロシアが古臭くなった国家形態の束縛を脱するやいなや、巨大な人口と無尽蔵の自然的富のおかげで、大またに遅れを取り戻すだろう。その結果、ロシアはおそらくは今日生存するわれわれの眼前において、かなり強力な工業国家として、ドイツ、イギリス、および合衆国を凌駕しないとしても、それらの国と並び立つことになる。それゆえ、世界は、ある教授の学識のように硬直した根本特徴をもつものではなく、運動し、生き、変化するものなのである。したがって、国際交易がそこからのみ生じてくるはずの工業と農業とのあいだの両極的対立は、それ自体、流動的要素にすぎない。この両極的対立は、近代文明世界の領域から、ますます遠くその周辺へ押しやられる。その間にも、この文明圏内部の交易で何が生じているのか。ビュッヒャーの理論によれば、文明圏内部の交易は、ますます縮小するにちがいない。そうではなくて、この交易は、——不思議なことには！——まさしく工業国家のあいだでますます活発になるのである。

最近二五年間の現代の経済領域の発展がわれわれに与える姿ほどに教訓豊かなものは、ほかにない。われわれは一八八〇年代以来、ヨーロッパおよびアメリカにおけるすべての工業国と大国において、保護関税もどきの事態、つまり「国民経済」相互の人為的な遮断というほんとうの乱痴気騒ぎを、経験したにもかかわらず、世界貿易の発展は同じ期間に、ただ単に停滞してしまうというより、むしろ激しく累進するにいたったのである。そのさい、まさしく増大する工業化と世界貿易とが、どのようにして手に手を携えて進んでいったのか、盲人でさえ、このことを、三つの指導的な諸国すなわちイギリス、ドイツ、およびアメリカ合衆国について読み取ることができるだろう。

石炭と鉄とは近代工業の魂である。さて、一八八五年から一九一〇年までに、石炭採掘量は以下のように増大した。

イギリスでは	一億六二〇〇万トンから二億六九〇〇万トン
ドイツでは	七四〇〇万トンから二億二二〇〇万トン
合衆国では	一億一〇〇万トンから四億五五〇〇万トン

銑鉄生産量は、同じ期間に、以下のように増大した。

イギリスでは	七五〇万トンから一〇二〇万トンへ
ドイツでは	三七〇万トンから一四八〇万トンへ
合衆国では	四一〇万トンから二七七〇万トンへ

同時に、毎年の外国貿易（輸入と輸出）は、一八八五年から一九一二年に以下のように増大した。

イギリスでは	一三〇億マルクから二七四億マルクへ
ドイツでは	六二億マルクから二一三億マルクへ
合衆国では	五五億マルクから一六二億マルクへ

ところで、最近年における地上のすべての重要な国の総外国貿易（輸入と輸出）を取り上げると、それは一九〇四年の一〇五〇億マルクから一九一二年の一六五〇億マルクへ増大した。それは、わずか八年で五七％の成長を意味している！　実際、これまでの全世界史になんら類例が見られないような、経済発展の息もつかせないテンポであることか！　「死者は素早く駆け抜ける」。(28)　資本主義的「国民経済」は、その生存能力の限界に達し、その存在が認められる猶予期間を短縮すべく急いでいるように見える。にもかかわらず、工業国家と農業国家とのあいだの「明らかな隙

間」とか、のろのろしたダンスについての図式は、なにを語るのか。

とはいえ、現代の経済生活においては、そのような謎は、もっと数多く存在する。

われわれは、交換された商品価値の総額、あるいはそのおおまかな一般的な分類をもっては満足せず、ドイツの輸出入表をもっと注意深く観察しよう。そのさい、われわれは、ドイツの貿易のもっとも重要な商品種類を、試しに、概観してみよう。

表　一九一三年のドイツの輸入と輸出

輸入品目	輸入額（一〇〇万マルク）	輸出品目	輸出額（一〇〇万マルク）
綿（生綿）	六〇七	あらゆる種類の機械	六八〇
小麦	四一七	鉄製品	六五二
羊毛（粗毛）	四一三	石炭	五一六
大麦	三九〇	綿製品	四四六
銅（粗銅）	三三五	羊毛製品	二七一
牛革	三二二	紙と紙製品	二六三
鉄鉱石	二二七	皮革製品用毛皮	二二五
石炭	二〇四	棒鉄の形での鉄	二〇五
卵	一九四	絹製品	二〇二
皮革製品用毛皮	一八八	コークス	一四七
チリ硝石	一七二	アニリンとその他のコール染料	一四二

生糸	一五八	衣服	一三二
生ゴム	一四七	銅製品	一三〇
針葉樹材（鋸歯）	一三五	靴の上皮	一一四
綿糸	一一六	革製品	一一四
毛糸	一〇八	玩具	一〇三
針葉樹材（粗材）	九七	薄鉄板	一〇二
仔牛の革	九五	毛糸	九一
ジュート	九四	鉄管	八四
あらゆる種類の機械	八〇	牛革	八一
子羊、羊、ヤギの皮	七三	鉄線	七六
木綿製品	七二	鉄道レールなど	七三
褐炭	六九	粗鉄	六五
羊毛（捌かれたもの）	六一	綿糸	六一
羊毛製品	四三	ゴム製品	五七

この表から、もっとも皮相な見方を取る観察者にとっても、ただちにふたつの事実が目に浮かぶ。第一の事実は、同一の商品種類が、異なった金額であるにしても、双方の欄に、幾重にも重なって表れていることである。ドイツは、巨額の機械を外国に販売しているが、同時に、同じ年に、八〇〇〇万マルクというかなりの金額で、外国から機械を購入している。同様に、石炭はドイツから輸出されるが、同時に、外国の石炭がドイツに輸入される。同じことは、綿製品や毛皮製品にも、また牛革とコート用毛皮にも、さらにまた表には挙げられなかった他の多くの商品にも、当てはまる。

わが国民経済学の教授が、アラジンの魔法のランプのように、近代の世界貿易のすべての秘密に光をあてるための助けとして採用する、工業と農業とのあいだの赤裸々な対立という立場は、この注目に値する二重性をまったく理解できないものである。いやそれどころか、この二重性は、まったく不条理として働く。ではどのようにしてか。ドイツは、機械について「自国の需要を超える余剰」があるのか、それとも、逆に、機械について「一定の欠落」を示しているのか。石炭や綿製品ではどうか。牛革ではどうか。また多数の他の物ではどうか！ あるいは、どのようにして、ある「国民経済」は、同時に、また同じ生産物について、「余剰」と「一定の欠落」がたえず起こりうることを示しうるのか。アラジンのランプは、不安げにゆらめく。明らかに、観察された事実は、われわれが次のように想定する場合にのみ、説明することができる。ドイツと他の諸国とのあいだには、かなり複雑で、強く働く経済的関連が存在する。つまり、ある類の同一生産物を外国のためにドイツで生産せしめ、別の種類の同一生産物をドイツのために外国で生産せしめるような、また日々の交流を生じさせ、また個々の国をかなり大きな全体の有機的な部分として現象させるような、多岐にわたり個別分野に入りこむ分業が存在する、と。

さらに、どんな人でも、既に、諸事実に関する表を一見すれば、輸入と輸出がここではふたつの分離されたものとして、たとえば、ここでは自国経済の「欠落」として、かしこでは「余剰」によって説明される現象として現れているのではなく、むしろ互いに原因として結合していることに、驚かされるにちがいない。ドイツの巨額の綿花輸入は、まったく明白に、住民の自己の需要によって量られるものではなく、むしろ、それは最初から、ドイツからの綿布と衣服の大量の輸出を可能にするべきものである。同様に、羊毛の輸入と羊毛製品の輸出との関連、外国の鉱石の巨額の輸入といろんなかたちでの鉄製品の巨額の輸出との関連、そうしたことは、中断されることがない。それゆえ、ドイツは輸出できるように輸入している。人為的に「一定の欠落」が作り出され、この欠落はその後、同量の

「余剰」に転化される。こうして、ドイツの「ミクロコスモス」は、最初から、かなり大きい全体の破片として、つまり世界の工場として、あらゆる尺度において現れる。

だが、われわれは、この「ミクロコスモス」を、「ますます完璧になる」自立性の学において、あらためてより綿密に観察しよう。なんらかの社会的および政治的な破局によって、ドイツの「国民経済」がじっさいに他の世界から切り取られ、自立させられたと考えてみよう。そのとき、どのような像が、われわれの目に映るのだろうか？

われわれは、日々のパンから始めよう。ドイツの農業は、合衆国の二倍の大きさの生産能力を示している。つまり、ドイツはその質という点で、世界の農業国のあいだで第一級を占めており、ベルギー、アイルランド、およびオランダなどのもっと集約的な農業に及ばないだけである。五〇年前に、当時はるかに遅れた農業を伴っていたドイツが、ヨーロッパの穀倉地帯に属し、他の国を自国のパンの余剰をもって養っていたのである。今日、ドイツの農耕は、その生産能力にもかかわらず、自分の国民と家畜を養うにはまったく充分ではない。つまり、食料の六分の一は、外国から購入しなければならない。これを言い換えれば、ドイツの「国民経済」を世界から切り離すならば、人口の六分の一にあたる一一〇〇万以上のドイツ人が、彼らの生活手段を奪われるのだ！

ドイツの国民は、毎年、二億二〇〇〇万マルクのコーヒーを、六七〇〇万マルクのカカオを、八〇〇万のお茶を、六一〇〇万の米を、たいらげている。ドイツ国民は、およそ一二〇〇万マルクの多様な香辛料と、一億三四〇〇万マルクの外国産のタバコの葉を消費している。これらの産物はすべて、それなしにはもっとも貧しい者でも今日生活を続けることができないものであり、日々の習慣に、われわれの生活水準に属しているが、ドイツの気候がこれらの生産に適していないので、ドイツではまったく得られないか（あるいは、タバコのように、まったく僅かの量しか）得られない。結局、ドイツ国民を長期的に世界から切り離すと、ドイツ国民の今日の文明にふさわしい生活水準は破綻するのである。

食物の次には、衣服が考察される。広範な国民大衆の下着とすべての衣服は、今日、ほとんどもっぱら木綿製であり、かなり豊かな市民階層の肌着はリンネルの表地であり、その衣服は品質のよい羊毛と絹である。木綿と絹は、ドイツではほとんど生産されないのであり、またきわめて重要な繊維素材であるジュートも同様であり、全世界でイギリスがそれを独占しているもっとも品質のよい羊毛も同様であり、また、麻と亜麻についてもドイツはおおいに欠乏している。ドイツを永続的に世界から閉ざすならば、ドイツから外国の原料と販路を奪うことになり、ドイツ国民はそのすべての階層において、かれらのもっとも不可欠の衣類を奪われることになる。そして、今日、衣料品産業をすべて合わせて一四〇万人の成人および青年の男女の労働者を養っているドイツ繊維産業は、根絶されるのだ。

もっと先に進もう。今日の大工業のバックボーンは重工業つまり機械生産と金属加工であり、これらのバックボーンは金属鉱山である。ドイツは毎年一七〇〇万トンの銑鉄を消費する（一九一三年）。ドイツ自身の銑鉄の生産は、同様に、毎年一七〇〇万トンである。一見すれば、ドイツの「国民経済」は、鉄そのものへの需要をほぼ充足していると、考えることができるだろう。銑鉄の生産に必要なのが鉄鉱石である。われわれは、ドイツ自身の［鉄鉱石］産出が、一億一〇〇〇万マルク以上の価値をもつ二七〇〇万トンであり、他方、二億マルク以上のより高い価値をもった一二〇〇万トンの銑鉄は——それなしにはドイツの金属工業はやってゆけないのであるが——スウェーデン、フランス、およびスペインから購入されるのである。

他の金属についてもほぼ同じ像を見る。ドイツは二二万トンの亜鉛の年間消費を行いつつ、二七万トンの自国の産出があり、このうち一〇万トンが輸出されている。つまり他方では、五万トン以上の外国の金属が、ドイツの［亜鉛］需要を充足させているにちがいない。必要とされた亜鉛鉱石は、ドイツにおいてはやはり、ほんの一部しか採掘されない。つまり、五〇〇〇万マルクの価値をもった五〇万トンである。より高い価値をもった、三〇万トンの亜鉛は、四〇〇〇万マルクでもって、外国から輸入されねばならない。最後に、銅について言うと、二四万一〇〇〇トンの年間使用量のうち、二〇万六〇〇〇トンは、外国からの輸入[29]に割り当てられている。錫にいたっては、完全に外国から購入されている。――ドイツを永続的に世界から切り離せば、もっとも価値のある金属の輸入と、ドイツの鉄製品とドイツの機械の巨額の販売が消滅するとともに、六六万二〇〇〇人の労働者を雇用する金属加工業と、一一三万人の男女の労働者が生活の糧を見出している機械工業との存在基盤も、消滅する。さらに、金属・機械工業とともに、そこから原料や道具を購入しているすべての他の産業部門、およびそこに原料・補助材料を供給している産業部門すなわち石炭業、また同じく最後には、これらの産業部門の膨大な労働貧民に対して生活手段を生産する産業部門も破綻するにちがいない。

さてさらに、われわれは、全世界のために生産する一六万八〇〇〇人の労働者をもつ化学工業を挙げよう。われわれは、今日四五万人の労働者を雇用し、しかも外国の建材・加工材なしにはその大部分が経営を閉じねばならないような木材工業を挙げよう。われわれはまた、外国の毛皮なしには、また同様に外国での大量の販売なしには、その一一万七〇〇〇人の労働者とともに、仕事を失う皮革産業を挙げよう。われわれは、貨幣材料をなし、そうしたものとして今日の全経済生活の不可欠の土台をなしているが、ドイツではほとんど皆無といってよいほど生産されない貴金属である金と銀を挙げよう。われわれは、そうしたことすべてを思い浮かべ、そして、ドイツの「国民経済」とはなにか、と問おう。すなわち、ドイツが現実にまた永続的に、他の世界から切り離され、まったく独力で経済を営まねばならないと仮定すれば、ドイツの今日の経済生活と、したがってまた今日の全文明生活から、なにが生じるのだろうか。生産部門が、つぎつぎと破綻し、一生産部門が他の生産部門を奈落の底に引き込む。膨大なプロレタリア大衆は雇用されないままであり、全人口はもっとも不可欠の食料と奢侈品、および衣服を奪われる。商業は、その土台たる貴金属の貨幣を奪われる。全「国民経済」は、――瓦礫の山であり、粉々に砕かれた残骸である。……[30]。

こうして、ドイツの経済生活には「ある欠落」があるかのように見えるのであり、その結果、「ますます完成されつつあるミクロコスモス」が、教授風の理論の青いエーテルのなかで、自己満足的に漂っているのである。

だが、待ってくれ。一九一四年の世界戦争、つまり「国民経済」の実例に対する大きなテストはどうか。世界戦争は、ビュッヒャーやゾンバルトを、もっともはっきりと正当化しなかったのか。それは、ドイツ経済を妬んでいる世界に対して、いかにしてドイツの「ミクロコスモス」が、厳格な国家組織とドイツの技術的能率のおかげで、世界交易からの完全な遮断という状況においても、生存能力があり、健全で、力強いか、示さなかったのか。国民の食糧は外国の農業なしには十分に充たされなかったのか。また、工業機構は、外国からの輸入なしに、また外国への販売なしにも、働き続けたのではなかったのか。

われわれは諸事実をじっくり見よう。

まず、食糧について。食糧は、ドイツ農業のみで、単独で引き受けることはできなかった。軍隊に配属された数百万の成人男子は、戦争の続いていたほとんどの期間、外国によって、つまりベルギー、北フランス、および部分的にはポーランドとリトアニアによって、扶養された。それゆえ、ドイツ国民の扶養のために、自国の「国民経済」の地域は、ベルギーと北フランスの占領された地帯だけ、また戦争の二年目にはロシア帝国の西部地域だけが拡大されたのであり、これらの地域はその農業生産物によってドイツの輸入の不足を高度に補填したにちがいない。それを補う付随の現象が、それらの外国農業地帯の国内住民が扶養される時のゾッとするような不足であり、これらの地域の側はそれはそれで――たとえばベルギーにおけるように――アメリカ農業の生産物のお恵みという方法で扶養されたのである。ドイツの輸入不足の第二の補填をなしたものは、全生活手段の一〇〇%から二〇〇%への高騰と、国内人口のもっとも広範な階層の恐るべき食糧不足であった。

さらに、工業の機構について。工業の機構は、外国の原料と他の生産物の輸入――われわれはその恐るべき重要性についていまや熟知しているが――なしに、どのようにして運営されたのか。どのようにしてそのような奇跡は、生じたのか。その謎は、きわめて簡単な方法で、かつさしたる驚きもなく、解決される。ドイツ工業は、不可欠の外国の原料を持続的に供給され、しかもこれを三つの方法で輸入したのであり、このただひとつの理由で、活動し続けたのである。第一に、巨額の備蓄があったことである。ドイツは、木綿、羊毛、銅などの備蓄を多様な形態で国内にもっており、ただその潜在的隠し場所から取り出し、自由に使えるものにする必要があっただけである。第二に、ドイツがふたたびベルギー、北フランスのような、また部分的にはポーランドやリトアニアのような外国において、軍事的占領に基づき、収用によって確保した備蓄によってである。第三に、最後には外国からの継続的な輸入である。それは、中立国(およびベルギー)を介して、戦争の進行中の全体にわたって、中止されることはなかったのである。この全「戦時経済」とその順調な進行の不可欠の前提は、ドイツの銀行に蓄蔵された外国産の貴金属であることを、これに付け加えよう。こうして、ドイツの工業と商業が外部世界から完全に遮断されていたということは、ドイツの人口が国内農業によって十分に食糧を供給できるということと同じように、ひとつの伝説である。したがってまた、世界戦争中におけるドイツの「ミクロコスモス」の自立性とされるものは、ふたつのお伽噺に基づいていることが、示されるのである。

最後に、世界のすべての地域においてきわめて高度に確認できる、ドイツ工業の販路がある。これは、戦争の継続するあいだ、国自身の軍需によって補完された。換言すれば、もっとも重要な工業部門つまり金属工業、繊維産業、皮革産業、化学工業は、あるモデル変化をへて、軍隊への排他的な供給産業に変化したのである。戦争のコストは、ドイツの納税者によって賄われたので、産業の戦時産業へのこうした変化は、ドイツの「国民経済」が、それらの生産物の大部分を交換のために外国へ送る代わりに、それら生産物を戦争のなかで間断なく損耗させるべく放棄することを、意味している。そのようにして戦争によって生じた損失は、公債制度を介して、数十年にわたって経済の将来の成果にとって、重荷となるのである。

これらすべてを総括すると、次のことが明らかになる。戦争中の「ミクロコスモス」の驚くべき繁栄は、どの方面についてもひとつの実験であり、それについては、カードの家のような人工的な建物が瓦解することなしに、どれだけの期間、実験が引き伸ばされることができるのかということが、問題となるだけである。

さて、ひとつの奇妙な現象を瞥見しよう。われわれがドイツの外国貿易をその総額において観察するならば、輸入が輸出よりも著しく大きいこと、つまり、一九一三年には、前者は一一六億マルクであり、後者は一〇九億マルクであることについて、奇異に感じるだろう。そして、この関係は、およそどの年を挙げても例外はないのであり、むしろ、かなり以前から年々確証できるのである。同じことは大ブリテンについても言えるのであり、この国は一九一三年に、総貿易額のうち、一三〇億マルクを輸入し、一〇〇億マルクを輸出したのである。こうした事態は、フランス、ベルギー、オランダにおいても、同様である。どのようにして、このような現象が可能になるのか。ビュッヒャー教授は、「自国の需要を超える余剰」と「一定の欠落」というかれの理論によって、われわれに対して啓蒙するつもりなのか。

教授がわれわれに教えるように、多様な「国民経済」の相互の経済関係が、次の事情に尽きるばあいには、すなわち個々の「国民経済」が互いに、既にネブカドネザルの時代において行われたのと同様に、それらのその時々の「余剰」を投げ渡すことにある時には、すなわち単純な商品交換が青い領空をこえる唯一の架橋であるばあいには、ある国は自国商品を輸出するのと同じだけの大きさの輸入をすることしかできないことは明白である。また、金が単純な商品交換にさいして単なる仲介者であるばあいには、外国の商品は最終的には自国の商品によって支払われる。それゆえ、どのようにして、ある「国民経済」は、自国の「余剰」を輸出する以上に外国から持続的に輸入するという手品を、やり遂げることができるのか。おそらく教授は嘲笑的にわれわれに叫ぶだろう。解決は世界でもっとも簡単なものである、輸入国はその輸出以上の輸入の超過を現金で支払う必要があるのだ、と。ただ、あなたの許しを得てのことだが毎年毎年その国の外国貿易の深淵にそうとうの金額の現金を、永遠に投げ込めるような贅沢を果たすことのできるのは、たかだか豊富な自国の金鉱・銀鉱をもつような国だけである。そんなことは、ドイツにもフランスにも、またベルギーにもオランダにも当てはまらない。おまけに、われわれは次のような驚くべき事態を見る。つまり、ドイツは、輸出するよりも多くの商品をたえず輸入するだけでなく、輸出するよりも多くの貨幣を輸入するのだ。一九一三年には、ドイツの金と銀との輸入は四億四一三〇万マルクであり、輸出は一億二八〇万マルクであり、すでにその年から、ほぼ同じ比率であった。魔法のランプは、もの悲しくまたたく。じっさい、われわれは、世界貿易の謎に満ちた徴候の背後に、個々の「国民経済」のあいだに、単純商品交換とはまったく様相の異なった経済関係が、つまり自国から他国に与える以上の生産物を他国から獲得するという関係が存立しているにちがいないということに、気づき始めたのだ。このことは、明らかにただ外国に対しておよそ請求権をもっているような国にとってのみ、成り立つであろう。その権利は、等しいものの交換を通って、まったく異なっているのだが。そして、そうした請求権と諸国のあいだの依存関係とは、たとえ教授の理論がそれらについてなにも知らなくても、じっさい、一歩一歩と成立している。そうした依存関係は、しかもそのもっとも単純な形態は、いわゆる母国の植民地に対する関係である。大ブリテンは、その最大の植民地であるイギリス領インドから、毎年一〇億マルク以上の貢納をさまざまのかたちで引き出している。そして、われわれは、それと照応して、インドの商品輸出が、毎年、一億二〇〇〇万マルクだけ、輸入を超えていることを見る。この「余剰」は、イギリス資本主義によるインドの植民地的搾取の経済的表現以外のなにものでもない。われわれが商品を直接イギリス向けのものと考えようと、あるいは、イギリスの搾取者に対して弁済する目的のために、インドが可能なかぎりすべての国に一億二〇〇〇万マルクの商品を売却しなければならないのであろうと、そうである。[31]だが、さらに、政治的権力支配によっては基礎づけられない、いまひとつ別の経済的従属関係が存在する。ロシアは、毎年、一〇億マルクだけ、輸入する以上の商品を輸出する。この暴力的な商品の流れを毎年ロシア帝国から突き進めているものこそ、およそ、自国の「国民経済」の需要を超える土地生産物の大きな「余剰」ではないのか。だが、自らの穀物がこのような仕方で国から出ていくロシアの農民は、周知のように、栄養不足から壊血病を患い、しばしば、樹皮のまわりの薄皮を混ぜられたパンを食べている！　かれのパン用穀物の大量輸出は、まさしく国内におけるそのふさわしい財政・租税制度を介してなされるが、対外借款から生じる義務を果たすためには、ロシア国家にとって純然たる必要事である。ロシアの国家機構は、クリミア戦争[32]の見事な瓦解以来、また、アレクサンダー二世の改革[33]によるロシアの近代化以来、西欧、とりわけ実質的にはフランスから借款された資本によって、その費用は賄われたのであった。フランスの借款に対して利子を支払いうるためには、ロシアは毎年、大量の小麦、木材、亜麻、麻、樹皮、および鳥肉などを、イギリス、ドイツ、およびオランダに売らねばならない。こうして、ロシアの輸出の巨額の余剰は、債権者に対する債務者の貢納を表現するのであり、この関係は、フランスの側から言えば輸入の巨額の超過に照応しており、また、貸付資本によって入手された利子以外のなにものでもない。だが、経済的関連の連鎖は、ロシア自身において、さらに進んでゆく。貸付けられたフランスの資本は、この一〇年来、主として、国家保証による鉄道建設と軍備というふたつの目的に、役立てられた。双方のサーヴィスのおかげで、ロシアにおいては、一八七〇年代以来、――高率保護関税による保護のもとで――、強力な大企業が成立した。古い資本主義国フランスからの貸付資本は、ロシアにおいて新しい資本主義をおおいに成長させたのであり、この新しい資本主義の側は、技術的に先導している工業国家であるイギリスとドイツからの、機械やその他の生産手段の顕著な輸入による支援と補完を、持続的に必要としている。こうして、ロシア、フランス、ドイツ、イギリスのあいだには、経済的連関の帯がまとわりついているのであり、商品交換とはそれについての最終的な簡潔な言葉なのである。

けれども、これをもってしても、諸関連の多様性は、まだ捉え切れない。トルコや中国のような国は、教授らしい図式に対して新しい謎を提出する。すなわち、これらの国は、ロシアとは逆に、また、ドイツやフランスと似て、多年にわたってほとんど輸出の二倍に近い金額を示す、ひじょうに膨大な輸入を行っているということである。トルコあるいは中国は、自分たちの国民経済がそれに相応した「余剰」を与えることがまったくできないのに、自国の「国民経済」の「欠落」をそのように潤沢に穴埋めするという贅沢を、どのようにして実現することができるのか。半月の国と辮髪の帝国にとって、ほぼ毎年、ヨーロッパの西欧列強により、キリスト教の愛に基づいて、数億マルクの贈り物が、さまざまな有用な商品のかたちをとって贈られているのか。だが、どんな子どもでもわかっているように、トルコも中国も、むしろ、ヨーロッパの高利貸しに耳から爪にいたるまで取り込まれて、イギリス、ドイツ、フランスの銀行家に、利子に見合った巨額の貢納を支払わねばならないのだ。したがって、ロシアを例にすれば、トルコも中国も、そのヨーロッパの恩人に対して利子を支払いうるためには、逆に、自国の農業生産物の輸出が余剰をもつことを示さねばならないのだ。ただ、中国におけると同様に、トルコにおいても、いわゆる「国民経済」はロシアのそれとは根本的に異なっている。外国の借款は、たしかに同様に、主として鉄道建設、港湾施設、および軍備のために使用されている。しかし、トルコは、今日にいたるまで、ほとんどまったく自国の工業をもっておらず、その素朴な農耕と十分の一税を伴う中世の農民的な自然経済の地平から、いきなり足を踏み出すことはできないのである。かたちは異なるが、ほぼ同じことが中国のばあいである。それゆえ、住民の工業生産物に対するすべての需要だけでなく、交通用の構造物のため、および陸軍と海軍の軍備のためのすべてのものもまた、必要な補助手段も整えて、西欧から引き出され、ヨーロッパの企業家、技術者、技師によって、しかるべき場所に輸出されるのである。たしかに、借款は、しばしば、予めそうした納品と結びついている。たとえば、中国は、ドイツおよびオーストリアの銀行資本から、自国がまさしくスコダ工場とクルップから一定の額の軍備を注文するという条件のもとに、借款を獲得した。個別の借款は、最初から、鉄道の輸出についての認可と結びついていた。こうして、ヨーロッパ資本は、トルコや中国へ、たいてい同じく、商品（軍備）あるいは工業資本として、当然にも機械や鉄道などの姿に移って行った。後者の商品は、交換のためではなく、利潤獲得のために、それらの国へ流れ込んだのである。この資本への利子は、その他の利潤とともに、ヨーロッパへの資本家によって、その現地国においてトルコの農民ないしは中国の農民から、ヨーロッパの金融管理のもとにふさわしい租税制度の助けを借りて、搾取される。圧倒的なトルコや中国の輸入とそれに見合ったヨーロッパの輸出とについての簡単な数字の背後に、豊かな大資本家的西欧とこれに搾取された貧しく遅れたオリエントとのあいだの独特の関係が、隠されている。オリエントは、西欧によって、もっとも近代的でもっとも大規模な交通設備と軍事施設を与えられ、同時に、自らは古い農民的「国民経済」の切り裂かれた廃墟を示すのである。

さらに別の例をわれわれに提示するのが、アメリカ合衆国である。ここでもまた、ロシアと同様に、輸出が輸入を著しく超過している。つまり、一九一三年には、輸入が七四億マルクであるが、輸出は一〇二億マルクであった。しかしこの現象の原因は、ロシアのばあいのそれとは根本的に異なっている。もちろん、アメリカ合衆国もまた、巨額のヨーロッパ資本を飲み込んでいる。既に、一九世紀の初頭以来、ロンドン取引所は、膨大な債権と株券を飲み込んでいた。アメリカの会社設立と有価証券における投機は、一八六〇年代までには、体温計のように、いつもイギリスの大きな商・工業恐慌のさしせまった勃発を示していた。その時以来、イギリス資本の合衆国への流入は止まることがなかった。この資本は、アメリカ合衆国へ、一部は貸付資本として、だが大部分は工業資本として、都市と私企業へ送られる。ロンドン取引所において、アメリカの鉄道株・工業株が買われるにせよ、あるいは、イギリスの工業カルテルが高い関税障壁を回避するために合衆国に支店を創設するにせよ、あるいはまた、そのカルテルが、世界市場における競争を逃れるために、株式の買占めを通じて、その地の企業をカルテルに引き込むにせよ［資本はアメリカへ運ばれる］。そこで、合衆国は、今日においても、高度に発展し、ますます急速に前進している大工業を保持している。合衆国は、ますますヨーロッパから貨幣資本が流入する一方で、自らは、既に、ますます多くの工業資本を——機械や石炭を——カナダ、メキシコ、および中南米諸国へ輸出している。合衆国は、このような仕方で、綿花、銅、小麦、材木、石油などの原料の古くからの資本主義諸国への輸出と、工業化の始まったばかりのまだ若い諸国への多くの工業製品の輸出とを、結びつけている。こうして、アメリカ合衆国の大きな輸出超過には、資本を受け取っている農業国から資本を輸出している工業国への、独特の移行段階が反映しているのである。つまり、古い資本主義的ヨーロッパと若い遅れたアメリカ大陸とのあいだを仲介する環という役割が、反映されているのである。

古い工業国家から若い工業国家へのこの大きな資本の移転と、この資本から引き出された収入のそれに見合った還流——それは若い諸国の貢納として毎年古い国へ戻ってくる——とを全体として概観すれば、主として、三つの強力な流れがあることが明らかである。イギリスは、一九〇六年の概算によれば、当時すでに、その植民地および外国に五四〇億マルク投資し、そこから二八億マルクの毎年の収入を利子として引き出した。フランスの海外資本は、ほぼ同じ時期に、三二〇億マルクの金額であり、これは少なくとも一三億マルクの年間収入を伴っていた。最後に、ドイツは、一〇年前に既に、二六〇億マルクを外国に投資し、これはこの国におよそ一二億四〇〇〇万マルクを毎年もたらした。その時以来、これらの投資は、収入と同様に、急速に増大した。しかし、この大きな主要な流れは、ついには、より細い支流に分かれる。合衆国が、資本主義をさらにアメリカ大陸に広げたように、ロシアでさえも——みずからもなおまったくフランスの資本とイギリスおよびドイツの工業を供給されながら——すでに貸付資本と工業生産物をそのアジアの後背地に、つまり中国、ペルシア、および中央アジアへ移転した。たとえば、ロシアは、中国の鉄道建設に参加しているのである。

こうして、われわれは国際貿易に関する無味乾燥な象形文字の背後に、経済的絡み合いの完全なネットワークを発見するのであり、この絡み合いは教授の知恵のためにだけ存在する単純な商品交換とは関わりのないものである。

学識あるビュッヒャー氏の工業生産諸国と資源生産諸国とのあいだの区別は、その粗野な骨格にもとづき国際交易を張りめぐらしたものだが、教授風の図式化の粗野な産物にすぎない。化粧品、綿布、および機械は、同じように、工場製品である。化粧品のフランスからの輸出は、ただまったくフランスが全世界の豊かなブルジョアジーという狭い階層のために奢侈品生産を行う国であることを示している。日本からの綿布の輸出は、日本が西欧と競争して、東アジア全域で昔ながらの農業生産と手工業生産を掘り崩し、商品交易によってそれらを駆逐していることを示している。また、イギリス、ドイツ、および合衆国からの日本への機械の輸出は、これら三国が大工業を世界のすべての地域にまで移植していることを示している。

それゆえ、われわれは、今日、ネブカドネザル王の時代から古代および中世のすべての歴史的時期には知られていなかったひとつの商品、つまり資本が輸出され、また輸入されていることを発見する。しかし、この商品は、外国の「国民経済」の「ある隙間」を満たすには役立たず、むしろ、逆に、隙間を作り出すのに役立ち、古代の「国民経済」の外壁のうちに、亀裂と分裂を生み、そこへ侵入するのであり、爆薬が働くように、遅かれ早かれかの「国民経済」を瓦礫の山に変化させるのに、役立つのだ。こうして、資本という「商品」とともに、かなり奇妙な「商品」が、ますます大量に、二、三の古い国から全世界へ運ばれる。つまり、近代的な交通機関、すべての土着の諸民族の絶滅、貨幣経済と農民階層の債務、富と貧困、プロレタリアートと搾取、生活の不安と恐慌、無政府と革命。ヨーロッパの「国民経済」は、その多種多様な姿の貧困を地球上のすべての国や国民にまで拡大し、それらの国々や国民を資本主義的搾取の大きなネットワークの中で絞め殺してしまう。

四　国民経済か世界経済か（続）

にもかかわらずビュッヒャー教授は、世界経済というものを信じられないのだろうか。できないのだ。というのも、この学者は、世界のすべての地域を注意深く見まわし、なにものも発見できなかったのちに、次のように言明したからである。わたしは、国民経済から「本質的な指標から見て異なっている」ような「特別な現象」を見ないと言わざるを得ない。また、「そうした現象が近い将来に出現するということには、ひじょうに疑いを抱いている」と。[34]

いまや、われわれは、貿易と貿易統計からまったく離れて、直接に生活に、近代の経済関係の歴史に立ち向かおう。ただ、色彩のある巨大な像からひとつの小さな部分に向かおう。

一七六八年に、イギリスのノッテンガムにおいて、機械で運転する最初の綿紡績工場がアークライトによって創設され、一七八五年にカートライトが力織機を発明した。それに続く結果は、イギリスにおける手織業の絶滅であり、機械制工場の急速な普及である。一九世紀の初めには、イギリスには、ある推定では約一〇〇万の手織工がいた。かれらはいまや排除されたのである。そして、一八七〇年頃には、連合王国にはわずかに数千の手織工しかおらず、手織工の代わりに、五〇万人以上の工場労働者が綿織物業界にいるのである。一八六三年に、グラッドストーン首相㉟は、議会において、「有頂天にさせるような富と権力の増大」㊱について語り、その増大は、イギリスのブルジョアジーに注ぎ込まれるが、労働者階級はそのいかなる部分をも受け取れなかっただろうと述べている。

イギリスの綿織物業は、その原料を北アメリカから引き出している。ランカシャー地区の工場の増大は、合衆国の南部に綿花の巨大なプランテーションを生じさせた。綿花プランテーションにおける殺人的労働のための安価な労働力として、砂糖、米およびタバコの栽培のためとちょうど同じように、黒人がアフリカから輸入された。アフリカでは、とくに奴隷貿易が盛んであり、すべての黒人の種族が、「暗黒大陸」の奥地で狩り立てられ、かれらの酋長によって高く売りつけられ、はるかな道のりを陸路や海路で輸送され、ついにはアメリカへ売られる。文字通り黒い「民族移動」が成立する。一八世紀末近くの一七九〇年に、アメリカには、ある計算によると六九万七〇〇〇人の黒人がいたが、一八六一年には四〇〇〇万の黒人がいた。

アメリカ合衆国の南部における奴隷貿易と奴隷労働の巨大な膨張は、北部諸州によるこの反キリスト教的残酷さに対抗する十字軍を引き起こした。一八二五～一八六〇年におけるイギリス資本の大量輸入は、合衆国の北部に活発な鉄道建設と自国工業の端緒を切り開き、それとともに、搾取の現代的形態つまり資本主義的賃金奴隷制に熱中する、ブルジョアジーを生じさせた。七年を経ずして死亡するまで奴隷を酷使することのできた、南部の農場主のメルヘン風の事業は、北部の敬虔なピューリタンにとっては、気候上の事情によりそうしたパラダイスを自らの州に樹立することはできなかったために、それだけよけいに、残酷なものと見えたのである。こうして、北部諸州の努力によって、一八六一年にひとつの法律により、奴隷は、アメリカ合衆国の全領域において、あらゆる形態で廃止されたのである。心の奥底の感情に囚われた南部の農場主は、［北部の］一撃に対して、公然たる呼びかけをもって応えた。南部諸州は、アメリカ合衆国からの分離を宣言し、大きな内乱が勃発した(37)。

戦争の直接の作用は、南部諸州の破壊と経済的没落である。生産と交易は衰退し、綿花の輸出は中断させられた。こうして、イギリスの工業はその原料を奪われ、一八六三年には、イギリスでいわゆる「綿花飢饉」という恐るべき恐慌が勃発した。ランカシャー地区では、二五万人の労働者が完全に失業し、一六万六〇〇〇人の労働者はただ部分的にのみ雇用され、一二万人の労働者だけがまだ完全な雇用の状態にあったのだが、その賃金は、約一〇〜二〇％切り下げられた。かぎりのない貧困が、この地区の住民を支配する。五万人の労働者がイギリス議会への請願のなかで、妻と子を伴ってイギリスから移民するための国費を承認するように求めた。オーストラリアの諸州は、——原住民がヨーロッパの移民によってほんの僅かにまで絶滅されてしまったのちには——かれらの始まったばかりの資本主義的飛躍に必要な労働力を欠いているので、失業したプロレタリアートを、イギリスから受け入れる用意があると言明している。ただイギリスの工場主だけが、この「生きた機械」を工業の次の予期される飛躍のさいに再びみずから使用できるので、かれらの「生きた機械」の移民に激しく抗議した。移民のための経費は労働者に対して拒絶され、恐慌の恐ろしさが彼らによって究極まで味わい尽くされたのである。

イギリス工業は、アメリカの産地が役に立たなくなったのち、他の方法でその原料を作り出そうとし、かれらの眼を東インドに向ける。綿花プランテーションがここでは熱に浮かされたように建設され、数千年来住民の日々の食物を供給し、かれらの生活の基礎をかたちづくっている稲作は、広範な地域で投機家の儲けの期待に道を譲るのである。この稲作の駆逐と結びついて、わずかの年月の後、異常な物価騰貴と飢餓が到来し、一八六六年には、ベンガルの北方のオリサ地方だけでも、一〇〇万人以上の人が飢餓のために奪い去られている。

第二の実験は、エジプトでなされる。南北戦争の景気を利用し尽くすために、エジプトの副王イスマイル・パシャは、迅速に綿花プランテーションを建設した。かたちばかりの革命がこの地方の所有関係と農業において発生する。農地は、広範な地域で略奪され、王の財産と宣言され、大規模なプランテーションに利用される。数千の農奴は、副王のためにダムを築き、運河を掘り、犂を操るために、革の鞭でもってプランテーションに追い立てられる。副王は、借入金でもっとも近代的な蒸気犂や種子取り除き設備をイギリスから取り寄せるために、より深刻に、イギリスとフランスの銀行家への債務に陥る。合衆国における講和条約ののち、綿花の価格は数日のうちに再び四分の一に下落し、この大規模な投機も、すでに一年後には破産でもって終わった。エジプトにとっての綿花時代の結果は、農民経済の破滅、財政の崩壊、最後には、イギリス軍によるエジプトの占領などを早めたことであった[38]。

そうこうするうちに、綿花工業は新たな侵略を行う。一八五五年のクリミア戦争は、ロシアからの麻と亜麻の輸入を妨げたが、これは西ヨーロッパにおいて亜麻布製造産業の激しい恐慌をもたらした。そのさい、綿布は亜麻布に代わって何倍も躍進し、綿工業は、亜麻布生産を犠牲にして、ますます拡大したのである。ロシアにおいては同時に、クリミア戦争中になされた旧体制の瓦解以来、政治的変革がなされ、農奴身分の廃止、自由主義的な諸改革、自由貿易と鉄道の急速な建設が行われた。そのことによって、工業生産物のための新しい巨大な販売市場が巨大帝国の内部に開かれたのであり、イギリス綿工業はロシア市場に一番乗りで進出した。一八六〇年代には、一連の血なまぐさい戦争ののち、同じように中国がイギリスの商業のために開かれた[39]。イギリスは世界市場を支配し、綿工業はその輸出の半分以上を供給している。一八六〇年代および一八七〇年代の時期は、イギリスの資本家たちのもっとも輝かしい事業の時代であった。と同時に、かれらは、たいていのばあいに、労働者への小さな譲歩によって「働き手」と「産業上の平和」を確保するという傾向があった。この時期に、イギリスの労働組合は――その先頭には紡績工と織布工とがいたが――、そのもっとも重要な成果を達成した。しかし、同時に、この時期は、イギリスのプロレタリアートに見られたチャーチスト運動[40]の革命的な伝統とオーウェン主義的理念とが最終的に死滅した時代であり、かれらが保守的な労働組合主義[41]に凝り固まった時期であった。

けれども、すぐに、情況は変化する。イギリスがその綿製品を輸出した大陸のいたるところで、次々と自国の綿工業が成立する。既に、一八四四年に、シュレジアとボヘミアの手織工の飢餓蜂起が、三月革命[42]の最初の前兆として、発生する。イギリス固有の植民地においても、国内生産が成立する。ボンベイの綿製品工場は、ただちにイギリスと競い合うようになり、一八八〇年代には世界市場におけるイギリスの独占を打ち破ったのである。

最後に、ロシアにおいて、一八七〇年代の自国の綿製品製造の躍進は、大工業と保護関税の時代を開始した。高率の関税障壁を避けるために、ザクセンとフォークトランドから、工場全体がその従業員も含めて、ロシア領ポーランド[43]へ移された。そこでは、新しい工場の中心であるロッツやスギーエシュが、カリフォルニアのような唐突さで、大都市に成長した。一八八〇年代の初めに、綿業地帯のモスクワ－ウラジミール地区での労働者の騒乱が、帝政下の最初の労働者保護法を制定せざるを得なくさせた。一八九六年には、ペテルスブルクの綿工場の六万人の労働者が、ロシアにおける最初の大衆ストライキ[44]を遂行した。そして、九年後、一九〇五年六月には、綿工業の第三の中心であるロッツにおいて、一〇万人の労働者が、ドイツ人労働者はその先頭に立っていたが、大ロシア革命の最初のバリケードを築いたのである……[45]。

われわれは、ここに、この短い記述のなかで、一四〇年の近代工業部門の歴史を眼前にする。この歴史は、世界の五大陸を通じてうねり進むのであり、数百万の人間の生命を擲つのであり、ここでは恐慌を、かしこでは飢餓を引き起こし、ときには戦争、ときには革命として燃え上がり、その行路のすべてにおいて富の金山と貧困の深淵とを後に残す——それは人間労働の幅広い血で彩られた汗の流れなのである。

それは、生命の痙攣であり、それは諸国民の内臓まで侵すような遠隔作用である。しかしまた、国際貿易統計の無味乾燥な数字の中ではそれらのぼんやりした薄明りを読み取ることさえできないのである。イギリスにおいて近代工業が到来して以来、一五〇年のあいだに、資本主義世界経済は、全人類の苦痛と痙攣のもとに、まさしくはじめて形成されたのである。近代工業は、ある生産部門から別の生産部門へとつぎつぎと普及し、ある国から別の国へと占拠してゆく。蒸気と電気をもって、砲火と刀をもって、近代工業は、地球の辺境にまで入り込み、中国の万里の長城はすべて破壊し、世界恐慌の世紀を通じて、共通の周期的破局によって今日の人類の経済的結合を明らかにした。イタリアの労働者は、本国での貧困のため祖国の資本により追い払われ、アルゼンチンやカナダに移民するが、そこでは、既に合衆国やイギリスから輸入された、資本主義の完成した新しい軛を見出すのである。ドイツの労働者は、自国に留まり、まじめに生きてゆこうと思っているが、かれの幸・不幸は、全世界の生産と商業の進行に一歩一歩左右される。かれが仕事を見出せるかどうか、かれの賃金が妻子を満腹させるに十分なものかどうか、かれが一週間のかなり多くの日に休みを強制されるか、あるいは日夜を超過労働の地獄に置かれるよう宣告されるか。

これらすべては、合衆国の綿花の収穫、ロシアの小麦の収穫、アフリカにおける金またはダイヤモンドの新たな鉱山の発見、ブラジルの革命的騒乱、五大陸における関税戦争と外交上の紛争と戦争に左右されて、たえず動揺する。すべての国民と地域を大きな全体に結びつける、日々ますます緊密かつ強固に成長する経済的土台と、国民を国境、関税障壁、および軍国主義によって、多くの異質で敵対的な部分に分裂させようとする、諸国家の政治的な上部構造との間の、大きく裂けた矛盾ほどに、今日これほど目立ち、今日の社会的および政治的生活の全体的な形成にとってこんなにも決定的な重要性をもつものはなにもない。

にもかかわらずこれらすべては、ビュッヒャー、ゾンバルト、およびかれらの同僚にとっては存在しないのである！　かれらにとっては、「ますます完成するミクロコスモス」だけが存在する！　かれらは、国民経済から「本質的指標において異なっている」と思われる「特別な現象」を、どこにも、見出さないのだ！　それは謎ではないだろうか？　科学公式の代表者が、またぎらぎらと雷鳴のような光をもって観察者の感覚に押し寄せてくる諸現象に対して、等しく盲目であることとは、経済学以外のなんらかの知識領域において、考えられるだろうか？　いずれにせよ、自然科学においては、今日、地球が太陽の周りを回るのではなく、太陽がすべての天体とともに中心としての地球の周りを回るのだという見解を公言し、自分は「本質的な指標において」自分の見解と矛盾する「現象をまったく知らないのだ」と主張する学者は、全知識界のホメロス的な嘲笑に直面し、ついには、心配した親戚によって、かれの精神状態を検査するように強要されることは、確かである。もちろん、四〇〇年前には、そうした見方は、罰せられずに流布していただけでなく、そのまちがいを公式に説明しようと企てる者はだれでも、火あぶりの刑におわるという危険にさらされていた。当時、あたかも地球が世界と天体の中心であるかのように言う誤った見解を堅持することが、カトリック教会の差し迫った関心であり、宇宙のなかでの地球の至上性についての自惚れに対するどのような攻撃も、教会の精神的圧政と土地に対する十分の一税［教会税のこと］への暗殺行為であった。したがって、当時、自然科学は支配的社会制度の気難しい神経をいらだたせる点であり、自然科学の神秘化は、圧政の不可欠の道具であった。今日、資本の支配のもとでは、社会制度の困難な点は、青い宇宙における地球の使命を信じることにあるのではなく、地上におけるブルジョア国家の使命を信じることなのである。世界経済の巨大な波のうえには、既に、濃密な霧が立ち上り、密集しているのだから、また、そこではブルジョア国家の「ミクロコスモス」を、鶏小屋のように、大地から取り去ろうとする嵐が待ち構えているのだから、資本支配の学問的な「傭兵隊」は、かれらの牙城、つまり「国民国家」の門のまえで、最後の息を引き取るまで資本支配を守ろうとして、前進する。今日の国民経済学の最初の言葉、つまり根本概念は、ブルジョアジーの利害にもとづく学問上の神秘化なのである。

五．資本主義生産様式の法則の発見

国民経済学は、われわれに対して、しばしば簡単にこう定義されている。それは、「人間の経済上の諸関係に関する学問である」と。そうした定義を与える人々は、問題を規定しないまま一般的に論じ、「人間」の経済について一般的に語るのだから、「国民経済」と世界経済との困難な問題点を避けて通っているにちがいない。しかしながら、事柄は、このように青いエーテルにぼかしてしまうことによっては決して明晰にはならないのであり、むしろ、場合によってはもっと混乱してくる。というのも、いまや、「人間」――したがってすべての時代のすべての状況におけるすべての人間――の経済的関係に関する特別な学問が必要かどうか、またなぜそれが必要なのかという問題が生じるからである。

われわれは、任意の人間の経済関係に関して、できるかぎり簡単で見通しうる実例を取り上げよう。今日の世界経済がまだ存在せず、商品経済は都市では栄えているが、これに比べて農村地域においては自然経済が、すなわち自家需要のための生産が、小さな農民地におけると同様に大領主地においても優勢であったような、そうした時代に身を置こう。われわれは、たとえば、デュガルト・スチュアートによって、一八世紀の五〇年代［一七五〇年代］に論述された、高地スコットランドの事情を取り上げよう。

「統計的報告によれば、高地スコットランドの二、三の地域で……見られるのは妻子をもつ羊飼いや小作人であり、かれら自身が鞣した革から作った靴を履き、自分以外の誰の手も煩わせずに作られた衣類をまとっている。かれら自身が衣類の素材を羊から刈取り、またそのために亜麻そのものを栽培した。衣服を用意するために、穴あけ針、縫い針、裁縫用指ぬき、縫製のさいに用いられる鉄器のひじょうに僅かの部品など以外には、購入されたものはなんら入り込まない。染料も、妻たちによって、樹木、木の枝、および草から得られたものである。」[46]

あるいは、われわれは、一例をロシアから取ろう。そこでは、まだ、ほんの少し前に、一八七〇年代に、農民経済は幾層倍ものものを作り出していた。すなわち、「かれ（スモレンスク県のウアジマ郡の農民）が耕作する土地は、食物、衣類など、かれの生存にとって不可欠なすべてのものを、つまりパン、ジャガイモ、ミルク、肉、卵、紐、布地、羊の皮、および暖かい衣服のための羊毛などを、かれに供給する。……貨幣と交換で、かれは長靴と、ベルト、帽子、手袋のような、二、三の身のまわりの品物と、同様に不可欠な二、三の家具什器、つまり、陶器および木製の食器、火かき棒、やかん等々を、購入する。」[47]

今日なお、そうした農民経済は、ボスニア、ヘルツェゴビナ、セルビア、ダルマチアに、存在する。われわれが、スコットランドの、あるいはロシア、ボスニアあるいはセルビアの、そうした自営農民に、「経済目的」、「富の発生と分配」、およびそうした事柄についての国民経済学の通例の教授風の設問を示そうとすると、かれはきっと驚いて目を丸くするだろう。なぜ、またどのような目的で、わたしと家族は働くのか、どのような「動機」がわれわれを「経済活動」へと突き動かすのか？　かれは大声で叫ぶだろう。そうはいっても、われわれは生きねばならず、食用にフライにされた鳩がわれわれの口に飛び込むことはない。もし、われわれが働かなければ、われわれは飢え死にしてしまうにちがいない。だから、われわれは、十分に食べ、清潔な衣服を着て、屋根のある家に住むことを実現するため、働いている。なにをわれわれは生産し、「どのような方向に」労働を加えるのか。またもや、まったくたわけた質問だ！　われわれは、必要とするものを、各々の農民の家族が必要とするものを、生産する。われわれは、小麦とライ麦と、大麦とカラス麦とを栽培し、ジャガイモを植え、また事情によっては、牛、羊、鶏、および鴨を飼育する。冬には、織物が作られるが、これは機織り女たちの仕事である。われわれ男たちは、斧、鋸、金槌をもって、家屋に必要なものを作る。あなたたちは、それを、わたしの知るかぎり「農業」あるいは「生業」と名づける。いずれにせよ、われわれは、すべてのことを少しずつやってゆかざるをえないのであり、それというのも、人は家庭でも耕地においても、すべてを必要としているからである。どのようにして、われわれはこの労働を「分業するのか」。さらにふしぎな質問だ！　男たちは、当然にも、男の力を必要とすることを行うのであり、女たちは家庭、牛舎、鶏舎の世話をするのであり、子どもたちは、それぞれを助ける。あるいは、あなたは、わたしが女を木こりにやり、自分自身で牛の乳を搾るべきだと、思うのか。（善良な人は、――われわれの側からはこう付け加えよう――多くの原始的な民衆においては、たとえばブラジルの原住民においては、まさしく森で木材を集める女が、同時に、木の根を掘り起し、果実を摘みにゆく。これに対して、アフリカやアジアの牧畜民族においては、男が家畜の世話をするだけでなく、乳を搾りもするということを知らないのである。また、人は、今日もなお、ダルマチアにおいては、女が重い荷物を背負って運んでいるのを見るし、他方、その横では、熊のように強い男が、ゆったりとロバに乗って進み、パイプを吹かしているのを見る。こうした「分業」は、わが農民たちには、かれが木を切り倒し、かれの妻が乳を搾ることがあたりまえのことと見えると同じように、当然のことと見える。）さらに、わたしは、わたしの「富」を、どう名づけるのか。これまた村のどんな子どもも、それを理解している。豊かな農民とは、穀物いっぱいの納屋、いっぱいの牛舎、かなりの数の羊、大きな鶏舎をもつ農民だ。つまり、たしかに、その家においては復活祭の頃に穀粉が足りなく、またその部屋では雨期には雨が屋根を通って滴り落ちるような、そうした農民は貧しい。「わたしの豊かさの増大」は、なにに左右されるのか。そこでは、なにが問われているのか。もしわたしがよい土地のかなり大きな部分をもっているなら、わたしは当然豊かであるだろう。そして、もし夏に、そんなことはあってはならないことだが、強い雷雨が降るならば、われわれは二四時間で村中みんないっしょに貧しくさせられるだろう。

われわれは、ここで農民に、辛抱して国民経済学の教授の学識ある質問に答えてもらった。しかし、ノートと万年筆をもって科学研究のために高地スコットランドやボスニアの農家に来た教授が、かれの質問の半分にも到達しないうちに、かれもまた確実に戸口に追いやられざるを得ないことは、われわれには確かなことのように思われる。じっさい、そのような性質をもった農民経済のすべての事情は、当然にも、単純で見通しやすいものであったので、国民経済学のメスによる分析はいともたやすいことのように思われる。

もちろん、われわれがその例を選んだのが不運だったのだと、ひとはおそらく抗議することができる。というのも、われわれがとるに足りない自給自足の農民経済だけを眼中に置いており、そこではきわめて素朴なものが、乏しい手段とその規模によって作りだされているのである。それゆえ、われわれは別の例を取り上げよう。われわれはどこか世界の忘れられた片隅にその慎ましい存在をかろうじて続けている小さな農家を立ち去り、強大な帝国の頂点に、つまりカール大帝の経済に眼を向けよう。この皇帝は、九世紀の初めにドイツ帝国をヨーロッパで最強の帝国につくりあげたのであり、また、かれの帝国の拡大と強化のために五三回に及ぶ遠征を行い、かれの王笏《おうしゃく》［王の束帯の印］のもとに、今日のドイツ以外に、フランス、イタリア、スイス、スペインの北部、オランダ、ベルギーを統一したのであるが、にもかかわらず、かれの領地と直轄農場における経済事情については、ひじょうによく考えていた。かれは、かれの直轄農場の経済原則に関して、七〇節から成る特別な法典を自ら書き下ろしたのであった。それが有名な〝村の勅令 capitulare de villes〟、つまり大農場に関する法である。その文書は、歴史的伝承の計りしれないほど貴重な宝として、幸運にも文書集の埃と黴のなかにあってわれわれのために保存されてきたのであった。その文書は、ふたつの理由からまったく特別に注意する必要がある。第一に、カール大帝のたいていの大農場からのちに強力な［神聖ローマ］帝国都市が成立したのであり、たとえば、アーヘン、ケルン、ミュンヘン、ストラスブルク、および多くのその他の大都市は、かつてはカール大帝の大農場だったのである。第二に、カールの経済制度は、中世初期のすべての世俗領主および聖職者の荘園制にとって模範となったのである。カールの農場は、古代ローマとその貴族の直轄農場の洗練された生活様式の伝統を受け入れ、それを若いゲルマンの軍人貴族のかなり粗野な環境に移植しようとした。そして、ブドウ園経営、園芸、果樹・野菜栽培、家禽飼育などに関するカールの規則は、ひとつの文化史的事実であった。

さて、われわれはこの史料をもっと詳細に見てみよう。大帝はこのなかで、とりわけ、人々がかれに誠実に仕えること、そして家臣に財貨を調達し、こうしてかれらを貧困から守るように要求した。かれらにその力量以上の労働を課すべきではないし、夜まで働くばあいには、それに対して補償されるべきであると求めた。他方で、家臣の側は、誠実にワインの栽培の世話をすべきであり、搾ったワインをボトルに詰め、それが傷まないようにすべきである。かれらが義務を怠るばあいには、かれらは「背中なりほかの場所なりを」鞭打たれるべきである。さらに皇帝は、家臣がかれの領地において蜜蜂から鵞鳥まで飼育すべきであり、家禽はよく世話され、増殖されるべきだと指示している。また、雌牛、雌馬、および雌羊の保有数を増加することに、最大の注意を払うべきだといっている。

皇帝はさらにこう続ける。われわれは、われわれの森が分別をもって管理され、森が開墾されず、そこに住む鷂《ハイタカ》［タカの一種］や隼《ハヤブサ》が保存されることを望んでいる。人々は、われわれが自由に処分できるように、いつも肥えたガチョウと若鶏を保有しておくべきであり、家内経済のなかで使用されない卵は市場において販売されるべきだ。われわれのどの農場においても、良質の羽毛布団、マット、掛布団、および、銅、鉛、鉄、木材からできた食器類、また、鎖、自在鉤、手斧、キリなどの貯えがあるべきであって、なにも他者に借りる必要のないようにすべきである。皇帝はさらにこう指示している。ひとびとは、かれに対して、かれの領地の収穫について詳細に報告すべきであり、しかも、それぞれのものがどれだけ産出されたかについてそうすべきであると述べた。そして、有名な史料のテキストに言われているように、そうしたものとして、野菜、バター、チーズ、蜂蜜、油、酢、甜菜、および「その他のさいな物」を数えあげている。さらに、皇帝は、かれの領地のどこにおいても、さまざまな手工業者が、どの分野でも勤勉で、充分な数だけ存在すべきであると指示し、再び、その種類を詳細に、ひとつひとつ挙げている。さらにかれは、クリスマスを、かれが毎年かれの富の計算を集める期限と規定している。そして、どんな零細な農場でも、カール大帝ほどには、自分の農場における家畜、卵について、それほど注意深く数えあげることはなかったのである。史料の第六二節は、こう述べている。「重要なのは、われわれが、すべてのものについて、なにをどれだけもっているかについて、知ることなのである」と。そして、かれは再び、牡牛、雌牛、木材、船、ブドウの木、野菜、羊毛、リンネル、麻、果実、蜜蜂、魚、毛皮、蜜蝋、および蜂蜜、新・旧のワイン、およびかれに提供されるその他のものを、挙げている。そして、かれは、それらすべてを提供すべき、愛すべき家臣を慰めるために、無邪気に、こう付け加えている。「われわれは、これらすべてが、あなたたちにとってあまりにも厳しすぎるとみえないことを望んでいる。というのも、あなたたちはそれぞれ自分の領地においては主人であるので、あなたたちのほうでも、それらを要求できるのだから」と。さらに、われわれは、ワインの梱包と輸送の方法についての詳細な指示書を見出すが、それはどうやら大帝の特別な統治上の配慮をなすものらしい。つまりこう書かれている。「ワインは、堅固な鉄の枠を付けた樽でもって運ぶべきであり、革袋に入れて運ぶべきではない。小麦粉は二輪車に積み、革で覆いをかけて輸送すべきであり、そうすれば、それは損傷することなしに、河川を越えて運ばれることができる。わたしはまた、人がわたしに対して、わたしの雌雄のヤギのツノの数について、一年間のあいだに処理された狼の毛皮の数と同様に、詳細な報告をすることを望んでいる。五月には、若い狼に対する容赦のない闘いをすることを、なおざりにすべきではない。」最後に、カールはその最終節において、さらにかれがかれの庭園で世話してほしいと思っている、すべての花、樹木、薬草を挙げている。つまりそこには、バラ、ユリ、ローズマリー、キュウリ、玉葱、大根、キャラウェー等々が、見られる。有名な法典は、さまざまのリンゴの種類を挙げることで、ほぼ終わっている。

これは九世紀の皇帝の家内経済の像である。しかも、ここでは中世のもっとも強力で豊かな領主が取り上げられているとしても、かれの家内経済もまた同様に、経済運営の諸原則は、驚くほど明白に、われわれが最初に考察したあのちっぽけな農家を思い起こさせるものであることを、誰もが認めざるをえないだろう。ここにおいてもまた、帝室の家長は、われわれがかれに、富の本質、生産の目的、分業等々に関する、国民経済学の意識的な基礎を講義しようと思ったとしても、われわれに対して、王らしい手さばきをもって、穀物、羊毛、および麻の山を、またワイン、油、酢などの樽を、また雌牛、雄牛、羊などの家畜小屋を示すだろう。そして、われわれは、国民経済についての科学が、本来、この経済のどのような事象について、秘密に満ちた「法則」を探究し、謎解きをおこなったのかについて、ほんとうのところは少しもわからないと言えるだろう。というのも、すべての関連、原因、作用、労働とその結果は、掌を指すように明白に、存在しているからである。

おそらく、読者は、ここで、われわれが例をまったく逆に選んでしまったことに、再度注意を向けさせたいと思うかもしれない。結局、カール大帝の史料から明らかになるのは、ここで問題となっているのが、ドイツ帝国の公共の経済事情なのではなく、皇帝の領地における私的経済であるということである。だが、誰でも、このふたつの概念を互いに対立させようと望むなら、かれはたしかに、中世についてある歴史的誤りを犯すことになるだろう。もちろん、勅令集は、皇帝カールの屋敷や領地における経済に関わっていたが、かれはこの経済を私人としてよりは支配者として運営していたのである。あるいは、より正しくは、皇帝はかれの宮廷の直轄地の主人であったが、どの大きな貴族領主も、中世においては、つまりカール大帝以後の時代には、おおよそのところ、小領地におけるそうした皇帝であった。すなわち、貴族領主は、かれの自由な家族的土地所有の力によって、かれの領地の立法者、租税徴収者、および裁判官であった。われわれが既に熟知したカールの経済指令書が事実上統治行為であったことは、それの形式そのものが証明している。つまり、それは、カールの六五条法令ないしは「勅令集」のひとつであり、これはカールによって起草され、かの偉大な人物の毎年の帝国文書集において発布されたのである。薄荷大根や鉄枠の入ったワイン樽についての諸規定は、たとえば、「聖職者法」つまり「司教の法令」における精神的なことがらへの警告――そこではカールは、主なる神の従者の耳をつかんで、口汚く罵らないように、酔っぱらわないように、悪所を訪れないように、愛人を囲わないように、そして聖物をあまりに高く売らないように、精力的に警告したのだが――とちょうど同じ絶対権力から生じ、同じスタイルで書かれている。われわれは中世において望むところどのように探しても、平野のどこにおいても、前記のカール大帝の経営が模範なり典型をなしていないような経済的経営体を発見することはできないのである。貴族的荘園制が問題になろうが、かの単純な農民経営が問題になろうが、あるいはまた、自立して経済活動を営む個々の農民家族が問題になろうが、共同体的に経済活動を営むマルク共同体が問題になろうが、そう言えるのである。

ふたつの事例においてもっとも顕著なことは、ここでは、人間生活の欲求がまったく直接的に労働を支配し規定するのであり、また成果はまったく精確に意図と欲求に一致しているので、このことによって、まさに諸事情は、規模の大小にかかわらず、あのような驚くべき単純さと透明さを得るのである。自らの農地にある農家も、荘園にある大君主国も、かれらが生産を通じて達成したいと望んでいることがらを、まったく正確に知っている。農民も君主も、食物、飲料、衣類、および便宜品についての、人間の自然の欲求を満足させたいと思っているということを知ることは、なんら困難ではない。相違はただ次の点にある。農民は喜んで藁袋のうえに眠り、領主は柔らかい羽毛のベッドのうえに眠るのであり、前者はビール、蜂蜜酒、あるいは清水を飲み、後者は手に入れにくいワインを食卓で飲んでいる。相違は、ただ、作られた財貨の量と種類にある。しかし、経済の土台と、人間的欲望を直接に満足させるという経済の課題は、同一である。この自然的義務から発生する労働がその成果と一致していることは、同じように自明である。ここでもまた、労働過程には差異が存在する。つまり、農民は、自らかれの家族構成員とともに労働し、かれの労働の成果から、かれの農地の大きさと共有地の持ち分がもたらしえるだけの大きさのものを得る。あるいは、もっと正確には――というのは、われわれはここでは中世の農奴について語っているのだから――領主と教会のための貢租と賦役を出したのちに、かれに残される量だけを得るのである。皇帝やどのその他の貴族領主も、自分自身は働かず、自分自身のために家臣と隷農を働かせる。それぞれの農民が、家族とともに自分たちのために労働するにせよ、あるいは庄屋ないしは荘園管理人の管理のもとに全員共同で領主のために労働するにせよ、労働の成果は、広い意味で一定量の生活手段以上のものではない。すなわち、まさしく必要とする量、およびおそらく必要とされるに近い量である。人は、そのようにつくられた経済をどれほどひねくり回しても、そこには、思慮深い探究や特別な学問によって初めて解明されるような謎は、なにも見られないのである。もっとも愚鈍な農民でさえ、中世には、かれの「富」がなにに依存しているか、またむしろかれの貧困がなにに依存しているかについて、まったく正確に知っていた。もっとも、農民の土地と支配者の領地を同様に次々と襲う自然現象を無視してだが。かれは、自分の農民的窮迫が単純で直接的な原因をもつことを、まったく正確に知っていた。つまり、第一に、地主による賦役と貢税のためのかぎりない搾取、第二に、同じ支配者による共有地、森林、牧草地、および河川の盗奪である。そして、農民は、農民戦争にさいして、かれが知っていたことを、声高に世界に向かって叫んだのであり、また、かれの吸血鬼の家に放火することによって、そのことを示したのである。ここで学問的に探究されるべく残されているのは、そうした諸事情の歴史的起源とその展開にすぎない。それは、全ヨーロッパにおいて、かつての自由な農民の土地が利子と租税の支払い義務のある貴族の領地に変化させられたという事態、また以前の自由な農民身分がのちには賦役義務のある家臣に変化させられたという事態が、どのようにして生じたのかという問題である。

しかしながら、事象がまったく別の様相で見えるのは、われわれが今日の経済生活のうちのなんらかの現象を目に止めるばあいである。われわれは、例として、もっとも注目に値する、またもっとも顕著な現象のひとつである商業恐慌を選ぼう。われわれのうちの誰もが既にかなり多くの大きな商業恐慌と産業恐慌を体験しており、自分自身の体験から、フリードリヒ・エンゲルス(48)が次のようにひじょうに模範的なかたちで記述した事象を知っている。「交通が止まり、市場が一杯になり、生産物が大量に販売されないままそこに滞留し、現金が姿を消し、信用が消滅し、工場がストップし、勤労大衆はかれらがあまりにも多くの生活手段を生産してしまったため生活手段にこと欠いており、破産に破産が続き、強制競売に強制競売が継ぐ。停滞が数年にわたって続き、生産力も生産物も大量に浪費され、破壊され、ついには、積み上げられた商品群は多かれ少なかれ減価され、結局は国外に流出するのであり、最後には生産と交換が方々に再び進行するに至る。その進行の仕方はしだいに促進され、速足になり、工業の速足は駆け足になり、これは再び、完全な産業、商業、信用、および投機の障害物競馬の全速疾走にまで登りつめ、最後には、命がけの跳躍ののち、再び瓦解という墓場に至るのである。」(49) われわれはすべて、そうした商業恐慌がどの近代国家にとっても恐怖であることを知っている。また、どのようにして恐慌の接近が知らされるか、その仕方にはひじょうに独特のものがある。繁栄と良好な業務の進展がなされる数年の経過ののち、初めて新聞のここかしこに不明瞭なひそかな噂が始まり、取引所においては破産についての二、三の不安を抱かせるような個別的報告が伝えられる。それから、新聞のほのめかしはより明瞭になり、取引所はますます不穏になり、国の営む中央銀行は割引率を高めるが、これはすなわち授信を困難にし、また制限するのであり、ついには破産と停滞についての集中豪雨のような報道がなされるに至るのである。そして、恐慌が全面的に広がると、そのときには、誰が恐慌に責任があるのかという問題について論争が始まる。実業家は責任を銀行の厳しい信用拒絶に押しつけ、銀行は取引所の人々の投機熱に押しつけ、相場師は工業家に、工業家は国内の貨幣不足に押しつける等々である。そして、ついに、ビジネスが再び進展し始める。そのとき、またしても、取引所と新聞が、容易に、改善の最初の兆候を書き記すのであり、ついには、希望、平穏および安全が、しばらくのあいだ、訪れるのである。それにもかかわらず、奇妙なのは、恐慌が、すべての関与者によって、全社会によって、いかに人間の意志や計算の領域外にあるものと見なされ、また取り扱われているか、またいかに運命の一撃が不可視の力によってわれわれに打ち下ろされるのか、またいかに天の試練が激しい雷鳴、地震、あるいは洪水という方法でくだされるのか、という事態である。すでに商業新聞が恐慌について報告するさいによく使われている言葉は、「実業界のこれまで晴れていた天空は、黒い雲によって覆われ始めた」というような言い回しを愛好しているし、あるいは、銀行割引率の急激な引上げが伝えられるときには、「嵐の兆候」というおきまりのタイトルの下に話がなされ、同様に、のちには、われわれは一時的な雷鳴とか晴れ渡った地平とかについても読むのである。こうした表現の仕方は、実業界のジャーナリストの悪趣味以上のものを表現している。それは、恐慌はまれであるが、いわば自然法則的作用にとって、まさしく典型的な表現である。近代社会は、恐慌の接近に驚きながら注目し、小刻みに震えながら、雨霰と降り注ぐ打撃のもとに首をたれ、試練の終焉を待つ。そして、再び頭を上げ、最初は恐れと疑いをもち、ついには安心する。このことは、まさしく、中世において人民が大飢饉あるいはペストの勃発をどのように待ち受けたか、また、今日、農夫が雹を伴う激しい雷雨にどのように耐えるか、その仕方と同じ、つまり重大な試練に対する同じ困惑なのである。ただ、飢餓はペスト同様に、結局は社会現象であるにせよ、さしあたり直接には、自然現象つまり不作、病気を引き起こす病原菌の広がりなどの結果である。雷雨は、物理的自然の基本的な事象であり、どんな人も、少なくとも自然科学と技術の今日の水準では、雷雨を引き起こすことも雷雨を阻止することもできない。では、今日の恐慌はどうか。恐慌は、われわれの知るように、あまりに多くの商品が生産されてしまい、販路を見出せないので、その結果、商業およびそれとともに工業が停滞してしまう点に成立する。ところで、商品の製造、その販売、商業、および工業、これらのことは純粋に人間的な諸関係である。商品を生産するのは人間自身であり、商品を購入するのは人間自身である。商業は、人間から人間へと行われる。われわれは、近代の恐慌がどのように形成されるかという事情のうちに、人間の行為の外部にあると思われるような要素は発見できないのである。したがって、恐慌を周期的に引き起こすのは人間社会そのもの以外のなにものでもない。しかし、われわれは同時に、恐慌が近代社会にとって真の鞭であり、それは恐れをもって期待され、疑いをもって耐え忍ばれるし、また誰によっても欲されず、その到来は望まれないことを知っている。というのも、恐慌にさいして他人を犠牲にして急速に富裕になろうとし、しかもそのさいしばしば自ら没落する取引所の相場師を除けば、恐慌はすべての者にとってひとつの危険か攪乱である。誰も恐慌を望まないが、しかしそれは来る。人間はそれを自分の手でつくりだすが、人間は世界のなかでそれをまったく望まない。ここに、われわれは、じっさいに、経済生活のひとつの謎に直面するのであるが、この謎を関与者の誰も解明することはできないのである。分割地を頼りにする中世の農民は、一方では、領主が望み、使用するものを生産するが、他方では、かれ自身が望み、使用するもの、つまり穀物、家畜、自分とその家族のための生活手段を、生産する。中世の大領主は、自分のために、自分が望み、使用するものを、つまり穀物と家畜、よいワインと上質の衣類、自分とその宮廷のための生活手段と奢侈品とを、生産させる。しかし、今日の社会は、それが望みもできず使用することもできないもの、すなわち恐慌を生み出す。つまり、近代社会は、時を経るなかで次々と、自らが使用できない生活手段を生産し、販売されない生産物の巨大な貯蔵のかたわら周期的な飢餓に悩んでいるのである。欲望と充足、労働の課題と成果は、もはや合致しないのであり、それらのあいだには、不明瞭なもの、謎めいたものが覆っている。

われわれは、別の、一般的に知られており、すべての国の労働者にはひじょうによく知られた実例、つまり失業を取り上げよう。

失業は、恐慌のように、社会を次々と襲うカタストロフ（大惨事）ではない。失業は、今日、多かれ少なかれ、経済生活の恒常的、日常的な随伴現象である。失業者のリストをもたらす、もっともよく組織され、もっともよく支払われている労働者の種類は、それぞれの年、月、週に関する失業者の数字の間断なき連鎖を記している。つまり、この数字は、大きな変動を示すが、しかし、決して完全にはなくなることはないのである。今日の社会が、失業つまり労働者階級への恐るべき鞭に対してどのように無力に対応しているかは、この弊害の規模がひじょうに大きくなり、その結果、立法機関がそれに取り組まざるをえなくなるときには、いつも示される。そうした交渉の規則的な継続が頂点に達するのは、長い果てしない議論ののち、失業者の現在の数字についてアンケートないしは質問を行おうと決定をするときである。こうして主として、洪水のさいに水位を量るように、弊害のそのときどきの状態を測定し、最良の場合でも、失業保険金というかたちでの脆弱な緩和剤——たいていは雇用労働者の自己負担に基づいているが——によって、弊害の作用を少しばかり緩和することに自己限定するのであり、弊害そのものを除去するという試みをなさないのである。

一九世紀の初めに、イギリスのブルジョアジーの偉大な予言者である坊主マルサスが、[50] かれに特有の心をスカッとさせるような野蛮さで、次のような原則を宣言した。「既に誰かに占有された世界に生まれた者は、かれがその者に請求権をもつ親戚からなんら生存手段を獲得できないばあいや、社会がかれの労働を必要としないばあいには、きわめて僅かの量の食糧への権利をもちないのであり、かれは事実上この世界においてなにごともなすことができないのである。自然の饗宴において、かれにはどんな椅子も用意されていない。自然はかれにとって、自分を抑圧することを意味しており、自然は急いでそれ自身の命令を完全に遂行する」。[51] 今日の公共社会は、それ固有の「社会改良主義的」偽善によって、このように極端な開けっぴろげさを禁じている。とはいえ、じっさいには、かれは最後になって、「社会がかれの労働を必要としていない」失業したプロレタリアートに対して、あれこれの仕方で、緩急のちがいはあれ、この世界によって「抑圧されている」ことを認めている。それについては、増加する疾病の数、幼児死亡率の数、財産に対する犯罪の数が証明として引用されている。

まさしくわれわれが用いた失業と洪水との比較は、そのうえ、われわれは物理的自然そのものの基本的出来事に対するほうが、われわれ固有の純粋に社会的で、純粋に人間的な事件に対するよりも、まだ無力ではないという、顕著な事実を示している！　周期的な洪水は、春にはドイツ東部においてひじょうに驚くべき損害を引き起こしているが、われわれが今日従っている水利管理の完全な放置のひとつの結果にすぎない。技術は、その今日の水準においてさえも、水の暴力に対して農業を守るための、この水の暴力を手中に収め利用しうるための、充分な手段を与えているが、この手段はまさしく大きな関連した合理的な水利管理が行われるばあいにしか適用できないのである。この合理的水利管理とは、災害に襲われた領域を完全に改造し、農地と草原をふさわしい状態に変え、堤防と水門とを築き、河川を正常化するにちがいないのであるけれども。この大改革は、もちろん、着手されない。というのは、一面では、私的資本家も国家もそうした事業のために資金を提供しようとしないからであり、他面では、この大改革は、対象となりうる大領域において、きわめて多様な私的な土地所有権からの制限と衝突するだろうからである。けれども、今日の社会は、水の危険性と立ち向かい、凶暴な要素を封印するための手段を、既に手中にしている。ただちには、それを使用することができないにしても。これに対して失業に対する手段は、今日の社会においてもまだ発見されていない。そうはいっても、失業は、自然力でも、自然現象でも、超人間的な力でもなく、むしろ経済的諸事情の純粋に人間的な産物なのである。それゆえ、ここにおいてふたたびまた、われわれはひとつの経済的謎の前に立つ。つまり、誰も意図せず、意識的にそれをめざそうともしないが、にもかかわらず、自然現象の規則性をもって現われ、いわば人間の頭脳を超えた、そうした一現象の前に立つ。

だが、われわれは、恐慌や失業のような今日の生活の著しく目立つ現象を把握する必要はないし、ましてや、慣習的な見解によれば、ものごとの通常の進展のなかで例外をなしているような災害や異常な自然の事例だけを把握する必要もない。われわれは、何千回もすべての地域で繰り返されている日常生活から、ひとつのもっともありふれた例を、すなわち商品の価格変動を取り上げよう。どんな子どもでも、あらゆる商品の価格が固定した不変なものではなく、むしろ反対に、ほとんど毎日、いやしばしば毎時間、騰貴したり下落したりすることを知っている。われわれは任意の新聞を手に取り、商品市況欄を広げる。そしてわれわれは、過日の価格変動について読む。小麦は、午前中の市況は弱かったが、昼ごろには少し活気づく、そして取引時刻の終りには価格は騰貴した。あるいは、逆のばあいもあるだろう。銅と鉄、砂糖と菜種油についても同じである。そして、種々の産業企業の株式についても、証券取引所における国債や民間の有価証券についても同じである。価格変動は、今日の経済生活の、間断のない、日常的な、まったく「正常な」現象である。しかし、この価格変動を通じて、毎日、毎時間、これらの生産物や有価証券の所有者の資産状態の変更がなされる。綿花の価格が騰貴すれば、一時的に倉庫に綿花の在庫を蓄えているすべての商人と工場主の資産は増大する。価格が下落すると、その資産はそれに応じて減少する。銅価格が高くなると、銅鉱山の株式の所有者は豊かになり、価格が下落するとかれらは貧しくなる。こうして、人々は取引所の電報で示される単なる価格変動によって、僅かの時間で、百万長者になったり乞食になったりしうるのである。そして、本質的には、詐欺を伴う取引所投機はこのことに基づいている。中世の領主は、豊作か不作かによってより豊かにもより貧しくもなった。あるいは、かれが、通りすがりの商人を襲う盗賊騎士としてよい獲物を得たときには、豊かになった。あるいは、――これは、もっとも確実でまたもっとも好まれた手段だったが――かれが農奴から賦役や租税の要求の引上げによってそれ以前よりも多く搾取することができるときには、かれは富裕になった。ところが今日では、ひとはいささかの行動もなしに、突然、豊かになり、また貧しくなりうる。また、かれが指を触れることなしに、あるいはなんらの自然事象なしに、あるいはまた誰かがかれになにかを贈ったり、またかれから暴力的に奪うことなしに、突然、豊かになったり貧しくなったりする。価格変動は、恐慌や失業と同じく、謎に満ちた運動であり、これは、人間の背後で、見えざる力に管理されつつ、社会的な富の配分の持続的な変化と動揺を呼び起こすのである。ひとはただ、ちょうど、温度計で気温を、気圧計で気圧を読み取るように、この運動を記録するだけである。だが、商品価格とその運動は、純粋の人間的な事象であって、魔法ではない。人間以外のなにものも、商品を自分の手で生産しないのであり、その価格を決定しないのである。ただ、ここにおいても再び、誰も意図したり、めざそうとしたりしなかったことがらが、かれ自身の行為から由来しているのである。ここにおいても再び、人間の経済行為の欲求と目的と結果とが、亀裂のような不均衡な関係に陥ったのである。

このことはどこから生じるのか、また、その法則によれば人間の背後でかれら自身の経済生活がかなり奇跡的結果をもたらすような、そうした法則は、どのようなものなのか。これを解明することは、ただ科学的探究によってのみ可能である。集中した研究、かなり深い追思惟、分析および比較という方法によって、すべてこれらの謎を解明すること、つまり、人間の経済行為の成果がかれらの意図、かれらの意志、要するにかれらの意識とは一致しないという事態をもたらした、隠された連関を突きとめることが、不可欠になるのである。こうして、なにが社会的経済の内部での意識できないものであるのかという問題が、科学的研究の課題であることが明らかになる。そして、この点で、われわれは、直接に、経済学の根源に至るのである。

ダーウィン[52]は、われわれに、かれの世界旅行からフエゴ島民について説明している。

「かれらはしばしば飢餓に苦しむ。わたしは、アザラシ漁師の船長であり、島の原住民についてひじょうによく知っていたロウ氏が、ひじょうに痩せて困窮していた、島の西海岸にいた一五〇人からなる原住民の社会の状態について、興味深い話をするのを、聞いた。一連の嵐が、女性が岩から貝を採取するのを妨げ、男たちがアザラシを捕獲するためにカヌーで航行することも許さなかった。この人々の小さなグループが、ある朝、行進していた。そして、他のインディアンは、ロウ氏に、かれらは食糧を得るために四日間の旅に出たと説明した。かれらが帰ってきたときに、ロウ氏はかれらに会うためにそこへ行った。そして、かれらがひじょうに疲れていることを見出した。各人は、まんなかに穴のある、大きな四角形の腐った鯨の脂を運んでいた。かれらは、その穴に頭を通していた。ちょうど、ガウチョ［南米の牧童］がかれらのポンチョあるいはマントを着ているように。脂が天幕小屋に運び込まれるとすぐに、ひとりの老人がそれを薄片に分割し、それに向ってひとことふたこと呟いて、一分間ばかり炙り、そののち、それを飢えた仲間のあいだに分配した。仲間たちは、こうしたすべての時間のあいだ、沈黙を守っていた。」[53]

これが、地上のもっとも南に住む人々の生活である。ここにおいてもなお、経済の意志や意識的秩序がその内部で支配しうる境界は、極度に狭い。ここにおいてもなお、人間は、外的自然の進行の歩みに依存しており、その恵みと禍に左右される。しかし、この狭い限界の内部では、一五〇人という僅かの個人からなるこの小さな社会において、すべての個人の組織が効力を発揮するのである。将来への準備は、最初は、腐りかけたクジラの脂の蓄えというみすぼらしい形態において現れている。しかし、このみすぼらしい蓄えは、特定の儀式のもとに、すべての者のあいだに分配されるのであり、食糧を求める活動には、すべての者が、同じように、計画的指導のもとに、参加するのである。

われわれは、ギリシャのオイコス[54]すなわち奴隷を伴う古代の家族経済を取りあげよう。これは、全体として見て、事実上、ひとつの「ミクロコスモス」つまり独立した小世界を成していた。ここでは、既に、最大の社会的不平等が支配していた。原始的な窮乏は、人間労働の果実の快適な過剰に席を譲った。しかし、肉体的労働はある者の罪となり、強制は他の者の特権となったのであり、また、労働する者自身は、労働しない者の所有となった。けれども、この支配関係からは、経済、および労働過程、分配のもっとも厳格な計画性と組織が生じる。主人の決定する意志がその基礎であり、奴隷監督の鞭はその強制手段である。

中世の封建的な賦役農地においては、経済の専制的な組織は、既に早くも詳細な、予め練り上げられた法典をもっていた。そこには、労働計画、分業、各人の義務と請求権が、明確にかつ確実に、略述されている。この歴史段階の初めに、われわれが既に知っているあの美しい文書がある。すなわち、カール大帝の「村の勅令」であり、これはなお、快活に、身体的享楽にふけるものであり、経済はこれだけを志向している。この歴史段階の終わりには、賦役農地と公課公益に関する陰気な法典がある。これは、封建領主の解き放たれた貨幣渇望によって記述され、一六世紀に[55]ドイツ農民戦争という帰結をもたらし、さらに、二、三百年後には、フランスの農民をかの貧しく半ば野獣化した存在としたのであり、かれらは、［フランス］大革命の甲高い警鐘によって、人権と市民権をめぐる闘争に目覚めさせられたのであった。しかし、革命の箒《ほうき》が封建荘園を一掃しなかったあいだは、あの貧困のなかにあっても、封建経済の不可避的な宿命の諸関連を堅固かつ明確に決定したのは、直接の支配関係であった。

今日、われわれは、主人と奴隷も、封建領主と農奴も知らない。法の前での自由と平等は、少なくとも古くからのブルジョア国家においては、形式的には、すべての専制的な諸関係を除去した。たしかに、よく知られているように、植民地においては、これらの国家そのものによって、奴隷制と農奴制がしばしば初めて導入された。けれども、ブルジョアジーが本国にいるばあいには、経済関係に関する唯一の法則として、自由競争が支配する。だが、それと同時に、どんな計画も、どんな組織も、経済から消滅した。もちろん、われわれが個々の私的経営、近代的工場、あるいはクルップのような工場内に多様な鉄鋼製品の作業工程を持つ強力な複合体を、また北アメリカの農業を、ちらっとでも見れば、われわれはそこにもっとも厳格な組織、広範な分業、科学的認識に基づく洗練された計画性を見出す。もっとも驚くべきことには、そこでは、すべてはひとつの意志、ひとつの意識によって導かれている。しかし、われわれが、工場や農場の門を出てしまうと、混とんとした状況に置かれてしまう。一方で、無数の個別部分は、――今日の私的経営や、巨大経営は――、全地上に広がる、大きな経済組織の切れ端にすぎない。他方で、個別部分がもっとも強力に組織されているとすれば、いわゆる「国民経済」の全体は、すなわち資本主義世界経済は、まったく組織されないままである。大洋と諸大陸を包摂したこの全体にあっては、なんらの計画も、意識も、規制も、効力を発揮しない。知られざる、不器用な力の盲目の統治が、人間の経済的運命をもって気まぐれなゲームを遂行している。強力な支配者は、もちろん、今日もまた、労働する人類を統治する。つまり、資本である。だが、その統治形態は、専制ではなく、無政府制である。

そして、このことによって、社会的経済がそれに参加する人間自身にとって予想もしない謎めいた結果をもたらすという事態が、つくりだされた。またこの結果は、社会的経済が、われわれにとって疎遠で外化されたわれわれから独立した現象になってしまうという事態をつくりだした。そしてわれわれは、その現象の法則を、ちょうどわれわれが外的自然の諸現象を支配し、また植物界と動物界の生命および地殻の諸変化や天体の運動を支配する法則を解明しようと試みるのと同じ方法で、解明しなければならない。科学的認識は、ここでは、社会的経済の意味と法則とを発見しなければならない。だが、意識的計画なら社会的経済に対して最初からそうした法則を命じることはなかったのだが。

ブルジョア経済学者には、かれらの学問の本質を明確に取り出し、かれらの社会体制の傷口を指摘し、社会体制の脆さについて非難することができないのは、なぜなのかは、いまやはっきりしている。無政府制が資本支配の生存要素であることを認識し、そう公言することは、資本支配に死刑判決を宣告するとともに、資本支配の存在にはわずかの執行猶予しか与えられていないと、同じ息づかいで言うことである。そしていまや、なぜ、資本支配に関する公認の学問的弁護人が、あらゆる言葉遊びをもって、事態を浅薄化し、眼を核心から外皮に移し、世界経済から「国民経済」へ向けようと努力するのか、はっきりする。経済学的認識の入口に入る最初の一歩において、つまり、元来なにが経済学であり、なにがその基本問題であるかという、最初の基本的な問題において、既に、今日、ブルジョア的認識の道とプロレタリア的認識の道とは分裂している。一見しただけでは、どれほど現代の社会的闘争にとって抽象的で無関心なものと見えようとも、学問としての経済学と革命的階級としての近代プロレタリアートとのあいだの特別な紐帯は、この最初の問題と結びついているのである。

六．経済学と労働者階級

うえに得られた立場に立つならば、最初に疑問に見えたさまざまの事柄が明白になるだろう。とりわけ、経済学の年代が明らかになるだろう。無政府的な資本主義的生産様式の法則の解明を課題とするひとつの学問は、明らかに、この生産様式そのものよりも前には成立できなかった。近代ブルジョアジーの階級支配のための歴史的条件は、政治的で経済的な推移による数世紀の活動によって、しだいにもたらされたものであるので、経済学はそれ以前には成立しなかったのである。

ビュッヒャー教授によれば、今日の社会秩序の成立は、それ以前の経済発展とは関係のない、きわめて単純な事実であった。それは、絶対主義的な諸侯のより高度な意志と崇高な知性の成果だというわけである。

ビュッヒャーはわれわれにこのように説明する。「国民経済の形成は」——われわれが既に明らかにしたように、ブルジョア的な教授にとって、「国民経済」とは資本主義的生産を神秘化するやり方で言い換えたものにすぎない——「本質的に見て、政治的集中の成果である。そして、この集中は、中世の終わり頃、領域的国家の成立とともに始まり、現代では国民的な領域国家の創造とともに、完了したのである。経済的諸勢力の集約は、諸政治的特殊利害が全体性というより高い目的のもとへ屈服するなかで、これと平行して進展する。ドイツにおいては、地方貴族と都市との闘争のなかで、近代の国家理念を表明しようと努めるのは、かなり大きな領邦君主である」と。しかも、その他のヨーロッパ、すなわちスペイン、ポルトガル、イギリス、フランス、オランダにおいても、君主の権力は、そのように偉大な行為を果した。

「これらすべての国において、その強さは異なっているにせよ、中世の特殊な権力、すなわち大貴族、諸都市、諸州、聖職者的および世俗的な団体との闘争が勃発した。さしあたり、政治的な統合を妨害している自立した集団を絶滅することが、確実に問題であった。君主制的な絶対王政の形成にいたる運動のもっとも奥底には次のような世界史的思想が、すなわち、人類の新しい、より大きな文明的課題が全国民の統一的組織、つまり大きな生きた利益共同体を要求しており、かつこれが共同の経済の土台のうえに成長するものであるという、世界史的思想が潜んでいた。」(56)

ここに、われわれは、ドイツの国民経済学の教授において既になじみの思想のもつあの従順さのもっとも美しい開花を見る。シュモラー教授によれば、国民経済学は、啓蒙絶対主義の命令で成立したのである。ビュッヒャー教授によれば、全資本主義生産は、まったくのところ、絶対主義的君主の専制的意志と無鉄砲な計画の、一成果にすぎない。ところで、スペインとフランスの大専制君主に対して、またドイツの群小専制君主に対して、かれらが中世末の高慢な封建領主との泥仕合にさいして、あるいはなんらかの「世界史的思想」と「人類の文明的課題」を目ざして、オランダの諸都市と血なまぐさい十字軍［の進軍］を行ったことについて、疑惑を抱くならば、それはかれらに対して不当なことを行っていると言える。たしかに、それは歴史的事物を転倒させることになる。

もちろん、中央集権的で官僚制的な大国家の樹立は、資本主義的生産様式にとって不可避的な必要事であるが、資本主義的生産様式の側もまた同じ程度に、新しい経済的欲求のひとつの帰結にすぎない。その結果、ビュッヒャーの命題を逆にして、こう説明する権利があるだろう。政治的中央集権の形成は、「本質的には」成熟する「国民経済」の一果実であり、すなわち資本主義的生産の一果実である、と。

しかし、絶対主義がこの歴史的な準備過程に疑いもなく関与したかぎりでは、それは同じように愚鈍な思慮のなさをもって、歴史的発展傾向の盲目の道具としての役割をも果たしたのであり、また、そうした思慮のなさでもって、適切な機会があればいつでも、この歴史的発展に対して抵抗することを心得ていたのである。こうして、神の恩寵による中世の専制君主が、かれらと同盟して封建諸侯と闘っている諸都市を、単なる抑圧の対象と見做して、可能性がありさえすれば最初から、ふたたび諸都市を封建制に売り渡したのであった。こうして、絶対主義が、「封建諸侯の宝蔵」をきわめて短期間に金塊をもって満たすという「高い文明」のために新たに発見した、まったき人間性と文化を備えた世界の一部を、ただちに、また即座に、もっとも野蛮で陰険で残酷な略奪のための適切な領域だと見做したのである。こうして、とりわけのちになって、頑強な抵抗のなかで、神の恩寵を受けた君主とその「忠実な人民」とのあいだに、ブルジョア議会制憲法と呼ばれる紙の礫が投げこまれた。この憲法は、たしかに、資本支配の支障なき発展にとっても、また同様に、政治的統一と中央集権的大国家そのものにとっても、不可欠なものであった。

事実、中世の末頃、まったく新しい諸力が働いてヨーロッパの諸国民の経済生活が大きく変化したが、それは新しい経済様式の到来を切り開くためだった。

アメリカの発見とアフリカの迂回路つまりインドへの海路の発見が、商業の予想外の飛躍と変化をもたらしたあとでは、封建制の解体が、都市におけるツンフトの支配の解体と同様に、力強く開始されたのである。発見された地域における暴力的略奪、つまり土地の取得と略奪、新大陸からの貴金属の突然のまた強力な流入、インドとの香辛料貿易、アフリカの黒人をアメリカのプランテーションに供給した奴隷貿易など、これらすべては短期間のあいだに、西ヨーロッパに新しい富と欲求を作り出した。あまたの拘束を受けていたツンフト手工業者の小さな作業場は、生産の拡大の必要とその急速な進展にとって障害であることが明らかになった。大商人は、脱出路をつくり出す。つまり、かれらは、手工業者を都市の管轄外の大マニュファクチャーに集合させ、かれらをここで偏狭なツンフト規則にとらわれずに、自己の指揮のもとに、より速くかつよりよく生産させるという方法をとったのである。

イギリスにおいては、新しい生産様式は、農業における革命によって開始された。フランドル地方[57]における羊毛マニュファクチャーの繁栄は、羊毛へのそれらの大きな需要によって、イギリスの封建貴族に、広範囲に耕作地を牧羊地に変化させたいという衝動を起させ、このさい、イギリスの農民層は、きわめて大規模に屋敷と農園から駆逐された。このことによって、大量の無所有の労働者、すなわちプロレタリアートが創出されたのであり、かれらは台頭しつつある資本主義的マニュファクチャーが自由に使えるはずのものであった。教会財産の没収をも導くような宗教改革も、同じ方向に作用した。その教会財産は宮廷貴族や投機家に寄贈されるか投げ売りされ、そこに住む農民は、大部分は同じように、生まれた土地から駆逐された。こうして、マニュファクチャー所有者は、資本主義的借地農と同様に、大量に貧しいプロレタリア住民を見出した。かれらは、封建制の束縛とツンフトの束縛から外れており、また放浪生活と公共の労役場におけるかなり長い苦難ののち、規則と警察の鞭による血なまぐさい迫害のもとで、搾取者である新しい階級が救済の港であることを発見したのである。すぐに、マニュファクチャーにおいても大きな技術的変革が続き、マニュファクチャーは、ますます、熟練した手工業者の代りに、また手工業者と並んで、未熟練の賃金プロレタリアートをますます大量に使用できるようになったのである。

新しい事態のすべての志向と要求は、いたるところで、封建的制約と腐敗した状況の悲惨さにぶつかる。封建制によって制約され、その本質をなしている自然経済は、また同様に、農奴身分の無制限の圧力による人民大衆の貧困化は、当然にも、マニュファクチャー商品のための国内市場を狭くする。他方で、同時に、ツンフトは、もっとも重要な生産条件たる労働力を、都市においていぜんとして束縛した。国家装置は、無限の政治的な分裂、欠陥ある公的保障、関税・貿易政策上のあやまちによる混乱などを伴うことによって、一歩一歩の歩みのなかで新しい交易と新しい生産を妨害し、負担をかけたのである。

西ヨーロッパの勃興しようとする市民階層がその世界史的な使命を完全に断念するつもりがないのであれば、かれらが、自由な世界貿易とマニュファクチャーの代表者として、すべてこれらの障害を一掃しなければならないことは明白であった。市民階層が、封建制をフランス革命において粉々に打ち砕く以前には、市民階層はまず封建制に批判的に対決したのであり、こうして、経済学という新しい学問は、中世の封建国家との闘争における、また近代資本主義的階級国家のための、もっとも重要なイデオロギー的武器のひとつであった。たち現れる経済体制は、さしあたり、新しい急速に成立する富という形態で示される。この富は、西ヨーロッパの社会のうえに放出され、封建的農民の家父長的な方法とはまったく異なった、豊饒で一見無尽蔵と見える源泉から発生した。ちなみに、家父長的方法は既にラテン時代の末期には用いられていたのであるが。新しい富裕化政策のもっとも目立った源泉は、さしあたりは、勃興する新しい生産様式ではなく、その先導者、つまり商業の強力な飛躍であった。経済学の最初の問題が提起され、それへの解答の最初の試みがなされたのは、中世末の世界貿易のもっとも重要な所在地、つまり地中海沿いの豊かなイタリアの商業共和国とスペインにおいてであった。

なにが富か。国家はなにによって富み、なにによって貧しくなるのか。この問題は、封建的な社会の古い概念が新しい情勢の渦のなかでその伝統的な有効性を失ったのちの、新しい問題であった。富は、人がそれと交換にすべてのものを買うことのできる金である。だから商業は富を生み出す。それゆえ、多くの金を輸入することができ、いかなる金も国土から流出させない国家が、富んでいる。それゆえ、世界貿易、新大陸地域における植民地略奪、輸出品を製造するマニュファクチャーは国家によって奨励され、金を国内からおびき出させる外国産物の輸入は禁止される。これが最初の経済学の学説であり、これは既に一六世紀初めにイタリアで発生し、一七世紀にイギリスとフランスで威力を発揮したものである。そして、この学説がまだどれほど粗野なものであろうと、それは、なお封建的自然経済がもっている観念世界との最初のきわだった断絶と、それに対する最初の尖鋭な批判、商業と商品生産の、かつ資本というこの形態における最初の理想化を、提供する。そして最後には、上昇しようと努める若いブルジョアジーの心に沿った国家政策の最初の計画を提供する。

ほどなく、商人の代わりに、商品を生産する資本家が中心に押し出してくるが、まだ用心深く、封建的支配者の控えの間の見栄えのしない追従者のマスクをつけてである。富は、決して金ではなく、金はただ商品の取引の仲介者にすぎないということを、一八世紀のフランス啓蒙思想家は予告していた。光り輝く金属の内に、諸国民と国家の幸運のしるしを見るというのは、なんという子どもっぽい幻惑だろうか。わたしが飢餓を感じるとき金がわたしを満腹させ、わたしが裸で凍えているとき金がわたしを寒さから守ることができるのだろうか。ペルシャ王ダリウス(58)は、その手に金塊をもちながら、戦場において喉の渇きという地獄に苦しまなかったのか、そして、かれは喜んでその金塊をひとくちの水と交換に引き渡そうと思わなかっただろうか。否、富は、すべて、食糧や素材のかたちでの自然の贈与であり、それによってわれわれはすべて、王であれ乞食であれ、われわれの欲求を充足するのである。住民がかれらの欲求を豊かに充たせば充たすほど、国家もまた豊かである。というのも、それだけ租税が国家の手にもたらされるからである。いったいだれが自らのパンのための穀物を、またわれわれの着物を紡ぎだすための繊維を、そしてまたわれわれが家や家財道具を組み立てるための材木や鉱石を自然から取り出すのか。農業! 富の真の源泉を形成するのはお前であって、商業ではない。それゆえ、農民大衆、つまりその手によってすべての者のために富を作り出す農民大衆が、かれらのかぎりなき貧困から救われなければならず、封建的搾取から保護されなければならず、幸福な状態に引き上げられなくてはならない! (そのことによって、わたしはわたしの商品のための販路を見出すと、マニュファクチャー資本家は軽く付け加える。) それゆえ、農業からのすべての富がその手に流入する大地主、封建貴族こそ、租税を支払い、国家を維持する唯一の者である! (わたしはなんらの富も創造しないと言われているが、そう言われることによって租税を支払う必要もないと、ふたたび資本家は髭のなかでほくそ笑みながら呟く。) それゆえ、農業は、自然の胎内《たいない》での活動は、ただ、封建制のすべての束縛から解放されなければならない。そのことによって、国民と国家にとっての富の源泉はその自然的豊饒さをもって流れ出し、同時に、すべての人間の最高の幸運が、おのずから必然性をもって、全体との自然的な調和をとるようになるのである。

啓蒙家のこの学説のなかに、すでに、近づきつつあるバスチーユへの襲撃の鐘の音がはっきりと聞こえるとき、資本主義的ブルジョアジーも、即座に卑下というマスクを脱ぎ捨て、がっちりと正面に出てきて、かれらの模範に従った全国家の改造を直截に要求したいと感じたのである。農業は富の唯一の源泉ではないと、アダム・スミスは、一八世紀末に宣言している。農地においてであれマニュファクチャーにおいてであれ、商品生産のために扱き使うどんな賃金労働も、富を生産する! (どんな労働でも、とアダム・スミスは言う。しかし、かれにとっても、かれの後継者にとっても、——どれほどかれらが上昇するブルジョアジーの先導者にすぎないとしても——労働する人間というのは、本性からして、資本主義的賃労働者であった!) というのは、どの賃金労働者も、労働者を維持するためにもっとも必要な賃金以外に、地主を維持するための地代、資本所有者と企業家を維持するための利潤を作り出すからである。そして、富は、資本の指揮のもとに酷使されるある工場の労働者がより多数で、かれらのあいだの分業がより正確に実施されればされるほど、ますます大きいのである。それゆえ、このことは、さしあたりは、真の自然的な調和であり、諸民族の真の富である。つまり、どんな労働からも、労働者のためには賃金――それはかれらを生かし、さらなる賃金労働に縛り続けるものであるが――、地主の憂慮のない生活に十分足りる地代、そして企業家にさらに事業を推進する意欲を与え続ける利潤が生じる。こうして、封建主義の古い粗野な手段を用いずに、すべての者が配慮される。人が経営の全体を保持する資本主義企業家の富を増進し、富の金脈である労働者を鉱脈に化すとき、「諸国民の富」を増進すると言える。それゆえ、古いよき時代の束縛や障害も去ると同様に、国家の新たに現れる、家父長的な福祉をもたらす方法をも去ってしまう。自由な競争、私的資本の自由な生存活動、すべての租税装置と国家装置が、資本主義的企業家に奉仕する。――そして、すべてのものは、この最良の世界において、最良の方向に進んでゆく！

これは、すべてのベールをはがされた、ブルジョアジーの経済的福音であり、同時に経済学はその核心において、またその真の姿において、究極的に創設されるのである。もちろん、封建国家に対するブルジョアジーの実際的な改革の提案や警告は、その試みのなかで希望のないまま挫折したのであり、それはちょうど、新しいワインを古い革袋に注ごうという歴史的試みがいずれも挫折したのと同じである。革命というハンマーは、半世紀に及ぶ改良的な修理の試みが達成できなかったことを、二四時間で完成させた。ブルジョアジーにかれらの支配の条件を手中に収めさせたのは、政治的権力奪取の行為であった。しかし、経済学は、啓蒙時代の哲学的、自然法的、および社会的な理論と並んで、それらのなかでもとりわけ第一に、ブルジョアジーの自己省察の手段、階級意識の定式化、および、そうしたものとして革命的行為の予備条件であり、それへの激励であった。そのもっとも色あせた末端のものに至るまで、ヨーロッパのブルジョア的世界革新の事業は、古典派経済学の思想内容によって与えられた。イギリスにおいては、ブルジョアジーはその疾風怒濤期に自由貿易を求める闘争を行い、これによってかれらは世界市場におけるかれらの支配を開始したが、その武器はスミスとリカードの武器庫から獲得したのである。イエーナで被った敗北後のプロイセンの封建的がらくたを、多少とも近代的に整備し、活動能力のあるものにしようとするシュタイン＝ハルデンベルク期の諸改革(59)も、その理念をイギリスの古典派経済学の学説からつくり出したのであった。それだから、若いドイツの経済学者マルヴィッツ(60)は、一八一〇年に、ナポレオンと並んでスミスが、ヨーロッパのもっとも強力な支配者だと書くことができたのである。

いまや、われわれは、なぜ経済学がおよそ一五〇年前に初めて成立したのかについて理解しているとすれば、同じ見地から、経済学の今後の運命も明らかになるだろう。経済学がひとたび資本主義的生産様式の特殊な法則についての学問であるとすれば、この学問の存在と機能はかの資本主義的生産様式の現存と結びついており、かの生産様式が存続することを止めるやいなや、その学問の土台は失われる。言い換えれば、学問としての経済学は、資本主義の無政府的経済が、計画的で全体として活動する社会によって意識的に組織され、管理された経済秩序に交代するやいなや、その役割を果たし終えるのである。こうして、現代の労働者階級の勝利と社会主義の実現は、学問としての国民経済学の終焉を意味している。経済学と近代プロレタリアートのあいだの特別な関連がこの点に存在している。資本主義的生産様式の成立、発展、および普及の法則を解明することが経済学の課題と対象であるとすれば、それはまたさらなる結論として、資本主義の没落の法則を発見しなければならない。また、資本主義は、以前の経済形態と同様に、永遠に存続するのではなく、社会発展の無限の階梯における一時的な歴史的局面、一段階に過ぎないということは、避けられない結論である。こうして、論理的には、資本主義の到来に関する学説は資本主義の没落の学説に転化するのであり、資本の生産様式に関する学問は社会主義の学問的根拠づけに転化するのであり、ブルジョアジーの理論的な支配の手段はプロレタリアート解放のための革命的階級闘争の武器に転化するのである。

経済学の一般的課題のこの第二の部分を、もちろん、ブルジョア階級に属するフランスの学者も、イギリスの学者も解決しなかったし、それにもましてドイツの学者は解決しなかった。資本主義的生産様式の理論からの最後の結論を、最初から革命的プロレタリアートの立場に立っていたひとりの男、すなわちカール・マルクスが引き出した。このことによって、社会主義と近代労働運動は、初めて、学問的認識の揺るぎようのない基礎上に打ち立てられたのである。

人間の平等と同胞愛に基づく社会秩序の理念として、共産主義的共同体の理念として、社会主義は数千年も古い。キリスト教の最初の使徒において、中世の多様な宗教的セクトにおいて、農民戦争において、社会主義的理念はいつでも既存の社会に対する憤激のもっとも急進的な表明として燃えあがったのである。ただ、どの時代、どの歴史的環境においても推奨されることのできた理念としては、社会主義は孤立した夢想家の美しい夢、黄金色の空想であり、層雲にかかる虹という空中の外見のように実現しえないものであった。

一八世紀末と一九世紀の初めに、社会主義的理念は力強く現れた。それは、宗教的夢想から解き放たれ、むしろ、勃興しつつある資本主義が社会のうちに生み出した恐怖と荒廃の反映にすぎなかった。だが、今日においても、社会主義は、根本的に見れば、個々の先鋭な頭脳の夢であり、考案にほかならない。われわれはプロレタリアートの革命的蜂起の最初の先駆者であり、フランス革命にさいして社会的平等を暴力的に実現するために攻撃を開始した、あのグラッカス・バブーフ(61)の語ることを聞けば、かれがその共産主義的な努力において依拠することのできたただひとつの事実は、既存の社会秩序のまぎれもない不公平であった。このことをきわめて陰鬱な色彩をもって描くさいに、かれはその情熱的な記事やパンフレットにおいても、また同じく、かれに死刑判決を宣告した法廷での弁論においても、倦むことはないのである。かれの社会主義の福音は、現在の事物の不公正に対する、またひと握りの有閑者たちが利益を得て支配するため犠牲となっている、労働する大衆の苦痛や苦悩に対する、またかれらの貧困と屈辱に対する告発の変わらぬ繰り返しである。バブーフによれば、こう言えば充分であった。すなわち、既存社会秩序は没落に値するものであり、したがって国家権力をわが物とし、平等の統治を導入しようと決心した人々のグループが存在したなら、一〇〇年も前に現実に倒壊させられたであろう。ジャコバン主義者が一七九三年に政治権力を獲得し、共和国を導入したのと同じように、と。

まったく別の方法で、とはいえ、本質的には同じ基礎に立つのが、三人の偉大な思想家、すなわちフランスのサン－シモン(62)とフーリエ(63)およびイギリスのオーウェン(64)等の社会主義的理念であり、これはかれらによって、一九世紀の二〇年代および三〇年代に、ひじょうに豊かな才能と華やかさをもって、主張されたのである。もちろん、上記の人々のひとりとして、もはや社会主義実現のための革命的な権力掌握を考えてはいなかった。反対に、かれらは、「フランス」大革命に続く全世代と同様に、すべての社会的変革とすべての政治に幻滅し、純粋に平和的な宣伝という方法に対するまぎれもない信奉者であった。ただ社会主義的理念の土台だけは、かれらすべてにおいて同じであった。この理念は、本質的には、一個の天才的頭脳のプロジェクトと発見であり、この頭脳が、苦しめられた人類に対して、かれらをブルジョア的秩序の地獄から解放するために、実現するよう推奨したのである。

こうして、かの社会主義的な諸理論は、その批判のあらゆる力とその将来の理想の魅力にもかかわらず、同時代の現実の運動と闘争に対して著しい影響をもたないままであった。バブーフは、僅かばかりの友人とともに、反革命の暴風による荒波のなかで、革命史の紙面に短い輝かしい数行を残した以外には痕跡を残すことなく、揺れる小舟のように没落したのである。サン－シモンとフーリエは、熱狂的でかつ才能のある信奉者のセクトを生み出したにすぎなかった。このセクトは、社会的な理念、批判、および試みに対して豊かで実りある刺激を与えたのちには、しばらくすると、分散してしまうか、新しい潮流に飲み込まれたのであった。オーウェンは、もっとも多くプロレタリアート大衆に働きかけた。けれども、かれの影響も、一八三〇年代および四〇年代にイギリス労働者のエリート層を熱狂させたあとでは、跡形もなく失われたのであった。

社会主義の指導者の新しい世代は、一八四〇年代に現れた。すなわち、ドイツのワイトリンク[65]、フランスのプルードン[66]、ルイ・ブラン[67]、およびブランキである。労働者階級は、ほとんどかれらの立場から、資本支配に対する闘争を開始した。かれらは、フランスのリヨンの絹織工の素朴な蜂起[68]において、またイギリスのチャーチスト運動において、階級闘争への合図を与えたのである。しかし、搾取された大衆のこの自発的な運動と多様な社会主義的理論とのあいだには、なんら直接的な関連はなかった。革命的なプロレタリア大衆は特定の社会主義的目的を見据えてはいなかったし、社会主義的理論家たちはかれらの理念を労働者階級の政治闘争のうえに基礎づけようともしなかった。かれらの社会主義は、公平な交換のためのプルードンの人民銀行や、ルイ・ブランの生産協同組合のような、賢明に考え出された制度によって実現されるというのだ。社会革命を実現する手段として政治闘争を考慮に入れた唯一の社会主義者がブランキであり、そう考えたことによって、プロレタリアートとその革命的利益の当時における唯一の現実的な代弁者であった。ただひとつかれの社会主義だけが、根本的に見て、どんな時代にも実現でき、革命的少数者の断固たる意志の果実として、またかれらによって遂行しうる突然の変革の成果として、実行されうるプロジェクトであった。

一八四八年は、そのあらゆる活動の仕方からみて、相対的に古い社会主義の頂点であると同時にそれの危機になったと言える。パリのプロレタリアートは、かつての革命闘争の伝統に影響されて、また多様な社会主義的体系によってかき乱されながら、情熱をもって、公平な社会秩序についての漠然とした理念を追い求めた。ルイ・フィリップのブルジョア王国が打倒されるやいなや、パリの労働者は、怯えたブルジョアジーに対して、今度は、「社会的共和国」と新しい「労働の組織」の実現を要求して、かれらの権力的地位を利用したのであった。この計画を遂行するために、プロレタリアートの暫定政権は、かの有名な三ヵ月の期間、存続した。その期間、労働者は飢えていたが、ブルジョアジーと小ブルジョアジーは静かに自ら武装し、労働者の敗北を準備していた。この期間は、記憶すべき六月暴動(69)をもって終焉した。この闘争のなかで、いつでも実現しうる「社会的共和国」という理念が、パリのプロレタリアートの流血のなかで窒息させられたのである。一八四八年の革命は、社会的平等の国をもたらさず、かえって「フランス」第二帝政の下で、ブルジョアジーの政治的支配と資本主義的搾取が予期されないほど強化されたのである。

けれども、古い学派の社会主義が六月蜂起の粉砕されたバリケードの下に埋葬されたかに見えた同じときに、マルクスとエンゲルスの社会主義的理念が、まったく新しい土台のうえに樹立された。二人は、社会主義のための立脚点を、既存社会秩序の道徳的難点には求めなかったし、まして、社会的平等を今日の国家に導入する方法についてのできるかぎり魅力的なプロジェクトの案出にも、求めなかった。かれらは、今日の社会の経済的諸関係の探究に向かった。ここにおいて、資本主義的無政府性法則そのもののうちに、マルクスは、社会主義を実現しようと努力するための現実的な手掛りを見出したのである。

フランスとイギリスの古典派経済学者が、それに従って資本主義経済が活動し、かつ発展しているその法則を発見したとすれば、マルクスは、かれらの仕事を五〇年後に、まさしくかれらがそれを中断したところで、開始したのであった。かれは、かれの立場から、どのようにして、今日の経済秩序の同じ法則がこの秩序そのものの没落をめざして働くか、明らかにしたのである。この法則は、無政府性を蔓延させることによって、ますます社会の存立を脅かし、すべてを破壊するような経済的および政治的な破局を連鎖的に引き起こすという仕方で、そうしたのであるが。それゆえ、マルクスが証明したように、その成熟の一定の段階において、全社会と人間の文明が抑制できない無政府性の痙攣のなかで没落すべきでないとすれば、それを計画的な、全勤労社会によって意識的に組織された経済様式へ必然的に移行させるものこそ、資本支配の固有の発展傾向であった。そして、この宿命的な瞬間を、支配する資本そのものがますますエネルギッシュに早めている。資本はその未来の埋葬人たるプロレタリアートをますます大量に集合させる。また、資本が地上のすべての地域に拡散し、無政府的な世界経済を打ち立て、同時にそのことによって、すべての地域のプロレタリアートを資本主義的階級支配を除去するための革命的な世界的勢力に集約するための土台を作り上げることによって、早めている。このことによって、社会主義は、単なる構想ないし美しい夢であることをやめ、あるいはそれぞれの地域の個々の労働者グループの自力で行う実験であることをやめる。国際プロレタリアートの共通の政治的行動計画として、社会主義はひとつの歴史的必然性である。というのも、社会主義は、資本主義の経済的発展傾向の所産なのであるから。

いまや、なぜマルクスが自分自身の経済学説を公認の経済学の外部に樹立し、それを「経済学批判」と名づけたのか、明らかである。資本主義的無政府性とその将来の没落に関するマルクスによって展開された法則は、たしかに、ブルジョア学者によって創出された経済学の継続にすぎないが、しかし、その結論においては、この経済学の終結点ときわめて鋭く対立しているものである。マルクスの学説は、ブルジョア経済学の子であるが、母はその子の誕生のために命を犠牲にしたのである。経済学は、マルクスの理論が、その完成であると同時に、その学問としての終焉であることを知ったのである。それに続くべきことがらはなにかと言えば、――個々の点でのマルクス学説の拡充以外には——この学説の行為への転化、すなわち社会主義的経済秩序の実現をめざす国際プロレタリアートの闘争である。こうして、学問としての経済学の終末は、世界史的行為であり、計画的に組織された世界経済の実践への転化である。経済学説の最終章は、世界プロレタリアートの社会革命なのである。

こうして、経済学と近代労働者階級との特別な関連は、相互関係にあることが示される。一方で、マルクスによって構築された経済学が、他のどの学問よりもプロレタリアートを啓蒙するための不可欠の基礎であるとすれば、他方では、階級意識のあるプロレタリアートは、今日では、経済学の学説についての唯一の理解力と受容力のある聴衆なのである。さらに、古い封建社会の進行しつつある崩壊を眼前にして、かつてフランスのケネー[70]やボワギュベール[71]は、またイギリスのアダム・スミスやリカードは、若いブルジョア社会に誇りをもち、それに熱狂しながら、封建社会の崩壊を見つめ、そしてブルジョアジーの勃興する千年王国とその「自然的な」社会的調和を堅く信じながら、勇敢に、かれらの鋭い眼光を、資本主義的法則の深みまで透徹させたのである。

そのとき以来、ますます強力に成長するプロレタリアートの階級闘争と、とりわけパリの労働者の六月蜂起は、ブルジョア社会のもつそれ固有の神性に対する確信を、ずっと以前から破壊したのである。近代の階級対立という知恵の木から［果実を］食して以来、ブルジョア社会は、古典的な赤裸々さを恐れるようになった。かつての国民経済学の創始者たちは、世界に対してそうした赤裸々さをもってブルジョア社会を示したのであったが。だが、近代のプロレタリアートの代弁者が、かれらの決定的な武器を取り出したのは、［古典派経済学者の］あの学問的発見からであったことは、今日、明瞭である。

こうして、この数十年来、社会主義的経済学だけでなく、ブルジョア的経済学も、かつてはそれが現実的な学問であったという意味からみると、有産階級のあいだでは、ムダな説教をしているという事態になっている。かれら自身に与えられた偉大な予言の学説［古典学派］を理解することができず、ましてその学説から発生してきたマルクス学説を受容することもできないまま、ブルジョア学者たちは、国民経済学の名のもとに、あらゆる学問的思想と利己的なあやまちのごみ屑からなる無定形のごた混ぜを講義しているのだ。そのさい、かれらは、もはや資本主義の真の傾向を探究するのではなく、資本主義を最良の、唯一可能な、永遠の経済秩序として擁護しようとして、資本主義の傾向を隠蔽しようという逆転の目的を追求している。

ブルジョア社会に忘れられ裏切られて、科学的経済学は、その聴衆をもっぱら階級意識のあるプロレタリアートのあいだに求め、その結果、かれらが、単に理論的理解をもつだけでなく、行動力をもって実現しうることを発見する。国民経済学には、次のようなラサールの周知の言葉がなにより妥当する。「もしも学問と労働者が、社会のこのふたつの対立した極が抱擁し合うなら、それらはその腕のなかで、あらゆる文明的な障害を圧倒するだろう」[72]と。

第一章の注

（1）（編注）未完成の草稿（MEGA 版ローザ全集第五巻の序文中の二ページを参照すること）。もともと、『経済学入門』は、一九〇九～一九一〇年に、八冊の小冊子から成る書物として刊行されるはずであった。ローザ・ルクセンブルクは、次のように書いていた。「全体の題名は経済学入門、各分冊の表題は以下のとおり。一．国民経済学とは何か？　二．社会的労働　三．経済史の事実（原始共産主義、奴隷経済、賦役経済、ツンフト交易）四．交換　五．賃労働　六．資本の支配（利潤率）七．恐慌　八．資本主義経済の諸傾向」（ローザ・ルクセンブルクのレオナ・ヨギヘスーティスキへの書簡、第三巻、ワルシャワ、一九七一）。ローザ・ルクセンブルクは、カール・カウツキーおよびバーデンの修正主義者と論争するなかで、『入門』の仕事を中断し、続けてまず『資本蓄積論』（MEGA 全集第五巻、五－四一一ページ）を書いた。そして第一次大戦中の「保護拘禁」の時期に、一九一六年に刑務所の中で、再度、『入門』に取り掛かった。彼女は、基本的にはもとの構想を維持したが、この折には、一〇冊の小冊子を見込んだ。また、ローザ・ルクセンブルクは社会民主主義系の出版社で著作の刊行を行おうと努めた。だが、この試みは失敗し、それらの断片が、一九二五年になって初めて公刊された。

(訳注)Rosa Luxemburg „Einfürung in die Nationalökonomie" 1925 Herausgegeben von Paul Levi, E. Laub'sche Verlagsbuchhandlung G.m.b.H. Berlin W 30. と考えられる。ここに見られる刊行物は、遺された手書きの草稿に従って得られたものである。その手書きの草稿は、ユルゲン・クチンスキー教授が、ドイツのファシズム支配期にそれを保持したことにより、温存されたのであった。章の番号付けは、この刊行にあたっては、草稿から取り出されている。不統一さは、草稿のこうした変転きわまりない運命や、作業の時期の多様さに、由来している。この訳書においては、ドイツ文書館所蔵の原著者の手書きの草稿が入手できたので、MEGA版の編集者注釈に多少追加することができた。

(2)(編注)ローザ・ルクセンブルクは、作品の最初の部分(同五巻、五二四－五九三ページ)を、ローマ数字のⅠからⅥに区分している。そのかわりに、より見やすくするべく、数字一から六を用いた。

(3)(訳注)ヴィルヘルム・ロッシャー(Wilhelm Georg Friedrich Roscher, 1817-1894)ハノーヴァーに生まれ、ゲッチンゲン等で学ぶ。ゲッチンゲンで博士号および教授資格を取得した。ゲッチンゲン、ついでライプツィヒの教授になった。かれの学説や教育活動は、プロテスタントの立場と広範な教養という特徴をもつ。かれは最初から経済学への歴史的方法の適用を擁護した。このため、かれは、旧歴史学派の創設者でその指導者と認められた。著作には、『国民経済学の体系』(一八五四～一八九四年)、『国民経済学の基礎』(一八五四年)など全五冊、『ドイツ国民経済史』(一八七四年)などがある。

(4)(原注)ロッシャー『経済学の基礎』からの引用文。

(5)(訳注)グスタフ・フォン・シュモラー(Gustav von Schmoller, 1838-1917)ハイルブローンで生まれ、一八六四年にチュービンゲンで博士号を得た。その後、ハレ、シュトラスブルク、およびベルリン大学で教授に就任した。一八七二年、かれはルヨ・ブレンターノ、およびアドルフ・ワグナーと共に、社会政策学会(Verein für Sozialpolitik)を設立し、一八九〇年にはその代表幹事に就任した。また、定期刊行誌『立法年報』を創設したが、同誌は後に、『シュモラー年報』と言われた。シュモラーは、新古典派経済学に反発し、メンガーとの間で方法論争を繰り広げた。経済現象の中に法則性を認めず、個別性・特殊性を見出そうとした。著書には、『一九世紀のドイツ小経営の歴史』(一八七〇)、『社会史と産業史』(一八八〇)、『重商主義とその歴史的意義』(一八九七)などがある。

(6)(原注)グスタフ・シュモラー「国民経済、国民経済学、およびその方法」国家学中辞典、第七巻、イエーナ、一九〇一、五四六－五四七ページ。

(7)(原注)出典における重要点。

(8)(訳注)アドルフ・ブランキ(Jerome Adolf Blanqui, 1798-1854)フランスの経済学者。パリで教員生活を開始した。J・B・セーの講義を聞き、経済学に関心を持つようになり、セーの弟子で助手になった。セーの推薦により、工芸学校の産業経済および歴史の教授となった。一八二六年にかれはセーの担当する政治経済学の教授を継承した。同年、主著『古代から我々の時代までのヨーロッパ政治経済学史』を刊行した。かれは、セーに従い、自由貿易主義の立場を取ったと言われている。

(9)(訳注)アウグスト・ブランキ(Louis-August Blanqui, 1805-1881)、兄アドルフ・ブランキとともにパリで法学と医学を学んだ。バブーフとブオナロテイーの伝統にしたがい、ブランキは中央集権化され、階層的な少数のエリートを組織し、彼らの独裁権力をもって、資本家の国家権力に代わる権力を樹立しようとした。また、人民は階級社会と宗教に従属してきたので、かれらの真の利害に気づいていないと考え、普通選挙に反対した。もっとも、独裁権力による再教育の後、選挙制民主主義は可能とみた。ブランキは政治的独裁を提唱したが、マルクスは、陰謀的な方法には反対であった。

(10)(原注)『古代から我々の時代までのヨーロッパ政治経済学史』パリ、一八九九。

(11)(訳注)オイゲン・デューリング(Eugen Dühring, 1833-1921)は、ベルリンに生まれた。かれは数学、理論物理学、民族学、哲学、および経済学を含む広範な領域に関心があった。一八六三年に教授資格をえてから、ベルリン大学の哲学と国家学の私講師になった。一八七七年に大学を辞めた後、かれは出版活動に献身し、一八九九年には、雑誌『個人主義者と解放者』"Personalist und Emanzipator"を創刊した。著作としては、『資本と労働』(一八六五)、『自然弁証法』(一八六五)、『哲学教程』(一八七五)等がある。エンゲルスは、デューリングによるマルクス学説への批判に反論する書物、『反デューリンク論、オイゲン・デューリンクの科学の革命』(進歩出版社、一九四七):(原著の英訳)を刊行した。

(12)(原注)オイゲン・デューリング『国民経済学および社会主義の批判的歴史、その出発点から今日までの』ライプツィヒ、一八九九、一一六ページ。

(13)(訳注)フェルディナンド・ラサール(Ferdinand Lassalle, 1825-1864)ブレスラウに生まれる。ベルリンで哲学を学び、青年ヘーゲル派となる。一八四八年革命の期間、マルクスおよび『新ライン新聞』と連帯した。一八五八年に、ヘーゲル主義の線でギリシャの哲学者について『ヘラクリトス、暗き人』を刊行する。一八六一年には、法と法概念の進化について論じた『既得権の体系』(一九六一)を刊行した。一八六三年に、ドイツの最初の社会主義政党を創設した。ラサールは、マルクスを尊敬し、金銭や出版について援助し、また、『資本論』の完成を促した。しかし、マルクスやエンゲルスは、かれの晩年の政治上の戦術を認めていなかった。ラサールは、自由主義者とではなく、ビスマルクと交渉し、普通・平等選挙制度の実現と、国家が夜警ないし警官に留まるべきでないという目的を実現しようとした。後に、一八七五年に、W・リープクネヒトとA・ベーベルの率いるアイゼナッハ派とラッサール派とが合同したとき、合同した党のゴータ綱領は、マルクスの観念よりラサールの観念をより多く含んでいた。マルクスは、『ゴータ綱領批判』において、この綱領を批判した。ドイツ社会民主党は、一八九〇年にエアフルト綱領を採用するが、そこではラサールの主張はより弱められた。

(14)（原注）フェルディナント・ラサール『バスティア氏、シュルツ・フォン・デリッチ、経済的法律家あるいは、資本と労働』『ラサール演説・著作集。新全集。Ed. ベルンシュタインによって刊行された伝記を含む序文を伴う』第三巻、ベルリン、一八九三年、一八ページ。

(15)（原注）オイゲン・デューリング『国民経済学および社会主義の批判的歴史、その出発点から今日までの』ライプツィヒ、一八九九、二〇〜二六ページを見よ。

(16)（原注）グスタフ・シュモラー「国民経済、国民経済学、およびその方法」、国家学中型辞典、第七巻、イエーナ一九〇一、五四六ページ。

(17)（訳注）カール・ビュッヒャー（Karl Büecher, 1847-1930）かれはキルベルクで貧困の内にうまれた。ボンとゲッチンゲンの大学で、古代史と古典哲学とを学び、ジャーナリストとして活動し、ヨーロッパで最初の新聞学研究所を創設した。一八八一年以来、ミュンヒェン、バーゼル、カールスルーエ、およびライプツィヒで、経済学を教えた。一九〇一〜一九二三年には、『国家学雑誌（Zeitschrift für die gesamte Staatswissenschaft）』の編集者であった。著作には、処女作『キリスト生誕前一四三〜一二九年の不自由労働者の蜂起』（フランクフルト　アム　マイン、一八七四）、『経済学の成立』（第六版、ラウプ、チュービンゲン、一八九三）等がある。

(18)（編注）カール・ビュッヒャー『国民経済の成立　講演と試み』チュービンゲン、一九〇六、八五ページ。

(19)（原注）アダム・スミス『諸国民の富の性質と原因に関する探究』二巻本、ロンドン、一七七六年。（Adam Smith: An Inquiry into the Nature and Causes of Wealth of Nations. In 2 Baenden,London 1776.）

(20)（原注）力点は、原典のもの。

(21)（訳注）輸入総額を一二〇億マルクと概括している。

(22)（編注）［カール・ビュッヒャー］：『国民経済の成立［講演と試み］』第五版、［ベルリン］一九〇九、一四一-一四二ページ。

(23)（訳注）ウェルナー・ゾンバルト（Werner Somart, 1863-1941）は大学で、経済、歴史、哲学、法律を学び、アドルフ・ワグナーに師事した。新歴史学派の指導者シュモラーのもとで、博士号を取得した。一八九〇年にブレスラウで助教授になり、一九〇六年にはベルリン商科大学で正教授となり、一九一七年にはベルリンのフリードリッヒ-ウィルヘルム大学の経済国家学の講座を継承した。一九三〇年に退職し、一九四一年に死亡した。

(24)（編注）ウェルナー・ゾンバルト『一九世紀のドイツ国民経済』（第二版ベルリン）一九〇九、四〇〇-四二〇ページ。

(25)（原注）力点は原典におけるもの。

(26)（訳注）デリッチェ氏の生産・消費・交換についての解釈の引用。

(27)（原注）フェルディナント・ラサール：「バスチア氏　シュルツ・フォン・デリッチ氏、経済的法律家、あるいは資本と労働」

『フェルディナンド・ラサール　演説・著作集』（新全集、Ed. ベルンシュタインの編集による伝記的序文を伴うもの。第三版。一八九三年、七二－七五ページ）。

(28)（編注）ゴットフリート・アウグスト・ビュルガー「レオノーレ」：『ビュルガー著作集（一巻本）』ワイマール　一九六二年、六七ページ。

(29)（原注）資料においては輸出。

(30)（原注）資料における強調点。

(31)（編注）R.L. の欄外メモ：インドの背景：農民共同体の「国民経済」は、崩壊する。産業は……。輸入と輸出の暗黙の数字は、それに関して、暗黙の数字を語っている。

(32)（編注）計画的に組織された世界経済、『ローザ・ルクセンブルク全集』（ディーツ出版、ベルリン、一九七五）第五巻、脚注一を見よ。（同脚注：一八三九年から一八四二年までの、また、一八五六年から一八六〇年までのアヘン戦争は、ヨーロッパ資本の中国に対する攻撃的戦争であった。その目的は、資本主義列強による、利益をもたらすアヘン輸出と商品輸入のために、中国市場を暴力的に開放することであった。最初のアヘン戦争は、グレイト・ブリテインが単独でおこなった。第二次アヘン戦争では、イギリスとフランスの軍隊が、共同で中国を処理した。アヘン戦争の結果、中国は不平等条約を強制された。それは、中国の資本主義的開拓と中国の半植民地国への変化を開始した。MEGA 全集第五巻。

(33)（原注）MEGA 全集第五巻二四二ページの脚注一を見よ。同脚注：クリミア戦争におけるロシアの敗北により、諸支配階級は一八六一年から一八七〇年の間に、封建的な残存態に重荷を負わせるような一連の改革を遂行せざるを得なかった。それはロシアにおける資本主義発展をもたらした。もっとも重要な改革は、農奴制の廃止（一八六一）、地方および都市での自治行政機関の構築（一八六四）、金融組織の再構築（一八六〇）、軍隊の再組織（一八六二年以来）、国民教育の改革（一八六三）、司法制度の改革（一八六四）、および検閲の改革（一八六五）などに関係していた。

(34)（原注）カール・ビュッヒャー、『国民経済の成立　講演と試み』テュービンゲン、一九〇六年、一四二ページ。

(35)（訳注）グラッドストーン首相 William Ewart Gladstone（1809-1898）。イギリスのヴィクトリア朝期の重要な政治家で、四度にわたり自由党政権を率いた。一八〇九年にリヴァプールに生まれた。イートン校とオックスフォード大学に学んだ。一八三二年にトーリー党の代議士として議会に選ばれた。一八四三年にかれはピールの保守的な内閣に入った。保守党が一八四六年に分裂したとき、かれはピールにしたがって、自由保守党に入った。何度か入閣しながらも、一八四六年から一八五九年まで政治的には孤立していた。一八五九年に自由党に入り、一八六七年にはその指導者となった。一八七四年の一般選挙において大敗を喫し、党首を辞任した。保守党のデイズレリーが首相となった。その後も、バルカン戦争におけるトルコの暴虐への保守党の反応を攻撃した。一八八〇年に、かれは二度目の首相になったが、ハルツームからゴードン将軍を救出するのに失敗し、人気を失った。一八八五年の政府予算が承認されず、辞任した。一八八六年に三度目の、一八九二－一八九四年に四度目に首相となった。この時期にはアイルランドの国内法に専念した。いずれの場合も国内法の予算が上院で否決され、辞任した。一八九八年に死亡し、ウエストミンスター寺院に埋葬された。

(36)（原注）カール・マルクス『資本論（第一巻）』カール・マルクス／フリードリヒ・エンゲルス：著作集　第二三巻、六八一ページ。

(37)（編注）『ローザ・ルクセンブルク全集』（ディーツ出版、ベルリン、一九七五）第五巻、三〇六ページ、脚注一を見よ。（同脚注：一八六一年から一八六五年まで、アメリカの分離戦争が勃発した。奴隷を保有する一三の南部諸州が合衆国からの分裂（分離）を開始せざるをえなくなった。奴隷制は、全土において資本主義の発展を阻害した。ブルジョア民主主義革命の性格の内乱は、南部諸州の降伏と北部諸州のブルジョアジーの指導下での連邦の再建をもって、一八六五年に終わった。）

(38)（編注）『ローザ・ルクセンブルク全集』（ディーツ出版、ベルリン、一九七五）第五巻、三九五ページ。脚注一を見よ。（同脚注：一八八二年七月一一日に、グレイト・ブリテンによるエジプト民族解放運動に対する公然たる軍事的介入が、開始された。一八八二年九月一四日のカイロの占領とともに、介入は終わった。エジプトは名目的にはオスマン帝国の一自治州であったが、事実上は、それはイギリスの保護領であった。）

(39)（編注）『ローザ・ルクセンブルク全集』（ディーツ出版、ベルリン、一九七五）第五巻、脚注一を見よ。（同脚注：一八三九年から一八四二年までの、また、一八五六年から一八六〇年までのアヘン戦争は、ヨーロッパ資本の中国に対する攻撃的戦争であった。その目的は、資本主義列強による、利益をもたらすアヘン輸出と商品輸入のために、中国市場を暴力的に開放することであった。最初のアヘン戦争は、グレイト・ブリテインが単独でおこなった。第二次アヘン戦争では、イギリスとフランスの軍隊が、共同で中国を処理した。アヘン戦争の結果、中国は不平等条約を強制された。それは、中国の資本主義的開拓と中国の半植民地的国土への変化を開始した。）

(40)（編注）『ローザ・ルクセンブルク全集』（ディーツ出版、ベルリン、一九七五）第五巻、一八六ページ。脚注二を見よ。（同脚注：イギリスのチャーチスト運動は、労働運動の初期の形態であるが、一八三六年にロンドンで、また一八三七～三八年にバーミンガムで、憲法提案（六条の人民憲章）を実現しようとして成立した、最初の政治的労働者組織であった。その小ブルジョア急進主義者、手工業者、工業プロレタリアート等からなる異質な構成のために、全イギリスにおける統一した闘争行動は妨げられ、遂には、一八四八～四九年のかれらの敗北をもたらした。）

(41)（原注）労働組合、つまり職業身分的な組合に限定された労働者たちは、一八六〇年代ないし一八七〇年代に、比較的に高い実質賃金と九時間ないし一〇時間労働日を闘い取り、また、一八六七年には、小ブルジョアジーと勤労者階層の比較的によい地位にある部分のために、選挙権を闘い取ったのである。けれども、これらの成果は、チャーチストの民主主義的要求や、空想的社会主義者ロバート・オーウェン（一七七一〜一八五八）の社会的な改革の理想に比べて遅れたものであった。労働組合指導者は、経済闘争の成果を利用したが、独立したプロレタリアートの階級政策を放棄したのであり、保守的な労働組合主義を遂行したのである。これは、資本主義的搾取体制の改良のための闘争に、自己限定していたのである。

(42)（訳注）ドイツ三月革命。一八四八年に、フランスの二月革命に続いてなされた革命。ドイツの近代化・民主化を目指し、また、多数の領邦国家に分裂したドイツの国民的統一を目指した。フランクフルトのパウルス教会で国民会議を開催し、プロイセン国王を皇帝とする立憲君主制国家の樹立を図ったが、プロイセン軍によって鎮圧された。

(43)（編注）『ローザ・ルクセンブルク全集』（ディーツ出版、ベルリン、一九七五）第五巻、一八六ページ。ロシア領ポーランドに関する脚注二を見よ。

(44)（原注）一八九六年五月二七日から六月一八日まで、労働者階級解放同盟指導の下に、ペテルスブルクの三万人の繊維労働者がストライキを行った。かれらはニコライ二世の戴冠式に際して、なされるべき賃金支払いの支給と、一三時間労働日の代わりに八時間労働日を要求した。それ以来、労働日の短縮の要求は、ロシアの労働者にとって、第一の階級的要求となった。

(45)（原注）資料における力点。—帝政の独裁政治に対するロッツの繊維労働者のバリケード戦は、一九〇五年の七月九日から一一日まで続いた。

(46)（編注）カール・マルクス『資本論』第一巻（カール・マルクス／フリードリヒ・エンゲルス『著作集』第二三巻、五〇九－五一〇ページ、脚注。

(47)（原注）ニコライ・ジーバー：『デイヴィッド・リカードとカール・マルクス』モスクワ、一八七九年（N.J.Siber: Dawid Rikardo i Karl Marks w ich obstschestwenno-ekonomitschkich issledowanijach. In: Isbrannyje ekonomitschkije prolswedenija w dwuch tomach,Bd.1,Moskau 1959,S.448/449.）

(48)（訳注）フリードリヒ・エンゲルス（Friedrich Engels, 1820－1895）カール・マルクスの親密な協力者、社会主義に関する多くの著作を執筆。初期の『イギリスにおける労働者階級の状態』一八一五年、『オイゲン・デユーリンクによる科学の変革』一八七八年、『空想から科学への社会主義の発展』一八八〇年など。とりわけ、マルクスの死後、その遺稿を編集し、『資本論』第二巻と第三巻を刊行し、またマルクス主義の普及に貢献した。

(49)（原注）フリードリヒ・エンゲルス『オイゲン・デユーリンクによる科学の変革』、『カール・マルクス／フリードリッヒ・エンゲルス　著作集』第二〇巻、二五七頁。

(50)（訳注）トマス・ロバート・マルサス（Thomas Robert Malthus, 1766-1834）は。一八歳まで父に教育された。父は哲学者で懐疑論者であるデーヴィト・ヒュームの友人であった。一七九三年までケンブリッジ大学で精神科学の勉学をしたのち、同大学のジーザス・カレッジのフェローになった。一八〇五年に、遂に、ハイルベリー（ヘルトフォルドシャー）にある東インド会社のカレッジの、歴史および政治経済学の教授の地位を得た。二三回のヨーロッパ旅行を除くと、かれはその地で、妻のハリエットと隠遁生活をおくった。マルサスは、価値論を初めとした経済理論について、また穀物法の維持か廃止かをめぐる貿易論争において、D.リカードとの間で、論争し、古典学派の理論的展開に貢献した。さらに、人口の増加を容認するのか、産児制限などによって人口制限を行なうべきかをめぐる人口論争において、後者の立場を主張したことで知られている。

(51)（原注）トマス・ロバート・マルサス『人口論、それが社会の将来の改善に及ぼす時のそれ、ゴドウィン氏、M・コンドレント氏、およびその他の著作家に言及しつつ』ロンドン、一八〇三年、五三一－五三二ページ。

(52)（訳注）チャールズ・ダーウィン（Charles Darwin, 1809-1882）は、イギリスの自然科学者で、生物が共通の祖先から自然選択という過程を経て多様な種に進化してきたという生物進化論を発見した。かれは、エディンバラ大学で医学と地質学を学んだ。さらに、牧師になるため、ケンブリッジ大学で神学、古典、数学等を学んだ。しかし、在学中から地質学と生物学に関心があり、唯物論についても友人たちと討論した。大学卒業後、一八三一年から一八三六年まで、調査船ビーグル号に乗船し、アフリカからニュージランドをへて南米まで探検し、生物と地質について調査し、記録した。とりわけ、ガラパゴス島における調査は、かれが生物の多様性と進化について考察するきっかけとなった。一八三九年に、ビーグル号の航海記を発表した。その後、マルサスの人口論などをヒントに、自然淘汰説に到達し、これに基づき、『種の起源』を一八五九年発表した。初版は一二五〇冊以上の申し込みがあったという。自然淘汰説によれば、生物には変異があり、この変異は親から子へと遺伝されるが、その中には生物の生存と繁殖にとって有利なものがある。そして、個体の競争によって多くの変異のなかから生存にとって最も有利な変異が選ばれる。この自然選択説は、種の不変を信じるキリスト教徒からは反発され、ダーウィンと神学者との公開討論が開催されたりした。ダーウィンの思想は、ダーウィニズムとか進化思想と呼ばれ、現代まで影響力をもっている。

(53)（編注）チャールズ・ダーウィン『ある自然探検家の世界への旅行』第二版、シュットガルト、一八九九年、一二三一－一二三二ページ。

(54)（訳注）オイコス oikos は、古代のギリシャ語で、家とか家族・集落・家の集まりなどを意味している。

(55)（訳注）原資料では、一五世紀となっている。

(56)（編注）カール・ビュッヒャー『国民経済の成立　講演と試み』チュービンゲン、一九〇六年、一三六ページ。

(57)（訳注）ベルギー西部を中心に、オランダ南西部からフランス北東部にわたる地方で、中世以来毛織物工業が盛んな地域。イギリスは当初そこへの羊毛供給地であった。

(58)（訳注）アケメネス朝の最後の大王ダイオレス三世（紀元前三三六年－前三三〇年）は、マケドニアのアレクサンドロスにより征服され滅亡した。

(59)（訳注）フランスの近代化に対抗して、K・シュタインおよびハルデンベルクが一八〇七年－一八〇八年にプロイセンで行った一連の改革。農民解放、都市自治制度の導入、営業の自由化、中央行政機構の近代化等絶対主義的国家・社会体制の改革をはかった。

これはドイツの近代化と資本主義化の一因となった。

(60)(訳注)マルヴィッツは、フランスの経済学者。

(61)(訳注)グラッカス・バブーフ(Francois-NoelBabeuf, 1760－1797)はフランス北部のサン＝カンタンの農家に生まれ、一七歳の頃、土地台帳管理の職をえて働く。一七八四年、ロア町の土地台帳管理人となるが、この仕事を通じて領主権の不正と私有財産制の弊害を知り、『永久土地台帳』(一七八九)を刊行し、そのなかで農地均分と税制改革を説いた。同書を出版するためにパリに赴いていた彼は、同年七月に勃発したフランス革命に共鳴し、帰郷後、役人を辞職し、革命運動に参加。塩税への反対、領主権と高率の酒税への反対により繰り返し逮捕された。一七九三年パリに出て、パリ食糧委員会の書記官の職を得た。その後の革命派の抗争において、ロベスピエールの独裁を一七九三年憲法に反するものと見做し、エベール派とともにテルミドールのクーデターを支持した。しかし、その後、テルミドール体制と総裁政府を批判するにいたった。一七九四年に『護民官』を発刊し、その第三五号(一七九五年)に「平民派宣言」を発表した。土地の私有を否定し、土地の均等使用を主張した。現物生産品の国家管理に基づく配給行政を提唱した。一七九五年「パンテオン・クラブ」を結成し、総裁政府に代わる政権の樹立を図ったが、計画が事前に発覚し、逮捕される。一七九七年五月に死刑される。

(62)(訳注)クラウド・アンリー・ド・サン・シモン(Claude-Henri de Saint - Simon, 1760－1820)先祖がカール大帝に遡るような著名な貴族の家族の一員であり、情熱的で冒険好みの人物であった。一六歳ですでにアメリカ独立戦争における反乱者に味方した。フランス革命期には、国有財産の取得により投機を行ったが、恐怖政治期には、牢獄に収容され、復古期の一八一四年に、遂にブルボン派と結びついた。その時から、かれは科学の研究に集中し、エコール・ポリテクニーク校に通学した。かれはかれを崇拝する学生たちの小グループを集めることが出来た。かれらは、かれの死後、その作品が忘れられないように配慮した。かれらはエコール・ポリテクニーク校の卒業生であった。実証主義者のアウグスト・コントは、一八一八年から一八二四年まで、秘書としてサン・シモンの下で働いた。

(63)(訳注)フランソワー・シャルル・フーリエ(Francois-Charles Fourier, 1772－1837)ブザンソンの裕福な商人の子。商人としての徒弟修業のためにリヨンに滞在中、フランス革命の騒乱に捲き込まれ、相続財産の多くを失い、政治革命への不信感を抱くに至ったといわれる。一八〇八年に、代表作『四運動の理論』を発表。宇宙には、物質的、有機的、動物的、社会的の四つの運動があるとし、社会的運動における「情念引力の原理」を強調した。

この原理に基づく農業アソシアシオン、つまりファーランジュの建設を提唱するが、宣伝普及しない。弟子のミュロンの助言に従い、『家庭・農業アソシアシオン』(一八八二年)、ついで『ソシエテールな産業的新世界』(一八二九年)を発表したが、影響は拡大しなかった。このミュロンなどの弟子によって、フーリエ主義が形成されたという。

(64)(訳注)ロバート・オーウェン(Robert Owen, 1771－1858)小売商人の息子として、北ウオールのニュートンにうまれる。商人学を学び、マンチェスターの紡績工場の支配人としての経験を積んだ。一八〇〇年に、スコットランドのニュー・ラナークに、木綿紡績の機械だけでなく、その経営をも引き受け、これを数年のうちに、収益のある模範経営体に発展させた。それは、労働者の保護と青年の教育のための社会改良主義的処置をとった。これらはイギリスの社会政策の出発点になった。さらに、かれは、一八二九年にアメリカ合衆国のインディアナに、共産主義的共同体ニュー・ハーモニーを作った。しかし、参加者のエゴのために、計画は破綻した。ハムプシャーにあるもう一つのオーウェン的共同体も一八五四年に破綻した。しかし、かれの協同組合と教育制度に関する思想は、後世に影響を及ぼした。

(65)(訳注)ウィルヘルム・ワイトリンク(Wilhelm Weitling, 1808 – 1871)は、マグデブルクで生まれ、ニューヨークで死んだ。婦人服仕立ての職人として、ライプツィヒ、ウィーン、パリなどで働いた。独学でフランスの啓蒙思想や社会主義思想を学び、処女作、『人類、そのあるがままの姿とあるべき姿』(一八三七)を出版した。パリでは、カール・シャッパーの指導する正義者同盟に参加した。その後、スイスのジュネーブ、さらに、ロンドンに移り、正義者同盟の再建をはかった。しかし、シャッパー派ともマルクス派とも対立した。このため、ワイトリンクは、一八五〇年にはニューヨークに移住し、解放同盟を設立し、移住したドイツ人労働者に向けて共産主義的宣伝を開始した。さらに、一八五二年には労働者同盟を設立し、社会改革運動を展開した。この頃、彼は、フランスの初期社会主義者プルードンに強く影響された。つまり、労働者アソシアシオンの思想である。他方で、かれは共産主義的コロニー「コムニア」の運営にも参加している。主著は、『調和と自由の保証』(一八四二)。

(66)(訳注)ピエール-ヨゼフ・プルードン(Pierre-Joseph Proudhon, 1809 – 1865)ブザンソン出身の出版業者、独学者、ジャーナリスト、一八四八年のパリ国民集会の議員。プルードンは、自分が社会革命的な無政府主義者であると考えていた。その莫大な著作の中で、かれは、ブルジョア社会およびその時代の共産主義とは、一線を画した。かれは反権威主義的で、平等主義的で、自由な社会主義の理論家であり、どんな政府をもある種の行政体に変化させようという目的をもっていた。かれはこうした政治参加によって、一八四九年には逮捕され、一八五八年から一八六二年までは、ベルギーへ亡命するという代償をはらったのである。『財産とは何か』(パリ、一八四〇年)などの著作がある。

(67)(訳注)ルイ・ブラン(Louis Blanc, 1811 – 1882)はフランス第二共和制期の社会主義的政治家。一八三〇年の七月革命期に社会運動に加わり、左傾化する。一八四八年の二月革命期に臨時政府の閣僚となり、労働者の雇用のために、国立作業所を設立する。また、労働代表委員会の委員として最低賃金制を設け、労働時間を短縮しようとした。しかし、かれが一八四八年四月の選挙で落選すると、臨時政府内の対立によって、国立作業場の閉鎖が決まり、これにたいする労働者の暴動(六月暴動)が鎮圧されると、かれはベルギーを経由して、ロンドンに亡命した。かれのスローガンは「社会的共和国」というものであり、これはのちの社会民主主義の先駆的思想であったと評価できる。

(68)(原注)リヨン織物工の蜂起。

（訳注）一八三〇年に成立した七月王政の下では、王党派と共和国派との抗争が続いた。一八三二年五月、首相カジミール・ピエール・ペリエが、当時流行したコレラによって死亡した。その間隙をぬって引き起こされたのが、パリの労働者の六月暴動であった。これに先行して、一八三一年十二月にリヨンの絹織物の織工が、経済困窮の故に激しい争議を起こした。その鎮圧には、軍隊が投入されたという。

(69)（訳注）六月暴動は、一八三二年にパリの共和主義者たちが起こした蜂起。七月王政は、王党派と共和主義者との抗争を背景に持っていた。一八二七年から一八三二年の深刻な経済不況のもとで、当時流行したコレラによってペリエ首相が死亡することによって生じた政治危機の際に、共和主義者たちが同じくコレラで死亡した共和派のラマルク将軍の民衆葬の葬列が、王政反対の暴動に転化したものである。ルイ・フィリップ王は、王政の支配を顕示するため、鎮圧軍を差し向け鎮圧した。一八四八年になって、七月王政は二月革命によって打倒され、第二共和政が樹立された。

(70)（訳注）フランソワー・ケネー（Francois Quenay, 1694－1774）は、フランスの最初の経済学派たる重農主義の創始者である。元来は外科医であったが、その後、薬学と内科学を学び、ルイ一五世の侍医となった。ヴェルサイユ宮殿に住まい、中二階の部屋に住んだ。ジーン・C・M・ド・グールネー（1712-1759）と知り合い、経済学に関心をもつようになった。一七五八年に、主著『経済表』（Tableau Economique）発表した。これは、生産階級、不生産階級、地主階級の三つの階級の間で、各階級の生産物と収入が交換されることによって、社会の再生産の条件が生み出される過程を、一枚の表で示したものである。この再生産論は、アダム・スミスを始め、おおくの経済学者に影響を及ぼした。弟子のチュルゴーは、重農主義の政策を実施しようとしたが、フランス革命への時代の流れのなかで、成功しなかった。

(71)（訳注）ボアギュベール（Pierre de Pesant de Boisguillebert, 1646－1714）は、フランスの経済学者で、重農主義の先駆者といわれる。ルーアンで生まれ、パリで法学を学んだ後、郷里に帰り、ルーアンの高等法院の司法代理官になった。ルイ一四世の支配するフランスにおいて重税に苦しむ民衆の困苦と農村の疲弊を憂慮し、一六九五年に主著『フランス詳論』（La Ditail de la France）を刊行した。同書で、かれは、産業を振興するにはまず消費を増加させねばならず、そのためには消費を妨げる間接税や恣意的課税を改革すべきとした。かれの見解はコルベールの重商主義的見解を批判し、農業の重視と自由放任を説く点で、フランスの古典経済学の先駆と評価されている。

(72)（編注）フェルディナント・ラサール『学問と労働者（ベルリン刑事裁判所での弁明演説）』、in "Fer.Lassal's Reden und Schriften" Neue Gesamt-Ausgabe. Mit einer biographischen Einleitung hrsg.von Ed.Bernstein.Zweiter Band.Berlin 1893S.83

Ⅱ〔第二章〕経済史的な諸事実（Ⅰ）

一．原始共産社会の歴史的位置

最古で最も原始的な経済様式についてのわれわれの認識はまだ始まったばかりである。一八四七年にはまだ、マルクスとエンゲルスは、科学的社会主義の最初の古典的文書である『共産党宣言』[1]の中で、「これまでのあらゆる社会の歴史は階級闘争の歴史である」[2]と書いている。科学的社会主義の創始者がこの見解を述べたまさにその時、社会もまたあらゆる方面から新しい発見を通して揺り動かされ始めていた。ほとんど毎年、人間社会のより古い経済的事実についてのこれまで知られていなかった洞察がなされた。これによって、過ぎ去った歴史の中には、階級闘争のなかった非常に長い時代があったにちがいないという結論に行きついた。なぜなら、そこでは、一般的にさまざまな社会階級の区別もなく、また貧富の区別もなく、私的所有もなかったからである。

一八五一年から一八五三年の間に、ゲオルク・ルートヴィヒ・フォン・マウラー[3]の『マルク（Mark）・家屋敷（Hof）・村落（Dorf）・都市（Stadt）の規程ならびに公権力の歴史に関する序説』[4]が、エアランゲン（北バイエルンの大学都市）から刊行され、ゲルマン人[5]の過去の上に、また中世の社会的、経済的構造に新たな光明を投げかけた。既に数十年前から人々は、あるときはドイツで、あるときはアイスランド島といった北方諸国のいくつかの地点で、太古の農村的諸制度の注目すべき遺物を見出していて、これらは、それらの地点でのかつての土地（Grund）・耕地（Boden）の共同所有、つまり農業共産主義（Agrarkommunismus）の存立を教示していた。しかしながら、当初はこれらの遺物が意味することがわからなかった。以前からの、特にメーザー[6]とキントリンガー[7]以来、一般的に理解されている見解では、ヨーロッパにおける耕地耕作は個別家屋敷からはじまっており、それぞれの家屋敷は、家屋敷占有者（Hofbesitzer）による私的所有で区分された畑地地区（Feldmark）で囲まれていた、とされていた。そして、後の中世になって初めて、安全性を高めるために、それまで散在していた住居が村落に集合され、以前の分離していた家屋敷の畑地地区は村落の畑地地区に統合されたと、信じられていた。この見解をより正確に吟味すれば、それがあり得ないことが明らかになるにちがいない。こうした見解はおそらく、あまりに離れていた住居の一部分を単に別の場所に移して建て替えるために取り壊しただけであるといったこととか、さらにはまた、各々の家屋敷が周りの十分に自由に管理することのできる私的畑地の良い場所を自分の意志で放棄して、それから今度は、自分の畑地を、細い帯状地に別けられ、すべて境界で区切られた農地（Flur）に分散させられ、村落構成員（Dorfgenossen）の完全な管理に依存するものとなったものを、ふたたび受け取ったという、とても信じられないことを論拠づけとして仮定しなければならない。こうした理論は、真実のかけらもなかったとしても、前世紀の半ばまではいまだ支配的であった。フォン・マウラーが初めて、これらすべての個別的な諸発見を大胆で大掛かりな理論にまとめ、膨大な実物資料ならびに古文書・記録・法制についての徹底的な研究にもとづいて、次のように論証したのだ。すなわち、土地と耕地の共同所有（Gemeineigentum）は、より後期の中世になって初めて成立したのではなく、一般的にヨーロッパへのゲルマン人の移住のそもそもの始まりからの、典型的で普遍的な原初形態であった、ということである。二〇〇〇年前そしてなおそれ以前から、文書で書かれた歴史としては何も知られていないゲルマン民族のあの灰色の前史においては、今日とは根本的に違っていたゲルマン人の状態が支配的であったのだ。

当時のゲルマン人のあいだでは、成文化された強権の法規をもつ国家も、貧者と富者への、また支配者と労働者への分裂も知られてなかった。かれらは、はじめは一時的にそしてついには永住的に定住するまでは、長い間ヨーロッパのあちこちを流浪した自由な部族（Stämme）と氏族（Geschlechter）を形成していたのである。なんとなれば、ドイツでのその最初の土地耕作は、フォン・マウラーが論証したように、個々の氏族または部族によってではなく、氏族と部族が全体として始まったのである。それは、ちょうどアイスランドにおけるブレンダリド及びスクルダリド――多分、親交集団と従者集団――と呼ばれた比較的大規模の社会集団から始まったと同じようである。ローマ人にはじまりわれわれに至る、古代ゲルマン人に関する最古の報告は、伝承された諸制度の検証と同じく、こうした見解の真実性を保証している。ドイツに最初に移住したのは、あちこち渡り歩く遊牧民であった。他の遊牧民と同様に、かれらの主要な関心事もまた家畜の飼育と豊かな牧草の占有であった。というものも、より古いそしてより新しい時代の他の遊牧民の事情とおなじように、かれらもまた、農耕とあわさった遊牧経営を有していて、ユリウス・カエサルの時代、およそ一〇〇〇年以前の時代に周知のゲルマン民族のスウェービ族[8]もしくはシュヴァーベン人[9]では、牧畜が主要ごとであって農耕は副次的にはあったにしても、このような状態にあった。しかし、似たような状態、慣習、組織がまたフランク人[10]、アレマン人[11]、ヴァンダル人[12]、その他のゲルマン諸部族にも確立されていた。ゲルマン民族のすべてがまとまった部族と氏族として定住していった。確かに始めのうちは、短期間定住して畑地を耕していたが、後方からまたは前方から、他のより強力な部族がおし寄せてくるか牧草地が足りなくなるや、ふたたび移動して行った。諸部族の流浪がしだいに落ち着き、他の氏族を最早圧迫することがやんだときにはじめて、かれらはより長く移住地に留まるようになり、こうして次第に定まった住居を保つようになった。この定住はしかしながら、より早い時期であれより遅い時期であれ、自由な耕地においてであれ旧ローマ人やスラヴ人[13]の占有地においてであれ、全ての部族と氏族に起こったのである。そのさい、ある領域が、部族ごとにまたそれぞれの部族にあっては氏族ごとに占められ、ついで氏族の領域はそこの関係者たち全員のものであった。僕のもの、君のものということを古代ゲルマン人は、土地・耕地に関しては知らなかった。それぞれの氏族は、むしろ定住に際して、自分に属する領域全体を共同で経営し、分割し、耕作することになったいわゆるマルク共同体（Markgenossenschaft）[14]を組織したのである。構成員は、決められた期間だけ自分の利用にまかせられた耕地持分をくじ引きで入手しており、その際には土地持分の極めて厳格な平等が遵守された。こうしたマルク共同体はたいていが同時に兵役を担いうる男子の一〇〇人組隊を組織していて、そのすべての経営的・法律的・一般的業務は、団体の長とそのほかの公的役員を選出していたマルク共同体構成員たち自身の集会によって規制されていた。

だが、山岳、森林、湿地帯の地方では、空地や可耕地が足らず比較的に多数の人口の定住を不可能にしていて、例えばオーデルヴァルト[15]、ヴェストファーレン[16]、アルプス地方では、ゲルマン人は個別農家として定住した。とは言うものの、これらのゲルマン人もまた、かれらの間でひとつの共同体を形成していて、耕地以外の牧草地、森林、草地は全村落の共同所有である、いわゆる「共用地」を構成していて、その全ての公共業務はそこのマルク共同体の集会によって取り扱われていた。

部族は、多くがほとんど一〇〇人組隊であるマルク共同体の集合体であったが、もっぱら、最高位の司法的・軍事的単位として関わっただけであった。こうしたマルク共同体的組織は、フォン・マウラーによってかれの全一二巻からなる大著作のなかで論証されているように、中世の最も早い時期から近世の遅くまで、全社会構造の基礎でいわば最小単位の組織を構成していたので、後のさまざまな変形を受けた封建制賦役の農地、村落、都市もまた、こうしたマルク共同体から形成されたのであって、われわれはそうした遺物を今日にいたるまで中部および北部ヨーロッパの地方で見出しているのである。

ドイツおよび北方諸国における土地・耕地の太古の共同的所有についての最初の発見が知らされたときには、ただゲルマン人に特有な民族的性格から説明される手がかりに帰着する、ゲルマン人に特有で特殊な制度からの理論が立ち現れた。マウラー自身は、ゲルマン人の農業共産主義と言う、こうした民族的な見解にはとらわれることなく、他の民族の類似した事例を指摘していたが、古い農村的マルク共同体をゲルマン人の公共的・法制的関係性のひとつの特有性、「ゲルマン人的精神」の一発露であるという、当時のドイツでは動かすことのできない主要な命題に留まっていた。それでもなお、ゲルマン人の太古からの村落共産主義に関するマウラーの最初の著書とほとんど同時に、ヨーロッパ大陸のまったく別の地域からの新しい発見が日の目を浴びた。

一八四七年から一八五二年にかけてのベルリンで、ヴェストファーレン州のフォン・ハクストハウゼン男爵[17]が著書『ロシアの国内事情、国民生活、特に農村の諸制度に関する研究』[18]を刊行したのだ。同男爵は、一九四〇年代の初めにロシア皇帝ニコライⅠ世に請われてロシアを旅行していたのであるが、東ヨーロッパにおいては現在においてなお、まったく類似した諸制度が存続しているという驚くべき世界が、この著書によって知らされたのである。この原初的村落共産主義は、ドイツではその遺物を数百年と数千年の後世の土地から発掘しなくてはならないのだが、東方の隣接した大帝国で突然にその生きた形でよみがえったのである。フォン・ハクストハウゼンが、前出の著書のなかでも、またその後一八六六年にライプツィヒで刊行した『ロシアの農村制度』についての著書の中でも論証したことは、ロシアの農民が農地（Äcker）や草地や森林に関しては私的観念を少しも持っていないこと、村落全体が村の所有財産とみなされており、個々の農民家族は古代ゲルマンとまったく同様にくじ引きで割り当てる割替耕地の一時的な利用権を単に得るにすぎないということであった。ハクストハウゼンがこの国を旅行し調査したときのロシアでは、農奴制が一見して顕著であったが、厳格な農奴制と専制的国家機構の鉄のおおいの下でロシア村落はそれ自身ひとつの閉ざされた小世界を呈していて、農村共産主義（Landkommunismus）と「ミール」[19]と称する村落集会を通した全ての公共的業務の共同体的解決がともなわれていた。この特性を発見したドイツ人は、このロシアの農村共同体（die landliche Gemeinde）を、現在もなおバルカン諸国における南スラヴ人に見ることができるものと同じように、また一二世紀とその後のロシア法律の古文書のなかに存在するものと同じように、太古のスラヴ家族共同体（Familiengenossenschaft）の一所産として説明した。ハクストハウゼンの発見は、ロシアにおける精神的・政治的な全潮流、スラヴ民族（心酔）主義（Slawophilismus）によって歓喜の叫びをもって受け入れられた。ゲルマン文化の「腐食した西欧」と対比したこうしたスラヴ世界とその特性、その「不可侵の力」を賛美する方向を持った潮流は、近年の二〇から三〇年間に、ロシア農民共同体の共産主義的な諸制度に最強の拠点を見出したのである。農村共同体は間もなく、分裂していったスラヴ民族（心酔）主義のうちの特に反動主義的かまたは革命主義的な分派によって賞賛され、ロシアの三つの真正スラヴ的な根本制度、つまりギリシア正教信仰[20]、ロシア皇帝的絶対主義、農民的家長制的村落共産主義の、ひとつと称賛された。あるいはまた逆に、スラヴ民族主義の革命主義の分派では、ロシアはより近い将来に社会主義的革命を起こし、資本主義的発展を回避して西欧より早く社会主義の約束された地への直接の飛躍をなすための適切な拠点であると、賞賛された。スラヴ民族（心酔）主義のまったく対立した立場においても、ロシアの農村共同体はひとつの独自にスラヴ的な、スラヴ部族のもつ民族的性格から説明される事象であるという見解では互いに完全に一致していた。

この間、ヨーロッパ諸国民の歴史上、もうひとつの別の要因が付け加わっていた。それは、これら諸国民を新大陸と接触させ、ゲルマン民族圏にもスラヴ民族圏にも属していなかった諸国民が、固有の公共的諸制度や太古の文化形態を強烈に意識するようになった、ということであった。今度は、諸々の科学研究とか学術的発見といったことではなく、ヨーロッパの資本主義諸国の大げさな利権と実際的植民政策におけるかれらの経験が問題であった。一九世紀の資本主義の時代には、ヨーロッパの植民政策は新たな軌道を走り始めていた。問題はいまや、一六世紀における新大陸への最初の突進の際になされたようなこと、すなわちスペイン人やポルトガル人が新発見した熱帯諸国からの貴金属や香料や貴重な装飾品や奴隷といった財宝や天然資源の激烈な略奪のことではなかった。また、一七世紀のオランダ人がイギリス人のための模範の活動を切り開いてくれたように、海外諸国からの種々雑多な原料をヨーロッパの集散地に輸入させたが、海外の土着民にはガラクタを押し付けたような強権的取引事業のことでもなかった。いまや問題は、こうした旧来からの植民方式と並んで、「母国」の富増進のための植民地住民からのより永続的・体系的な搾取の新方式が加わっていることである。その二通りの方法のひとつは富の最重要な源泉である土地・耕地の事実上の占有であり、ふたつは広範な住民大衆への恒常的な課税である。この二重の企てで、ヨーロッパの植民列強はどこの異国においても思わぬ強烈な障碍にぶつかってしまったが、それは土着住民に固有の所有制度であって、これはヨーロッパ人による略奪に最も強固な抵抗の防波堤を築いたのである。土地と耕地をその従来からの所有者の手から奪い取るためには、まず誰が土地・耕地の所有者だったかを確定しなくてはならなかった。租税を課するだけではなく徴収することができるには、非課税者の負担能力を確定しなくてはならなかった。その植民地においてヨーロッパ人たちはいまや、私的所有の神聖というかれらの観念のすべてを直接頭からひっくり返すようなまったく不案内な事情にぶち当たってしまったのである。これが、南アジアにおけるイギリス人の経験であり、同様に北アフリカにおけるフランス人の経験でもあった。

ちょうど一七世紀のはじめにはじまったイギリス人のインドへの侵略は、沿岸全域とベンガルを徐々に占領の後、一九世紀における北部の最重要な五河地方（パンジャブ地方）の初めての征服をまって終了した。しかしながら政治的な征服の後に、インドの組織的な収奪という困難極まる仕事がはじめて始まった。そのさいに、イギリス人は一歩一歩あゆむたびに、まったく驚いてしまった。すなわち、かれらは、数千年も前からその大地に根付いて米を作り、静穏に秩序ある諸関係のなかに暮らしてきた実に様々で大小の農民共同体に直面したからであるが、しかし何ということか、これら静穏な村落の何処にも土地・耕地の私的所有者がいなかったのだ。人が群がっていたとしても、誰一人もその土地、又は自分が耕していた分割地を「自分のもの」と叫ぶことは許されず、したがってまた、売買したり、賃貸したり、負債担保したり、滞納租税の抵当にしてもならなかった。こうした共同体は、大氏族一門の全体を時として囲っていたり、氏族から分岐した少数の家族しか含まれていなかったりであったが、その構成員の全員が頑強かつ忠義に団結していて、おたがいの血縁が価値あるもので、それに比べ個々人の所有はどうでもいいものとされた。イギリス人はインダス河及びガンジス河の沿岸でこうした農村共産主義の見本を実際に眼前にして驚愕したことであろうし、これとくらべて古代ゲルマン人のマルク共同体やスラブ村落共同体とかの共産主義的慣習でさえもがすでにほとんど私的所有へと堕落していると思われたであろう。

一八四五年のインドからのイギリス徴税官庁の報告書には、「恒常的な持ち分地（Anteil）は見たことがない。各自は、耕作労働に従事している間だけ耕作の持ち分地を占有している。ある持ち分地が未耕作に放置されていれば、そこは共有地に戻されて、耕作されるという条件で別のひとが引き取ることができる。」(21)

この同時期の、パンジャブ地方の、一八四九－一八五一年にかけての統治についての政府報告書は、次のように通知している。「この自治体（Gemeinwesen）における血縁の感情並びに共通の先祖からの血統の意識がどれ程に強固であるかを観察することはきわめて興味深い。世論はこの制度を維持することを強く求めており、一世代から二世代にわたって先祖が共有地に持ち分地を占有していなかった人間にさえも、持ち分地が認められていることを見るのはまれではない。」[22]と。

インドの氏族共同体についてのイギリス政府委員会の報告書は、こう記述している。「この土地所有形態に関しては、氏族のどの構成員であっても、共有地のあれこれの持ち分地はもとより一時的利用のためだけであっても自分のものと証明することはできない。共同経済の生産物は共同金庫にしまいこまれ、そこから一切の必需物が支出される。」[23]ここでは、農期だけにおいても耕地の分配がおよそ行われることはなく、共同体農民たちはかれらの農地を分割することなく、共同的に占有し耕作して、イギリス人の資本家的な目から見れば「金庫」として映る村落の共同蔵に、収穫物を搬入して、かれらの慎ましい需要を共同の勤労からの成果から親しく満たすのであった。アフガニスタンの国境に隣接するパンジャブ地方の北西のすみにはまた、私的所有といったすべての観念を無視したほかのきわめて注目すべき慣習が存在した。ここでは、じっさい農地が分割され、また周期的に交換されていた。しかし、何と驚くべきことか、個々の農家同士が各自の分割地を交換していたのではなく、幾つかの村落全体が五年ごとに自らの地所を交換していて、そのたびごとに住民全体が移動していたのである。イギリスの徴税委員ジェームスは、一八五二年にインドから彼の主管官庁宛に書いている。「現在に至るまである地方で続けられている実に特異な慣習に言及せざるをえません。個々の村落とそれらの分村のあいだの地所の定期的な交換のことを申したいのです。いくつかの区域ではただ農地が交換されるだけでなく、そこの住民さえも交換されています。」[24]

こうして、再度、ある一定の民族的家族の特性、この場合には「インド的」の特性に出会った。しかし、インドの村落共同体の共産主義的制度は、その地理的位置からも、また血縁と親族（Verwandtschafts）関係の力からも、その制度の伝統的な太古以来の性格をさし示していた。まさしくインド人の最古の居住地である北西部において、確認された共産主義の最古的諸様式から、以下のような結論を述べることができる。すなわち、強固な親族的結合をともなう共同体的所有は、数千年以前からの慣習までさかのぼることができ、この慣習は、他所から移住してきたインド人たちの新しい郷土となった現在のインドでの最初の定住に等しく結びついている、と。オックスフォード大学の比較法学の教授で元インド政府官吏であったサー・ヘンリ・メーン(25)は、一八七一年に既に、かれの講義題目にインド農業共同体を取り上げており、フォン・マウラーがドイツについて論証し、フォン・ナッセ(26)がイギリスについて論証したマルク共同体と並べて、インドの農業共同体がゲルマンの農業共同体と同様の性格をもつ太古の社会制度であると規定していた。

この共産主義的制度の正真正銘な歴史的歳月には、イギリス人の徴税・行政技術に対して向けられたその抵抗の強靭さからも、イギリス人は驚きをもって思い知らされたに違いない。イギリス人たちは、数十年の永き戦いに及んではじめて、ありとあらゆる暴行、不正、民族の旧来からの権利と普遍的な権利概念への容赦なき侵害をもって、所有関係全ての法外な混乱、全般的な不安全、そして農民大衆の破滅を引き起こすに至った。旧来からの連帯は断ち切られて、村落共産主義の隔離された静穏な世界は引き裂かれ、争いと不和と不平等と搾取が取って代わった。私的所有がインドへの浸透を進め、それに伴ってガンジス平原の常連客に発疹チフスと壊血病が現れた。

インド植民者の発見の後では、インド‐ゲルマン諸民族の巨大種族のなかの重要な三分流であるゲルマン人・スラヴ人・インド人のもとで見られた古来の農業共産主義は、その民族学的概念が絶えず揺れていたとしても、そしてまた同時期のフランス人たちのアフリカにおける発見がこの圏域をはるかに越えていたとしても、つねにインド‐ゲルマン民族圏域の昔からの特性として評価されるであろう。ここではすなわち、北アフリカにおけるアラビア人とベルベル人㉗のもとでヨーロッパ中央部及びアジア大陸において発見されていたのとぴったり同じ諸制度の発見が問題になっていたのである。

牧畜を業とするアラビア遊牧民においては、土地と耕地は氏族の所有であった。フランス人研究者ダレスト㉘が一八五二年に書いているところでは、この氏族所有は世代から世代へと受け継がれ、アラビア人は誰一人として、一片の土地を指差して、これは自分のものと証することはできなかった。

完全なまでにアラビア化していたカビール人㉙においては、氏族連合は既に個々の分枝に解体していたが、それでもなお氏族の力は大きかった。かれらは租税は連帯して負担しており、分枝していた家族に食料として分配されることの決まっている家畜を共同で買い入れていた。土地占有をめぐるあらゆる係争には、氏族協議会が最高の仲裁機関であって、カビール人の仲間として定住するには氏族の同意が必要で、未耕地についても氏族協議会が決めた。しかし家族の非分割的な所有が通例であったとしても、それは、今日のヨーロッパ的な意味での単一の結婚生活を意味していたのでなく、古代イスラエル人が聖書に描いているように、典型的に父権制的家族――父親・母親・息子たち・かれらの妻たち・子供や孫たち・叔父・叔母・甥・いとこたち――からなる一大親族団であった。もう一人のフランス人研究者ルトゥルノ㉚が一八七三年に書いているところでは、この親族団での非分割的な所有物については家族の最年長者が処分するが、かれは家族に選ばれてその役に就くのであり、すべて重要な、特に土地・耕地の売買といった件については、全家族協議会に相談しなければならなかった。

アルジェリアの住民は、フランス人がこの地を植民地にしたとき、こういう状態であった。したがって、イギリスがインドで味わったのと同じ経緯を、フランスもまた北アフリカで味わったのであった。ヨーロッパの植民政策は、到る所で太古からの社会紐帯とその共産主義的制度からの強靭な抵抗に出くわしており、それらの制度は、それぞれの個々の人間をヨーロッパの資本と財政政策の収奪から保護したのである。

ヨーロッパの植民政策と新世界への略奪行の最初の日々についての古いなかば忘れかかった記憶が、こうした新たな体験と同時に、新たに光を当てられた。スペイン国家文書庫と修道院の色あせた記録簿のなかには、既に大発見時代のスペイン人征服者たちが特異な制度の発見をなしていた不思議な国、南アメリカについての奇妙な知らせが保存されている。この南アメリカの不思議な国について不明確な報告は、すでに一七及び一八世紀にヨーロッパの文献、インカ帝国[31]についての説話に入れられていた。それは、スペイン人が現在のペルーで発見したもので、その国では善良な専制君主の家父長的で神権的な統治のもとで、人民は完全な共同体所有のなかに生活してきたという話であった。ペルーにおける伝説的な共産主義帝国についての空想的な観念がかたくなに続けられたため、一八七五年にもなおドイツ人著述家は、インカについて「人類史のなかでただ一つ」存続されている社会、神権的基盤に基づいた君主国で、「社会民主主義者達が理想として現代も志向していて、何時の時代にも到達することのなかった多くの事柄」[32]が実際に実行されている、と語ることができたのである。そのあいだにもなお、この不可思議な国とその慣習についてのより詳細な史料が公開されるようになった。

一八四〇年には、往年のメキシコ王国参事会の法務官、アロンソ・スリタによって、新世界のスペイン植民地における行政及び農業事情に関する重要な原資料文書がフランス語で公刊された。また一九世紀の半ばには、スペイン政府も、スペインのアメリカ植民地での侵略と統治に関する記録文書を文書館から公表することを了承した。このことによって、海外諸国における古い前資本主義の文化段階の社会状態に関して、［認識に至る］重要な文書上の寄与がなされた。

既に一八七〇年代に、ロシアの学者マクシム・コヴァレフスキー[33]は、スリタ報告書に基づいて、ペルーの伝説的なインカ帝国が、既にマウラーが古代ゲルマンについて全面的に解明したと同じく、太古の農業共産主義的な諸関係の支配的な国そのものであって、ペルーにおいてもメキシコにおいてもスペインによって占領された新世界全般において行き渡った様式だったという結論に達していた。［かれの書物の］その後の公刊は、往時のペルー農業事情の詳細な研究を可能とし、新たな世界の部分で、しかもこれまでの発見の場合とはまったく異なった人種と文化段階において、原始的農村共産主義の新たな光景を露わにした。

ここにおいて、人々は太古の農業共産主義的な文献に直面したが、この制度は、想像もつかない時代からペルーの諸部族の間で行き渡っていて、スペイン侵攻の一六世紀の時代においてもなお、十分な生命力と勢力をもって存続していた。またここでは親族的団体、すなわち氏族が、各々の村落または二、三の村落における唯一の土地・耕地の所有者であって、ここでもまた耕地は分割され、毎年村落の構成員によってくじ引きで割り当てられた。ここではまた公共の事務もまた村落集会で決められて、首長もまた選出された。はるか遠い南アメリカの国のインディアンのもとで、ヨーロッパではまったく知られていないような広範囲の共産主義の生きた痕跡を見出せたのである。すなわち、それは大きな集合家屋であって、そこには氏族全体が共同の葬祭墓地を備えた共同の集合居住区域に住んでいた。その区域については、四〇〇〇人を超えた男女が居住していたと言われていた。とりわけ、インカ皇帝と称された人物の主要居住地であった都市のクスコでは、数多くのこうした集合区域からなっていて、そのそれぞれの区域はひとつの氏族の特別名称をもっていた。

一九世紀の半ばごろ、そして一八七〇年代までには、山積みになった資料が日の目をみたが、それらは、私的所有の永久性とか世界の最初からの存続性といった古い観念を穴だらけにしてやがて引き裂いてしまった。農業共産主義を、最初はゲルマン民族の特性として、次いではスラヴ・インド・アラビア－カビール・古代メキシコ的民族特性として、ペルーのインカの不思議な国家として、更に全大陸の地域での多くのほかの「独自の」民族類型として発見した後になって、これら村落共産主義が決して一人種または一大陸の「民族特性」でなく、文化発展の一定の高さにおける人間社会に汎通する典型的な様式であるという結論に、おのずから到達したのであった。初めの間は、公認の市民的な科学、とくに国民経済学は、この認識に強固に抵抗して逆らった。ヨーロッパ全域において、一九世紀前半にはスミス＝リカードゥ学派[34]が優勢であって、かれらは土地・耕地の共同所有制の可能性を断固として否定する立場を取っていた。新たに発見されたアメリカにおける最初のスペイン・ポルトガル・フランス・オランダの侵略者たちが、かつて、先住民の農業関係を無視するか愚昧のためにまったく理解せずに敵対して、私的所有者の不在という理由で全土を「皇帝の所有地」、国庫の土地として宣告したが、これとよく似合って、国民経済学的博識の最大の権威者たちは、市民的「啓蒙」の時代に、同じことをも体験したのである。一七世紀に例えばフランスの宣教師デュポアはインドについて「インド人は土地所有権を持っていない。かれらが耕作している農地は、モンゴル政府の所有地である」[35]と書いた。また、モンペリエ大学の医学博士フランソワ・ベルニエ卿は、アジアのムガール大帝の諸国を旅行して、一六九九年にアムステルダムでこの旅行記についての高名な記述を出したが、憤慨しながら、こう叫んでいる。「これら三つの地域、トルコ・ペルシャ・インド半島では、世界の一切の善と美の基礎概念である土地所有に適用される、我のもの・汝のものという概念さえも失くしている。」[36]

ちょうどこれと同じように、一切の資本主義的文化には相応しくないと、そこに粗野な無知と無理解を見ていたものとして、一九世紀に、高名なジョン・スチュアート・ミルの尊父であるジェームズ・ミル[37]がいる。かれは、イギリス領インド史について、「われわれが考察したあらゆる事実に基づいて、土地所有はインドでは支配者に属するという結論に到達することが出来るだけである。なぜなら、かれが土地所有者でなかったと仮定しようものなら、いったい誰が土地所有者なのかを言うことが出来ないからである」[38]と書いたのがある。

土地・耕地の所有がその地を数千年来耕作してきたインドの農民共同体にだけ属していたこと、土地・耕地が他人労働を搾取する手段ではなく耕作する人々自身の生存基盤でしかなかったような大きな文化社会が授けた大地があったのだということは、イギリス市民（ブルジョア）の大学者には理解できなかったのである。〔大学者の〕精神的視野が資本主義経済の支柱に打ち固められ限定されているということは、ブルジョア的啓蒙の公認の科学が、取るに足りない眼力と文化史的理解しか持ち合わせなかったということを証明しただけである。このことは、カエサル[39]のような将軍やタキトウス[40]のような歴史家を生んだローマ人がほとんど二〇〇〇年以前に、彼らの見知らぬ外的世界にあったゲルマン未開民の経済的・社会的諸関係について極めて価値のある観察と記述を伝えてくれているのと比べれば、よくわかる。

現在もそうであるが以前からも、すべての科学の中でも市民的経済学は、支配的な搾取様式の精神的護衛として異種の文化的・経済的様式に対してはほとんど理解をもたなかった。往時の共産主義的制度のなかに一定段階にある経済的・文化的発展の一般的に支配的な様式を認識していたのは、資本と労働の直接的利害対立と闘争場面からいくらか距離を置いた科学分野においてであった。フォン・マウラーとかコヴァレフスキーのような法律家、イギリスの法学教授でインド政府委員のサー・ヘンリー・メーンが初めて農業共産主義をひとつの国際的な、全ての大陸と人種にとって当てはまる原始的発展様式として認知できたのである。また、法律的素養を身につけた一社会学者のアメリカ人モーガンが、この経済的発展様式にとって基礎として欠かせない原始社会の社会構造を発見できたのである。

太古の共産制的な村落共同体において親族的団体が大きな役割を果たしたことは、インドでもアルジェリアでもスラヴでも研究者たちの注意を引いていた。ゲルマンについては、かれらが氏族として、また親族的団体としてヨーロッパにおいて定住を達成したに違いないことを、マウラーの研究が確証した。古代民族であるギリシア人及びローマ人の歴史において、かれらの間では氏族が古くから、経済的まとまり、法機構、宗教儀礼の閉鎖的団体といった社会的な集団として最も大きな役割を担ってきたということが次第に明らかになった。ついには、いわゆる野蛮諸国への旅行者の報道からは、ある民族が原始的であるほど民族の活動において親族的団体の役割は一層大きく、その経済的・社会的・宗教的な諸関係と観念を一層大きく支配しているという事実が明らかになった。

それとともに、科学研究にはひとつの新たな、まことに重要な問題が提起された。それは、太古の時代にあれだけ大きな意味をもった氏族団体とはそもそも何であったのか、それはどのようにして形成されたのか、それは経済的共産主義や経済的発展一般とどのような関係にあったのか、等である。それらすべての問題について、モーガン[41]は一八七七年にかれの著書『古代社会』のなかで初めて画期的な方法で解明した。[42]

モーガンは、かれの生涯の大きな部分をニューヨーク州のインディアン部族イロクオイ族のもとで暮らしてこの原始的狩猟民族の事情を徹底的に調査し、ほかの原始的民族から得られた諸事実との比較を通して、すべての歴史学的知識に先行したあの非常に長い期間における人類社会の発展様式についての、ひとつの新たな大掛かりな理論に到達した。モーガンの画期的見解は、新たな史資料の追加と記述の細部の訂正にも拘らず、現在まで十分な効力を保持しているが、それは以下の諸点にまとめることができるだろう。

（一）モーガンは、特定の発展段階を記録し、この発展の基本的な動力をあばくことによって、有史以前の文化史に科学的整理を行った最初の人であった。それまでは、あらゆる書かれた歴史以前の社会生活の途方もないほど長い期間には、また同時に今なお現存する原始的段階の諸民族の社会諸関係には、ありとあらゆる種々雑多な様式と発展段階の充満した無秩序のカオスが多かれ少なかれ持ち込まれていて、そこから往々に個々の題目と断片が科学的研究のスポットを当てられてきたに過ぎなかった。「未開」とか「野蛮」とかは、こうした事情から当時の理解では礼節ある人間生活に特徴づけられていた「文明」の欠如をあらわすものとして、概してかぶせつけられた名称であって、消極的な概念とみなされていた。すなわち、真の礼儀正しい、人間に相応しい社会生活は、書かれた歴史のなかに明記された事情をもって始まったということになっていた。「未開」と「野蛮」にふさわしいものとされたすべてのことは、いわば文明の劣等で恥ずべき前段階の半獣的存在をなしていたのであって、現在の文化的人類は侮辱した軽視の目で見下ろすことができるだけである。キリスト教会の公認の代表者にとっては、あらゆる原始的・前キリスト教的な諸宗派はただ真の宗教に向かう人間の探求に際しての迷いの様々な長い列を表しているのと同じように、国民経済学者にとっては、すべての原始的な経済様式はただ、書かれた歴史と文明がともに始まる私的所有と搾取からなる真の経済様式を見つけ出す前の拙劣な試みでしかなかった。こうした見識に対して、モーガンはひとつの決定的衝撃を与えた。かれは、あらゆる原始的な文化史を、人類の連続した発展系列における等しい価値の部分として、書かれた歴史のごく短い時間に比べると遥かに長い時間として、無限に重要な部分であったと言明したのである。というのは、人間の社会的存在のまさに長い黎明期においてこそ文化の決定的な諸成果が引き起こされたからである。

モーガンは未開・野蛮・文明という名称に初めて積極的な内容を盛り込み、それらを精確な科学的概念に作り変え、科学的研究の道具に用立てたのである。モーガンにおいては、未開・野蛮・文明とは文化発展の三つの区切りであって、それぞれが特定の物質的標識で区切られそれぞれ文化の具体的で特定の成果と進歩の識別に役立てるために、低・中・上の段階に区分されていた。現在の詮索好きの物知りは、モーガンが考えていたようには未開の中間段階が漁撈をもって始まり、未開の上の段階が弓矢の発見で始まったということはあり得なくて、多くの場合では順序は逆であったし、他の場合には自然的状態によって全段階そのものが抜けていたに違いない、といった反論に熱中もできよう。しかしこうした反論は、その生き生きとしてしなやかな導きの星としてではなく、絶対的適用の硬直した図式、認識を鉄鎖につなぐ奴隷として歴史区分に対する理解をなす場合にも起こりえることである。モーガンがはじめて太古史の研究のための科学的区分によって設定条件をつくったということは、かれの画期的な功績であって、それはリンネが植物の最初の科学的分類をなした功績と同じことである。しかし、両者には大きな相違があった。周知のようにリンネは、植物の系統的分類の基本として有用であるが純粋に外的特徴――植物の生殖器官――を用いたが、その後リンネ自身も認めたように、この最初の応急手段は植物界の発展史からみてもっと活力のある自然的分類法に席を譲らざるをえないことになった。これとは違ってモーガンは、かれの分類体系が依拠した基本原理の選択によって、研究をより実り多いものにした。かれが分類の出発点においたのは、社会的労働の仕方すなわち生産こそが文化の最初の発端以来のどの歴史的時代においても人間の社会的関係を第一義に規定し、この生産の決定的な進歩自身そのものがこれらの発展の境界石である、という命題であった。

（二）モーガンの第二の大きな業績は、原始的社会における家族関係に関係している。またここでもかれは、国際的なアンケートによって得られたぼう大な資料に基づいて、家族の発展様式の初めての科学的に基礎付けた順列について、完全な原始的社会における最低の様式から現在に支配的な一夫一婦制、すなわち夫の支配的地位を伴う強固な国家承認の単婚制に至るまでの順列を、確定したのである。当然のことであるが、モーガンの家族発展図式にはその後も同様に個々のいくつかの訂正がなされた資料が公表されている。だからと言え、かれの体系の基本は、発展思考においてはじめて厳密に太古から現代に至る人類の家族様式を整序された階梯として、社会科学の宝庫への不変の寄与をなしたことに変わりはない。モーガンはしかもこの分野で、体系化によってだけでなく、ある社会における折々の家族関係とそこで認められている親族組織との間の関係についての独創的な基本見解によっても貢献した。モーガンは、多くの原始的家族にあっては実際の氏族血統関係つまり実際の家族が、人々が互いに呼び合う親族名称とか呼称によって発生する相互の義務とはまったく合致していないという事実にはじめて注意を促した。この謎めいた現象について純粋に唯物論的弁証法的説明をしたのはモーガンがはじめてであった。かれは次のように言っている。「家族とは能動的な要素であって決して静止しているのでなく、社会がより低い段階から高い段階に発展すると同じように、より低い様式から高い様式へと前進していく……。これと違って、親族組織は受動的で、家族が時の経過でなした進歩を長い合間に記録するだけで、家族が急激に変わったときにだけ急激な変化を経験する。」[43]

そのようになるのは、原始的民族においては、以前にはすでに克服された家族様式に対応していた親族組織がまだ通用しているからであって、これは、人間の観念や思想が一般的になおおよそはなお長い間、社会の実際の物質的発展を通して既に時代遅れになっている事態に留まっているのと、同じようなことである。

(三) モーガンは、家族関係の歴史に基づき、あらゆる文化民族がギリシアとローマにおいてもケルト[44]とゲルマンのもとでも古代イスラエルにおいても歴史的伝説の始まりに存立していて、そして現在もなお生存している大抵の原始的民族のもとでも確認されたこうした親族団体について初めて徹底的な研究をなした。それはすなわち、こうした血族親族と共通の血統に基づいた結合とかが、一面では家族発展の高い段階であり、他面では近代的な意味での国家すなわち固定した領土的基礎のある政治的強権組織もなかった長い時間における、諸民族のすべての社会生活の基盤であったということである。各部族は定数の氏族団体もしくはローマ人が名づけたゲンテス〔Gentes, ラテン語の Gens（氏族集団）の複数形〕からなっていて一括してそれ自身の領土をもっていた。部族の中では氏族団体が単位をなしており、そこでは共同の生計が共産主義的に営まれており、貧富もなく不労者も勤勉者もなく主人も従僕者もなくすべての公共事務が全員の自由意志と決定においてなされていた。すべての現在の文明化がかつて経験した諸関係の生きた事例としてモーガンが詳細に描写しているのが、ヨーロッパ人のアメリカ占領の時代まで全盛であったアメリカインディアン[45]の高度な組織であった。

かれはつぎのように述べている。「その構成員はすべて自由な人々であって、互いに他者の自由を守る義務を負っていた。それは個人的権利において平等で、平時の首長としても戦時の隊長としてもいかなる優越権を要求しない。かれらは血縁によって結合されたひとつの同胞団体を構成している。氏族は、明確にされていなかったものの自由・平等・友愛を根本原則として持ち、ひとつの社会組織全体の単位で、組織されたインディアン社会の基礎であった。そのことが、インディアンのもとでは誰しもが認めるところの、不屈の独立心と行動の個人的威厳を説明するものである。」[46]

(四) 氏族組織は社会的発展を文明の戸口まで導いた。モーガンはこの戸口のことを、共産主義と古代民主主義の廃墟の上に私的所有が発生し、それに伴って搾取、公的な強権組織すなわち国家が発生し、そして国家と所有権と家族における夫の妻に対する排他的支配が発生した、文化史的にもっとも若い時期として性格づけた。この比較的に短い歴史的時期には、生産と科学と芸術の最大で急激な進歩があったのであるが、階級対立による社会の最も深い分裂、人民大衆の最大の困窮そしてその最大の奴隷化もまた見られた。ここにモーガンの現代文明についてのかれ独自の判断があり、それをもってかれは自己の古典的研究の結果を以下のように結ぶ。

「文明化が始まってから、富の増進は途方もなく進み、その様式は多様化し、その運用は広範囲にわたり、そしてその管理は所有者の利害に適応するようになったため、この富は民衆に対立して制御されない力となっている。人間の精神は自らの創造品のまえに途方にくれ身動きできなくされている。しかしそれでも、人間の理性が強く富を支配するとき、ここでは人間理性は、国家は所有を保護するものであるという、国家の所有に対する関係を確定し、また同様に、所有者の権利の限界を確定する。社会の利益は個々人の利益より絶対的に優先し、両者は公平で調和のある関係をなすようでなければならない。過去にそうであったように進歩が未来の法則であり続けるのであれば、人間の究極の使命とは何も富を追い求めることだけではない。文明化の始まり以来の過ぎ去った時間は、人類の過ぎ去った生活時間のほんの一断片に、そしてこれから前方にある時間の一断片であるに過ぎない。社会の消滅が、富を唯一の最終目標とするひとつの歴史的な経路の終結としてわれわれの眼前に迫ってきている。すなわち、こうした経路はそれ自身の破壊の要素を含んでいるからである。統治における民主主義、社会における友愛、権利の平等、そして普通教育は、経験・理性・科学が絶えず志すより高度な社会段階をおおい清めるであろう。それは、古代の氏族が有した自由・平等・友愛の、しかもより高い様式での復活であるだろう。」[47]

モーガンの業績は、経済史の認識にとって重要な意義をもっていた。これまでただ個々の場合に発見されただけで解明されなかった太古の共産主義経済を一般的な法則として、首尾一貫した文化発展のそして特に氏族制度の広い土台の上に置いた。このことによって、それに相応する民主主義と社会的平等を伴った原始共産主義は、社会的発展のゆりかごであることが実証された。有史以前の過去に視野を拡張させることで、モーガンは、私的所有・階級支配・男性支配・強権国家・強制結婚を伴う現在の文明化の全体を、これが太古の共産主義社会の崩壊からはじめて発生して、将来においてはそれ自身がまたより高度な社会様式に取って代わられなければならないひとつの短い経過段階であると主張した。このことでモーガンは、科学的社会主義[48]にひとつの強力な新しい支柱を与えた。マルクスとエンゲルスは、資本主義の経済学的分析により次の将来のために共産主義世界経済への社会の必然的な歴史的移行を論証して、そのことによって社会主義志向へのひとつの強固な科学的基礎を用意したのであったが、モーガンのほうは、共産主義的民主主義的社会が例え別の原始的様式であっても現在の文明に先行する人類の文化史の長い過去を含むということを論証することで、マルクス‐エンゲルスの事業にいわば強力な導入口を与えたのである。それに伴って、太古の高貴な伝統が将来の革命志向に握手をもとめ、認識の輪が調和的に接合されたのである。こうした展望に立つならば、文化のすべてで唯一のものであり、世界史の最高目標を表すと称してきた階級支配と搾取の現在の世界は、ただ単に人類の雄大な文化行進のうえでのひとつの小さな一時的な段階としてしか、現われなかったのである。

二　原始共産主義学説と資本家的階級利害

モーガンの『古代社会』は、言うなれば、マルクスとエンゲルスの『共産党宣言』への補足的な入門書となった。しかし同時に、それは社会科学にひとつの反響を呼び起こさざるをえなかった。原始共産主義の概念は、［一九］世紀の半ばから二〇年か三〇年のうちにあらゆる方面から学問のなかに入ることになったのである。しかしながら、まだ尊重に値する「ゲルマンの法制的遺物」とか、「スラヴの部族的特徴」とか、ペルー・インカ帝国の歴史的発掘というように扱われているかぎりは、発見は珍しい学問的事項の域を出ることなく、現実的な意味もなく、市民社会の日々の利害関係や日々の争いとも直接関係がなかったので、ルードヴィッヒ・フォン・マウラーとかサー・ヘンリー・メーンのような根っからの保守主義者とか穏健な自由主義的政治家たちもが、こうした発見にあたっては最大の功績をたてることが出来た。しかしすぐに、両者の結びつきが明らかにされ、しかも二重の方向において明らかにされた。植民地政策は、既に考察したように、ブルジョア市民[49]の世界と原始的共産主義的状態との間の明白な物質的利害の衝突をもたらしていた。一八四八年の二月革命[50]の嵐の後、一九世紀半ば以後、資本主義的制度が漸次定着し始めると、その衝突はますます激しくなっていた。それと同時に二月革命以降、ブルジョア市民社会自身のうちに、〔市民に対する〕もうひとつの敵である革命的労働運動が一層大きな役割を演じていた。一八四八年六月のパリにおける「六月の日々」以後、『赤い妖怪』[51]は、公けの舞台から消え去ることはなく、一八七一年のパリ・コンミューン闘争[52]のまぶしい火の光のなかに再び現れて、フランスおよび世界のブルジョアジーを震撼させた。こうした残忍な階級闘争の光の中で、原始共産主義の最新の学問的研究の発見もまた、その危険な相貌を明らかにした。階級的利害関係に敏感に反応するブルジョアジーは、植民地諸国において土着への貪欲な「ヨーロッパ化」の前進に対して、原住民が頑固な抵抗を行った際のきわめて古い共産主義的伝統と、古い資本主義諸国におけるプロレタリア大衆の革命的暴動の新しい確実性との間に、暗黙の関係を嗅ぎとったのである。一八七三年のフランス国民議会において、アルジェリアの不幸なアラブ人たちの運命が私的所有制の強制的施行に関する法律によって決定されることになったとき、まだこの議会には、パリ・コンミューンへの勝利者として、卑劣さと殺人欲にまだ余裕が残っており、そこでは、アラブ人の古代共産主義については「共産主義の諸傾向を精神的に支持する一形態として」、どのような代価を支払ってでも根絶しなければならない、という言葉が繰り返し交わされていた。ところが、ドイツではこの間、新たなドイツ帝国の栄光、〔一八〕七〇年代の泡沫会社氾濫時代と最初の資本主義的恐慌[53]、そして社会主義者取締法[54]を伴うビスマルクの鉄血体制が階級闘争を極度に激化させて、学問的研究からもあらゆる快適さを追い払ってしまった。マルクスとエンゲルスの理論の化身としてのドイツ社会民主主義党の比類ない成長は、この国におけるブルジョア科学の階級的本能を異常なまでに研ぎ澄まさせ、原始的共産主義についての諸学説に対する反動がここでは最も烈しく始まった。リッペルト[55]とかシュルッツ[56]といった文化史家、ビュッヒャーといった国民経済学者、シュタルケ[57]とかヴェスターマーク[58]とかグローセ[59]のような社会学者たちまでもが、古代共産主義についてのモーガンの学説、とくに、家族の発展並びに、両性の平等および一般的な民主主義を伴う氏族制が当時支配的であったというモーガンの学説に対して、いまでは熱心に攻撃する点で一致している。例えば、シュタルケは彼の『原始的家族』(一八八八)のなかで、モーガンの親族組織についての仮説を、「幻覚と言わないとしても」、「粗雑な夢想」と呼んでいた。[60]しかしまた、周知の文化史の著者であるリッペルトのような真面目な学者たちでさえもが、モーガンに対して敵対している。経済学的・人類学的にまったく無教養な一八世紀以来の宣教師たちの時代遅れで皮相な報告書に基づいて、しかも、モーガンが壮大な研究を通して他の誰よりも精妙に構成されている社会的組織をもったインディアンの生活に精通している、その北アメリカのインディアンの経済状態については無視して、リッペルトは、おおよそ生産の共同的な規則も全体のためとか将来のために「配慮」することもない、無規律と無思慮が支配していたということの証拠のひとつとして、狩猟民族について描写している。事実、インディアンたちのもとで存立していた共産主義的諸制度は、宣教師たちの偏狭なヨーロッパ的眼光によって愚直なまでに歪曲されているが、リッペルトはそれを無批判に受け入れている。このことは、例えば、一七八九年にロスキール[61]が、北アメリカのインディアンの間で生きた福音教会修道士たちについて書いた伝道史から、次のような引用をおこなっているところからも明らかである。わが選良で事情に精通した宣教師の言うところによれば、「かれら(アメリカ・インディアン――ローザ・ルクセンブルク)のもとでは多くの者は怠慢で、自身では耕作しないで、むしろほかの者たちが備蓄をかれらに分け与えてくれることをまったく拒絶することはないであろうと、信じているのである。こうして勤勉者たちは、怠慢者たちよりも自分たちの労働から多くを享受しなくなるので、次第により少なく耕すようになる。そこで、深雪のために狩猟に行けない厳冬がくると、飢饉があらゆるところで起こって、多くの人々が命を失ってしまう。困窮は、かれらに草の根や樹木、とくに若いオークの内皮を食糧にすることを教える。」この証言に、リッペルトは次のことを付け加えている。「以前の無配慮への後戻りの当然な結末として、以前の生活基準への後戻りを招いたのである。」[62] そして、このインディアンの社会においては、自らの食糧の備蓄を他の人々と分かち合うことを「拒否すること」が認められなく、またひとりの「福音教会修士」がまったくの明白な恣意でもって、ヨーロッパ的な先例に従って「勤勉なひと」と「怠慢なひと」への断定的な分類や区分けをしているのであるが、リッペルトは、そこに古代共産主義に反対する最良の証拠を見出そうとした。かれは、こう言っている。

「この段階においては、古い世代がより若い世代の生活の支度のために配慮するということは、当然のことながらあまりなされていない。ここのインディアンは、原始人からはすでに遠く離れている。人間は道具を持つかぎり、所有の概念をもつのであるが、それは道具に限られたことである。インディアンはすでに最低の段階においてではあるがこうした概念に至っている。すなわち、この原始的所有においては、どのようであれ共産主義的様相を欠いている。言い換えると、発展はそれとは逆の方向へと向かって始まるということである。」（傍点・・

ローザ・ルクセンブルク）[63]

ビュッヒャー[64]教授は、古代の共産主義経済に対して、原始的諸民族についての「個人的食糧探求」および「人間が労働することなく生存していた」「計測できないほど永い時代」についてのかれの「理論」を対立させた。[65] ところで、文化史家シュルツから見れば、カール・ビュッヒャー教授は「天才の眼光」を備えた預言者であり、原始的経済諸関係の事実においても、シュルツはビュッヒャーに盲目的に従う。[66] また原始的経済関係についての危険な学説に対する、つまり「ドイツ社会民主党の教父」[67]であるモーガンに対する最も典型的で最も精力的な反動の代表者はと言えば、それはエルンスト・グローセ氏である。一見して、グローセ氏自身は、唯物史観の追随者である。かれは、社会生活の様々な法的・氏族的・精神的諸形態を、それらの形態を規定する要因としてその時々の生産関係に還元させているのである。かれは、一八七四年に刊行した著書『芸術の起源』のなかで、こう書いている。「ごくわずかな文化史家だけが生産の完全な意味を理解できたのではなかったか。それを過小評価することは、過大評価することよりも容易である。経済のマネジメントは、言うなれば、あらゆる文化形態の活動の中心である。それは、その他のあらゆる文化要因に深く抗しがたい仕方で作用するが、他方でそれ自身は文化的要因によっても、自然的要因によっても地理的および気象的諸関係によっても規定されることはない。生産形態を第一次的な文化現象と呼ぶことはある程度正しいと言えるし、それと同じく、これらのあらゆる文化部門はただ、派生的・副次的なものとして表われるのである。もちろん、これら他の分枝が生産という幹から派生したものであるかの意味においてではなくて、それらは独立して発生したものであっても、支配的な経済的要因の優勢な重圧のもとに絶えずたえず形づくられて発展してきているのである。」[68] 一見すると、たとえグローセが「おおかたの文化史家」に対するかれの優越を、何者かの学問のポケットから出来上がり状態で丸ごと盗用していたことについては一言も漏らすようなことはないように十分に用心しているとしてであっても、かれは「ドイツ社会民主党の教父」であるマルクスとエンゲルスから、その主要な見解を学びとっていたと思われる。

かれは、たしかに、唯物史観に関しては「教皇以上にカトリック的」である。マルクスとならんで唯物史観の共同の創始者であったエンゲルスは、原始時代から現在の国家公認の強制的結婚の完成に至る家族関係の発展については、経済的諸関係から独立させて、ただ人類の存続と増殖の関係だけを根底にして、諸形態の進行を想定していた。だが、これとくらべると、グローセはこの点でもっと前に進んでいる。かれは、すべての時代におけるその時々の家族形態が、その時々に支配的であった経済的諸関係の直接的産物でしかなかったと言う理論に立っている。かれは言う。「何処においても、生産の文化的意義は家族の歴史におけるほどには明白にあらわれてはいない。人間の家族に特有の諸形態というのは、社会学者たちにそれ以上さらに特異な仮説を立てるほどの感銘を与えてきたのであるが、それらは生産の諸形態との関連において考察しさえすれば、容易に理解しやすいものであろう。」(69)

一八九六年に刊行されたグローセの著書『家族の諸形態と経済の諸形態』は、かれのこの見解の論証のためにささげられている。しかし、同時にかれグローセは原始共産主義の学説への断固とした反対者である。かれはまた、人類の社会的発展が共同体的所有をもってではなく私的所有をもって始まったということを論証しようとしていることで、リッペルトやビュッヒャーと同じく、古代史をさかのぼればそれだけ「個人的所有」をともなう「個人」がいっそう排他的で全能な優位に立つということを、かれみずからの見地から証明しようとしている。すべての大陸における共産主義的共同体の発見およびそれと関連して氏族団体もしくはグローセが名づけた血族に関する発見については、くつがえしえないことなのである。ところが、こともあろうにグローセは、共産主義的経済の枠組みとしての氏族組織を――この点はかれ固有の学説であるのだが――ただ一定の発展段階においてだけ、すなわち低度の農耕をともなって出現するものと見なして、それがより高度な農耕の段階にいたるとすぐに崩壊して再び「個人的所有」に取って代わられるべきものとするのである。このようにして、グローセはモーガン‐マルクスによって立てられた歴史的見通しを勝ちほこるかのように、さかさまにしてしまう。モーガン‐マルクスの見通しによれば、共産主義は人類の文化発展の揺りかごであり、その発展にはかり知れない長い期間にわたってともなわれた経済的諸関係の形態であって、文明とともにはじめて崩壊して私的所有に代わられることになる。そのときには文明の時代はふたたびそれ自身の急速な崩壊過程に向かうことによって、社会主義的な社会秩序というより高度な形態における共産制への復帰に向かって進む。ところがグローセによれば、私的所有は文化の発生と進歩にともなうのであって、ただ一定の段階、より低度な農耕の段階においてだけ一時的に共産主義に取って代わられていたのである。文化史の始点と終点は、マルクス－エンゲルスおよびモーガンにとっては共同体所有制、すなわち社会的連帯であって、グローセとそのブルジョア的学問の仲間にとっては私的所有をとなう「個人」となっている。しかも、それだけにとどまらない。グローセは、モーガンと原始共産主義に対してだけでなく、社会生活のあらゆる現象における発展系列に押し込んでそれらをひとつの単一の過程として、人類のより低い生活段階からより高い生活段階への進歩として把握しようとするとして、子供じみた人々への嘲笑を頭上から浴びせている。したがって、かれは社会生活の領域における発展理論の全体に対する公然たる反対者なのである。グローセ氏は、典型的なブルジョア学者としてかれの使えるありとあらゆる力をもって、近代社会科学全般ならびにとりわけ科学的歴史観と社会主義の学説を基礎づける根本思想に対して攻撃している。彼は次のように宣言し強調している。「人類は、ただ一本の線上を一定の方向に向かって動いているだけではない。そうではなくて、諸民族の生活条件は諸々に違っていて、それらの道のりと目標もまた諸々と異なっているのである。」[70] このようにグローセという人物にとって、ブルジョア社会科学は、それ自身の諸発見の革命的帰結に対する反動、つまりブルジョア的俗流経済学が古典派に対するその反動をたどったと同じ点、言い換えると社会的発展の合法則性そのものの否定に到達したのである。[71] ここで、マルクス、エンゲルス、そしてモーガンのこの最新の超克者における特異な歴史的「唯物論」について、もう少しくわしく考察しておこう。

グローセは、「生産」について非常に多くを語っていて、文化全体に対する規定的要因としての「生産の性格」のことについてたえず言及している。しかしかれは、生産およびその特色として何を理解しているのだろうか。「ひとつの社会集団のなかで支配的であるか優勢な経済形態、すなわち集団の構成員たちが生計の手段を得る方法は直接に観察でき、その主だった様相において十分な確実性を持ってどこでも認めることができる事実である、ということである。われわれはオーストラリア人の宗教的・社会的な観念についてはなお相当の疑問をもっているかも知れないが、かれらの生産の性格についてはわずかの疑問もない。それは、オーストラリア人が狩猟者であり、植物採集者であるということである。ところで、古代ペルー人の精神的文化に入り込むことはおそらく不可能であろうが、しかし、インカ帝国の市民が農耕民族であったという事実は明白である。」(72)

グローセはまた、「生産」とその「特色」については、単純にその時々の民族の食糧の主要源泉を考えている。狩猟・漁撈・牧畜・農耕――これが一民族のそのほかのあらゆる文化諸関係に規定的に作用するとした「生産関係」なのだ。ここで前もって注意しておかなくてはならないことは、こうした貧弱な発見に疑問が出された限り、「おおかたの文化史家」に比べてグローセ氏が優れている、ということがまったく理由のない主張であったということである。ある民族に食糧として役立つ主要な源泉の種類がその民族の文化発展にとって特に重要性をもっているという認識は、なにもグローセ氏の真新しい発見ではなく、むしろすべての文化史家がずっと以前から持っていた貴重な知識の一つであった。こうした見識こそが、狩猟者と牧畜者と農耕者への諸民族の当たり前の分類へと導いたものなのであって、こうした分類は文化史家の皆が昔から繰り返し行ってきたことである。グローセ氏がなしたことと言えば、多くを広く見わたした結論としてかれ自身も応用していることなのである。しかし、こうした認識が単にもはや古いというだけでなく、また――グローセ氏がそれを受け入れているような平板な理解では――間違ってさえもいる。もし、単にある民族が狩猟か牧畜か農耕のどれによって生活しているかを知っているとしても、われわれは、その民族の生産関係やそのほかの文化についてさしあたり知っているとは言えない。南西アフリカにおける現在のホッテントット人は、ドイツ人がかれらの畜類を奪い、したがってかれらの従来の生存源を取り上げて、近代的な銃器をその代わりにかれらに持たせたので、やむなく狩猟者に戻っている。この「狩猟民族」の生産関係は、今日なお原始的な別の世界状態のなかに生活しているカリフォルニアのインディアン狩猟者と共通したところはまったく何もなく、そのインディアンもまた、アメリカやヨーロッパの資本家に、毛皮製品のために商業用に獣皮を供給しているカナダの狩猟者組合とはほとんど似通っていない。ペルーの牧畜民は、スペイン人の侵略以前には、カルディア山脈でインカの支配下で共産主義的にかれのラマの番をしていて、アラビア遊牧民はアフリカやアラビアにおいて彼らの家父長的な所帯を持っていたし、スイスやバイエルンやチロルのアルプス山中における現在の農民たちは、資本主義世界の最中においてもかれら古来の「アルプス帳簿」を記帳しており、かつてのローマの奴隷たちは荒廃したアピューリア[73]の地で半ば野生化されたかれの主人の無数の家畜群を飼育しており、現在のアルゼンチンの農民はオハイオ州の屠殺場や缶詰製造工場のために無数の畜群を太らせている。こうした者たちすべてのひとりひとりは、生産や文化の様々な異なった型を表している「牧畜」のモデルである。最後に付け加えると、「農耕」には、古代インドのマルク共同体から近世の大土地所有制に至るまで、零細農家経営から東エルベにある騎士農場（Rittergut）に至るまで、イギリスの借地農制からルーマニアの賦役制（Jobagie）に至るまで、中国の農民の園芸（Gartenbau）からブラジルの奴隷労働による植民地大農場に至るまで、そしてタヒチ島における女性による鍬耕作から北アメリカにおける蒸気・電気を使った巨大農場経営に至るまで、様々な経済様式と文化段階の非常に長い時系列を包括しており、グローセ氏による生産の意義についての尊大な託宣では、真の「生産」についての無理解さが明らかになるだけである。マルクスとエンゲルスが立ち向かったのは、まさにイギリスの社会学者バックル[74]がただ生産および文化についての外的な自然条件だけを考慮して、その最良で完全な表現を行ったのは、その粗野で荒っぽいこの種の「唯物論」に対してであったのだ。人間の経済的および文化的諸関係にとって規定的なものは、食糧の外的な自然源泉なのではなく、人間が自らの労働において互いに結んでいる諸関係が決定的なのである。生産の社会的諸関係が、ある所与の民族においてどの生産形態が支配的なのかという問いを規定するのである。人々がただ生産の側面を根底的に把握するときにのみ、ある民族の生産がその民族の家族関係や法概念や宗教的観念や芸術の発展に及ぼす規定的作用を理解することが出来る。しかし、いわゆる未開民族の生産における社会的諸関係を見極めることは、たいていのヨーロッパ人観察者たちにとって非常に困難な事柄である。グローセ氏のように自分ではインカのペルー人が農耕民族であったということのほかに何も知らないのにもかかわらず、ひとつの世界を知り尽くしていると信じているような人とは正反対に、サー・ヘンリー・メーンのような真摯な学者はつぎのように言っている。「海外の社会的または法的諸関係を直接観察する人たちにみられる特徴的な誤りは、これらの関係が外見上同じ種類のものに見えて、既知の諸関係のものと性急に比較してみようとすることである。」(75)

こうして理解された「生産諸形態」と家族諸形態の関係は、グローセ氏には、次のように見えている。「最も発展の低い段階においては、人間は――最も広義の意味での――狩猟と植物採集により食糧を得る。この原始的な生産形態のもとでは、最も低い原始的な分業形態――両性の間の生理的な根拠による分業――が同時に表れる。男性は動物性食糧の調達を受け持ち、そして根菜や果実の採取は女性の仕事となる。こうした事情のもとでは、経済上の重心はたいていの場合男性の側にあり、その結果として原始的な家族形態は、どこでも誤る余地なく父権制的(patriarchalishen)性格を有する。血族的な関係についての観念がどのようなものであろうとも、原始時代の男性は、たとえかれの子孫にとって血族関係者としては認められていない場合でも、かれの妻子の中心において事実上の主人または所有者として立っている。生産は、この最も低い段階から二つの方向へと進展することが出来る。すなわち、女性か男性かのいずれの経済経営がより一層発展されるかに対応している。しかし二つの枝のどちらが幹に成長するかは、何より一義的に原始的集団が生活している自然的条件にかかっている。もしもその土地の植生分布と気象条件が何よりも経済的でそして持続適応であれば、女性の側の経済部門すなわち植物採集が次第に植物栽培へと発展する。原始的な農耕民族においては、こうした仕事は常に女性の手のうちにある。それとともに、経済の重心もまた女性の側に移されて、その結果として主として農耕に支えられている原始社会のすべてにおいて、母権制的（matriarchalishen）家族形態またはそうした形跡を見出せるのである。そこでは女性が主要な扶養者または土地の支配者として家族の中心に立っている。しかしながら、本来の意味での母権制の完成つまり真の女性支配に到達するのはごくまれな場合においてだけ、たまたまその社会集団が外敵の攻撃から遠くはなれていたときだけである。それ以外の場合には、男性が外敵からの防御者として、失った扶養者という立場の優越を取り戻している。こうして、これら農耕民族のおおかたにおいて支配的なものとしては、母権制的な方向と父権制的な方向との間の妥協の象徴的な家族諸形態が成立している。とは言うものの、人類の大半にあっては、こうした発展はまったく別の経路をとっている。農耕向けには難があったが畜類を飼いならすことによって労に報われた地方で生活していた狩猟民族は、先に述べた民族のような植物栽培の方向ではなく、牧畜のほうに進んでいった。ところで、狩猟から発展してきたこうした牧畜では、最初の頃は狩猟段階と同じくどこでも男性が優越権を持った。この男性の側にあった既得の経済的優越がさらに強められていって、主として牧畜で生活している民族のすべてでは、こうした関係は首尾一貫して父権制的家族形態の支配下に置かれるという現象となる。牧畜社会においては、男性の命令的な地位がそのほかにもうひとつの別の事情によって強められる。その事情というのは、その社会の生産形態と直接関係している。牧畜民族というのは、つねに戦争による紛糾へと、したがって中央集権的な戦争組織の形成へと向かう傾向がある。その不可避的な結果が、極端な父権制形態であって、この制度のもとでは専制的な権力を付与された夫の支配下に女性は無権利な女奴隷として立つのである。」しかし、平和的な農耕民族にあっては、女性は扶養者として家族のなかで支配的な地位をもっているか、または少なくとも部分的には比較的に自由な地位を享受しているのであった。だが、こうした民族はおおかたは戦闘的な牧畜民によって征服されて、その持ち込まれた異なった風習とともに、家族内の男性の専制的な支配を受け入れていく。「こうして現在のすべての文明国民が多かれ少なかれきわだって刻み込まれている父権制的家族形態の標識を帯びているのをみる。」(76)

ここで述べているような、人間の家族が生産形態に依存するという特異な歴史的運命は、また次のような定式に行き着いてしまう。つまり、男性支配を伴う個別家族の狩猟の時代、甚だしく粗野な男性支配を伴う個別家族の牧畜の時代、ときおりは女性支配を伴う個別家族はあるものの、後では牧畜民による農耕民の征服があってまた男性支配を伴う個別家族からなる比較的低度な農耕の時代、そして建物の礎石となった比較的高度な農耕の時代があって、ここでは男性支配の個別家族となっている。グローセ氏は見て取れるとおり、現代の発展理論を否定することに熱心である。かれにとって家族形態の発展というものは恐らく存在しない。歴史は、個別家族と男性支配をもって始まり、それをもって終わる。ここでグローセが気づいていないことは、自分が家族諸形態の発生を生産諸形態から解明すると高らかに約束しておきながら、後には家族形態一般を既にある所与で既知のもの、すなわち個別家族として、近代的世帯として前提にしており、これをあらゆる生産形態のもとで完全に普遍なものとして想定しているのである。かれが時代の変遷のなかでさまざまな「家族形態」として実際に追跡しているものは、ただ単なる両性の相互間の関係というひとつの問題なのである。男性支配かそれとも女性支配か——これがグローセによる「家族形態」であって、これを完全に予定調和的に、「生産形態」の狩猟か牧畜か農耕かという問題に単純化したような仕方で、無造作にひとつの外的な標識へと還元するのである。「男性支配」または「女性支配」ということで何ダースもの種々さまざまな「家族形態」を包括できるとか、「狩猟民」という同じ文化段階のなかに何ダースもの種々さまざまな家族制度を包括できるという、こうしたことすべては、グローセにとって、ひとつの生産様式の内部にある社会的諸関係の問題と同じことなのである。親族諸形態と生産諸形態の相互関係は、こうして以下のような気のきいた「唯物論」に行きつくことになる。すなわち、両性は始めから仕事上の競争相手として考察されることなのである。家族を養う側が家族を支配すると、俗人は言い、民法典もまたそう書いている。しかし、歴史上での女性の不運は、ただ一度だけ例外的に——低度の発展の鍬耕作が行われた段階に——、家族扶養の担い手であり得たということであるらしいが、それもやがて戦闘的な男性に遅れをとらなくてはならなくなった。こうしてみると、家族形態の歴史は根本的には女性の奴隷状態の歴史でしかなく、すべての「生産形態」において、それがどのような生産形態であるかにかかわらず、そういう歴史であったということになる。つまるところ、そこでの家族諸形態と生産諸形態との唯一の関連というのは、男性支配の形態がいくらか和らいだかもしくは厳しくなったかの、取るに足りない相違でしかなくなってしまう。そして最後に、人類文化史上における奴隷とされた女性の最初の救済使徒として現れるのがキリスト教会であるとのことである。これは、確かに、地上においてではないが、少なくとも天国においては両性の間に何らの差別も認めない。「この教義によってキリスト教は、女性にある高位を与えたので、この位の前に男性の恣意は屈しなければならない」[77]と、グローセ氏はむすんでいる。かれは、言うならば、経済史の大海原を長い間漂泊した後、幸いにもキリスト教会の港に停泊したのである。しかしながら、社会学者たちを「奇異な仮説に対して熱狂させた」ところの家族形態を、「生産形態との関連で」考察してみると、何と「驚くほどに分かりやすい」ものとして見えるのが、真実ではないだろうか。

とは言うものの、この「家族形態」の歴史において最も印象的なことは、氏族団体、もしくはグローセが呼んでいるジッペ〔Sippe, 血族〕の扱い方である。われわれは、社会生活にとっては比較的に早い文化段階における氏族団体の役割が大きいことを考察しておいた。われわれは、氏族団体が——とりわけモーガンによる画期的な研究により

——領土的国家形成に先立つ人間に本来的な社会形態であって、その後も永い間なお経済的単位であり宗教的共同体でもあったということを見ている。これらの事実は、「家族諸形態」についてのグローセ流の特異的な歴史にとってはどのような関係にあるのだろうか。グローセは、すべての原始的民族においては、血族盟約の存立を一概に否定しはしない。しかし、氏族制度は個別家族や私的所有の支配というかれの定式とは矛盾するので、可能な限りその意義を皆無にしてしまおうとして、低度な農耕における一時代だけに限定しようとする。「血族の権力は、低度の農耕経済とともに成立して、それとともにその権威もまた消滅する。比較的に高度な農耕民族にあっては、血族秩序はすでに崩壊しているかまたは崩壊していく。」(78)

こうしてグローセは「血族権力」を、その共産主義的経済とともに、経済史と家族史の真っただ中で、ピストルから発射されたかのように出現させて、間もなく直ぐ消滅させせようとしてしまう。そこでは、低度の農耕に先立つ文化発展の数千年の間に、血族秩序の発生・存立・諸機能がどのように説明されているのだろうか。と言うのは、グローセによれば、その時代においては、個別家族は経済的機能も社会的意義も持っていないからであり、そもそもその血族なるもの一般が何であって、狩猟民あるいは牧畜民において、私的経済を伴う単独家族の背後にあって影の存在をし続けるというこの血族とは何であるのか、このことは、グローセ氏の私的な秘密事項なのである。それゆえに、このことと同様に、かれの歴史なるものが一般に承認されている事実と甚だしく矛盾していることが生じている。血族というのは、低度の農耕においてはじめは意義をもつらしい。ところで、血族というのは大抵の場合、血の契りの制度とか宗教的儀式といった、そして非常にまれには動物の名前と結びつけられている。こうしたことすべては、農耕よりもっと古いことであって、従ってまたグローセ自身の学説によるならば、血族の権力なるものはより古い原始的な文化時代の生産諸関係から由来するものとしなければならないはずである。グローセは、ゲルマン人・ケルト人・インド人のような比較的に高度な農耕民の氏族秩序について、女性の農業経済に根付いたより低い農耕の時代の遺物として説明している。ところが、文化諸民族の比較的高度な農耕は、女性の鍬耕作からではなく、すでに男性によって営まれていた牧畜から発生しているのであり、したがってグローセにおいては、氏族は父権制的家族経済に対して何の意義ももっていなかった。グローセによると、氏族秩序は流浪の牧畜民にとっては意味をなさず、それは定住と農耕によってはじめて一時的に権力を獲得する。ところが、最有力な農耕制度研究者により、事実の発展はこれとは正反対の方向へと進行したのである。すなわち、牧畜民が流浪的生活様式をとっていた間、氏族団体はあらゆる面で最大の権力を発揮していて、定住と農耕とともに血族的結合はゆるみ始め、農耕民の地縁的な団結へと退き始め、農耕民たちの利権共同性が血縁の伝統よりも強まり、氏族団体はいわゆる近隣地域団体へと変化していく。これは、ルートヴィッヒ・フォン・マウラーやコヴァレフスキーやヘンリー・メーンやラヴレ[79]の見解であって、この同じ現象が、現在ではカウフマン[80]により、中央アジアのキルギス人やヤクート人のもとで論証されている。

結論として、以下のようにいえる。グローセが原始的家族関係の領域における最も重要な諸現象、例えば母権制（女家長制）については、かれの立場から理解しうるようにはまったく説明できないで、肩をすくめて「社会学上のきわめてまれで奇異な事象」としてだけ母権制を説明するに終始していること、オーストラリア人の間では血縁に関する観念が彼らの家族組織には何らの影響も与えるものでなかった、という信じられない主張に彼が走ってしまっていること、さらにそれ以上に信じられないことには、古代ペルー人の間では氏族の痕跡がなかったという主張に走ってしまっていること、ゲルマン人の農業制度については陳腐で信用できないラヴレの資料によってグローセが判断していること、そして最後に、ラヴレと同じ口調で、たとえばつぎのおとぎ話のような主張をしていることである。その主張とは、「今日なお」ロシアの村落共同体が三五〇〇万人の大ロシア人のもとで血縁をもつ血族団体、つまりひとつの「家族共同体」を形成しているということであり、たとえて言うと、ベルリンの全住民は「今日なお」一大家族共同体を形成しているという主張にほぼ相当するのである。すべてをこういう調子でもって、「ドイツ社会民主党の父」であるモーガンを、死んだ一匹の犬のように取り扱うことをグローセは成し得ている。前に述べたように、家族形態および血族についてのグローセ流の取り扱いについて検討すれば、彼が「経済の諸形態」をどう扱おうとしているのかについて、ひとつの考え方を見て取ることができる。古代共産主義の想定に反対しているかれの全論証は、ただ「確かに」「しかしながら」と言うだけである。その際に、争えない諸事実については承認する、とは言いながら、それら事実に対しては他の諸事実を対置しており、望ましく思えないことは縮めて、望ましいと思うことは誇張するというように、結果は事の次第に応じて調整されている。

確かにグローセは、比較的に低度な狩猟民について、かれ自ら次のように報告している。「個人的所有は、すべての比較的低度な社会においては、主として、もしくはもっぱら、手持ち可動なものからなるが、そのことはこの場合にはあまり意味をなさない。そして資産のうちの最も重要な部分である狩猟地は、一部族の全男子成員に共同的に所属している。したがって、狩猟の獲物もまた遊牧民の一グループの全構成員の間で分配されなければならない。こうしたことが例えばボトクーデ族[81]についても報告されている（エーレンライヒ「ボトクーデ族について」『人類学雑誌』第一九巻三一号所収）。オーストラリアのいくつかの地方にも似通ったこうした慣習が存続している。そのようにひとつの原始的集団群の全構成員が平等に貧しく、また貧しいままでいるのである。財産差別は大きくないので、部族差別が発生する主要因もない。部族内の成人男子はあまねく皆が平等の権利をもっている」。[82] 同様にこうも述べている。「氏族に所属することが、いくつかの（！）点で低度な部族における狩猟民の生活に本質的な影響を与えている。そのことでかれは一定の狩猟地を利用する権利が与えられ、またかれに防衛と復讐の権利と義務とを与えるのである」（六四ページ）。グローセはまた、中部カリフォルニアの比較的低度な狩猟民のもとでの氏族共産主義の可能性についても同様に認めている。

しかしながら、氏族はここではばらばらで弱体で、経済的共同体としては存在しない。「北極圏域の狩猟民の生産様式は、徹底的に個人主義的であったので、氏族関係は拡散する欲望に対して抵抗することがほとんど不可能であった。」[83]オーストラリア人のもとでの共同狩猟地の利用も、同様に「狩猟や採集に際して、通常は共同的に営まれることなく、各個別家族が別々に経済を営んでいる」。そして、一般に「食糧の欠乏は、比較的大きな群グループの持続的な連携をもたらすことは決してなく、むしろ諸々の群への分散を余儀なくさせている」（六三ページ）。

次に比較的高度な狩猟民に移ろう。

たしかに、「土地は、比較的高度な狩猟民の場合においても、通常は部族または血族の共有である」（六九ページ）。われわれはたしかにこの段階において血族のための共同住宅としての集合家屋を直接見ることが出来る（八四ページ）。また、次のようなこともたしかに聞く。「マッケンジー[84]がハイダー河畔で見たような、そして全構成員の労働を必要としたに違いないとかれが推察したような、長大な堤防と防壁は首長の監視下にあり、かれの許可なしに誰もが魚を獲ってはならなかった。漁業水域も狩猟地も、分割されることなくこの共同体に所属されていたのである」（八七ページ）。

しかしながら、「手持ちできる所有物がここでは相応の広がりと重要さをもっていたので、土地所有の平等にもかかわらず、財産の大きな不平等が発生しうる」（六九ページ）。そして、「通常では、食糧は、我々が考察できる限り、そのほかの動かせる所有物と同様に、もはや共有財産とはみなしえない。家族という血族（Haus-sippe）というのは、ごく限られた意味においてのみ経済共同体として認めることは出来る」（八八ページ）。

そこでわれわれは、その次により高度な文化的段階の遊牧的な牧畜民に考察を向けよう。グローセは、かれらについても次のように述べている。

たしかに、「どのような無定住な遊牧民であっても際限のない広域をさまよっているのではない。むしろかれらは、かなり固定的に限定された地域内を動いているだけであり、この領域はかれら部族の所有とみなされていて、そしてときおり周期的に個々の個別家族と氏族の間で分配されている」（九一ページ）。そしてさらに、「土地はほとんど牧畜の全範域にわたって部族または血族の共有である」（九六ページ）。「土地は当然のこと、血族全員の共有財産であって、血族またはその首長によって個々の家族の間で利用のために分配される」（一一八ページ）。

しかしながら、「土地は遊牧民にとって最も重要な所有物かというとそうでもない。遊牧民に最高の財産は、かれらの家畜群であった。家畜は、常に（！）個々の家族の単独所有となっている。牧畜民の氏族は、けっして（！）経済‐所有の共同体（Gemeinschaft）にはならなかった」。

最後に、比較的に低度な農耕民のことが続く。ここでは確かに、血族がはじめて完全に共産主義的経済共同体（Genossenschaft）として認識される。

しかしながら、――ここではまた、しかしながら、があとに続くが――ここでもまた「産業が社会的平等を掘り崩す（グローセは産業について述べているが、単純商品生産を意味しており、かれはそれを産業から区別することを知らない）。そして、動産的個別所有が形成され、これが土地の共同体所有よりも重きをなし、共同所有を破壊する」（一三七‐一三八ページ）。そして、土地共同体にもかかわらず、「富者と貧者との分離が既に進行している」。[85] こうして、共産主義は経済史上の短い間奏曲にされてしまい、経済史は、ともかく私的所有によって始まり、私的所有をもって終わるのである。何が証明されるべきであったのであろうか。

三　原始的種族における共産主義

グローセの図式（Schemas）の価値を検討するために、われわれは、まず直接に事実に目を向けよう。われわれは、最も低い発展段階にある諸民族の経済様式を、さっと見るだけであるが、検討してみる。それは、どんなものであろうか？

グローセはかれらを「より低い発展段階の狩猟民」と名付け、かれらについて次のように言っている。「低い発展段階の狩猟民族は今日では人類のほんのわずかな部分を占めるにすぎない。かれらは、不完全で産出量の低い生産形態によって、人数の少なさと文化的な貧困をよぎなくされ、いたるところで、人数のより大きい、より強力な諸民族の前に敗退させられた。このため、現在では、近づきがたい原始林や、不毛な荒れ地でかれらの存在を保っているにすぎない。このような貧弱な部族の一大部分は小人人種に属している。まさにかれらは最も弱い者たちであり、生存闘争においてより強力な部族によって、文化に適さない地域に駆逐され、それと同時に文化的停滞を運命づけられた。しかし、ともかく今日でも、ヨーロッパを除くすべての大陸において、最古の経済形態の代表者が見いだされる。アフリカは多数の矮小な狩猟民族を包蔵している。しかし残念ながら、われわれはこれまでは、ただこれらの中で唯一、カラハリ草原（ドイツ領南西アフリカにおける――ローザ・ルクセンブルク）のブッシュマンについてのみいくらか知らされているにすぎない。そのほかのピグミー部族の生活は中央部の原始林の暗黒の中に隠されている。アフリカから東方に目を転ずれば、まずセイロン（東インド半島の南端にある――ローザ・ルクセンブルク）の内地でのウェッダという小人狩猟民族に出会う。さらにはアンダマン諸島のミンコピーや、スマトラの内陸部のクブー、そしてフィリピン山岳荒野のエータに出会う。これら三つの部族もまた小人人種に属する。オーストラリア大陸は、ヨーロッパ人が植民する以前には、その全領域において、比較的低い発展度の狩猟部族が住んでいた。そして、原住民が今世紀の後半に移住民によって沿岸地域の重要部分から駆逐された時でも、それでもなお、かれらは内陸部の荒野に存在し続けている。最後に、アメリカでは、最南端から最北端まで分散して、全体にわたって文化的には最も貧しい集団を追跡することができる。ホーン岬（南アメリカの最南端――ローザ・ルクセンブルク）近辺の暴風雨に打たれている荒れた丘陵地帯には、フェゴ島民が住んでいるが、かれを全人類中、最も貧しく、最も粗野な人間として説明する観察者は、一人にとどまらない。ブラジルの森林では、評判の悪いボトクーデ族の他にも、おそらくより多くの狩猟民集団が歩き回っているが、かれらについては、フォン・デン・シュタイネン[86]の研究のおかげで、少なくともボロロ族が比較的詳しく、われわれに知らされている。カリフォルニアの中央部（北アメリカの西海岸に位置する――ローザ・ルクセンブルク）には様々な部族が含まれているが、それらは最も貧しいオーストラリア人をほんのわずか勝るにすぎない。」[87] 奇妙な方法でまたエスキモーを最も発展の低い民族のうちに数えるグローセにさらに追従しはしないで、今度は先に挙げた諸部族の幾つかについて、労働の社会的計画的組織の跡を見回してみよう。

　われわれは、第一に、多くの学者によれば人類がこの地上で提示しうる最低の文化段階にあるといわれるオーストラリアの食人種族を見てみよう。オーストラリア黒人においてわれわれはとりわけ既に述べたような男女間の原始的分業を見いだす。すなわち、女性は主に植物性食料とともに木や水を調達し、男性は狩猟に従事して肉類食料を調達する。

　さらにわれわれがここで見いだす社会的労働の姿は、「個人的食料探求」とは正反対の姿を示しており、同時に、最も原始的社会において、不可欠な勤勉さのために必要なすべての労働力がどのように配慮されるのかについての一つの証拠をわれわれに提供する。たとえば、「チェパラ部族の中では、すべての男性は、病気でないかぎり、食料を配慮するように期待される。もしある男が怠惰で小屋の中に居たままなら、かれは他の者たちから嘲笑され罵倒される。男も女も子供も早朝から小屋をでて食料を探しに行く。かれらが十分に狩猟をすれば、男も女もかれらの獲物を、近くの水ために運び、そこで火が起こされて狩猟鳥獣の肉が焼かれる。老人たちが食料を全員に平等に分配した後で、男も女も子供もみななかよく一緒に食べる。食事の後、女は残り物を小屋に運び入れ、男は狩猟を続ける。」[88]

しかし、今一度、オーストラリア黒人における生産計画についてよりくわしく見てみよう。すなわち、この計画は非常に複雑であり、個々の点に至るまで作り上げられている。オーストラリアの各部族はいくつかのグループに分かれており、それぞれのグループはその崇める動物か植物にちなんで命名されており、部族領地のなかで一つの区画化された領地を所有している。つまり、ある領域はたとえばカンガルー人に所属し、他の一つの領域はエミュー人に所属し（エミューはダチョウに似た大きな鳥である）、第三の領域はダチョウ人に属する（オーストラリア黒人はダチョウもまた食料にする）という具合である。これらの「トーテム」は、最近の科学的研究の説明によれば、われわれがすでに以前、別の関連で述べたように、ほとんどが、オーストラリア黒人にとって食料として役に立つものとして知られている動物と植物である。それぞれのこのようなグループには首長がおり、狩りを指揮し指導する。動物または植物の名前と、それに対応する崇拝は、だから決して空虚な形式ではない。すなわち、オーストラリア黒人のすべての個々のグループは事実、かれらの名称の動物または植物の世話をすることと、このような食料源の存続と後継を配慮することの義務を負っているのである。そして、このことを各グループは自己のためではなく、なによりも部族のほかのグループのためにするのである。それで、たとえば、カンガルー人はカンガルーの肉を自分以外の部族仲間のために用意することを、ヘビ人はヘビを調達することを、青虫人はご馳走とされるある種の青虫を確保することを義務づけられる、などなどである。特徴的なことは、これらすべてが厳格な宗教的慣習と盛大な儀式と結びついていることである。たとえばほとんど一般的な規則として、各グループの人々はかれら自身のトーテム動物またはトーテム植物をまったくかまたはごく控えめにしか食べられないが、これに反してほかのグループのためにそれらを調達しなければならないのである。たとえば、蛇グループのある男が一匹の蛇を捕らえたときには――非常に飢えているときは別として――かれは食べることはやめて、それをほかのグループのために小屋に持っていかなければならない。同様に一人のエミュー人はエミューの肉をただごく控えめにしか食べないが、この鳥の卵や、治療薬として使用される脂肪をかれ自身のためにはまったく取らないで、部族の仲間に引き渡す。他方、別のグループは動物や植物を、それに相応するトーテム人の許可なしに狩猟したり採集したりして、食用にしてはならない。毎年、各グループによって厳かな儀式が催されるが、その目的は、トーテム動物や植物の後継を（歌唱、吹奏、さまざまな崇拝儀式によって）確保することであり、その上ではじめて、ほかのグループはそれらを食べることが許される。儀式を行うべき時点を各グループのために決定するのはその首長である。かれはまた儀式をも指導する。そして、この時点は直接に生産諸条件と結びつけられている。中部オーストラリアには、動物も植物もひどく苦しむ長い乾期があり、そして動物の生命が増大し、植物が生長し繁茂する短い雨期がある。だから、トーテム・グループのほとんどの儀式は、良い季節が近づくときに行われる。オーストラリア人がかれらの最も重要な食料にちなんで自分の名前をつけると言われたとき、ラッツェル(89)はまだそれを「こっけいな誤解」だと見なした。(90)しかし、前記の簡単に示唆したトーテム・グループの組織においては、誰もが一見して社会的生産の発展した組織を認めざるをえない。個々のトーテム・グループは、明らかに広大な分業組織の諸分肢以外のなにものでもない。全てのグループはいっしょになってよく秩序づけられた合理的な全体をなしているのであり、そしてまた各グループもそれ自体として一つの統一的指導のもとに完全に組織され、計画的に行動する。しかし、この生産組織が宗教的形態において、種々の食物禁止や儀式などの形態において現れるという事実は、ただ次のことをのみ証明しているだけである。すなわち、この生産計画は太古の時代からのものであるということ、数百年、じつに数千年も前からこのような組織がすでにオーストラリア黒人において存在していたので、硬直化した型式に骨化してしまったということ、本来は生産と食料調達の立場から単純に合目的であったものが神秘的な諸関係への信仰箇条になったということがそれである。イギリス人のスペンサー(91)とギレン(92)によって明らかにされたこれらの諸関係は、またほかの学者フレーザー(93)によっても確証されている。フレーザーはたとえば明確に次のように述べている。「われわれは、トーテム的社会におけるさまざまなトーテム・グループはお互い孤立して生活しているわけではない、ということを思い起こさなければならない。これらのグループは交流をおこなっており、かれらの魔術的な力を共同の福祉のために行使している。根源的な組織においてカンガルー人は――もしわれわれが間違っていなければ――かれら自身の利用のためにと同様、ほかのすべてのトーテム・グループの利用のために狩りをおこなったり殺したりした。青虫トーテムや鷹トーテムやその他のトーテムの場合もそうであったろう。新たな組織（宗教的形態における――ローザ・ルクセンブルク）によれば男たちはトーテム動物を殺したり食べたりすることを禁止されたが、この組織のもとでカンガルー人はカンガルーを生産し続けたけれども、それはもはや自己の使用のためではなくなった。エミュー人は、彼ら自身はもはやエミューの肉を味わうことは許されなかったけれども、エミューの増殖を続けた。青虫人は青虫の繁殖のための魔術を、この美味が今では他人の胃袋のためのものと定められてからも、引き続き行った。」(94)一言で言えば、今日、われわれに対して祭祀制度として現れているものは、すでに太古の時代において、広範囲な分業を伴う組織化された社会的生産の単純な組織だったのである。つぎに、オーストラリア黒人における生産物の分配に目を転じるならば、われわれは場合によってはより詳細でより複雑な組織を見出す。狩猟された野獣のそれぞれ、見つけられた鳥のそれぞれ、集められた一握りの果実それぞれは、強固な規則に従って計画的に社会のあれこれの構成員に消費のために割り当てられる。たとえば女たちによって植物性食物として集められたものは、彼女たちとその子供たちに属する。男たちの狩猟の獲物は、それぞれの部族で異なるとはいえ、すべての部族において極めて詳細に定められた規則に従って分配される。それでたとえば、オーストラリア南東部、主にビクトリア地方の諸小民族を観察したイギリスの学者ハウイット(95)は次のような分配方法を観察した。

「一人の男が一頭のカンガルーを小屋からある程度離れたところで殺す。別の二人の男が彼に付き添っているが、そのカンガルーを殺すときにかれの手助けをすることまでは決してしない。小屋までの距離はかなりあるので、カンガルーは持って帰られる前に焼かれる。第一の男が火をつけ、別の二人の男がカンガルーを切り裂く。三人は内臓を焼いて、それを食べる。分配は次のように行われる。第二と第三の男は一本の大腿と尻尾と臀部の一部がついた一本の大腿を受け取る。なぜなら彼らはその場に居合わせ、解体を手伝ったからである。第一の男は残りを取っておいて、それを小屋に持って帰り、かれの妻が頭と背中をかの女の両親のところに運び、あとの残りがかれの両親のものとなる。もしかれがまったく肉を持っていなければ、ほんの少しをかれ自身のために取っておくが、しかしたとえば、ふくろネズミでも持っていれば、かれはすべてを譲ってしまう。もしかれの母親が魚を捕らえているならば、かの女はそのいくらかをかれに与えるかもしれないし、または妻の両親が自分たちの取り分のいくらかをかれに与えるかもしれない。またこのような場合、かれらはかれに翌朝にもいくらかを与えるであろう。子供たちはすべての場合において祖父母によって十分に世話を受けている。」(96)

ある部族では、次のような規則が見られる。たとえば一頭のカンガルーから、それを殺した者は腰肉を、その父は背肉、肋骨、肩、頭を受け取る。母親は右の大腿を、弟は左の前脚を、姉は背にそった一部を、妹は右の前脚を受け取る。父親はさらに尻尾と背中の一部分を自分の両親に、母親はさらに大腿の一部分と脛を自分の両親に与える。一頭の熊からは、狩猟者自身が左の肋骨を取り、父親が右の後脚を、母親が左の後脚を受け取り、兄が右の前脚を、弟が左の前脚を受け取る。姉は背肉を、妹は肝臓を受け取る。右の肋骨は父親の兄弟のものとなり、脇肉は母方の伯父（叔父）のものとなり、頭は若者たちの小屋に行く。

これに反して、別の部族では、獲得された食べ物は常にすべての居合わせた者たちの間で平等に分配される。たとえば一頭のワラビー（より小さい種類のカンガルー）が仕留められて、その場に一〇人または一二人が居るとすると、各人はその動物の一部分を受け取る。かれらのうち誰も、かれの取り分が狩猟者からかれに与えられる前には、その動物にまたはその一片にも手を触れない。もしその動物を仕留めた者が、その動物が焼かれている間にたまたまその場にいなければ、かれが戻ってきてその動物を分配するまでは、誰もその動物に手を触れない。女たちも男たちと平等な部分を受け取り、子供たちも両親によって丁寧に配慮される。(97)

また各部族において異なるこれらの様々な分配方法も、それらが儀式という形で現れ、神託の言葉で述べられているという点で、それらの太古的性格を表している。(98) そこにはおそらく数千年の伝統が表されており、これらの伝統は各世代にとって先祖伝来のものとして、犯すことのできない規則として認められており、厳格に守られているのである。しかし、この制度は二種類のことを最も明瞭な方法で示している。それは第一に、オーストラリア黒人のもとでは、つまりこのおそらく最も遅れた人種のもとでは、単に生産のみでなく消費もまた共同の社会的な事柄として計画的に組織されている、ということを示している。そして第二に、この計画は明らかに社会の全ての構成員の扶養と安全を、そして実際、食物の需要と同じく供給力に応じて、念頭においている、ということを示している。つまり、あらゆる状況において、とりわけ老人達に対して配慮されており、そして老人達はまた、母親達と同様、かれらの側では小さな子供達に配慮する。そのように、オーストラリア人の全経済生活——生産、分業、食物の分配——は、最も厳格な仕方で計画的に組織されており、太古以来堅固な規則の中で、行われてきたのである。

オーストラリアから北アメリカに目を向けてみよう。ここでは、西部にインディアンのわずかばかりの残存者が居て、カリフォルニア湾内のティブロン島とその島に隣接する大陸の狭い地帯に住んでいるが、よその土地の人に対するかれらの完全な閉鎖性と敵意によってかれらの太古の風習を極めて純粋に保存しているので、特別の関心を引き起こさせる。一八九五年にアメリカ合衆国の学者たちによってこの部族の調査のための探検が企てられ、その結果はアメリカ人のマギー(99)によって叙述されている。それによると、セリ－インディアン――この今では極めて小さな部族はそのように呼ばれている――の部族は四つのグループに分かれていて、それぞれのグループが動物にちなんで名付けられている。最も重要な二つのグループはペリカングループと亀グループである。これらのグループのトーテム動物に関する習慣や風習や規則は厳しく秘密にされていて、ほとんど調査することができなかった。しかし同時に、これらのインディアンの食料が主にペリカンの肉、亀、魚、その他の海産動物から成っているということを知り、先に述べたようなオーストラリア黒人におけるトーテムの制度を思い起こすならば、われわれはおそらくある程度の確実性をもって、カリフォルニアのインディアンの隣人においても、トーテム動物の秘密に満ちた祭祀とそれに応じた部族の分割は、分業をともなう太古の厳密に組織化された生産制度の、宗教的シンボルに因襲化された遺物以外のなにものでないと推測していいであろう。この点で、たとえば、セリ－インディアンの最高の守護霊がペリカンであるという事情は、われわれの確信を強める。しかし同時にこの鳥は、まさしく前に名を挙げられた部族の経済的存在の基礎をなしている。ペリカンの肉は主要な食物であり、ペリカンの皮は衣服や寝具や楯として、またよその土地の人との重要な交換品として役に立つ。セリ部族の最も重要な労働形態である狩猟は今日に至るまで厳格に規制されている。それで、たとえば、ペリカンの狩猟は良く組織化された共同事業であり、「少なくとも半ば儀式的な性格の」ものである。ペリカンの狩猟はただ一定の期間のみ行うのが許されており、実際、抱卵の時期には、この鳥は大切にされて、そのことにより後継ぎが保障される。「大量屠殺（鈍重なこの動物の大量撲殺は決して困難ではない——ローザ・ルクセンブルク）の後には盛大な食事が行われ、その際には、半分飢えた家族がより柔らかい部分を夢中でがつがつ食べ、騒がしく大いに飲み、ついには眠ってしまう。翌日には女たちが、その羽毛が最も傷ついてない死骸を選び出し、その皮をていねいに剥ぎ取る。」[100]祝宴は何日も続き、さまざまな儀式がそれと結びつけられている。だから、あの「盛大な食事」、あの「夢中でがつがつ食うこと」とそれに騒ぎを伴っていることを、ビュッヒャー教授ならば確実に、これをまったくの動物的ふるまいの目印として指摘するであろうが、実際は——まさしくその儀式的性格がわれわれにそのことを十分に保証する——非常に良く組織されている。すなわち、分配と消費の厳格な規制は、狩猟の計画性と結びつけられている。共同の飲食は定められた順序で行われる。すなわち、最初に首長（同時に狩猟の指揮者である）が行い、次にはその他の戦士達が年齢によって定められた順序で続き、それから最年長の女性、そしてかの女の後にはかの女の娘たちが年齢順で続き、最後に子供たちが年齢順で続く。そのさい、娘たちは婚期に近づいていれば女性たちの思いやりによってある程度優遇される。「家族または氏族の各構成員は、必要な食料と衣服の要求をすることができる。この要求が充足されることに配慮することが、他の各人のなすべき事柄である。この義務の程度は、一部分は近隣関係の順に従うので、この義務は……最も身近な人から始まるが、しかし主要にはそのグループの中での地位と責任（通常は年齢と等しい）が重要となる。一つの食事において上位の人の義務は、彼らの下位に立つ人々のために十分に食事が残っているように配慮することであり、それからこの義務は、頼る人のいない子供たちの利益も配慮されるという仕方で、下方におよんで行くのである。」[101]

南アメリカからの「情報として」は、われわれはブラジルにおける未開のインディアン部族ボロロについてのフォン・デン・シュタイネン教授の証言を持っている。ここでもまた、とりわけ典型的な分業が支配している。すなわち、女性たちは植物性食料を調達し、尖った棒で根菜を探し、非常に機敏にしゅろの樹によじ登り、クルミを集め、樹冠部分でしゅろの新芽を切り取り、果実や同様なものを探す。また女性は植物性食料を調理し、壺作りもする。女性が家に帰ると、男性に果実などを与えて、肉の残ったものをもらう。分配と消費は厳格に規制されている。

　フォン・デン・シュタイネンは次のように言う。「礼儀作法はボロロにけっして……共同で食事をすることを禁止しなかったので、その代わりに他の奇妙な習慣を持っていた。それは、乏しい狩猟の獲物に頼っている諸部族において、分配のさいの口論や喧嘩を防ぐ手段をあれこれの方法で探さなければならないということを明瞭に示している。そこには、まず、第一に、きわめて目立つ規則があった。すなわち、誰も自分で射止めた狩猟鳥獣を自分では焼かないで、これを別の一人に渡して焼かせたのである！　同様に、賢明な配慮が高価な毛皮や牙に対しても行われた。一頭のジャガーが仕留められたあとでは、盛大な祝宴が催され、その肉は食べられた。しかし、毛皮と牙は狩猟者が受け取るのではなく、……最近に死んだ男または女のインディアンの最も近い親族が受け取る。狩猟者は敬意を表され、各人からアララス・オウム[102]の羽根（ボロロ族の最高級の装身具――ローザ・ルクセンブルク）と、オアスひもで飾った弓を得る。しかし、争いを防ぐ最も重要な方策は、呪術によって病気を治癒する呪師（Medizinmann）の役目と結びつけられているか」[103]、またはヨーロッパ人がこのような場合に言うのが常であるように、魔術師かまたは祭司の役目と結びつけられている。かれはどの動物を殺すときにも立ち会わなければならない。しかしとりわけ、殺されたどの動物とまた植物の食事は一定の儀式によってはじめて分配と使用が許される。狩猟は首長の予告によりその指揮のもとに行われる。若くて未婚の男性は一緒に「男の家」に住み、そこで共同で労働し、武器や道具や装身具をつくり、糸を紡ぎ、格闘技を行い、また共同で、厳格な規律と秩序において、食事をすることは、われわれがすでに以前に述べたとおりである。フォン・デン・シュタイネンは言う。「家族はその構成員の一人が死ぬと大きな損害を受ける。なぜなら、死者が使っていたものすべては焼かれ、河川に投げ込まれるか、または骨籠の中に包み込まれ、かれが帰って来ることが決して引き起こされないようにされるからである。それから小屋からものが完全に運び出されてしまう。ただ後に残された者には新たに贈り物がなされ、彼らのために弓矢が作られるのである。その風習はまた、一頭のジャガーが殺された場合、毛皮は直近に死んだ女性の兄弟かまたは直近に死んだ男性の伯父・叔父に与えられる、ということを要求するものである。」[104] そのように、生産においても分配においても一つの完全に定められた計画と社会的組織が支配しているのである。

アメリカ大陸を最南端まで縦断すれば、最も低い発展段階の自然民族であるフェゴ島民を見いだす。かれらは南アメリカの最南端にある荒涼とした群島の住民であるが、かれらについては、最初の情報が一七世紀にわれわれにもたらされている。一六九八年に、長年にわたって南洋において彼らの仕事に従事していたフランス人海賊に刺激されて、フランス政府によって一つの探検隊が派遣された。それに参加した技師によって、われわれに一冊の日記が残されているが、それには次のような簡潔な報告が含まれている。

「各家族、すなわち父親と母親と未婚の子供たちはピローゲ（樹皮製の小舟）を持っており、かれらの必要とするものはなんでもそれで運ぶ。その舟の中で夜になれば、かれらはその小舟の中で眠る。出来合いの小屋がなければ、かれらは小屋を一つ建てる。……真ん中でかれらは小さな火を起こして、その周りで草の上に乱雑に眠る。空腹を感じる時は、かれらは貝を焼き、かれらの中で最年長者がそれを均等に分配する。男性たちの主な仕事と義務は小屋を建てること、狩猟をすること、そして魚を捕ることである。女性たちは小舟の世話と貝の調理をすることに責任がある。……捕鯨を次のような方法で行うかれらは五隻ないし六隻の舟で一緒になって海に出てゆく。そして、もし一頭を見つけるなら、それを追いかけ、先端が非常に上手に削ってある骨か石でできている大きな矢を打ち込む。……かれらが一頭の獣や一羽の鳥を仕留めるか、かれらの通常の食料になっている魚か貝を捕った時には、かれらはそれらをすべての家族の間で分配するので、かれらはほとんどすべての食料を共同で所有しているというこの点では、われわれよりも勝っているのである。」[105]

アメリカからアジアに目を転じてみよう。ここには（ベンガル湾における）アンダマン諸島のミ、ン、コ、ピ、ー、という小人部族について、イギリス人の探検家E・H・マン[106]がわれわれに次のように報告している。かれは一一年間この部族のなかで暮らしてきて、かれらについて他のヨーロッパ人の誰よりも正確な知識を得るに到ったのである。

ミンコピーは九の部族に分かれている。各部族は多数の小グループに分かれ、小さいグループは三〇～五〇人から、しかし時にはまた三〇〇人からも、成っている。このようなグループのそれぞれには長がいる。部族全体にも一人の首長がおり、かれは個々の共同体の長の上に立っている。しかし、かれの権威は極めて制限されている。それは主に、彼の部族に属する全ての共同体の集会を開催することである。かれは狩猟や漁労や移動の際の引率者であり、争いをも調停する。各共同体の内部では共同の労働が行われ、しかも、男性と女性の間の分業を伴っている。男性の任務は狩猟、漁労、蜂蜜の調達、小舟や弓矢やその他の道具の製造であり、女性は木材や水を運び、植物性食料を集めて来ることであり、装飾品を作り、料理をする。子供や病人や高齢者の世話をし、あちこちの小屋の火を絶やさないようにすることは、家に残っている全ての男性と女性の義務である。労働能力のある者は誰でも自分と共同体のために労働する義務があり、常に食料の貯えがあるように配慮して、たとえば立ち寄る外来者があればそれでもてなすのが習慣である。幼児や病弱者や老人は公共の保護の特別な対象であり、かれらの日常の欲求の充足については社会の他の構成員よりも優遇されている。

食事については、一定の規則が存在する。既婚の男性は他の既婚男性かまたは若い男性仲間とだけは一緒に食事をしてよいが、しかし、たとえかれが既に高齢者であろうとも、かれの自分の所帯の女性以外の他の女性と決して食事をしてはいけない。未婚者は別々に――少年は少年だけで、少女は少女だけで――食事をしなければならない。

食事の提供は通例は、女性の義務であり、かの女たちは男性が不在中に用意をしておくのが常である。しかし、祭の日とか特別な豊猟の後とかのように、女性たちが薪とか水を運んでくることを特別に求められる場合は、男性の一人が料理の世話をし、その料理が半分できあがれば、それを出席者たちに分配して、その後の調理はかれらに任せる。それはかれらの各自のかまどで行われることになる。もし首長がその場にいれば、最初に最大最良の分け前を受け取り、次に男性たちが来て、その後に女性と子供たちの順番となる。残ったものは分配者たちのものとなる。

ミンコピーは通例は武器や道具やその他の品物の製作に際してはかなりの忍耐と非常な勤勉さを明らかに示している。すなわち、かれらは一片の鉄を石のハンマーで苦労しながら加工して、それから槍や矢の先端をつくることに何時間も従事することができる。あるいはまた弓の形を改良することに従事したりなどする。かれらをこのような努力に駆り立てる直接または将来の必要性が全くないときでも、かれらはこれらの仕事に没頭する。これを――かれらについて言われる――利己心だと陰口を言うことはできない。なぜなら、かれらはしばしば自分の持ち物の最良のものを（もちろんヨーロッパ的な誤解されやすい表現である〝分配〟のためにのみ）贈り、かれら自身の使用のためにより良い労働の対象物を取っておくことは決してしないし、ましてや自分自身のためにより良いものを作ることはない。(107)

上記の諸事例の列をさらにアフリカの未開人の生活から抽出された見本でもって終えることとしよう。ここではカラハリ砂漠の小人のブッシュマンが通常は人間文化の最大の後進性と最低状態の実例を示すものとされる。ブッシュマンについてドイツやイギリスやフランスの研究者たちが一致してわれわれに報告しているのは、かれらは集団(Horden)で生活しており、これらの集団は共同の経済生活を営んでいる、ということである。かれらの小さな団体の中では食料や武器などについてもまた完全な平等が支配している。かれらが移動中に見つけた食料は袋の中に集められ、小屋の中で空にされる。ドイツ人のパッサルゲ[108]は次のように語っている。「そこでその日の収穫物が目の前に現れる。根菜、芋、果実、幼虫、犀鳥、牛蛙、亀、バッタ類、蛇やイグアナすら出てくる。」[109]それから獲物は全員に分配される。「たとえば果実や根菜や芋などのような植物や比較的小さな動物の組織的な採集は女性たちの仕事である。かの女たちはグループにそのような貯蔵物を供給しなければならない。その際、子供たちが手伝う。また男性は偶然に見つけた多くのものを持ってくるが、しかし採集は男性にとって全く副次的なことである。男性の任務はなによりもまず狩猟である。」[110]狩猟の獲物はグループにおいて共同で消費される。また親交のあるグループから移動中のブッシュマンには共同のかまどと食料の使用が許される。そのうえ、パッサルゲは、ブルジョア社会の精神的眼鏡をかけた善良なヨーロッパ人として、ブッシュマンがすべてのものを最後の残り物にいたるまで他の者と分け合うという「度を超した美徳」の中に、彼らの文化的無能の原因を認めている！[111]

そこで次のことが明らかになる。すなわち、最も原始的な民族、しかも定住と農耕からはるか離れていて、いわば経済的発展の連鎖の出発点に立っている民族こそは、直接的観察の中でわれわれに知られているかぎりでは、グローセ氏の図式における場合とは全く違った諸関係の様相をわれわれに示している、ということである。「分散している」とか「分立した経済」とかではなく、共産主義的組織の典型的な特徴を有する厳格に規制された経済的共同態を、われわれは至る所で見る。これは「比較的低度な狩猟民」についてのことである。「より高度な狩猟民族」については、モーガンによって詳細に描かれているようなイロクォイ族における氏族経済の描写で十分である。しかしまた牧畜民も、グローセの大胆な主張を虚言として非難するのに十分な材料を提供している。[112]

したがって、農耕マルク共同体（Die Ackerbauende Markgenossenschaft）は、われわれが経済史で出会う唯一の原始共産主義的組織ではなく、単に最高度に発展したものであり、その最初のものではなくて、最後のものである。マルク共同体自身は農耕の所産ではなく、共産制のはかり知れない久しい以前からの伝統の所産である。この共産主義は、血族組織の胎内で生まれ、最後に農耕に適用され、まさにこの農耕において、共産主義自体の没落をもたらす成熟の高みに達するのである。したがって諸事実はグローセの図式を全く確証していないのである。今、経済史のまっただ中に浮かび上がり、やがてまた沈んで行くこの共産主義の奇妙な現象についての説明を求めるならば、グローセ氏はわれわれに一つのかれの面白い「唯物論的」な説明を役立ててくれる。すなわち、「われわれが実際に見てきたように、血族団体はより低い発展段階の農耕民においては、まさしくかれらがここではまずなによりも住居と財産と経済の共同体として現れるという理由によって、他の諸文化形態の諸民族におけるよりも、それだけ多大な支持と力を獲得したのである。しかし、血族がここではこのような共同体として形成されたということが、他方でまた低い発展程度の農耕経済の本質から説明される。この農耕経済は人々を統合させるが、他方、狩猟や牧畜は人々を分散させるのである。」（一五八ページ）[113] したがって、労働における人間の空間的な「集合」か「分散」かが、共産主義と私的所有のどちらが優勢であるかを決定するのである。残念なことは、グローセ氏は、人々が最も容易に「分散化される」森林や牧草地でなぜまさしく最も長く――ところどころでは今日に至るまでも――共同所有が残っているか、しかるに、人々を「集合させる」耕地においてなぜ最も早く私的所有に移行したのかを、説明することを忘れている。そしてさらに、全経済史において最も多く人々を集合させる生産形態である近代的大工業がなぜ共同所有を呼び起こさないで、私的所有の最も極端な形態としての資本主義的所有を呼び起こしたのかを、説明することを忘れている。

グローセの「唯物論」はまたしても次のようなことの証明であることが分かる。すなわち、唯物論的に歴史を理解するためには、「生産」と社会の全生活に対する生産の意義を語るだけでは十分でないということ、特に史的唯物論は、その別の側面である革命的な発展思想から切り離されてしまえば、それがマルクスにおけるように探求的精神の天才的羽ばたきだったのとは反対に、粗野で不細工な木製の松葉杖になるということである。

しかし、なによりも明らかなことは、グローセ氏は、生産やその形態についてはそのように多くを語るが、生産諸関係の最も基礎的な諸概念については少しも分かっていない、ということである。われわれがすでに見たように、かれは生産諸形態としてなによりも、狩猟、牧畜または農耕のような純粋に外面的な諸範疇を理解する。だから、これらの「生産諸形態」のそれぞれの内部での所有形態の問題――すなわち、成立しているのは共同所有か、家族所有か、それとも私的所有かという問題や、所有権は誰に属しているのかというような問題――を決定するために、かれは一方において「土地所有」のような範疇と他方における「動産」のような範疇を区別する。かれは、それらが様々な所有者に属しているということを見出すと、「動産」と不動産すなわち土地所有のどちらが「より重要」であるか、を問題にする。グローセ氏にとって「より重要である」と思われる次第で、かれはそれを社会の所有形態にとって決定的なものとする。それで、かれは、たとえば、より高度な狩猟民においては「動産がすでにこのような重要性を獲得していた」ので、動産は土地所有よりはより重要であると決定し、動産は、そしてまた食料も私的所有であるから、グローセ氏は土地の明白な共同所有にもかかわらず、ここでの共産主義的な経済を決して認めないのである。

ところで、このような純粋に外面的特徴――動産と不動産のような――による区別は、生産にとって少しも意味を持たないのであって、他のグローセ的区別、すなわち男性支配と女性支配とによる家族形態の区別や、分散作用と統合作用とによる生産形態の区別とほぼ同程度のものである。「動産」は、たとえば、食料からなっていることや、またはは原材料からなっていることも、または装飾品や祭祀対象や、または道具からなっていることもありうる。それはその社会自身の使用のためか、または交換のために作られることもありうる。それぞれの場合によってそれは生産諸関係にとって非常に異なった意義をもつであろう。一般的にグローセ氏は諸民族の生産と所有の諸関係を――そしてこの点においてかれは現代ブルジョア科学の典型的な代表者の一人である――最も広い意味において食料やその他の消費諸対象によって判断している。かれは、消費対象が個々人によって取得され使用されるのを見いだすと、その民族において「個人的所有」の支配が証明されるとみなすのである。これが、今日において原始共産主義が「科学的に」反論される典型的方法である。[114] このような深い意味の立場によれば、東洋ではしばしば見受けられるような、施し物を出し合って一緒に食べる乞食共同体や、盗んだものを連帯して享受する盗賊団が、正真正銘の「共産主義的経済共同体」として現れる。これに反して、土地を共同で保有し共同で耕作するが、その成果は家族別に――各家族はかれらの耕作地から――消費するというマルク共同体は、一つの「ただ非常に限られた意味においてのみの経済共同体」と呼ばれうる。要するに、生産の性格にとって決定的なものは、この見解によれば、消費手段の所有権であって、生産手段の所有権ではない。すなわち、分配の諸条件であって生産手段の所有権ではないのである。ここにわれわれは、全経済史の理解にとって基礎的な意義を持つところの、国民経済学的把握の主要点に到達したのである。今や、われわれはグローセ氏のことはかれの運命に任せて、われわれの注意をこの問題一般に向けることにする。

四．経済史に対する資本家階級の見地と労働者階級の見地

経済史の研究に入るひとは、また社会の経済的諸関係が社会の歴史的発展の中で現れてきた種々の形態を学び知ろうとするひとは、誰でも、なによりもまず、経済的諸関係のどのようなメルクマールをこの発展の試金石および尺度として取るべきかを、明らかに知っていなければならない。一定の領域における沢山の諸現象の中で正しい進路を見出すためには、とりわけ諸現象の歴史的序列を見出すためには、諸現象を回転させるいわば内的基軸である契機について十分、明瞭に知っていなければならない。モーガンは、たとえば、文化史の尺度および文化史のそのつどの高さの試金石として、全く明確な契機である生産技術の発展を採択した。かれはそれでもって実際に人類の全文化的存在をいわば根元でつかみ、これを明らかにした。われわれの目的のためには、経済史のためには、モーガンの尺度だけでは十分ではない。社会的労働の技術は、人間による外的な自然の支配においてその都度に到達された段階を正確に示す。生産技術の改良におけるそれぞれの新たな一歩は、人間の精神による物理的自然の征服における一歩であり、それゆえに一般的人間文化の発展における一歩である。しかし、われわれが特に社会における生産の諸形態を研究しようと思うならば、その場合は人間の自然に対する関係では十分でなく、その時には、われわれが関心を持たざるを得ないのは、第一に人間労働の別の一側面、すなわち、人間が労働において相互に結ぶ諸関係である。つまり、われわれに関心をいだかせるのは生産技術ではなく、生産の社会的組織である。ある原始的な民族が製陶用ろくろを知って、製陶業を営んでいることをわれわれが知るならば、そのことはこの原始的民族の文化的段階を知る上で非常に特徴的なことである。モーガンは技術におけるこの重要な進歩を、野生人から蛮人への移行として指摘する一つの文化時期全体の境界石とする。この民族の生産形態については、ここに挙げられた事実に基づいては、まだほんのわずか

しか判断を下すことができない。その判断を下すためには、われわれはまず次のような多くの事情を知っていなければならないだろう。たとえば、社会において誰が製陶技術に従事しているのか、共同体に陶器を提供するのは社会の全員なのか、それともほんの一部分、たとえば女性という一方の性だけなのかどうか、製造された製陶技術の生産物はただ共同体自身の、たとえば村落自身の使用だけのためにのみ用いられるのか、それとも他の共同体との交換のために用いられるのかどうか、製陶業に従事する各人の生産物はただ当人自身によってのみ利用されるのか、それともすべての製造されたものがいっしょになって共同体の全員に役立つのかどうか、などである。つまり、一つの社会における生産形態の性格を規定できるのは、分業や、消費者における諸生産物の分配や、交換というような様々な社会的関係であることが、分かる。しかし、経済的生活のこれらの側面のすべてはただ生産という一つの決定的要因によって規定されている。諸生産物の分配が消費者たちのもとで分配されるかまたは交換されることができるためには、諸生産物がなによりもまず製造されねばならない。したがって、生産それ自体が社会の経済的生活の第一の最も重要な契機なのである。しかし、生産過程において決定的なことは、労働する人たちがかれらの生産手段に対してどのような関係に立っているのか、ということである。どの労働も一定の原料、一定の労働場所、それから一定の道具を必要とする。人間の社会生活において労働の道具とそれの製造がどんなに大きな意義があるかということを、われわれはすでに知っている。これらの道具とその他の使われていない生産手段をもって労働を行い、社会の生活に必要な最も広い意味での消費手段を製造するために、人間の労働がさらに付け加わる。いまや、労働する人々のかれらの生産手段に対する関係は生産の第一の問題であり、その決定的要因である。われわれがここで言っているのは、技術的な関係ではなく、人々が労働するときに使う生産手段の完全性の大小ではなく、人々が労働するときの方法ではない。われわれが言っているのは、人間の労働と利潤を生み出さない生産手段との社会的関係であり、すなわち生産手段が誰に属しているのか、という問題である。時代の経過とともに、この関係はさまざまに変化してきた。しかし、それとともに常にまた生産の全性格も、分業の形態も、諸生産物の分配も、交換の方向と範囲も、そして最後に生産手段を共同で所有するか、それとも各個人が単独で所有するか、それとも全然所有しないで逆に生産手段そのものと一緒に生産手段財産として非労働者が所有しているか、不自由民として生産手段に縛り付けられているのか、それとも何らの生産手段も所有してない自由民として自分たちの労働力を生産手段として売ることを強制されているのか。このような相違にしたがって、われわれは、共産主義的生産形態か、または小農民的で手工業的生産形態か、または奴隷経済か、または隷属関係に依拠する賦役経済か、または最後に賃金制度を伴う資本主義的経済を持つのである。そして、これらの経済形態のそれぞれが、分業の、生産物の分配の、交換の、社会的・法律的・精神的な生活の、それら固有の仕方を持っている。人間の経済史においては次のことで十分であった。すなわち、労働する人々と生産手段との関係が根本的に変化するにしたがって、その都度また経済的、政治的、精神的な生活のすべての他の側面も根本的に変化し、それとともに一つのまったく新しい社会が成立するということである。もちろん、社会の経済生活のすべてのこれらの側面のあいだでは、不断の相互作用が成り立っている。単に労働力の生産手段に対する関係が分業や生産物の分配や交換に影響をおよぼすのみでなくて、これら後者もそれらの側において前者の生産関係に反作用をおよぼす。しかし、その働きかけの仕方はちがった仕方である。それぞれの経済において段階において優勢な、分業の仕方や富の分配の仕方は、とくに交換は、それら自身がそこから生まれている労働力と生産手段のあいだの関係を次第に掘り崩して行くことも可能である。しかし、その形態は、労働力と生産手段のあいだの古くなった関係の中で根本的な変革が、一つの本当の革命が起きた場合にはじめて変化させられる。すなわち、そのように、労働力と生産手段における関係は、その時どきの変革は経済史の途上において目に見える大きな里程標をなすから、このような変革は人間社会の経済的発展過程における自然的な画期を与えるのである。

経済史の理解にとっては、この歴史の本質的なものを明らかにし、それを非本質的なものから区別するということがいかに重要であるかは、今日ブルジョア的ドイツ国民経済学において最も流行し最も賞賛されている経済史区分を検討することによって明らかになる。われわれが言っているのはビュッヒャー教授の区分のことである。ビュッヒャー教授は、かれの『国民経済学の成立』のなかで、経済史の正しい時代区分が経済史の理解にとっていかに重要であるかを詳細に論じている。しかし、かれの慣習にしたがって、かれは端的に問題に迫ってかれの合理的な諸研究の業績をわれわれに提示しようとはしないで、かれの先行者たちの不十分さについて大きな満足感をもって述べることによって、われわれにまずかれの業績への正しい評価を行う心構えをさせる。

かれは次のように言う。「はるか遠い過去の時期の国民経済を理解しようとする国民経済学者（Nationalökonom）が自己に課さなければならない第一の問いは、次のようなものであろう。つまり、その経済は国民経済（Volkswirtschaft）であるのか、その経済の諸現象はわれわれの今日の交易経済の諸現象と同じ本質のものであるのか、それとも両者は本質的に互いに異なっているのか、という問いである。しかし、この問いは、現在の経済に対しても古い「抽象的な」国民経済学の巨匠たちの手中でその有効さが見事に実証された同じ概念的分析や、心理的—孤立化的な演繹法の手段によって、過去の経済的諸現象を研究するということを拒否しない場合にのみ、答えることができる。

最近の「歴史」学派には次のような非難を省くわけにはいかないであろう。すなわち、この学派は、この種の研究によって過去の経済時期の本質に迫るのではなく、現代の国民経済の諸現象から抽象された在来の諸範疇を、ほとんどよく吟味しないで、過去の時期に転写した、という非難、あるいは、この学派は交易経済的諸概念を、それらが良かれ悪しかれあらゆる経済時期に適合するものとして現れてくるまで、長い間あれこれひねくりまわした、という非難である。……このような非難は、過去の諸時期の経済または文化の貧しい諸民族に対比して、文化諸民族の現在の経済様式との差異を特徴づけるという仕方において最も明瞭に認めることができる。これは、いわゆる発展諸段階を組み立てて、それらの名称のなかに経済史的発展行程の特徴を標語的に要約するということによって行われるのである。……すべて古くさいこの種の試みは、諸事物の本質に入り込まないで、表面に付着したままであるという弊害に陥っている。」[115]

では、どんな経済史の区分をビュッヒャー教授は提示するのであろうか？　耳を傾けてみよう。

「もしわれわれがこの全発展を一つの観点のもとに把握しようと思うなら、その観点は、国民経済学の本質的現象のまったただ中に入って行き、しかしまた同時に過去の経済的時期の組織的契機をわれわれに解明してくれるような観点でしかありえない。それは、財貨の生産の財貨の消費に対する関係にほかならないのであり、この関係は財貨が生産者から消費者にまで達する道程の長さによって認識されうるものである。この観点のもとでは、われわれは、すべての経済的発展を、少なくともそれが十分な歴史的正確さで歴史的に追跡されうる中央および西ヨーロッパの諸民族については、三つの段階に区分することができる。

一．閉鎖的家庭経済の段階（純粋な自家生産、交換のない経済）。この段階では、財貨は、それが発生した同じ経済の中で消費される。

二．都市経済の段階（注文生産、または直接交換の段階）。この段階では財貨は生産経済から直接に消費経済に移行する。

三．国民経済の段階（商品生産、財貨流通の段階）。この段階では財貨は通常それが消費に至るまでに多くの経済を通過しなければならない。」[116]

経済史のこの図式は、第一に、それが含んでいないものによって、興味がある。ビュッヒャー教授にとって、経済史はヨーロッパの諸文化民族のマルク共同体をもって始まるのであり、したがって、すでに高度な農耕をもって始まるのである。高度な農耕に先行する原始的な諸生産関係の数千年間にわたる時代の全体を、今日なお多数の諸小民族がその状態にあるところの諸生産関係を、ビュッヒャーは、われわれが知るように、「非経済」として、かれのすばらしい「個々人の食料探索」および「非労働」の時期として、特徴づけている。したがって、ビュッヒャー教授は経済史を原始共産主義のかの最後期から始める。すなわち、その形態においては、定住とより高度な農耕とともに、すでに、不可避的な崩壊と、不平等や搾取や階級社会への移行との発端が与えられているのである。グローセは農耕マルク共同体以前の全発展期における共産主義に異論を唱えたが、ビュッヒャーはかの時期一般を経済史から抹消するのである。

第二の「閉鎖的な都市経済」段階は、シュルツなら、ライプツィヒの教授の「天才的な眼光」に負っている、と言うであろうところの、もう一つの別の画期的な発見である。たとえば一つのマルク共同体の「閉鎖的家庭経済」が、かれらのすべての経済的欲望をこの家庭経済の内部で満たしていた一団の人々を包含していた、ということによって特徴づけられていたとすれば、中央ヨーロッパおよび西ヨーロッパの中世都市――というのは、ビュッヒャーはかれの言う「都市経済」としてこれらのみを理解しているが――は、まさにこれとは正反対である。中世の都市においては、なんらかの共同「経済」があるのではなく、――ビュッヒャー教授特有の用語で言えば――同職組合手工業者の仕事場および家政と同数の「経済」があるのであって、それらのそれぞれが独立に――たとえ一般的な同職組合規則や都市規則のもとにおいてであったにせよ――生産し、販売し、消費していたのである。しかし、全体としてもドイツまたはフランスの中世の同職組合都市はけっして「閉鎖的な」経済領域を形成してはいなかった。なぜなら、都市の存在はまさに田舎との相互的交換に支えられており、都市は田舎から食料と原料を受け取り、田舎向けに工業生産物を製造したからである。ビュッヒャーは各都市の周囲に田舎の閉鎖的な地域圏を構成し、この地域圏を彼の「都市経済」のなかに囲み入れて、自分の都合のいいように、都市と田舎との交換を単に近隣周辺の農民との交換に帰着させている。しかし、都市商業の最良の顧客であり、一部分は都市から遠く離れて田舎に分散し、一部分は都市の真ん中に――特に皇帝都市と司教都市においては――かれらの本居を構えていた富裕な封建領主たちの賦役農場がここでは一つの独自の経済領域を形成していた。だが、ビュッヒャーはこれをまったく考慮していないし、同様にまたかれは、中世の諸経済関係にとって、また特に諸都市の運命にとって最大の意義を持っていた対外商業も完全に無視している。ところが、中世の諸都市にとって真に特徴的なことは、諸都市が商品生産の中心であったということである。商品生産はここではじめて支配的生産形態に――たとえ限定された領域においてであったとしても――なったということに、ビュッヒャー教授は注意を払っていない。反対に、かれにおいては、商品生産は「国民経済」において初めて始まる。――周知のように、ブルジョア国民経済学はこの虚構をもって現在の資本主義的経済制度を、つまり、まさに商品生産ではなくて資本主義的生産であるということを特徴とするところの経済生活の一「段階」を、言い表すことを常としている。グローセは商品生産そのものを「産業」と呼ぶが、それに対して、ビュッヒャー教授は単純な社会学者に対する経済学教授の優越を証明するために、産業そのものを「商品生産」に転化させる。

　だが、われわれはこのような重要でないことから主要な問題に向かおう。ビュッヒャー教授はかれの経済史の第一の「段階」として「閉鎖的家庭経済」をあげる。かれはそれによって何を理解しているのであろうか？　われわれがすでに言及したように、この段階は農耕に従事する村落共同体をもって始まる。しかし、原始的マルク共同体のほかにも、ビュッヒャー教授は「閉鎖的経済」の段階として、さらに他の歴史的形態、すなわちギリシア人やローマ人の古代奴隷経済と中世の封建的夫役農場を数えている。文化的な人類の全経済史は、古典的古代と全中世を含む太古の時代から近代の入り口まで、一つの生産「段階」として包括されて存在し、これに対して、第二の段階としての中世のヨーロッパの同職組合都市や——第三の段階としての今日の資本主義的経済が、対置される。したがって、ビュッヒャー教授の経済史においては、インドのパンジャブ地方の渓谷のどこかで沈黙のまま細々と存在し続けている共産主義的村落共同体も、アテネの文化開花の全盛期のペリクレスの家政も、中世のバンベルクの司教の封建的農場も、一つの同じ「経済段階」として整理されている。しかし、どんな子供でも、歴史の教科書から若干の表面的な知識を自分のものとしているならば、全く異なった諸関係がここでは一つの帽子をかぶせられていることを、理解するに違いない。そちらの共産主義的農業団体では所有や権利における農民大衆の一般的平等と、身分差別が全くないかせいぜい萌芽的状態であるのに対して、——こちらの古代のギリシアやローマ、全く同様に封建的な中世ヨーロッパでは社会における諸身分の著しい形成、自由民と奴隷、領主と農奴、特権者と無権利者、豊かさと貧困または悲惨がある。そちらでは一般的な労働義務、こちらではまさに、労働する隷属的大衆と労働をしない支配的少数者との対立。そして再び、ギリシア人またはローマ人の古代奴隷制経済と中世の封建制経済の間には非常に大きな相違が存在していたのであり、それゆえ、古代の奴隷制は最後にはギリシア－ローマ文化の没落をもたらしたのに対して、他方、中世の封建制は都市の商業をともなう都市の同職組合手工業を生み出し、このようにして最後は今日の資本主義をその胎内から生み出したのである。したがって、このように天地の差のある経済的および社会的諸形態と歴史的諸時期のすべてを一つの概念の下に、ひとつの図式の下に置く人は、諸経済時期に対して一つのまったく独創的な尺度をあてがっているに違いない。ビュッヒャー教授は、われわれの理解力の悪さに最も親切な方法で助けを与えることによって、すべての猫が灰色であるかれの「家庭経済」の夜をつくりだすべく、かれがどのような尺度をあてがうのかを、われわれにかれ自ら詳しく説明するのだ。文字に書かれた歴史の始まりから近代にまで及ぶあの第一の「段階」は、「交換の無い経済」と呼ばれ、これに続いて中世の都市が「直接的交換の段階」として、今日の経済制度が「財貨流通の段階」として並べられる。したがって、非交換、単純な交換、または複雑な交換――もう少し普通の言葉では、商業の欠如、単純な商業、発展した世界商業――これが、ビュッヒャー教授が経済の諸時期にあてがう尺度である。商人がすでに世界に存在するのか、それとも存在しないかどうか、また商人が生産者と同一の人物を表しているのか、特別の人物を表しているのかどうか――それが経済史の主要で根本的な問題である。われわれは今すぐに教授にかれの「無交換経済」を返上する。これは、平地ではいまだどこででも発見されたことのない教授的妄想以外の何ものでもなく、古代のギリシアやローマに適用されても一〇世紀以来の封建的中世に適用しても、あきれるばかりに大胆な歴史的空想を表しているのである。しかし、生産発展一般の基準として生産諸関係ではなく交換諸関係を採用し、商人を、それがまだどこにも存在していないのに、経済制度の中心点としてまたあらゆる事物の尺度として採用するとは――なんという見事な「概念的分析、心理的‐孤立化的演繹」の諸結果であろう！　そしてなによりもまず、あらゆる「表面的なものに固執すること」をあざけるところの、なんという「諸事物の本質への洞察」であろう！　これに関しては、「歴史学派」の古くてひかえめな図式、すなわち、「現物経済、貨幣経済、信用経済」という三つの時期への経済史の区分のほうがはるかに良くて、ビュッヒャー教授のおおげさな自家製品よりも真実に近いのではないだろうか。ビュッヒャー教授はまずすべての「より古い同様な試み」を嘲笑しておいて、そのあとからまさに同一の叱責された交換の「表面的なものに固執すること」を根本思想に取り入れて、それをただかれの細事にこだわった編成によってまったく的外れの図式に歪めようとするだけである。

経済史の「表面的なものに固執すること」はブルジョア科学においてはまさしくけっして偶然なことではない。ブルジョア学者の一方の人々は、フリードリヒ・リスト(117)のように、最も重要な食料源の外面的な性質によって区分をつくって、狩猟、牧畜、農耕、工業の時期を並べる――外面的な文化史にとってさえ決して十分でない区分。他方の人々は、ヒルデブラント教授(118)のように、交換の外面的な形態によって経済史を現物経済、貨幣経済、信用経済に区分するか、ビュッヒャー教授のように、無交換経済、直接交換をともなう経済、商品流通をともなう第三の経済に区分する。さらに他の人々は、グローセのように、経済形態の判断においては財貨の分配を出発点とする。ひと言で言えば、ブルジョア階級の学者たちは、歴史的考察の前面に交換、分配、消費を押し出してくる――しかし、どんなことがあっても、生産の社会的形態を押し出すことだけでは十分ではない。すなわち、まさにそれぞれの歴史的時期において決定的であり、そしてまたそこから交換とその諸形態、分配、そして消費がそれらの特殊な姿で、その都度、論理的帰結として生じるところの、生産の社会的形態を押し出すことだけではない。なぜそうであろうか？　それは、かれらを動かして、「国民経済」すなわち資本主義的生産様式を人類の歴史の最高で最後の段階であると主張させ、そして革命的傾向をともなう資本主義的生産様式の世界経済的さらなる発展を否定させる、それと同様の理由からである。生産の社会的形態、すなわち生産手段に対する労働する人々の関係の問題は、あらゆる経済的時期の中核点であるが、しかしまたあらゆる階級社会の弱点でもある。労働する人々の手からの生産手段のなんらかの形態での疎外はすべての階級社会の共通の基礎である。なぜなら、それはあらゆる搾取と階級支配の根本条件だからである。この弱点から注意をそらさせ、すべての外面的なものと副次的なものに注意を集中させることは、ブルジョア学者の意識的な努力というよりは、むしろ、かれが精神的に代表する階級の、認識の木から危険な果実を味わうことへの本能的な嫌悪なのである。そして、ビュッヒャーのようなまったく近代的な高名な教授がこの階級本能を「天才的眼識」でもって証明するのである。というのは、生産手段に対する労働力の地位の根本的に異なる類型をともなう原始共産主義、奴隷制、賦役経済というようなすべての巨大な諸時期を、やすやすとかれの図式の小さな引出しの中にしまい込みながら、そのかわりに、職業の歴史に関しては広い範囲にわたるせんさく立てに専念し、そのなかで「家庭仕事（家庭用品生産）」とか「賃仕事」とか「手工業」とか「出稼ぎ仕事」とかその他のつまらないガラクタとかを事細かにもったいぶって並べ立て、光を当てたり、向きを変えたりしているからである。また搾取されている人民大衆のイデオローグたち、すなわち最初の共産主義者たちや社会主義のより古い代表者たちは、かれらの非難攻撃と闘争を主として不公正な分配に向けるか、あるいは――一九世紀の何人かの社会主義者のように――非難攻撃を交換の近代的諸形態に向けていた限りでは、暗闇に迷い込み、人間のあいだの平等についてのかれらの説教とともに足が地に着いていなかった。労働者階級の最良の指導者たちが、分配と交換はそれ自身の形態においても生産組織に依存し、この生産においてはしかし生産手段に対する労働する者の関係が決定的であるということを明瞭に知った後ではじめて、社会主義的な努力は強固な科学的地盤に置かれた。そして、この統一的な見解から出発することによりプロレタリアートの科学的立場は経済史の入り口においてブルジョアの科学的立場と区別されるのであり、それは国民経済学の入り口において両者が区別されたのと同じである。経済史の核心――生産手段に対する労働力の諸関係の形態――をその歴史的な変遷の中で隠蔽することがブルジョア階級の階級的利益であるが、逆にプロレタリア階級の利益は、この関係を前面に押し出して、社会の経済的構造の尺度とすることを命ずるのである。そして、労働者にとっては、原始共産主義社会を後世の階級社会から区別する大きな歴史の里程標に注目することが必要であるだけでなく、階級社会それ自身のさまざまな歴史的諸形態の間の区別に注目することもまた同様に必要である。原始共産主義社会の特殊な経済的特徴についてだけではなく、古代の奴隷経済や中世の賦役経済の特殊性についても、明確な説明を与える者だけが、なぜ今日の資本主義的階級社会がはじめて社会主義の実現のための歴史的きっかけを提供するのか、そしてまた、将来の社会主義的世界経済と太古の原始共産主義的な集団との根本的な相違がどこにあるか、ということを十分に徹底的に把握することができるのである。

第二章の注

（1）（訳注）『共産党宣言』

一八三六年にパリでドイツ人亡命者がつくった義人同盟が一八四七年に、マルクス、エンゲルスによって再組織化され形成された『共産主義同盟』の綱領的文書。「階級対立にもとづく社会を廃止し、階級なく私的所有のない新しい社会を建設することにある」（規約第一条、『全集』第四巻）とした。

（2）（編注）カール・マルクス／フリードリヒ・エンゲルス『共産党宣言』、『マルクス、エンゲルス全集』第四巻、四六二ページ。

（3）（訳注）ゲオルク・ルートヴィヒ・フォン・マウラー

ゲオルク・ルートヴィヒ・フォン・マウラー（Georg Ludwig von Maurer, 1790-1872）はドイツの政治家で歴史家。パリ留学中にドイツの古代法制度の研究を始め、帰国後、バイエルン政府の下で働く。著書『古代ゲルマン、特に古代バイエルンの公開された、ならびに口頭による法訴訟手続きの歴史』でミュンヘン・アカデミーの特賞を獲得し、一八二六年、ミュンヘン大学教授となる。一八二九年に官僚生活に戻り、バイエルン政府の首相を務めた。

（4）（編注）ゲオルク・ルートヴィヒ・フォン・マウラー『マルク・家屋敷・村落・都市の規程並びに公権力の歴史に関する序説』、ミュンヘン、一八五四年。（Georg Ludwig von Maurer, Einleitung zur Geschichte der Mark-, Hof-, Dorf- und Stadt-Verfassung und der öffentlichen Gewalt,Erlangen, München, 1854）

（5）（訳注）ゲルマン人

ゲルマン語派の民族に属する人達のことで、インド・ヨーロッパ系を祖先とし古代末期にローマ衰退にともない大移動を繰り返し、現在のドイツ北部・デンマーク・スカンジナビア南部各地に進出、居住していた諸部族の総称。

（6）（編注）ユストス・メーザー（Justus Möser, 1720-1794）は、啓蒙主義時代の作家・歴史家・政治家であり、『オスナブリュックの歴史』〔„Osnabrückischen Geschichte“（Osnabrück 1768; 2. Aufl. Berlin 1780; 3. Aufl. 1820）〕の執筆者であるが、その初版で、ヨーロッパにおける土地の耕作についての見解を展開している。

（7）（編注）ニクラス・キンドリンガー（Nikolaus Kindlinger, 1749-1828, イエズス会士・歴史家）は、ヴェストファーレンの歴史を研究し、『ミュンスターの貢献』（„Münsterische Beiträge“, 1787年以降）を著し、その際、ユストス・メーザーに拠っている。

（8）（訳注）スウェービ族
紀元前後にエルベ川流域地方に居住していた原始ゲルマン人の集合部族名。

（9）（訳注）シュヴァーベン人
ドイツ南西部に位置するシュヴァーベン地方に住む部族で、中世にはシュヴァーベン公国の後、神聖ローマ帝国の時代、シュヴァーベン帝国クライスを形成していた。ドイツ語圏のシュヴァーベン語を使用。

（10）（訳注）フランク人
ライン川とウェーザー川の間の地域に居住したゲルマン人系民族の総称で、サリー族（サリー・フランク族）とリプアリア族（リプアリア・フランク族）に大別され、前者が西ヨーロッパにおいてフランク王国を建国した。

（11）（訳注）アレマン人
ドイツ南西部（高地）のひとつ、ドイツ語のうち上部ドイツ語（バイエルン語、オーストリアドイツ語も含む）に属し、シュヴァーベン及びスイスの一部地域に及ぶ。

（12）（訳注）ヴァンダル人
ヴァンダル人は、現在のポーランド東部にいた東ゲルマン人の一部族または複数の部族に属する人々。フン族の圧迫を受けて、ライン川を越えて、ガリア（現在のフランス）地方に侵入し、さらにピレネー山脈を越えて、イベリア半島に達した。そこで、四〇九年、ローマ帝国によってヴァンダル王国を建設することを認められた。その後、四二九年にジブラルタル海峡を渡り、アフリカ沿岸のカルタゴを占領し、シチリア、サルジニア、コルシカ、バレアス諸島を征服し、地中海における一大勢力を築く。四五五年にはローマを占領している。東ローマ帝国ユスティニアヌス一世はローマ帝国再興を目指し、ヴァンダル王国と戦い、これを滅ぼした。

（13）（訳注）スラヴ人
中欧・東欧に居住し、言語学的な分類としてインド・ヨーロッパ語族スラヴ語派に属する言語を話す諸民族をさし、東スラヴ人（ウクライナ人、ベラルーシ人、ロシア人）・西スラヴ人（スロバキア人、チェコ人、ポーランド人）・南スラヴ人（クロアチア人、セルビア人、ブルガリア人など）に分けられる。

（14）（訳注）マルク共同体
マルク共同体は、ドイツ民族において古代から中世に至るまで、多数の村落や個々の農家を包摂する歴史的な入植地団体を指す。それは、一つの共通の経済と裁判の規律を伴った。マルク共同体の特徴は、農業の利用耕地、森林、河川、採石場、いわゆるマルクが、全ての構成員の共同所有のもとに置かれたことである。さらには、マルク共同体は自分たちの下級裁判権を行使することができ、荘園のいかなる領主にも従わなかった。マルク共同体は、農地の占有（Besitz）が個々の農民に分割されないで、農民たちが一つの持ち分を確保していた時に、成立した。構成員は本源的には、畑地（Feld）マルクの入植に参加した自由な人々とその相続人であった。

(15)（訳注）オーデンヴァルト
ゲルマンがケルト人をライン川の向こうフランスへ追いやった後にフランク王国となる勢力をマイン川＝ネッカー川間に築き上げた森に覆われたライン渓谷の一帯。

(16)（訳注）ヴェストファーレン
ライン川とヴェーザー川の間のノルトライン＝ヴェストファーレン州およびニーダーザクセン州に跨る一帯、一八〇七年から一八一三年まではナポレオンの従属国であったヴェストファーレン王国があった。その後、プロイセン王国の一州。

(17)（訳注）フォン・ハクストハウゼン男爵
アウグスト・フライヘル・フォン・ハクストハウゼン（August Freiherr von Haxthausen, 1792-1866）は、プロイセンの貴族の出身で、農学者、国民経済学者、法律家、農業経営者、著述家で、民謡収集家であった。ながくプロイセンの国家官僚として、プロイセンの農業制度を調査した。一八三四年から一八三八年の間、プロイセンの枢密顧問官を務め、また、農業制度の識者として一八四三年から一八四四年には、ロシア皇帝ニコライI世によりロシアに招待され、ロシアの農業事情を調査した。

(18)（編注）アウグスト・フライヘル・フォン・ハクストハウゼン『ロシアの国内事情、国民生活、特に農村の諸制度に関する研究』ハノーヴァー、一八四七。

(19)（訳注）ミール
ロシアの農村共同体のことで、オプシチナまたはオプシチェストボともいう。古くは血縁的共同体が階級社会の成立とともに地縁的農村共同体に発展した。古代ルーシではベルフィと呼ばれていた。

(20)（訳注）ギリシア正教（griechische-orthodoxer Graube）
キリスト教の教派の一つで、ローマ・カトリックから分かれた教会であるとは考えず正統として東方正教会とも呼ばれる。「ギリシア正教」の表記はロシアをはじめとした東欧を中心に広まったこれらの正教会の総称としても「ギリシア正教」が用いられる。

(21)（編注）マクシム・コヴァレフスキー『共同体的土地所有、その解体の原因、経過および結果』第一部、モスクワ、一八七九、八一ページから引用。

(22)（編注）マクシム・コヴァレフスキー、前掲書、七八ページから引用。

（23）（編注）マクシム・コヴァレフスキー、前掲書、七八ページから引用。
（24）（編注）同、前掲書、八一－八二ページから引用。
（25）（訳注）サー・ヘンリ・メーン
サー・ヘンリ・メーン（Sir Henry James Sumner Maine, 1822-1888）は、イギリスの比較法学者・歴史家。イギリスにおける歴史法学の創始者。法と文明の起源の探究に関心を持ち、身分法から契約法へと進化を理解するためには、法学や社会の背景にある歴史の理解が重要であると説いた。ケンブリッジ大学の教授として、ローマ法とイギリス法・スラヴ法との比較研究に取り組む。また、インド総督府の参事会法務官としてインドにおける立法に参画、カルカッタ大学の副学長も兼務した。著書には、ローマ法研究の『古代法』（一八六一）、インド法制史研究をイギリス法制史研究に生かした『東と西の村落共同体』（一八七一）などがある。
（26）（訳注）ナッセ
エルヴィン・ナッセ（Ervin Nasse, 1829-1890）は、ドイツの国民経済学者で政治家。バーゼル大学、ボン大学、ロストック大学の教授を歴任。銀行・租税制度や農業史の研究者。政治家としては、ボンの市会議員で、自由保守党員としてプロイセン議会にも所属した。また、社会政策学会の共同創立者で、一八六四年以来、会長であった。著書に『プロイセンの租税制度についての論評』（一八六一）や『プロイセン銀行』（一八六六）、『イギリスにおける中世の耕地共同体について』（一八六九）などがある。
（27）（訳注）ベルベル人
北アフリカ（マグレブ）の広い地域に古くから住み、アフロ・アジア語族のベルベル諸語を母語とする人々の総称。北アフリカ諸国でアラブ人が多数を占めるようになった現在も一定の人口をもち、文化的な独自性を維持する先住民族。宗教はイスラム教。
（28）（訳注）ダレスト
ダレスト（Rodolphe-Madeleine Cleophas Dareste de la Chavanne, 1824-1911）は、フランスの法学者。最高裁判所判事。フランス科学アカデミー会員。著書に『法制史研究』（一八八九）、『法制史新研究』（一九〇二－一九〇六）があり、これらはギリシア、アジア、中東諸国の古代史を含む。
（29）（訳注）カビール人
シャウィーア人、ムザブ人、トゥアレグ人などとベルベル人を構成する。
（30）（訳注）ルトゥルノ
ルトゥルノ（Charles Jean-Marie Letourneau, 1831-1902）は、フランスの人類学者。著書に、『モラルの進化』（一八八七）、『結婚と家族制度の進化』（一八八八）などがある。
（31）（訳注）インカ帝国
最盛期には、八〇の民族と一六〇〇万人の人口をかかえ、現在のチリ北部から中部、アルゼンチン北西部、コロンビア南部にまで広がっていたアンデス文明の系統における最後の先住民国家で、南米の原アメリカの文明としてインカ文明と呼ばれる。インカ帝国は、被征服民族については比較的自由に自治を認めていた。

（32）（原注）Heinrich Cunow『インカ帝国の社会制度、古代ペルーの農業共産制に関する一研究』、シュトゥットガルト、一八九六、六ページから引用。

（訳注）ハインリヒ・クーノー（Heinrich Cunow, 1862－1936）は、一八九八年からカール・カウツキーによって発行された、社会民主党の学術機関の定期刊行物『ノイエ・ツァイト（新時代）』の編集者をつとめる。それと同時に、一九〇二年からドイツ社会民主党の中央機関誌「フォアヴェルツ（前進）」の編集者をつとめた。また、一九〇七年からは、ドイツ社会民主党の学校の講師として活動した。これらの党活動のかたわら、クーノーは、すでに早くから、マルクス主義的方法を適用した民俗学の分野での科学的研究にも従事している。上記の著作の他、民俗学に関する著作が多数ある。

（33）（訳注）マクシム・コヴァレフスキー

マクシム・マクシモヴィッチ・コヴァレフスキー（Максим Максимович Ковалевский, 1851-1916）は、ロシアの社会学者、民族学者、法学者。ハリコフ大学卒業後、ベルリン・パリ・ロンドンに留学して、カール・マルクス、フリードリヒ・エンゲルス、ハーバート・スペンサー、ヴラディミール・ソローキンと知り合う。一八七七年、モスクワ大学の教授となり、法制史などを担当するが、その自由主義的思想ゆえに、大学を追われ、フランスに移住。一九〇五年のロシア革命で帰国。以降、ペテルスブルク大学教授。発生論的社会学の立場を構築した。ロシア帝国の社会学の権威者で、国際社会学会の会長をも務めた。

（34）（訳注）スミス＝リカードゥ学派

一八世紀後半から一九世紀前半におけるアダム・スミスの労働価値説を投下労働価値説の立場から発展させたのが、デヴィッド・リカードゥである。アダム・スミスの支配労働説の立場から発展させたのが、トマス・ロバート・マルサスやジョン・スチュアート・ミルである。しかし、彼らは、当時のともに労働価値説を基礎とする古典派経済学者と呼ばれる。マルクスはこれらの古典派経済学を批判的に継承した。先行する経済学には重商主義の（金銀の）国際収支論を展開したトーマス・マンなどの経済学が存在した。他方、古典派経済学以後には、アルフレッド・マーシャル、ケインズなどのケンブリッジ学派、レオン・ワルラス、パレートなどのローザンヌ学派、カール・メンガー、ヴェーム・バヴェルクなどのオーストリア学派などの限界原理に依拠する新古典派が台頭する。ローザ・ルクセンブルクは、労働価値説を受け継いだマルクス経済学の流れに属する人である。

（35）（編注）マクシム・コヴァレフスキー『共同体的土地所有、その解体の原因、経過、及び結果』第一部、モスクワ、一八七九、一五八ページから。

（36）（編注）同、前掲書からの引用。

（37）（訳注）ジェームス・ミル

ジェームズ・ミル（James Mill, 1773－1836）は、イギリス・スコットランド出身の歴史家・哲学者・経済学者である。エディンバラ大学を卒業後、歴史や哲学の教師をしていたが、一八〇二年、ロンドンに移住。様々な評論活動をおこなう。ディヴィト・リカードゥと共に古典派経済学の創設者であり、ベンサムの功利主義に依拠する自由主義哲学者である。著書『英国領インド』（一八一八）では、インドの文化と文明を全面的に批判した。ジョン・スチュアート・ミルの父親としても有名。

(38)（編注）前掲書一五九ページからの引用。

(39)（訳注）カエサル

ガイウス・ユリウス・カエサル（Gaius Jurius Caesar, 紀元前一〇〇年－紀元前四四年）は、共和制ローマ期の名門貴族に生まれる。カエサル青年期の、当時の元老院は民衆派のマリウスと閥族派（寡頭政治派）のスッラが激しく対立し、民衆派に属すると見なされたカエサルは身の危険を避けるため亡命し、小アジアの属州の軍務に着く。スッラの死後、ローマに戻り、上級按察官や執政官（コンスル）などの重職を務める。そして、民衆派の支持を得たカエサル、軍事力を背景とするポンペイウス、経済力を有するクラッススと提携して、元老院に対抗して三頭政治を開始した。執政官の任期を終えたカエサルは、ローマの支配を拒むガリア、ゲルマニアとの戦闘に勝利し、ブリタンニアにも遠征している。しかし、ローマ国内では、クラッススがパルティア遠征で戦死し、三頭政治が崩壊した。ポンペイウスとカエサルが対立し、カエサルはポンペイウスとの戦いに勝利して、元老院との戦いにも勝利して、終身の独裁官になったが、共和派により暗殺された。

(40)（訳注）タキトゥス

コルネリウス・タキトゥス（Cornelius Tacitus, 55年頃-120年頃）は、帝政期ローマの政治家、歴史家で、サルスティウス、リウィウスらとともに古代ローマを代表するいわゆるラテン文学白銀期の歴史家・作家。彼の著書に、『ゲルマーニア』（Germania, 98年）があり、ゲルマン諸部族とゲルマン人の地誌・民族誌である。

(41)（訳注）モーガン

ルイス・ヘンリー・モーガン（Lewis Henry Morgan, 1818-1881）はアメリカ合衆国の人類学の先駆者で、社会進化の理論家。ニューヨーク州の郷里の近くに住む原住民（アメリカインディアン）のイロクオイ族の血族関係と社会構造を調べ、さらにアメリカ全土の原住民社会の調査、世界各地の原住民社会の調査を重ねることにより、人類社会を、火や弓や壺を使用する未開段階（sanage era）→家畜や農耕や金属を使用する野蛮段階（barbarian era）→文字を使用する文明段階（civilization era）へと進化する単一過程と考える社会進化（social evolution）の理論を構築した。彼の社会進化理論は血族関係と技術的発展の関係を中心とするものであったが、世界の人類学者に大きな影響をおよぼした。代表的著書には『古代社会』（一八七七）がある。マルクス主義者においては、『家族の起源、私有財産および国家』（一八八四）におけるように、エンゲルスの社会理論に大きな影響を及ぼしている。

(42)（編注）ルイス H・モーガン Lewis H. Morgan『古代社会、野蛮から未開を経て文明に至る人類進歩の経路に関する研究』［ロンドン、一八七七〕、シュトゥットガルト、一九〇八年。
(43)(編注)モーガン、前掲書、三六ページ。
(44)(訳注)ケルト
中央アジアからヨーロッパに渡来したインド・ヨーロッパ語族ケルト語派の民族。古代ローマ人からはガリア人とも呼ばれていた。ブリテン諸島のアイルランド、スコットランド、ウェールズ、コーンウォル、ブルターニュのブルトン人などに残っている言語・文化の区分を示すための近現代に作られた用語。
(45)(訳注)アメリカインディアン
コロンブスが新大陸を発見した当時、現在のアメリカ合衆国部分に先住の二〇〇万人以上の人種的にモンゴロイドで遺伝的には東アジアに最も近い諸民族。かれらの生活様式・住居・政治組織・経済機構・言葉は部族によって多様であるが、宗教や自然への対応という点では一定の共通性をもっていた。
(46)(編注)「イロクオイ氏族の構成員全員は個人的に自由で互いに他人の自由を守る義務を負っていた。彼らは互いに資格と個人的権利において平等であった。セイチェムも酋長もともにいかなる優越権を要求することなく、彼らは血縁によって結合されたひとつの同胞団体を構成している。氏族は、定式化されていなかったものの自由・平等・友愛を根本原則でひとつの全社会組織の単位であったからであり、その上に組織されたインディアン社会の基礎であった。このような単位から構成された建造物はその性格の標識を必然的に示さざるを得なかった。諸単位がそうであれば、それら氏族から構成される全体もまたそのとおりだからである。このことは、一般にインディアンの性格の属性として認められている独立心と行動の個人的威厳を十分に説明する。」(Lewis H. Morgan.『前掲書』七三ページ。)
(47)(編注)モーガン、前掲書、四七四－四七五ページ。
(48)(訳注)科学的社会主義
この言葉は主にエンゲルスが、『反デューリング論』(一八七八)や『空想から科学への社会主義の発展』(一八八三)において展開したマルクス主義の唯物史観に基づく社会主義観である。
(49)(訳注)ブルジョア市民
ブルジョアとは、もともと「町の人(町人)」とか「市民」とかいう意味であるが、マルクス主義の用語法においては「近代資本主義社会における資本の所有者」という意味で資本家階級と訳され、労働者階級としてのプロレタリアートの反対語とされる場合が多い。
(50)(訳注)一八四八年の二月革命
フランスで勃発し翌月にかけてヨーロッパ各地に伝播しウィーン体制の事実上の崩壊となった革命。一八三〇年のフランス七月革命の結果即位したルイ・フィリップの政策は労働者・農民の身分層まで選挙権を拡大せず、不満が高まり、諸権利を要求する二月二二日の政治集会が、政府の命令によって強制的に解散させられたことを切っ掛けに、二四日には武装蜂起へと発展。国王が退位、ロンドンに亡命して臨時政府が組織され、第二共和政が開始された。一一月には大統領選挙が行われ、ルイ・ナポレオン・ボナパルトが大統領に選出された。この革命には当初から加担したルイ・ブラン等の社会主義者が、臨時政府の中で有効な手立てを打てないまま翌年四月の選挙で落選してしまった。しかし、この革命はドイツ連邦、オーストリアの三月革命ほかヨーロッパ各地へ伝播。ドイツ連邦議会議長国であるオーストリア帝国の帝都ウィーンでは宰相クレメンス・フォン・メッテルニヒが辞職してイギリスに亡命、オーストリア支配下のハンガリーやボヘミア、北イタリアでも民族運動が激化。プロイセン王都ベルリンでも市民が蜂起、国王フリードリヒ・ヴィルヘルム四世が自ら市民軍の管理下に入り、自由主義内閣の組閣、憲法の制定、プロイセン国民議会の創設、ドイツ統一運動に承諾を与えた。他のドイツ諸邦でも蜂起が発生し、自由都市フランクフルト・アム・マインにドイツ統一憲法を制定するためのドイツ国民議会（フランクフルト国民議会）が設置されるに至った。だが、二月革命は、結局は国民議会の民主主義的意向（プロイセン国王をドイツ皇帝とし、イギリス流の立憲君主制を樹立するという意向）がプロイセン国王によって否定され、ドイツの領邦国家体制は存続することになった。

(51)（訳注）赤い妖怪
一八四六年二月、カール・マルクスがエンゲルス、ヘス、エルンスト・ドロンケらとともにロンドンのドイツ人共産主義者の秘密結社「正義者同盟」との連絡組織として「共産主義通信委員会」をブリュッセルに創設した。マルクスの組織運営は独裁的と批判される一方、フランスのプルードンに参加を要請したが断られ、『哲学の貧困』でプルードンを批判する。一八四七年、マクシミリアン・ヨーゼフ・モルのロンドン正義者同盟と合同し、国際秘密結社「共産主義者同盟（一八四七年）」を結成。一八四八年の二月革命直前までに、「一匹の妖怪がヨーロッパを徘徊している。共産主義という名の妖怪が」という有名な序文で始まる小冊子『共産党宣言』を完成させた。

(52)（訳注）パリ・コンミューン闘争
第二帝政下の一八七〇年七月に皇帝ナポレオン三世がプロイセンとの戦争（普仏戦争）で敗北、自身も捕虜となったことが伝わった後、マルセイユ（一八七〇年九月五日宣言）、リヨン（一八七〇年九月四日宣言）、サン・テティエンヌ（一八七一年三月二六日宣言）、トゥールーズ、ナルボンヌ（一八七一年三月三〇日宣言）、グルノーブル、リモージュなどの地方都市と並んで、一八七一年三月二八日に史上初の「プロレタリアート独裁」による自治政府を宣言したパリ市の自治市会（革命自治体）のこと。約二ヶ月でヴェルサイユ政府軍によって鎮圧されたが、パリ市民は、国民衛兵中央委員会の下でコミュニティを通じて自発的に行政組織を再稼動させ、国民衛兵中央委員会は自らの権力基盤を正当化するために代表制普通選挙を行ない、以後五月二〇日までパリを統治することとなる。その間、教育改革、行政の民主化、集会の自由、労働組合の設立、女性参政権、言論の自由、信教の自由、政教分離、常備軍の廃止、失業や破産などによる社会保障などの革新的な政策が打ち出され、後の社会主義、共産主義の運動に大きな影響を与えた。
（53）（編注）いわゆる一八七三年泡沫会社乱立恐慌は、ドイツでは、一九世紀の最初の最も激しい過剰生産の周期的な恐慌の端緒であって、この恐慌は一八七一年の帝国統一後の嵐の経済興隆における重工業と軍需工業に偏った不均衡発展の結果であったのだ。
（54）（編注）『ローザ・ルクセンブルク全集』第五巻（ディーツ社、ベルリン、一九七五年）一二六ページ、脚注三。「社会民主党の社会に及ぼす危険活動を取り締まる法律は、一八七八年一〇月一九日に、帝国議会の多数派の支持のもとに、オットー・ビスマルク侯によって議会承認され、一八七八年一〇月二二日に効力を発揮した。それは社会民主主義を非合法化した。労働者階級の弾圧の強化とビスマルクのボナパルト的政策が挫折したのは、一八九〇年一〇月一日のこの例外法の廃止によってである。」
（55）（訳注）リッペルト
ユリウス・リッペルト（Julius Lippert, 1839-1909）は、チェコスロヴァキアの文化史家で、ボヘミアの政治家。彼の研究は、家族・文化・宗教の歴史についてなされている。彼は、全ての文化形態の根源には人間の仕事（work）があることを見出し、人間社会の文化的発展は一般的規則性があると考えた。人種差別主義には反対した。彼の著書の『家族の歴史』（一八八四）はマルクスによって酷評されたが、『ベーメンの社会史』（一八九五－一八九七）は、今日でも評価されている。
（56）（訳注）シュルツ
ハインリヒ・シュルツ（Heirich Schurtz, 1863-1903）は、ドイツの民族学者で文化史家。フリードリヒ・ラッツェルの弟子でかれの理論の普及者。シュルツは北アフリカ、スペイン、小アジアの民族誌学を学び、貨幣の起源、衣服、食物の禁制（タブー）、装飾などの雑多な民族誌学を探究した。かれは、氏族・部族社会の中に、男性結社の研究を導入した。著書『年齢団体と男性結社』（一九〇二）は、地縁集団の重要性を指摘し、ルイス・ヘンリー・モーガンの主張を批判している。
（57）（訳注）シュタルケ
カール・ニコライ・シュタルケ（Carl Nicolai Starcke, 1858-1926）は、デンマークの社会学者、政治家、教育者、哲学者。コペンハーゲン大学の哲学教授。著書『原始社会の成立と発展』（一八八八）で、アフリカ、アジア、オーストラリアの異なる人口の社会構造を調べ、相互に比較した。そして、社会構造、慣習、伝統と同様に、同じ伝説や神話は、共通の起源の証拠として説明できないと言う。なぜなら、このような類似性は、幾つかの地域で、異なる時代に極めて独立して生じた原因によって、存在するようになったからである、と述べた。
（58）（訳注）ヴェスターマーク
エドワルト・アレクサンダー・ヴェスターマーク（Edvald Alexander Westermarck, 1862-1939）は、フィンランドの哲学者、社会学者。ヘルシンキ大学教授、後にロンドン大学の社会学教授。婚姻に関する進化論史的立場を否定し、モーガンの原始乱婚説を否定した。著書に『人類婚姻史』（一八九一）、『道徳観念の起源と発展』（一九〇六－一九〇八）などがある。

(59)（訳注）グローセ
エルンスト・グローセ（Ernst Grosse, 1862-1927）は、ドイツの民族学者で芸術史家。芸術学を、芸術史と芸術哲学の総合として捉えた。そして、個々の芸術作品の特性を、民族学・社会学的背景において、その共通性を理解することを重視した。中国・日本の芸術に造詣が深かった。代表的著書は『芸術の始原』（一八九四）である。日本にも滞在した。晩年はフライブルク大学教授をも務めた。

(60)（原注）シュタルケとヴェスターマルクの批判と理論には、クーノが彼の著『オーストラリア黒人の親族組織』（一八九四）のなかで、徹底した否定的な検討を行っている。これに対して、我々の知るかぎり両氏は今日まで一言も答えていない。しかしながら、このことは、彼らが近頃の社会学者たち例えばグローセによって、モーガンへの批判者、さきがけの権威家として、うむことなく賞賛されることを、妨げない。モーガンへの批判者というのは、マルクスに対する批判者とほとんど同然である。ブルジョアの学問というのは、小憎たらしい革命家に反対の立場に満足し、善良の意思がここでは全ての科学的業績に取って代わるのである。
（編注）C・N・シュタルケ『原始的家族の成立と発展』ライプツィヒ、一八八八年、二二一ページ。

(61)（訳注）ロスキール
ロスキール（George Henry Loskiel, 1740-1814）は、ラトヴィアで生まれ、ラトヴィアでモラビアン派（チェコのフス派などの敬虔主義の立場）教会の伝道団監督者、司教になる。一八〇二年、アメリカ合衆国北部地区のモラビアン教会の司教となり、アメリカ合衆国に渡る。同派の牧師として、在米外国人の米国化運動と新しい国民精神の涵養に尽力した。著書に、『北アメリカの原住民の間における福音教会兄弟たちの伝道の歴史』（一七八九）などがある。

(62)（編注）ユーリウス・リッペルト『人類文化史の組織的構造』、全二巻、第一巻、シュトゥットガルト、一八八六年、四〇ページ。

(63)（編注）同、前掲書。

(64)（訳注）ビュッヒャー
カール・ビュッヒャー（一八四七－一九三〇）、ドイツの経済学者。新（後期）ドイツ歴史学派に属し、経済発展段階説として、「家内経済」→「都市経済」→「国民経済」の三段階を提唱した。著書に『国民経済の成立』（一八九三）、『労働とリズム』（一八九六）などがある。

(65)（編注）カール・ビュッヒャー『国民経済学の成立：講演と試論』、チュービンゲン、一九〇六年、八一九ページ。

(66)（原注）エードゥアルト・マイアー教授もまた、一九〇七年に刊行した彼の著書『古代史』への序論のなかで、こう書いている。「ハンセン氏によって基礎づけられている一般的に承認されていた仮説、すなわち土地の所有についてのカエサルやタキトゥスがゲルマン人の事例において描いているような、周期的分割を伴う共同体所有が元来何処でも先行しているという仮説というのは、近年は強く否定されている。いずれにおいても、そうした典型的な事例と見なされているロシア・ミールは、一七世紀に初めて成立しているのである」。それにしても、後のほうのこの主張はロシアのチチェーリン教授の旧い学説から無批判的に受け継いでいる。

(67)（編注）エルンスト・グローセ『家族の諸形態と経済の諸形態』フライブルク・イム・ブライスガウ、ライプツィヒ、一八九六年、三ページ。

(68)（編注）エルンスト・グローセ『芸術の起源』フライブルク・イム・ブライスガウ、ライプツィヒ、一八九四年、三四－三五ページ。

(69)（編注）エルンスト・グローセ『芸術の起源』、前掲書、三五ページ。

(70)（編注）『家族の諸形態と経済の諸形態』フライブルク・イム・ブライスガウ、ライプツィヒ、一八九六年、四－五ページ。

(71)（編注）ローザ・ルクセンブルクが書き入れた注：《単なる資料収集と「観察された事実」。社会政策学会の単一テーマの諸論文と全く同一。》

(72)（原注）〔エルンスト〕グローセ『芸術の起源』、前掲書、三四ページ。

(73)（訳注）アピューリア　イタリアの南東部のプッリア州のドイツ語表記。

(74)（訳注）バックル　ヘンリー・トマス・バックル（Henry Thomas Buckle, 1821-1862）は、イギリスの歴史学者。歴史を正確な科学として考えた。著書『イギリスの文明の歴史』（二巻、一八五七、一八六一）において、人類の進歩の道筋を決める一般的な法則を述べた。その法則は、自然環境に対する人間の知的努力を強調するものであった。

(75)（編注）ヘンリー・サムナ・メーン『東西における村落共同体』ロンドン、一九〇七年、七ページ。

(76)（原注）〔エルンスト・〕グローセ『芸術の起源』、前掲書、三五－三八ページ。

(77)（原注）〔エルンスト・〕グローセ『家族の諸形態と経済諸形態』、前掲書、一八九六年、二三八ページ

(78)（原注）〔エルンスト・〕グローセ『家族の諸形態と経済諸形態』、前掲書、二〇七、二一五ページ。

(79)（訳注）ラブレ

ラブレ（Émile Louis Victor de Laveleye, 1822-1892）は、ベルギーの法学者、経済学者。リエージュ大学教授。主な著書に、『所有権とその原始諸形態』（一八七四）、『現代社会主義論』（一八八一）、『経済学要論』（一八八二）などがある。

(80)（訳注）カウフマン

アレクサンドル・アルカデヴィッチ・カウフマン（Александр Алкадьевич Кауфман, 1864-1919）は、ロシアの経済学者、統計学者。サンクト・ペテルブルク大学教授。西シベリアのロシアの植民地における農業・移住民とその土地保有・共同体・植民政策を調査した。著書に『移住民の経済状態・国有地への定住状態』（一八九五－一八九六）、『ロシア共同体の発生および成長過程』（一九〇八）などがある。

(81)（訳注）ボトクーデ族　ボトクーデ（ポルトガル語表記：Botokuden）族は、ブラジルの南東、現在のミナス・ジェライス州地域

の森に住む原住民。一九世紀に進出してきたポルトガル移民と激しく戦ったが、やがて迫害・排除され、絶滅した。

(82)（編注）エルンスト・グローセ『家族の諸形態と経済の諸形態』、前掲書、三八－三九ページ。

(83)（編注）エルンスト・グローセ、前掲書、五七ページ。

(84)（訳注）マッケンジー

アレクサンダー・マッケンジー（Sir Alexander Mackenzie, 1764-1820）は、イギリス（スコットランド生まれ）の探検家。北極圏のマッケンジー川を発見したり、白人で初めて北アメリカ（カナダ）を東から西へ横断した。

(85)（編注）エルンスト・グローセ、前掲書、一三七ページ。

(86)（訳注）フォン・デン・シュタイネン

カール・フォン・デン・シュタイネン（Karl von den Steinen, 1855-1929）はドイツの医師、民族学者、探検家。ブラジル中央の原住民の文化や、マルキーズ諸島（南太平洋）の芸術の研究の重要な著者。ブラジル民族学の永久的基礎を築いた。

(87)（原注）エルンスト・グローセ、前掲書、三〇－三一ページ。

(88)（原注）ハウィット。〔フェリックス・〕ショムロー〔『原始社会における財貨交易』、ブリュッセル、ライプツィヒ、パリ、一九〇九年〕、四四－四五ページからの引用。

（訳注）フェリックス・ショムロー

フェリックス・ショムロー（ドイツ語表記：Felix Somló, 1873-1920）はハンガリーの法学者。ハンス・ケルゼン、ゲオルグ・イエリネクと並んで、オーストリア法実証主義グループに属した。著書『原始社会における財貨交換』は、彼がブリュッセルのソルヴェー社会研究所に長期滞在中に完成させたものである。

(89)（訳注）ラッツェル

フリードリヒ・ラッツェル（Friedrich Ratzel, 1844-1904）はドイツの地理学者。イタリア、キューバ、メキシコ、ハンガリー、アメリカ合衆国などに調査旅行をおこない、政治地理学、人類地理学の祖と評価されている。

(90)（原注）フリードリヒ・ラッツェル『民俗学』第二巻、ライプツィヒ、一八八六年、六四ページ。

(91)（訳注）スペンサー

ワルター・ボールドウィン・スペンサー卿（Sir Walter Baldwin Spencer, 1860-1929）はイギリスに生まれ、オックスフォード大学で生物学を学び、メルボルン大学（オーストラリア）の生物学の教授になる。彼は生物学者として活躍したのみならず、フランシス・ジェイムズ・ギレンと協力して、オーストラリア先住民のアボリジニの研究においても成果をあげた。ギレンとの共著『中央オーストラリアの原住民部族』（一八九九）と『中央オーストラリアの北方部族』（一九〇四）、単著『オーストラリア北部領域の原住民部族』（一九一四）などの著書がある。

（92）（訳注）ギレン

フランシス・ジェイムズ・ギレン（Francis James Gillen, 1855-1912）、初期のオーストラリア人の人類学者、民族学者。彼は少年の頃から郵便配達、電話・電信の仕事に従事し、一八九二年にはアリス・スプリング（南オーストラリア）で特別治安判事と、アボリジニの副保護者という両方の仕事に就く。そのことから、彼はアボリジニと関わりを持つようになる。そのことが、その後のワルター・ボールドウィン・スペンサーとの共同調査で役にたった。一九〇〇年には、彼は、オーストラリア高等科学協会の人類学の会長に選ばれた。

（93）（訳注）フレーザー

ジェームズ・ジョージ・フレーザー卿（Sir James George Frazer, 1854-1941）、スコットランドのグラスゴーで生まれる。グラスゴー大学でギリシャ語、ラテン語を専攻、ケンブリッジ大学のトリニティ・カレッジで古典学の名誉学位を得る。彼は、生涯の大部分をリバプール大学で過ごし、生涯、古典学の講師に留まった。スコットランド人の社会人類学者で、神話と比較宗教の現代の研究の初期段階において、大きな影響を与えた。彼の代表的著書『金枝篇（The Golden Bough, 一八九〇－一九三〇）』は、世界の魔術と宗教的信仰の間の類似性に関する資料と詳細な記述である。彼の研究は、シグムント・フロイトの『トーテムとタブー』において、しばしば引用されている。

（94）（編注）フェリックス・ショムロー『原始社会における財貨交易』、前掲書、六一－六二ページからの引用。

（95）（訳注）ハウイット

アルフレッド・ウィリアム・ハウイット（Alfred William Howitt, 1830-1908）は、オーストラリアの人類学者、探検家、博物学者。オーストラリア原住民の文化と社会、とりわけ血族関係と結婚について調査した。著書『南東オーストラリアの原住諸部族』（一九〇四）は、中央オーストラリアのアボリジニの固有の諸制度の唯一の現代科学的研究の一つである。

（96）（編注）ハウイット。〔〔フェリックス・〕ショムロー『原始社会における財貨交易』、前掲書、四二ページから引用。〕

（97）（原注）ハウイットを見よ。〔フェリックス・〕ショムロー〔『原始社会における財貨交易』、前掲書〕、四三ページから引用。

（98）（原注）〔フリードリヒ・〕ラッツェル〔『民俗学』第一巻、ライプツィヒおよびウィーン〕、一八九四年、三三三ページを見よ。

（99）（訳注）マギー

ウィリアム・ジョン・マギー（William John MacGee, 1853-1912）は、アメリカ合衆国の地質学者、人類学者、民族学者。彼は民族学者として、一八九三年から一九〇三年まで、アメリカ合衆国民族学事務所の仕事に就いており、一八九五年には、サリ－インディアンの居住地である、カリフォルニア湾のイスラ・デル・ティブロンを調査した。アメリカ人類学学会の議長も務めた。

（100）（編注）フェリックス・ショムロー、同書、一二四－一二五ページからの引用。

（101）（原注）マギー・〔フェリックス・〕ショムロー〔『原始社会における財貨交換』、前掲書〕、一二八ページからの引用。

(102)（訳注）アララス・オウム
アララスは、ブラジル・サンパウロ州の地方名。この地方は、大型で色鮮やかなコンゴウインコの生息地帯として有名。

(103)（編注）カール・フォン・デン・シュタイネン『中央ブラジルの諸自然民族の下で　第二シングー探検（一八八七－一八八八年）の旅行記と諸成果』、ベルリン、一八九四年、四九一ページ。

(104)（原注）カール・フォン・シュタイネン『中央ブラジルの諸自然民族の下で』、前掲書、五〇二ページ。

(105)（原注）一八九〇年パリにおけるアメリカ研究者国際会議第八回会議の報告書。M・G・マルセルによる報告、パリ、一八九二年、四九一ページ。〔G・マルセル『一七世紀末におけるフェゴ諸島民。未刊行フランス語資料による。アメリカ研究者国際会議一八九〇年パリで開催された第八回会議の報告書』、パリ、一八九二年、四九一ページ。〕

(106)（訳注）E・H・マン
エドワード・ホレイス・マン（Hdward Horace Man, 1846-1929）は、イギリスの探検家、人類学者。一八六九年に行政官としてポート・ブレアに到着して以来、進化の最も低い段階にあると考えられていたアンダマン諸島とニコバル諸島の原住民の生の資料を、ノート、観察、写真の形で集め、それらを、西洋の諸公共機関や諸個人に送った。彼らはそれらの資料を、新興の人類学によって解釈した。

(107)（原注）マンを見よ。〔フェリックス・〕ショムロー〔『原始社会における財貨交換』、ブリュッセル、ライプツィヒ、パリ、一九〇九年〕、九六－九九ページ。

(108)（訳注）パッサルゲ
オットー・カール・ジークフリート・パッサルゲ（Otto Karl Siegfried Passarge, 1866-1958）は、ドイツの地理学者。一八九四年にカメルーン北部国境の探検に参加、一八九六年から一八九九年の間、南アフリカのイギリスの会社で地理学者、測量師として勤務しながら、コイサン人とバンツウ族の広範囲の民族学的研究をした。一九〇一年から一九〇二年には南米オリノコ川の探検に参加、一九〇六年から一九〇七年には、アルジェリアへの旅行も行った。一九〇四年から一九〇五年にはベルリン大学の地理学の準教授を務め、一九〇五年にはヴォツワフ（ポーランド）の大学の教授になった。一九〇八年にはハンブルクの植民地学会に参加し、そこで一九三六年まで活動した。かれの理論は、地形も生物学と同様に分類すべきであるということであった。かれの人種地理学理論は、一九三三年以降、ナチス党によって信奉された。

(109)（編注）ジークフリート・パッサルゲ『カラハリのブッシュマン』、ベルリン、一九〇七年、五四ページ。

(110)（編注）同書、五七－五八ページ。

(111)（原注）〔フェリックス・〕ショムロー『原始社会における財貨交換』、前掲書、一一六ページを参照。

(112)（編注）ローザ・ルクセンブルクによる欄外注。ペルー人――しかしこれはもちろん遊牧民ではない。アラビヤ人、カビール人

——キルギス人、ヤクート人。——カウフマン、ラヴレからの諸実例。
(113)（編注）エルンスト・グローセ、前掲書、一五八ページ。
(114)（原注）〔フェリックス・〕ショムロー、前掲書、一五五－一七七ページを見よ。
(115)（原注）〔カール・〕ビュッヒャー『国民経済学の成立』〔講演と試論、テュービンゲン、一九〇六〕、八六－八八ページ。
(116)（原注）〔カール・〕ビュッヒャー、前掲書、九一ページ。
(117)（訳注）フリードリヒ・リスト
フリードリヒ・リスト（Friedrich List, 1789-1846）はドイツの歴史学派経済学の先駆者。彼は、イギリスのアダム・スミス、ディヴィト・リカードゥなど自由貿易の経済学を批判し、ドイツは保護貿易政策をとるべきと主張した。リストによると、各国の国民経済は、原始的未開状態、牧畜状態、農業状態、農工業状態、農工商業状態の五つの発展段階を経過しなければならない。ドイツの現状は農工業状態の段階であり、最後の農工商業状態に至って始めて自由貿易政策が可能となると、主張した。主要著書は、『政治経済学の国民的体系』（一八三七）である。
(118)（訳注）ヒルデブラント教授
ブルーノ・ヒルデブラント（Bruno Hildebrand, 1812-1878）は、ドイツの旧歴史学派の経済学者。一八三九年ブレスラウ（ポーランド）大学講師を経て、一八四一年、マールブルク大学の国家学（Staatswissenschaften）の教授になる。一八四八年から一八四九年には、フランクフルト国民集会にマールブルク地区の代表として選出される。しかし、国民集会の解散とともに旧勢力が復活し、旧勢力に妥協しなかったヒルデブラントは反逆罪に問われ、彼はスイスに亡命した。スイスでは、一八五一年から一八五六年まではチューリッヒ大学の教授を務め、その後、ベルンに呼ばれ、最初のスイス統計局を創設した。一八六一年にはイエーナ大学の国家学の教授として招聘され、彼は一八六三年に、『国民経済学と統計学年報』の刊行を開始した。同時に、チューリンゲン国の統計局長官としても活躍した。

彼の代表的著書に『現在と未来の国民経済学』（一八四八）があり、スミスの普遍主義と非歴史認識、イギリス以外の問題への無関心を批判した。また、この著書はフリードリヒ・エンゲルスが『イギリスにおける労働者階級の状態』で展開した社会主義を個人主義と文明の墓場になると批判し、社会は現物交易から貨幣による交換を経て、信用経済に至ると説いた。晩年の一五年間は、彼は社会問題を提起する統計研究の重要さに専念し、一八七三年の社会政策学会の設立メンバーに参加した。

Ⅲ〔第三章〕 経済史的な諸事実（Ⅱ）

一．原始共産社会の内部構造と崩壊様式

われわれは、最もよく研究されているゲルマン人のマルク共同体について、その内部の諸制度において考察してみよう。

ゲルマン人は、われわれが知っているように、諸部族および諸氏族として定住していた。

各氏族では、それぞれの家父は、そこに家と屋敷をつくるための建築用土地と屋敷用空地を割り当てられた。それから、領地の一部が農耕に使用され、各家族がそこに一区画を獲得した。カエサルの証言によれば、たしかにまだキリスト紀元の初めのころには、ドイツ人の一部族（スウェービ族またはシュヴァーベン人）は農地をはじめに諸家族の間に分割しないで共同で耕作していたが、それでも諸区画地の年々の割り替えはすでに一般的な慣行であって、とくにローマの歴史家タキトゥスの時代、つまり二世紀にはそうであった。少数の地方では、たとえばナッサウ地方の[1]フリックホーフェン共同体では、年々の割り替えは一七世紀および一八世紀においても慣行となっていた。一九世紀においてもなお、バイエルン領プファルツ[2]とライン地方のいくつかの共同体では、耕地のくじ引きによる割り替えが慣行となっていた。時間的間隔はより長くなって、三年ごと、四年ごと、九年ごと、一二年ごと、一四年ごと、一八

年ごとになっていたけれども。これらの耕地は前世紀（一九世紀）の半ば頃にはじめて最終的に私有になったのである。またスコットランドのいくつかの地方でも、耕地の割り替えは最近に至るまで存続していた。すべての区画地は本来まったく平等であり、その大きさにおいて一家族の平均的需要に適応するものであり、また土地の収穫能力と当時の労働の平均的需要に適応するものであった。それらの区画地は、さまざまな地方における土地の豊かさに応じて、一五、三〇、四〇またはそれ以上のモルゲン〔耕地面積の単位＝約二五～三六アール〕になった。ヨーロッパの大部分では、割り当て地は、割り替えがますますまれになり、ついには行われなくなったために、すでに五世紀と六世紀には個々の家族の世襲地へと移行していった。だが、それは農耕地だけに関することであった。それ以外の全領域、すなわち森林、草地、河川湖沼は、未利用区域と同様、マルクの共同所有として分割されずに残った。たとえば、森林からの収穫から共同体の需要と公共支出がまかなわれた。

牧場は共同で利用された。この未分割のマルクまたはアルメンデ〔共有地〕は非常に永く維持され、今日でもなおバイエルンやティロルやスイスのアルプス山地において、フランスにおいて（ヴァンデにおいて）、ノルウェーとスウェーデンにおいて、存在している。[3]

農地の分割にさいして完全な平等を守るために、マルク所属畑地は、まず第一に地質と位置によって耕区（Fluren）（エッシュまたはゲヴァンネとも呼ばれた）に分割され、そのつぎに各耕区は、現存する有資格のマルク成員と同数の細長い条地（Streifen）に仕切られた。もしあるマルク成員が、自分が他の成員とくらべて平等な割り当て地を受け取ったかどうかについて疑念を持ったならば、かれはその都度マルク所属畑地全体の新たな測量を要求することができ、かれに抗してそれを阻止する者は処罰された。

しかし、周期的な割り替えとくじ引きによる割り当てがまったく行われなくなったときでもまた、マルク全成員の労働は、農地においても、全く共同的であり続け、全体の厳格な規制のもとに置かれていた。まずはそのことから、マルク持ち分の各所有者にとっては、労働一般への義務が生じた。なぜなら、マルクのなかに定住しているだけでは、そのなかでの真のマルク成員であるということにはなお不十分であったからである。この目的のためには、むしろ各人もまたなおマルク自体の中に居住し、かれの農地を耕作しなければならなかった。かれの持ち分を何年にわたって耕作しなかった者は、即座にその持ち分を失い、マルクはそれを別の者に引き渡して耕作させることができた。しかし、その場合でもまた、労働自体はマルクの指揮の下にあった。経済生活の中心点にあったのは、ドイツ人の定住後の初期の時代には牧畜であり、それは共同の牧草地および放牧場で共同の村の家畜番人の下で営まれていた。放牧場としては休耕地も収穫後の農耕地も使用された。このことからしてもすでに、播種と収穫の時期、各耕区についての耕作年と休耕年との交替、播種の順番が共同で規制されるということが生じたのであり、そして各人は全体の指示にしたがわなければならなかったのである。各耕区は落とし門のある柵で囲まれており、播種から収穫まで閉じられており、閉鎖と開放の時期は村全体に対して決められていた。各耕区は、一人の監視人、耕区番人のもとにおかれ、かれはマルクによる公的な役人として定められた規則を遂行しなければならなかった。全村落のいわゆる耕区巡回は儀式の形をとり、また子供も連れて行かれ、後日の証言陳述のために境界を覚えておくように、平手打ちを食らわされた。

牧畜は共同で営まれ、家畜の群を個々に人が見張ることはマルク成員には禁止された。村の全ての家畜は種類によって共同体の家畜群に分けられ、それぞれには村落の牧人と一頭の先導家畜がつけられた。また、群れには鈴をつけることも定められていた。同様に、全マルク成員にとって、狩猟権と漁業権はマルク全領域において共同のものであった。自分の割り当て地にわなや落とし穴を仕掛けることを、仲間達に知らせないで行ってはならなかった。また、たとえば地中にあって、犂《すき》の先より深いところにある鉱石類はマルクの全領域において、共同体に属し、個々の発見者に属するものではなかった。各マルクには必要な手工業者が定住していたにちがいなかった。たしかにひとつひとつの農民家族は日常生活の使用対象の大部分は自身で作った。家庭ではパンが焼かれ、酒が醸造され、糸が紡がれ、布が織られた。それでも、すでに早くから多少の手工業は専門化されていた。ことに、農具を作っていたものはそうだった。それで、ニーダーザクセン(4)のヴェルペの木材マルクでは、マルク成員は「森林に各手工業の人間を一人ずつもっていて、木材から必要なものを作ることができる」(5)ようになったのであろう。どこでも手工業者にたいしては、森林を大切にしてただマルク成員たちにとって必要なものだけを提供するために、どのような種類の木材をどれだけ利用してよいのか、ということが定められていた。手工業者たちは、マルクから生活に必要なものを受け取っていて、一般的には他の農民たちの集団とちょうど同じ生活水準であった。しかし、かれらはマルクでは完全な権利を認められてはいなかった。——というのは、ある時には彼らは移動民であって土着民ではなかったからであり、ある時には、これも同じことに帰着するのではあるが、かれらは主として農業に専念していなかったからである。しかし、農業は当時、経済生活の中心であり、マルク成員たちの公的生活と権利と義務も農業を中心に回転していたのである。それゆえマルク共同体にはだれもがはいりこめるものではなかった。外来者の定住に対しては(6)マルク成員の全員一致の許可が必要であった。そして、各人が自分の割り当て地を譲渡することが許されたのはただマルク成員に対してだけであり、外来者には許されず、また譲渡はマルク法廷においてのみ許された。

マルク共同体の頂点にはドルフグラーフ(7)またはシュルトハイス〔村の長〕(8)が立っていて、ところによってはマルクマイスターやツェンテナー（Centener）ともよばれた。かれはその高職にはマルク成員たちによって選出された。この選挙は、選出された者にとって名誉であるばかりでなく、義務でもあった。選挙を拒否することは刑罰によって禁止されていた。時がたつにつれて、マルク首長の職は、もちろん、特定の家族の世襲となったであろう。そして、そうなればあとはもう一歩で、この職はまた――その権力と収入のために――買えるようにもなり、封土として与えられることもできるようになり、共同体選挙の純粋に民主主義的な職務から共同体にたいする支配の道具へと変化した。とはいえ、マルク共同体の全盛時代にはマルク首長は全員の意志執行者以外のなにものでもなかった。すべての共同の事件は全マルク成員の集会によって規制され、紛争も調停され、刑罰もくだされた。農業労働、道路、建物、農地と村落の警察はそれらの全規則が集会の多数決によって議決され、集会には、マルク経済について記帳されねばならなかった「マルク成員出納簿」からの計算も報告された。マルク調停やマルク裁判は、マルク首長の議長のもとで、判決の確定者としての立ち合いの成員たち（「裁判立会人」）によって、口頭でかつ公開で行われた。マルク成員だけが裁判に出席することが許され、外来者ははいることを禁止された。マルク成員たちは、お互いに証人となり宣誓補助人となる義務があり、また一般に、あらゆる困窮にさいして、火災の場合や敵の来襲の場合に、お互いに誠実にそして兄弟のように助ける義務があった。軍隊ではマルク成員たちは固有の諸部隊を形成し、相並んで戦った。だれでも自分の仲間を敵の槍先にゆだねてはならなかった。マルクのなかで起こったか、マルク成員の一人によって外部においてなされた犯罪や損害においては、そのマルク全体が連帯して責任を負った。マルク成員たちは、旅行者を宿泊させ困窮者を助ける義務を負わされていた。各マルクは本来一つの宗教的共同体を形成したが、キリスト教の導入――これはゲルマン人の一部、たとえばザクセン人(9)においては、非常に遅く、九世紀にはじめて起こった――以後は一つの教区を形成した。最後に、マルクは、通例は、村落すべての青少年のために一人の教師を扶養していた。

古代ゲルマン人マルクのこのような経済組織以上に単純で同時に調和的なものを思い浮かべることはできない。ここでは社会生活の全機構が手にとるように明白である。一つの厳密な計画、一つの堅固な組織が、ここでは各個人の行動のすべてを包括していて、個々人を全体の一小部分として従わせる。日常生活の直接的欲望と、全員のためのこの欲望の平等な充足、これが全組織の出発点であり、終点である。全員が全員のために共同で労働し、そして全てのことを共同で決定する。このような組織と、個々人にたいする全体の権力は、何から流出し、何にもとづいているのであろうか。それは、土地所有における共産主義、すなわち、労働する人々による最も重要な生産手段の共同所有以外のなにものでもない。けれども、農業共産主義的経済組織の典型的な諸特徴が最もよく現れるのは、それらを国際的基盤の上で比較研究して、こうしてそれらをその歴史的な多様性と変様における生産の世界形態として把握する場合である。

南アメリカの古代インカ帝国に目を転じてみよう。この帝国の領域は、今日のペルー、ボリビア、チリの共和国の領土、したがって今日の人口〔一二〇〇万人の住人〕をもつ〔三三六万四六〇〇平方キロメートル〕の領域を包括しているが、ピサロ(10)によるスペイン人侵略の時代まで、以前の長い何世紀間と同様の様式で経済が営まれていた。まずわれわれがここで見いだすのは、古代ゲルマン人におけるものとまったく同じ諸制度である。各氏族共同体、同時に武装能力のある男性の百人隊は一定の領域を占有しているが、その領域はマルクとして共同体に属しており、不思議にもマルカ（Marca）という名称までもがゲルマン人のものと似ている。マルク領域から農耕地が分離され、区画地に分割され、毎年の種まきのまえに諸家族にくじ引きで分配される。区画地の大きさは、家族の大きさによって、したがって家族の需要にしたがって定められた。村落の首長の職は、インカ帝国の完成の時代、したがって一〇～一一世紀にはすでに被選挙制から世襲制へと移行しており、この首長たちは最大の区画地持ち分を受け取っていた。北ペルーでは各家父長はかれの耕地持ち分を個別に耕作しないで、かれらは一人の指導者のもとで一〇人隊をなして労働した。――この制度は古代ゲルマン人においてもまた確かな諸事実によって指摘されている。一〇人隊は順々にすべての成員の持ち分地を耕作し、またインカ族のために兵役や夫役に服していた不在者たちの持ち分地をも耕作した。各家族は自分の持ち分地で成熟した果実をわがものとした。一区画耕地にたいしては、マルクのなかに居住し、氏族に所属する者だけが請求権を持っていた。各人はしかし自分の持ち分地を自分自身でも耕作する義務を負わされていた。それをある年数（メキシコでは三年）耕作しないでおいた者は、持ち分地にたいする彼の請求権を失った。持ち分地は売却または譲渡されてはならなかった。自分のマルクを見捨ててよそのマルクに移住することは厳禁されていた。それはおそらく村落氏族の強い血縁と関係があったのであろう。ただ周期的にしか雨が降らない沿岸地方における農耕は昔から運河による人工的灌漑を必要としたが、これはマルク全体の共同労働によって開設された。

個々の村落間および村落内部での水の使用と分配については厳格な規則が成立していた。各村落はまた「やせた畑地」をもっていて、それらはすべてのマルク成員によって耕作され、その収穫物は村落の首長が老弱者や寡婦やその他の困窮者に分配した。農地・畑地（Ackerfeld）以外のすべての残余の領域はマルカパハ＝共同地であった。農耕が盛んでない国内の山岳地帯では、ラマをほとんど唯一の対象とするささやかな牧畜が住民の生存の基礎であった。かれらはときどきかれらの主要生産物――ラマの毛――を農民達にとうもろこしや胡椒や豆と交換してもらうために低地に運んだ。ここの山岳地帯では征服の時にはすでに私有の家畜群があり、顕著な財産の相違があった。普通のマルク成員一人はおそらく三～一〇頭のラマをもっており、首長は五〇から一〇〇頭をもっていたであろう。ただ土地、森林、牧地だけはまたここでも共有であり、私有家畜群のほかに村有家畜群があり、これらは分配されてはならないものであった。特定の時期に共同体の家畜群は屠殺され、肉や毛皮は分配された。特別に手工業者はいなくて、各家庭がすべての家庭必要品を作ったが、それでも、特に何らかの手工業においては、織物工、陶工または金属加工者として熟練者と認められた村民がいた。各村落の頂点には元来は首長が選出されたが、その後世襲化された首長がいて、かれは農耕の監督をしたが、すべての比較的重要な問題では成年者の集会で協議した。この集会はほら貝で呼び集められた。

以上述べた限りでは、古代ペルーのマルク共同体は、すべての本質的な特徴においてゲルマン人の共同体の忠実な模写を示している。しかも、それがこの社会組織の本質をより一層理解するのに適していることは、どの点においてそれがわれわれに周知の典型的な姿に一致しているかということによるよりも、どの点においてそれがこの典型な姿から逸脱しているかということによってである。古代インカ帝国の持つ特有な点は、それが被征服国であり、そこでは外国人の支配が確立していた、ということである。来住した征服者たち、つまりインカ人たちも、事実またインディアンの諸部族に属していた。このインカ人たちにたいして平和的な土着のヴェキュア諸部族は、まさに彼らが世界から隔離されて村落のなかで生活していたがゆえに、降伏したのである。つまり各マルクは自分の家でただ自分のことだけを気づかい、より大きな領域とは関係なく、マルク境界の外になにが存在しようと、どんな出来事が起ころうとも、すべてに無関心で生活していたのである。このように最高度に分立化された社会組織は、インカ人の軍事行動をはなはだしく容易にしたが、インカ人によっても一般に手にふれられることなく放置された。しかしインカ人はこの社会組織の上に経済的搾取と政治的支配の巧妙な制度を接ぎ木した。征服された各マルクはいくらかの所有地を「インカ耕地」および「太陽耕地」として取りのぞかねばならなかった。それらの耕地はマルクの所有地であり続けたが、その収穫は現物のままでインカの支配部族と祭司階級とに納付された。同様に、牧畜を営む山岳地マルクも家畜群の一部を「主人の家畜群」として極印を押して、支配者たちのために保留しなければならなかった。これらの家畜群の見張りもインカ耕地および祭司耕地の耕作もマルク成員全体の夫役として義務であった。それに加えて、支配者たちが管理した鉱山労働や道路・橋建設のような公共労働の賦役、きびしく訓練された兵役、最後に若い娘たちの貢ぎ物があって、それは一部は祭礼目的のための犠牲として、一部はインカ人たちの妾として利用された。しかしこのようなきびしい搾取制度もマルク生活の内部およびその共産制的――民主主義的諸制度は昔のままにしておいた。賦役および税金そのものはマルクの共同負担として共産主義的に引き受けられた。しかし注目すべきことは、共産主義的村落組織がたんに、歴史的にはすでに何度も現れているように、何百年間の搾取と隷属の制度の強固で忍耐強い基盤として示されるのみならず、この制度そのものがまた共産主義的に組織されていた、ということである。すなわち、征服されたペルーの諸部族の背の上に心地よく乗っていたインカ人たち自身が氏族団体とマルク共同体の諸関係のなかで生活していた、ということである。かれらの本拠地、クスコ市は、一ダース半の集団居住区の統合体以外のなにものでもなかった。それぞれの所在地は、内部に共同の墓地をもち、したがってまた共同の祭礼をもっていた氏族全体の共産主義的な世帯の場所でもあった。これらの大きな血族家屋の周囲にはインカ諸氏族のマルク領域があり、それらには分割されない森林と牧場、そして分割された農耕地（Ackerland）が属しており、その農耕地も同様に共同で耕作されていた。すなわち、原始的民族としてこれらの搾取者兼支配者は労働をまだやめていなかったので、かれらは支配者としての地位を、支配者としてより良い生活をし、かれらの祭礼により豊富な犠牲をそなえるために利用しただけである。もっぱら他人の労働によって自己を養わせ、自分で労働しないことを支配の属性とする近代の技術は、共有と一般的労働義務が深く根ざした民族的慣習をもつこの社会組織の本質にはまだ無縁なものであった。また政治的支配権の行使もインカ諸氏族の共同機能として組織化されていた。ペルーの諸州に派遣されていたインカ行政官たちは、かれらの職務においてはマレー群島におけるオランダ総督に類似していたが、クスコにおけるかれら諸氏族の代表者として派遣されたものとみなされていて、クスコでは集団居住区に住居を保持し、自己のマルクに参加していた。毎年これらの代表派遣者たちは太陽祭のためにクスコに帰郷し、かれらの職務管理の報告をおこないかれらの部族仲間とともに宗教的大祭事を祝った。

したがってここにわれわれは眼前にいわば二つのお互いに重なり合う社会層をみるのであり、それらは、両者とも内部では共産主義的に組織化されているが、お互いに搾取と隷属の関係に立っている。この現象は一見したところでは不可解であるかもしれない。というのは、それがマルク共同体組織を基礎づけるのに役立っている平等、友愛、民主制の原理とは最も厳しく矛盾するものとして現れるからである。しかし、まさにここにおいてこそ、われわれは、原始共産主義的諸制度が現実には人間の一般的な平等と自由のいかなる原理ともいかに関係が少ないか、ということにたいする一つの生きた証拠を見るのである。これらの、それ自身少なくとも「文明化された」諸国すなわち資本制的文化の諸国にまでおよぶ一般的妥当性、そして抽象的「人間」したがって全ての人間に関連する「諸原理」は、後の、近代市民社会のはじめての所産であり、その革命——アメリカにおけると同様フランスにおいて——がまた初めてそれらを宣言したのである。原始共産主義社会はすべての人間にたいする一般的な原理をまったく知らなかった。かれらの平等と連帯は共同の血縁と生産手段の共同の所有から生まれたのである。この血縁と所有がおよんでいる範囲で、諸権利の平等と諸利害の連帯もおよんでいたのである。これらの制約は一村落の四方の境界のように、最も広い意味においても一部族の領土の境界のように、狭いものであった。かれらは村落あるいは部族の外にあったものには、無縁であったし、したがって敵対的でもありえた。確かに、内部において経済的連帯に依拠する諸共同体は、生産発展段階の低さのために人口増加にたいする食料源が豊富でないこと、または枯渇によって、周期的に、他の同種の共同体と生死を賭けた利害衝突に陥るように駆り立てられることがありえたし、駆り立てざるをえなかった。この衝突では動物的闘争、戦争が勝敗を決定せざるをえないし、その結果は争う側の一方の絶滅かまたは——より多くの頻度で——搾取関係の確立かであった。原始共産主義の基礎にあったものは、平等や自由という抽象的原則への献身ではなく、人間文化の低い発展の、また外的な自然にたいする人間の無力さの鉄の必然性であった。この必然性が人間に、より大きな諸団体への強固な結束と、労働と生存闘争における計画的で一致した行動とを、絶対的な生存条件として強制したのである。しかし、他方では、この同じ貧弱な自然支配は、同時に労働における共同計画と共同行動とを自然的牧草地または開墾された村落移住地の比較的狭小な領域に局限し、それらをより大規模な共同行動のためにはまったく不適当なものとしたのである。農業の原始的状態は、その当時は一村落マルクの耕作よりも広範囲の耕作を許さなかったので、したがって農業は利害連帯の活動余地を極めて狭く限定したのである。そして労働生産性のこの不十分な発展こそは遂には、同時にまた、個々の社会的諸団体のあいだの周期的な利害対立を生みだし、したがってまたこの対立を解決する唯一の手段としての粗野な暴力をも生みだしたのである。したがって、戦争が、社会的共同体のあいだの利害衝突を解決の恒常的方法として創造された。この方法は、労働の生産性の最高度の発展、すなわち人間による自然の十分な支配が、人間の物質的利害の諸対立を制限するに至るまで、引き続き優勢をしめるであろう。しかし、さまざまな原始共産主義的共同体の衝突が恒常的な現象として生じたときには、その結末を決定したのは労働の生産性のそのときどきの発展であった。牧場放牧地をめぐり戦闘になった二つの遊牧民族の衝突が問題である場合、どちらが主人としてその場所にとどまり、どちらが荒涼たる乾燥地方においだされるかまたは絶滅させられるかはただ粗野な暴力によってのみ決定できたのである。しかし、すでに農耕が盛んになっていて、当事者たちの全労働力および全生活時間を要求することなく人々を良く、確実に養うことができるようになっている場合には、また外来の征服者によるこの農耕民の組織的搾取のための基礎もあったのである。そして、われわれは事実、共産主義的共同体が他の共同体の搾取者として定着しているペルーにおけるように、このような関係が成立するのを見るのである。インカ帝国のこの特有な構造が重要であるのは、それが、古典的古代における、とりわけギリシアの歴史の端緒において多くの類似の形成物を理解する鍵を、われわれに提供するからである。たとえば史書によってわれわれに伝えられている簡単な情報によれば、ドーリア人によって支配されていたクレタ島では、被征服人たちはかれらの耕地の収穫から、かれらとその家族のために必要な生計費を差し引いた残りの全部を共同体全体に引き渡さなければならず、そこから自由人（すなわち支配者であるドーリア人）の共同の食事の費用が調達されたとか、あるいは、同様にドーリア人の一共同体であるスパルタでは、「国有奴隷」であるヘローテがいて、かれらは「国家から」個々人に持ち分耕地を耕作することを委ねられていた、ということであるが、このような諸関係は当初は一つの謎である。そして、たとえばハイデルベルクの教授マックス・ヴェーバー[11]のようなブルジョア学者は、かの注目に値する史伝を説明するために、今日の諸関係と諸概念の立場から奇妙きわまる仮説を立てている。「被征服住民はここでは（スパルタでは――ローザ・ルクセンブルク）国有の奴隷または隷農の状態にあるものとして取り扱われる。かれらの現物納付から戦士たちの生計がまかなわれるのであるが、その一部は、すぐ次に言及される仕方で共同的に行われ、一部は、奴隷によって耕作される一定の地面の収穫を個人が指定されるという仕方で行われる。この地面は様々な程度で、後ではますます世襲的になり、占有される。くじ引きによる地面の割り当てや他の方法による地面の分配はまた有史時代においても実行可能なものとして通用したし存在したと思われる。それは、もちろん、耕地の割り替えではなく（「もちろん」ブルジョア教授は、そのようなことがどこでも行われていたことを認めるわけにはいかない――ローザ・ルクセンブルク）、いわば地代基盤の割り替えなのである。軍事的観点、とりわけ軍事的人口政策がすべての個々のことがらを決定する。……この政策の都市封建的な性格は、一人の自由人の遺産である隷農つきの地所がゴルティン[12]におけるかの軍事的特別法のもとに置かれる、ということにおいて特徴的な形態で表われている。すなわち、これらの地所はクラロス[13]を形成し、このクラロスは防衛家族の支援のために拘束されている。（大学教授的ドイツ語から普通のドイツ語に翻訳すれば次のようになる。割り当て耕地は共同体全体の所有であり、それゆえに譲渡されてはならず、割り当て地所有者の死後にも分配されてはならない。このことはヴェーバー教授も別の箇所で「財産の分散化の阻止のため」および「身分相応の軍人割り当ての維持のため」の賢明な方策として説明している。――ローザ・ルクセンブルク）この組織は、軍人たちのクラブ様式の共同昼食たる『ジュシティエン』[14]と、国家によって行われる軍人に向けての少年の士官学校的共同教育において完全実施の頂点に達する。」[15]こうして、英雄時代のギリシア人たち、ヘクトルやアキレスは、都合よく、プロイセンの家族世襲財産や年金施設[16]や「身分相応の」シャンパン宴会を伴う将校クラブの諸概念に変形されており、共同の国民教育を受けた天真爛漫な少年と少女は、ベルリン郊外のグロース-リヒターフェルデの刑務所的な士官学校に変形されている。

インカ帝国の内部構造を知っている人には、前述の諸関係を理解する上で、何らの困難も必要はない。それは、疑いもなく、他の共産主義的共同体による農耕マルク共同体の征服から生じたたんなる寄生的な二重の形成物の所産にすぎない。その場合、支配者たちの慣習においてまた被征服者たちの状態においてどの程度まで共産主義的な基礎が維持されていたかは、この形成物の発展段階や存続期間や環境に依存しており、これらはきわめて多くの度合いの相違を示しうるであろう。インカ帝国は、そこでは支配者たちもいまだ自ら労働しており、被征服民の土地所有も全体的にいまだなお手をつけられておらず、各社会層はそれぞれまとまって組織されていたのであるが、おそらくこのような搾取関係の本源的な形態とみなすことができよう。この形態は、ただ、この国の原始的な文化段階と世界からの隔離によってのみ、数百年の長きにわたって維持されえたのである。さらに前進した段階を示しているのがクレタの伝説である。そこでは征服された農民共同体はかれらの労働の全収穫からかれらの生計費を差し引いたものを引き渡さなければならなかった。したがって、そこでは支配者共同体は自身の耕地労働によってではなく、搾取されたマルク共同体の貢租によって生活をしていたが、このマルク共同体はかれら自身においては共産主義的に消費していた。スパルタでは、われわれは——一歩進んだ発展として——、土地がもはや征服された共同体の所有としては認められず、支配者たちの所有として認められ、そして支配者の間でマルク共同体的な仕方で割り替えやくじ引き替えが行われる、ということを見いだす。被征服民の社会組織は、その基礎である土地所有権の喪失によって破壊され、かれら自身が支配共同体の所有となる。支配者共同体は被征服者達を共産主義的に「国家の手によって」、割り当て耕地と同様に個々のマルク成員に労働力としてゆだねている。支配者たるスパルタ人自身もまだ厳密にマルク共同体的諸関係の中で生活している。そして同様な諸関係は種々の度合いでテサロニケ人[17]においても支配的であり、そこでは以前の住人であるペネステ人[18]または「貧しき人々」がアイオリス人[19]によって征服されていたのである。またビテュニア人[20]においても同様で、そこではマリアンディン人がトラキア人[21]諸部族によって同様な状態に追いこまれていた。しかし寄生的存在は支配的共同体のなかにも崩壊の芽を持ちこまざるをえない。すでに征服と、搾取を恒常的制度として固定化する必要性が、軍隊制度の強力な育成へと導くのであり、そのことをわれわれはインカ帝国においてもスパルタ諸国家においても見る。それでもって、不平等への、特権的身分の形成への、最初の基礎が、本来自由で平等な農民大衆の胎内に産みつけられたのである。あとはただ、より高度な教養のある諸民族との出会いによって洗練された生活欲望と活発な交換を呼び起こすような恵まれた地理的——文化史的事情がありさえすれば、それだけで十分に不平等は、支配者たちのなかで急速に進展し、共産主義的結合を弱め、貧富の分裂を伴う私有へと席をゆずるのである。この過程の古典的な実例は、オリエントの古代文化諸民族との接触以後のギリシア世界の最も初期の歴史である。そのように、一つの原始共産主義社会の他のそれによる征服の結果は、遅かれ早かれ、つねに同一である。すなわち、それは、支配者たちにおいてもまた被支配者たちにおいても、共産制的伝統的きずなが壊されることであり、一つのまったく新しい社会構成体が誕生し、そのなかでは不平等と搾取が相互に生みだされながら私有が出現することである。こうして、古典的古代における古いマルク共同体の歴史は、一方では、債務を負った小農民大衆と、軍務や公職や貿易を掌握し、未分割共有地を大土地所有としていた貴族との対立となり、他方では、この自由民の社会全体と搾取される奴隷との対立となる。一つの共同体による戦争被征服者の現物経済的搾取のかの多様な度合いの形態から、個々人によって購入された奴隷の導入に至るまでは、ほんの一歩である。そして、この一歩をギリシアでは、海上交通と国際貿易とその諸結果とが沿岸諸国と島嶼諸国において急速に成しとげられたのである。チコッティ[22]もまた奴隷制の二つの類型を区別している。かれは次のように言う。「われわれがギリシア史の入り口で見いだす経済的隷属の最も古く最も重要で最も広まっていた形態、奴隷制ではなく、わたしはほとんど家臣制度と呼びたいほどの従属の一形態である。そういうことでテオポンポス[23]も次のように述べたのである。「テサロニケ人およびラケダイモン人[24]以後のすべての古代ギリシア人のうち最初のものとして、キオス人（小アジアのキオス島の住人）が奴隷を利用したのであるが、しかし、かれらが奴隷を獲得した方法はテサロニケ人やラケダイモン人と同じ方法ではなかった。……余人が知るかぎりでは、ラケダイモン人とテサロニケ人は、かれらがいま所有している土地にかれらより前に居住していたギリシア人からかれらの奴隷階級を形成したのであり、その結果、かれらはアカイア人[25]やテサロニケ人やペレーベン人やマグニージア人に自分たちへの奉仕を強要し、これらの被征服民をヘローテとかペネステとか呼んだ。それに反して、キオス人は異邦人（非ギリシア人）を奴隷として手に入れ、それに対しては代価を支払った。」そして、この相違の原因は、とチコッティは当然にも付け加えたが、「一方における内陸民族と、他方における島嶼民族の発展度の相違にあった。蓄えられた富の絶対的欠如または貧弱さと同様に通商の発展の不十分さは、一方の国内においては所有者たちの直接的で増大する生産と同様に奴隷の直接的使用をも排除し、そのかわりに、貢納というより初歩的な形態へと導き、また、支配階級から武装軍隊をつくり、被征服階級からは農民身分をつくる分業と階級形成に導いた。」[26]

ペルーのインカ国家の内部組織は、われわれに、原始社会の本質における重要な側面を明らかにしたし、また同時にその没落の明確な歴史的方法をも示した。この社会形態の運命におけるもう一つ別の方向転換は、われわれがペルー＝インディアンやアメリカにおける他のスペイン植民地の歴史を取り扱う後の章を見れば、われわれの前に明らかになるであろう。ここではなによりも一つのまったく新しい征服方法が現れるのであり、それはたとえばインカ支配とは少しも類似点がないものである。すなわち、新世界における最初のヨーロッパ人としてのスペイン人の支配は、直ちに被征服住民の容赦ない根絶をもって始まった。スペイン人自身の証言によっても、アメリカ発見の数年以内に彼らによって絶滅されたインディアンの数は一二〇〇万人～一五〇〇万人に達している。ラス＝カサス[27]は次のように言っている。「われわれが正当に主張できると思うところでは、スペイン人はかれらの法外な非人間的な取り扱いで一二〇〇万人の人間を絶滅させたが、そのなかには女性や子供もいた。」かれはさらに続けて言う。「私の個人的見解によれば、この時期に殺された原住民の数は一五〇〇万人すら超えている。」[28]ハンデルマン[29]は次のように言っている。「ハイチ島では、スペイン人によって見いだされた原住民の数は一四九二年では一〇〇万に達したが、一五〇八年にはこの一〇〇万人の人口のうちただ六万人のみが残っており、さらに九年後には一万四〇〇〇」人になったので、スペイン人は、必要な働き手の数を得るために、近隣の諸島からのインディアンの輸入に頼らざるをえなかった。一五〇八年だけでもハイチ諸島にはバハマ諸島から四万人の原住民が運ばれて奴隷にされた。」[30]スペイン人は本格的な銅色人（Rothäute）狩りを行ったのであり、それは、目撃者で参加者であったイタリア人のジロラモ・ベンゾーニ[31]によってわれわれに書き残されている。

ベンゾーニは四〇〇〇人のインディアンが捕らえられたクマグナ島でのこのような狩りの後で次のように言う。「一部は食料不足のために、一部はかれらの父母や子供から引き離された悲嘆のために、奴隷にされた原住民の大部分はクマニ港への途中で死んでしまった。奴隷のなかの誰かが疲労のために彼らの仲間と同じ早さで進めなくなると、そのつどスペイン人たちは、その奴隷たちが後に残って背後から攻撃するかもしれないことを恐れて、彼らの短剣で背後から刺して残虐にも殺してしまった。これらの不幸な人間が、丸裸で、疲れ切って、傷だらけになって、そして飢えのために力尽きて、ほとんど立っていることができなくなったのを見ることは、胸の張り裂けるような光景であった。鉄の鎖がかれらの首や手や足を縛っていた。彼らのなかの若い娘でこれらの強盗（スペイン人）によって暴行されなかった者は一人もなく、その際、強盗たちは嫌悪を催すような放埓にふけったので、かれらの多くは永久に梅毒に侵されたままになった。……奴隷にされたすべての原住民は灼熱の鉄で烙印を押される。続いて、隊長たちは一部分を自分たちのために残し、そのほかの奴隷を兵士たちのあいだで分配する。兵士たちは奴隷で互いに賭け事をするか、または奴隷をスペイン人植民者に売りつける。この商品をワインや小麦や砂糖やその他の日用品と交換した商人たちは、スペイン植民地のなかで最大の奴隷需要のあるところへかれらを輸送する。輸送中にこれらの不幸な人々の一部は水の欠乏や船室内の悪い空気のために死ぬ。なぜなら商人たちは奴隷たちをみな船底の部屋にいっしょに押し込めて、かれらに座るための場所と呼吸するための空気を十分に残さないからである。」[32] しかし、銅色人狩りの骨折りやかれらの購入と獲得のための費用を免れるために、スペイン人たちはかれらの西インド領地とアメリカ大陸にいわゆるレパルティミエント[33]すなわち土地分配の制度を導入した。

征服された全領域は総督たちによって囲い地に区分され、囲い地の村長たる「カシーケ」は一様に、かれらに要求された人数の原住民を奴隷として自らスペイン人に引き渡す義務を負わされた。各スペイン人植民者は定期的に総督から任意の数の奴隷を、「奴隷たちのキリスト教への改宗のために配慮すること」[34]を条件に、提供してもらった。植民者たちによる奴隷虐待は想像を絶するものであった。自殺がインディアンにとって救いとなった。ある同時代人は次のように述べた。「スペイン人によって捕虜にされたすべての原住民は、故郷や家族から遠く離れて不断の体罰の威嚇のもとで、鉱山での疲れ、骨の折れる労働を強制される。何千もの奴隷たちが、かれらの恐ろしい運命から逃れるほかのいかなる可能性も見当たらないので、首をつるなり溺死するなどして自分の生命を無理やりに終わらせるだけでなく、まえもって自分たちの妻や子供を殺しておいて、かれらの共同の不運で逃れられない状態を一度で終わらせようとする。他方では、婦人たちは、奴隷を生みたいとは思わないので、堕胎に逃げ口を求めるとか、男性との交わりを避けるとかする。」[35]

最後に植民者たちは、国王の聴罪司祭の神父ガルシア・デ・ロアイサ[36]の仲介によってハプスブルク家のカール五世[37]から、インディアンを大まかに植民者たちの世襲奴隷として宣言した勅命を手に入れることに成功した。[38]ベンゾーニは、この勅命はただカリブの人食い人種にのみ関係するものであったと言うが、それはしかしすべてのインディアン一般に拡大適用された。すなわち、スペインの植民者たちは、自分たちの暴虐を正当化するために、インディアンの人食いの習俗やその他の悪習について最大の恐怖伝説を計画的に広めたので、たとえば同時代のフランスの歴史家マルリ・ド・シャテルはかれの『西インド史概説』（パリ、一五六九年）のなかで、かれらについて次のように書くことができたのである。「神はかれらの悪業と悪習とのゆえに、かれらを罰して奴隷にした。なぜなら、ハムでさえ彼の父ノアに対して[39]、インディアンたちが主なる神に対して犯したほどには、罪を犯してはいないからである。」[40]だがしかし、ほぼ同時期に一人のスペイン人アコスタ[41]は彼の『西インド諸島の自然と道徳の歴史』（バルセロナ、一五九一年）のなかでおなじインディアンについて次のように書いた。彼らは「いつでもヨーロッパ人にたいして好意を示そうとしている人のいい民族」であり、「その振舞いにおいて感動的な無邪気さと正直さを表す民族であるから、人間の自然のあらゆる特性を全て失っていない人々であれば、優しさと愛情をもって取り扱わざるをえない。」[42]

もちろん、この暴虐を阻止しようとする試みもあった。一五三一年に教皇パウルス三世[43]は一つの大勅書を発して、そのなかでかれは、インディアンは人類に属するものであり、それゆえに奴隷の身分から解放されるべきであると宣言した。またスペインの西インド関係帝室協議会も後には奴隷制に反対を表明したが、それについて繰り返し発せられた勅命はこれらの努力の誠実さよりもむしろその成果の無さを証明している。

インディアンを奴隷の身分から解放したものは、カトリック聖職者の敬虔な行為やまたはスペイン国王たちの抗議ではなく、インディアンがかれらの肉体的および精神的体質からして過酷な奴隷労働にまったく役に立たなかった、という単純な事実であった。このあからさまの不可能事にたいしては、スペイン人の極度の残虐さも長きにわたってはどうしようもなかった。銅色人はハエのような奴隷状態に落ち込み、逃げ出し、自殺した。要するに――この事業はきわめて利益のないものになった。そして、インディアンの心暖かく、倦むことのない擁護者たるラス－カサス司教が、役に立たないインディアンのかわりにより頑丈な黒人をアフリカから奴隷として輸入するという理念を考え出したときはじめて、インディアンを使う無益な実験がさしあたり中止されたのである。この実際的な考案は、スペイン人の残虐な行為についてのラス－カサスのすべてのパンフレットよりも、より急速にそしてより徹底的に効果をあげた。インディアンは数十年後には奴隷状態から解放され、黒人の奴隷制が始まり、それがそれ以来四世紀にわたり続くことになる。一八世紀末には一人の実直なドイツ人、コルベルク[44]生まれの「勇敢な老ネッテルベック」が船長としてギニア[45]から彼の船に数百人の黒人奴隷を載せて、ほかの「勇敢な東プロイセン」人たちが農場を経営していた南アメリカのギアナ[46]に運んだが、この黒人奴隷はかれがほかの商品とともにアフリカで手に入れたもので、この黒人奴隷をかれは、ちょうど一六世紀のスペインの船長たちがしたのと同じように下のほうの船室に詰めこんでおいた。人道的な啓蒙時代の進歩は次のようなところに表された。すなわち、ネッテルベックは奴隷たちを、かれらのあいだの憂鬱病と死亡とを予防するための、毎晩甲板上で音楽と鞭のうなりの下で踊らせたのであるが、そこまでは粗野なスペインの奴隷商人も思いつかなかった。そして、一九世紀末の一八七一年、ナイル水源を発見するためにアフリカで三〇年間を過ごしたあの高貴なデイヴィッド・リヴィングストン(47)は、アメリカ人のゴードン・ベネットへのかれの有名な手紙のなかで次のように書いている。「もしウジージにおける状況についてのわたしの暴露が東アフリカにおける恐ろしい奴隷貿易を終わらせるなら、わたしはこの成果をナイル水源相互間の全ての発見よりもより高く評価するでしょう。あなたの国では奴隷制度はどこででも廃止されていますが、なお一層そのことを達成するために、あなたの力強い援助の手をお与えください。この美しい国はうどん粉病かまたは神罰を負わされているかのようです。」(48)

ところで、スペイン植民地におけるインディアンの運命は、この激変によってもまだ少しも改善されなかった。以前の植民地制度に代わってただ別のものが現れたにすぎなかった。住民の直接的奴隷状態を意図したレパルティミエントに代わって、いわゆる「エンコミエンダ」(49)が導入された。(50)その場合、形式的には、住民は個人的な自由と土地の完全な所有が認められた。しかし、その領域は、スペインの植民者たちの、とりわけ最初のコンキダトールすなわち征服者の子孫たちの、行政的管理のもとに置かれた。エンコメンデーロとしてのかれらは、未成年者と宣言されたインディアンに対して後見役として臨み、とりわけまたキリスト教をインディアンの下に広めるべきものとされた。原住民のために教会建設費用に充当するために、同様に後見役における自己の骨折りへの補償のために、エンコメンデーロは法律によって「適度な貨幣納税と現物納税」を住民に要求する権利を保持していた。これらの規定は、エンコミエンダをただちにインディアンにとって地獄とするのに十分であった。土地はインディアンにたいしてもちろん元のままにしておかれ、しかも諸部族の非分割所有としておかれた。しかし、この土地をスペイン人たちは、ただ犂を下ろされていた耕地のみとして理解したか、または理解しようと欲した。非分割のマルクも、未利用の土地も、しばしば休耕地さえも「荒地」としてスペイン人たちによって奪い取られた。しかも、それは、スリタ[51]が次のように書いているほど徹底的にまた破廉恥に行われた。

「原住民の利益や所有権の侵害を無視してヨーロッパ人の所有として宣言されなかった分割地や農場はひとつもなく、原住民はこのようにしてかれらが太古の時代から住んでいた地域を放棄することを強制される。すでに耕作されている土地でさえ、ただヨーロッパ人による取得を妨げる目的のためにのみ原住民はそこに種をまいたにすぎないという口実のもとに、かれらから取り上げられることもまれではない。この制度のおかげで、スペイン人はいくつかの州では自分たちの所有地を、原住民にはもはや耕作できる一片の土地も残ってないほどに、拡大したのである。」[52] 同時に「適度な」納税がスペイン人のエンコメンデーロによって、インディアンがその重荷によって圧殺されるほど破廉恥に高められた。同じスリタは次のように言っている。「インディアンの全財産も、かれに課された租税を支払うには十分ではない。銅色人のなかには、かれらの財産が一ペソ[53]にもならなくて、毎日の賃稼ぎによって生活している多くの人々に出会う。このようにして、これらの不幸な人々には家族を養うのに足りる十分な資金は一度も残らない。これこそは、若者が結婚による交わりよりも結婚によらない交わりをひんぱんに選ぶ理由であり、とりわけ、両親が四か五レアール[54]以上を自由に使うことができない場合はそうである。インディアンは衣服を着るというぜいたくすらほとんどできない。自分で衣服を買う資金をもたない多くの人々は、神事に参加することもできない。かれらの大多数が絶望におちいっているのも驚くに足りない。というのは、かれらは自分たちの家族に必要な食物を手に入れるためのいかなる手段も見つけることができないからである。……最近の旅行中にわたくしが見聞したところでは、多くのインディアンが、かれらに要求された租税を払うことができないのでこのようにするのだ、ということをかれらの妻子に説明した後に、絶望のあまり自分で首をつって死んだ。」[55]

最後に、土地強奪と租税重課を償うものとして、強制労働がやってきた。一七世紀の初頭にはスペイン人は一六世紀に形式的には廃止されていた制度に公然と逆戻りする。確かにインディアンにたいする奴隷制度は廃止されているとはいえ、それに代わって独特の強制賃金労働制度が現れた。それは本質において奴隷制度と何ら異なるところはない。すでに一六世紀の半ばごろにスリタはスペイン人のもとでのインディアンの賃金労働者の状態をわれわれに次のように描いてみせる。「インディアンは、この時期の全体をつうじてとうもろこしパン以外のどんな食料も手に入れない。……エンコメンデーロはかれらを朝から夜遅くまで労働させ、その際、かれらを朝晩の霜のなかでも暴風や雷雨のもとでも裸のままで放置し、半分腐ったパンの他にはなにも与えない。……インディアンは夜を野天で明かす。賃金は強制労働期間の最後にはじめて支払われるので、インディアンは必要な防寒着を買う資金を持っていない。エンコメンデーロのもとでのこのような状況のなかでは、労働はかれらにとって極度に疲労をもたらすものであり、かれらの急速な死滅の諸原因の一つとみなすことができる、ということは少しも驚くにあたらないのである。」[56]このような強制賃金労働制度はいまや一七世紀の初めにはスペイン王室によって公式にまた一般的法律的に採用された。その理由としてその法律があげるのは、インディアンは自由意志では労働しようとしないのであるが、しかしかれらなしでは鉱山そのものの経営が黒人の現在数ではただきわめて困難にしかできないであろう、ということである。インディアンの諸村落は必要な数の労働者を提供する義務を負わされ（ペルーでは人口の七分の一、新スペインでは四％）、彼らはエンコメンデーロに無条件で引き渡される。この制度の致命的な結果はただちに明らかになる。フェリペ四世[57]への匿名の答申書、それは「世俗的および宗教的観点におけるチリ王国の危険な状態についての報告」と題するものであるが、そのなかで次のように言われている。「原住民数の急速な減少の周知の原因は、エンコメンデーロの鉱山および農地における強制労働制度である。スペイン人は巨大な数の黒人を駆使するにもかかわらず、また、インディアンにたいしてはかれらが征服以前にかれらの首長に支払っていたよりも比較にならないほど高い租税を課したにもかかわらず、それでもエンコメンデーロは強制労働制度を廃止することは不可能であると考えている。」(58)そのほかにも強制労働はインディアンがしばしばかれらの農地を耕作できなくなったという結果を招いた。このこともまたスペイン人たちに、その農地を「荒地」として略奪する口実を与えた。インディアン農業の破滅は当然、高利貸のために有利な地盤を提供した。スリタは次のように言う。「インディアンの土着の支配者たちのなかには高利貸しというものはいなかった。」(59)スペイン人はかれらに貨幣経済と租税重圧とのこのような花盛りを徹底的におぼえこませた。負債に食い荒らされて、スペイン人に簡単に奪われなかったインディアンの領地も大量にスペイン人資本家の手に移ったが、そのさいさらにこれらの領地の土地の価値の評価はそれ自体がヨーロッパ人の破廉恥についての特別な章をなしている。土地の盗奪と租税と強制労働と高利貸しが連結して一つの鉄の輪となり、その輪のなかでインディアンのマルク共同体の存在は崩壊したのである。インディアンの伝統的な公的秩序、先祖伝来の社会的紐帯は、すでにかれらの経済的土台――マルク共同体的農業――の崩壊によって解体された。この経済的土台はそれ自身においてもスペイン人によって、すべての伝統的な権威の攪乱によって計画的に滅ぼされた。村落の長や部族の首長はエンコメンデーロの承認を必要としたが、このことをかれらは、ただかれらの手先すなわちインディアン社会の最も堕落した奴だけをこれらの役職に配置する、ということに利用した。スペイン人たちの好んで用いた手段は、インディアンを扇動してかれらの首長に組織的に反抗させることであった。原住民を首長による搾取から守るというキリスト教の目的からという口実のもとに、原住民は昔から伝えられてきた首長への租税の支払いを免れると、スペイン人は宣言した。スリタは次のように言う。「スペイン人は、現在メキシコで行われていることにもとづいて、首長たちがかれらの部族から略奪していると主張するが、しかし、この略奪にたいしてはスペイン人たち自身に責任がある。なぜなら、他の誰でもないスペイン人たちが以前の首長たちからかれらの地位と収入を奪い、数ある手先のなかから新しい者をもって以前の首長と取り替えたからである。」[60]同様に、個々のマルク構成員によるスペイン人への違法な土地の譲渡にたいして村落の長や部族の首長が抗議したときも、暴動を企てようとした。慢性的反乱と、原住民自身のあいだでの不当な土地売却をめぐる無限の訴訟の連鎖が、その結果であった。破滅と飢餓と奴隷状態のうえにさらに無政府状態が加わって、インディアンの生活における地獄を完成させようとした。このようなスペイン的――キリスト教的後見のあからさまな結論は二つの言葉に尽くされた。すなわち、スペイン人の手への土地の移行と、インディアンの死滅である。スリタは次のように言う。「西インドにおけるスペインの全領土において、その土地に生まれた諸部族は消滅するか、またはその数が減少している。たとえ何人かの人々がその反対のことを主張しようと決心したとしても。原住民は、際限のない現物税や貨幣税のために自分にとって価値がなくなったかれらの住居や領地を見捨ててしまう。かれらは他の国に立ち去り、絶えず一つの地方から他の地方へとさまよい歩くか、それとも、遅かれ早かれ野獣の餌食になる危険をおかして森林のなかに身を隠す。多くの人々が自殺によってその一生を終えるのであり、わたし自身も、自分で目撃したり土地の住人から聞いたりしてそれを確信する機会をたびたび持ったものである。」[61]そして、半世紀後にはペルー駐在のもう一人別の政府高官ファン・オルティス・デ・セルバンテス[62]は次のように報告する。「スペイン植民地における原住民はますます少数になってゆき、かれらはこれまでの住居を見捨て、土地を未耕のままにしておくので、スペイン人はよほど骨を折らなければ必要な数の農耕民や牧畜民を見いだすことができない。いわゆるミタヨス、[63]すなわち金銀鉱山の採掘に欠かすことのできない一部族は、スペイン人の住む都市か

らまったく立ち去ってしまうか、または、かれらがそこに留まる場合は、驚くべき速さで死滅する。」(64)

じっさい、このような経済にもかかわらず、一九世紀に至るまでなおその余命を保っていたという、インディアンの民族とマルク共同体制度との驚異的粘り強さには、感嘆せざるをえない。別の側面から古代マルク共同体の運命をわれわれに示すものは、イギリスの大植民地――インドである。ここでは、世界のほかのどの片隅よりも土地所有の様々な諸形態の一つの完全な見本図を研究することができるのであり、この見本図はハーシェルの星図のように同時に平面図に投影された数千年の歴史を表している。村落共同体と並んで氏族共同体、平等な土地持ち分の周期的な割り替えとならんで不平等な持ち分の終身的所有、共同体的土地耕作とならんで私的な単独経営、共同体土地所有にたいする全村落住民の平等な権利と並んで特定の集団の諸特権、最後に土地にたいする共同所有のこれらすべての形態とならんで純粋に私有、そして、農民的零細分割地の形態での私有、短期賃借地の形態での私有、巨大所有地の形態での私有――これらすべてをインドではまだわずか数十年まえにも実物大で研究することができた。インドにおけるマルク共同体が太古の一制度であることは、インドの法制史料が証明するところであるが、それで、最古の編纂された慣習法でキリスト紀元前九世紀のマヌ法典は(65)、諸マルク間の境界紛争について、未分割のマルクについて、古いマルクの未分割地への分枝村落の新たな移住について、多数の規定を含んでいる。その法典はただ自己の労働にもとづく所有のみを認めている。それはまだ手工業を農業の副業として言及している。それはバラモン(66)すなわち聖職者には動産を贈与することだけを許すことによって、かれらの経済的力を制限しようとした。後世の土着の君主であるラージャは選挙された部族首長として現れている。また後世の五世紀の法典ヤージュニャヴァルキヤ(67)およびナーラダ(68)は氏族団体を社会的組織として承認しており、公権力も裁判権もマルク構成員の集会の手中にある。村落の頂点には選出されたマルク首長が立っている。この二つの法典は、最も優れた、最も平和を愛する、最も公正な構成員をこの職に選出し、かれにたいして無条件に服従することをすすめている。法典ナーラダはすでに二重のマルク共同体を区別している。つまり、「親族」すなわち氏族共同体と、「共同居住者」すなわち非血族者たちの地域団体としての隣接共同体とである。しかし、二つの法典とも同様に自己の労働だけにのみ基づく所有を認める。すなわち、放棄された耕地は、それを耕作のために取得する者に属し、非合法的所有は、その土地に自分の耕作を結合させられないときには、三世代後でも承認されない。つまり、その時まではインド民族はまだかの同じ原始的な社会紐帯と経済関係のなかに包含されていると、われわれは見る。それらのなかでインド民族は数千年の長きにわたってインダス地方において、またその後の、偉大な民族叙事詩ラーマーヤナ(69)およびマハーバーラタ(70)を生み出したガンジス地方征服の英雄的時代においても、生活していたのである。古い法典にたいする注釈、それはつねに深い社会的変化と、古い法見解を新しい利害関心に従って曲げ、解釈するという努力との、特徴的な兆候なのであるが、はじめて、この注釈こそは、一四世紀――注釈者たちが活動した時代――に至るまでにインド社会がその社会的構造において深く浸透する変遷を経てきた、ということの明白な証拠となるのである。すなわち、その間に勢力の強い祭司階級が成立し、かれらは物質的にも法的にも農民大衆の上にそびえ立つのである。注釈者たちは古い法典の明瞭な言葉を――ちょうど封建的西洋における彼らのキリスト教的同僚と同じように――意図的に「解釈して」、祭司の土地所有を正当化し、バラモンへの土地寄進を奨励し、こうして、農民大衆の犠牲においてマルク所属地の分割と聖職者の大土地所有を強化しようとする。このような経過は、すべての東洋社会の運命にとって典型的であった。

東洋の大多数の地方における比較的進歩したあらゆる農業の死活問題は人工灌漑である。(71)われわれは、インドにおいてと同様にエジプトにおいてもすでに早くから農業の堅固な基礎として大規模な灌漑工事や運河や井戸を、あるいはまた農業を周期的な洪水に適応させるための計画的な予防措置を見る。これらすべての大規模な事業ははじめから個々のマルク共同体の力を、しかしまたその指導権や経済計画を超えていた。それらの管理と実行には、個々の村落マルクの上に立ちその労働力を一つの統一体にまとめることのできる権威が必要であった。それにはまた、かれらの村落の囲いのなかに閉じこめられていた農民大衆の観察および経験の範囲に入りえたよりももっと高度な、自然法則の支配が必要であった。これらの必要から東洋における祭司たちの重要な機能が生じたのであって、かれらは、どのような自然宗教にも結びついている自然観察によって、また、ある一定の発展段階において現れるところの、農業労働への直接参加から解放されることによって、灌漑という大公共事業を管理するための最も優れた能力をそなえていたのである。しかし、この純粋に経済的機能から、当然のこととして、時がたつにつれて祭司たちの特別な社会的権力もまた成長してきた。分業の結果から生じる一社会部門の専門化が、農民大衆にたいする特権と搾取利益をともなう世襲的閉鎖的階級に転化したのである。この過程があれこれの民族においてどんなに速くどんなに広く進展したか、それがペルーのインディアンにおけるように萌芽的諸形態にとどまったか、それとも、エジプトにおけるように、または古代ヘブライ人におけるように、祭司階級による正式の国家支配すなわち神権政治まで発展したかは、それぞれの場合の特殊な地理的および歴史的諸事情にかかっていた。とくに、周囲に居住している諸民族との度重なる軍事的衝突が祭司階級のほかにまた強力な戦士階級をも台頭させ、これが軍事的貴族階級として祭司階級と並んでまたは祭司階級の上に、そびえ立たなかったかどうか、という問題にかかっていた。いずれの場合にもやはりまた古代の共産主義的マルクに特有な分立主義に制限されていたのであり、マルクの組織は経済的性質のものでも政治的性質のものでもかなり重大な課題には適さなかった。それゆえにマルクの外部や上部に位置する諸勢力の支配を受けざるをえなくなり、このような諸勢力がかの諸機能を引き継いだのである。これらの諸機能のうちに確実に大きな農民大衆にたいする政治的支配および経済的搾取への鍵が存在したのであり、東洋のすべての野蛮な征服者たちは――蒙古人であったにしろ、ペルシア人であったにしろ、またはアラビア人であったにしろ――いつも征服国における武力とともに、農業の生活条件を表すかの大公共事業の管理と実行を手中に取り入れたのである。ちょうどペルーにおけるインカ人が人工的灌漑事業および道路‐橋の建設にたいする監督を自分たちの特権と見なすとともに、それを義務とも見なしたように、インドにおいては、幾世紀もの時代の流れのうちに入れ替わり立ち替わりする様々のアジア的専制王朝が同じ努力を引き受けた。そして、階級形成にもかかわらず、国土をおおっていた専制的な外来者支配にもかかわらず、政治的諸変革にもかかわらず、インド人社会の底辺には静かな村落がその控えめな存在を続けていた。そして、各村落の内部ではマルク制度の太古の伝統的な諸教義が支配しており、これらの教義は激烈な政治史の屋根の下で、それ自身の静かな目立たない内部の歴史を通して、古い諸形態を脱ぎ捨て、新しい諸形態を採用し、繁栄、衰退、解体、再建を生みだしてきたのである。どの年代記作者もこれらの経過を記録していない。そして、世界史はインダス河水源へのマケドニア王アレクサンドロスの勇敢な進軍[72]を叙述し、また血なまぐさいティムール・レンク[73]やかれの蒙古軍の武器の騒音で満たされているのに対して[74]、それはインド民族の内部の経済史についてはまったく沈黙しているのである。ただこのような歴史のあらゆる古い成層の遺物からのみわれわれはインドの共同体の推測的な発展図式を再構成しうるのであり、この重要な科学的課題を解決したことはコヴァレフスキーの功績である。コヴァレフスキーによれば、一九世紀半ばにもまだインドで観察された農村共同体の様々な類型は次のような歴史的順序に整理することができる。

一．最古の形態として純粋な氏族共同体が考えられるが、これは一氏族（一血族）の血縁者の全体を包括するが、土地を共有し、またそれを共同で耕作する。耕地マルクもまたここではしたがって非分割マルクであり、分配されるものはただ収穫されて共同の村落倉庫に保管される収穫物だけである。村落共同体のこのような最も原始的な型はただ北部インドの少数の地方においてのみ維持されてきただけであるが、しかしながら、その住民は、たいていはただ古い氏族のいくつかの分枝（„putti"）だけに限られていた。コヴァレフスキーはそこにおいて、ボスニアとヘルツェゴヴィナの「ザドルガ」[75]との類比によって、原始的な血縁関係体の分解の産物を見てとり、これが時とともに人口の増大とともにいくつかの大家族に分裂し、それらの大家族がまた領地をともなって分離するものと見ている。前世紀の半ばごろにはまだこの型の人目を引く村落共同体があって、それらのいくつかはたとえば一五〇以上の成員を、他のものはまた四〇〇の成員を包括していた。しかし、主として存在していたのは小さな村落共同体の型であり、これらの共同体がただ異常な場合にのみ、たとえば土地所有の譲渡という場合に、古い氏族の領域内でより大きな親族団体に統合したのである。日常の生活においてはそれらの共同体は隔離され、厳格に規制され、存在し続けたのであり、それをマルクスはイギリスの資料によってかれの『資本論』のなかで簡潔に次のように述べている。[76]

「たとえば、部分的には今日なお存続しているかの太古的なインドの小共同体は、土地の共有、農業と手工業の直接的結合、そして固定した分業を基礎としており、この分業は、新たな建設にさいしては与えられた計画および設計図として役立っている。このような共同体はそれ自体で十分な生産全体をなしていて、その生産領域は百エーカー[77]から数千エーカーまでさまざまである。生産物の大部分は共同体の直接的な自己需要のために生産され、商品としてではない。したがって、生産そのものは、商品交換によって媒介されるインド社会全体の分業からは独立している。ただ生産物の余剰だけが商品に転化するのであり、しかも一部分は、大昔から一定量が現物地代として流入してくる国家の手の中ではじめて商品に転化するのである。インドでも地方によって共同体の形態は違っている。最も簡単な形態では、共同体は土地を共同で耕作して土地の生産物を構成員のあいだで分配し、他方、各家族は、紡いだり織ったりすることなどを家庭の副業として営んでいる。これらの一様な仕事をしている大衆のほかに、つぎのような主な住人が見いだされる。裁判官と警察官と徴税官を一身に兼ねている「住民の長」。農耕について計算し、それに関係のあるいっさいのことを記録する記帳人。犯罪者を追及し、外来の旅行者を保護して一つの村から他の村へと案内する第三の役人。近隣の共同体にたいして自分の共同体の境界を見張る境界管理人。農耕のために共同貯水池から水を分配する水の監視人。宗教的行事の諸機能を行うバラモン。共同体の子供たちに砂で読み書きを教える学校教師。占星術師として播種と収穫の時期や、すべての特別な農耕作業の時期の適否を告げる暦術バラモン。あらゆる農具を製造し修理する鍛冶師と大工。村に必要なすべての容器をつくる製陶師。理髪師。衣類を清潔にするための洗濯人。銀細工師。ところによっては詩人。これはある共同体では銀細工師の代わりをし、また他の教師の代わりをする。この一ダースの人々は共同体全体の費用で養われる。人口が増加すれば、新しい共同体が元の共同体を模範として未耕地に設けられる。……共同体労働の分割を規制する法則は、ここでは自然法則の不可侵的権威をもって作用する。……このような、絶えず同じ形態で再生産され、たまたま破壊されてもまた同じ場所に同じ名称で再建される自己充足的な共同体の単純な生産有機体は、アジア諸国家の恒常的な解体と新設立、絶えることのない王朝の交替とは著しい対照をなしているアジア的諸社会の不変性の秘密を解く鍵を与えるものである。社会の経済的基本要素の構造が、政治的雲上界のあらしに揺るがされることなく保たれているのである。」[78]〔傍点――ローザ・ルクセンブルク〕

二　イギリス人による征服の時代までには、非分割耕地を伴うたいていの原始的な氏族共同体はたいていすでに解体されていた。しかし、その解体から一つの新しい形態が発生していた。すなわち、分割農地を伴う親族共同体である。しかし、それは平等ではなく不平等な家族持ち分割農地を伴うものであって、その持ち分の大きさは正確に祖先との親近性の程度に依存していた。この形態は北西インドでも五河川地方でも非常に広まっていた。持ち分はここでは終身でも世襲でもなく、人口の増加のためや、一時的に不在だった親族に畑地マルクへの参加を許すために、新たな割り替えが必要になるまでは、家族の所有のままになっている。しかし、しばしば、新たな要求は、一般的な割り替えによってではなく、未耕マルク地における新たな分割地の割り当てによって充足される。このようにして、家族持ち分地はしばしば――たとえ法的にではなくても事実的には――終身となり、また世襲にさえもなる。しかし、このような不平等に分配された畑地マルクのほかに、森林や沼沢や草地や未耕地は、すべての家族の共有のままになっており、これらをすべての家族がやはり共同で利用する。

とはいえ、このような奇妙な、不平等にもとづく共産主義的組織は時がたつにつれて新しい利害と矛盾するようになる。世代が後の方になるにつれて、各個人の親近度の確定はますます困難になり、血縁の伝統は色あせてきて、諸家族の持ち分の不平等はますます不利な者たちによって不公平と感じられるようになる。他方では、多くの地方において、親族の一部の移住によって、定住住民の他の一部分の戦争や絶滅によって、新たな来住者の定住と受入によって、不可避的に住民の混合が現れる。それで、諸関係の外観上の不動性や不変性にもかかわらず、諸共同体の住民はおそらく耕区（„wund“）における土質によって区分され、そして各家族は個々の条地を、良好な灌漑された耕区（„shola“ = Reis（米）から„sholgura“と呼ばれる）においても、より不良な耕区（„culmee“）においても受け取る。割り替えは、当初は、少なくともイギリス人の侵略以前には、定期的ではなくて、人口の自然増加が諸家族の経済状態における事実上の不平等をひき起こしたときに、そのつど行われた。特に、これは、利用可能耕区の予備を持っていた土地の豊富な共同体において続行された。比較的小さい共同体では割り替えは一〇年ごと、八年ごと、五年ごと、しばしば毎年、行われた。毎年の割り替えが行われたのは、特に、良好な耕区の不足がすべてのマルク構成員への耕区の平等な分配を不可能にしたところにおいてであり、したがってまた、ただ種々の耕区の交替利用によってのみ均等な公平さが実現されうるところにおいてである。それで、インドの氏族共同体は、その崩壊に際しては、歴史的に原始的なゲルマン民族のマルク共同体として確定されている形態をもって終わるのである。

われわれはイギリス領インドとアルジェリア[79]において、古代の共産主義的経済組織がヨーロッパの資本主義との衝突に際して、絶望的な闘争を行い悲劇的な結末を迎えたという、二つの典型的な実例を知っている。マルク共同体の変転きわまりない運命の姿については、別の注目すべき実例があり、それを考慮しないなら、マルク共同体の理解は不備なものとなろう。その例とは、もしその国では外観的には歴史がまったく別の経過をたどったような、そしてそこでは国家が、農民的共同体を圧制的に破壊しようとはしないで、それとは正反対に農民的共同所有をあらゆる手段をもって救済し保存しようと努力した国である。この国とは帝制ロシアである。

ここでは、ロシアの農民耕地共同体の起源をめぐって数十年間にわたって行なわれた理論的な大論争について取りあつかうことはできない。一八五八年のロシアのチチェーリン教授[80]による「発見」によれば、ロシアにおける耕地共同体はけっして本源的で歴史的な産物ではなくて、ロシア帝政の財政政策の人工的産物だったにちがいない、というのである。だが、この「発見」がドイツの学者たちのあいだで歓迎と同意とを見いだしたということは、ただし当然のことであったし、また今日のブルジョア科学が原始共産主義を敵視する一般的な思潮とまったく一致することである。[81]チチェーリンは自由主義的な学者たちが歴史家としてはたいてい、かれらの反動的な同僚よりもはるかに無能であるということの証拠をまたもや提供しているのである。かれは、西ヨーロッパについてはいまでは決定的に廃棄された、一六世紀および一七世紀にはじめて個別定住から共同体が成立したはずだというマウラー以来の個別定住説を、ロシア人についてはまたしても採用しているのである。この場合、チチェーリンは、耕作条地の混作から共同的農業経営および耕作統制を、境界紛争から共同的土地所有を、一六世紀に導入された人頭税にたいする財政的連帯責任からマルク共同体の公権力を導き出しているのであって、ほとんどすべての歴史的関連、原因と結果を、きわめて自由主義的に逆立ちさせているのである。

しかし、ロシアにおける農民的耕地共同体の古代性や起源について人々がどのように考えようとも、いずれにしてもそれは、農奴制の長い歴史の全体およびその廃止をも経て、最近の時代に至るまで生き延びてきたのである。ここでわれわれの興味をひくのは、ただ一九世紀におけるその運命だけである。

ロシア皇帝アレクサンドル二世[82]がかれのいわゆる「農民解放」を実行したときには、農民たちには――まったくプロイセンの模範にならって――かれら自身の土地を地主たちによって売りつけられ、そのさい地主たちは、地主所有地と称するものの最劣等部分については国庫から有価証券でたっぷり賠償され、農民に「貸与された」土地にたいしては〔九億ルーブル〕という金額の債務が課されて、この債務は六％の年償還の分割払いをもって四九年以内に国庫に償還されるべきだった。しかも、この土地は、プロイセンにおけるように個々の農民家族に私有地として分与されたのではなくて、共同体全体に譲渡および抵当化の不可能な共有地として割り当てられたのである。償還債務についても全租税・公課についても、諸共同体は連帯的に責任を負い、それら個々の成員たちのあいだにおける負担額の査定においては自由であった。大ロシアの農民大衆の広大な耕地全体はこのようにして整理された。一八九〇年代の初めにはヨーロッパ・ロシア（ポーランド、フィンランド、ドン・コサック地域を除いて）における総土地所有の区分は次のようなものだった。

北部の広大な森林地帯および荒地から成っている国有地は一億五〇〇〇万デシャチーナ[83]を包括し、皇帝の所領は七〇〇万デシャチーナだった。教会および都市の所有地は九〇〇万以下、私有地は九三〇〇万で――そのうちたった五％が農民に属し、残余は貴族に属していたが、一億三一〇〇万デシャチーナは農民の共同所有だった。一九〇〇年にもまだ一億二二〇〇万ヘクタールは農民の共同所有で、ただ二二〇〇万だけが農民の私有だった。

その広大な領域におけるロシア農民層の経済が、最近に至るまで、部分的には今日でもなお、どのように営まれているかを考察するならば、やはり、ドイツは言うに及ばず、アフリカでもガンジスでも、ペルーまでにもあらゆる時代に通例だったような、マルク（共有地）共同体の典型的な諸制度が容易に認められる。分割された耕地マルク（共有地）はあったが、他方、森林や草地や水面は非分割の共同地であった。原始的な（本源的）三圃式農業経営が一般的に優勢だった場合には、夏耕地も冬耕地も、地質の肥沃によって諸耕区に分割され、各耕区は個々の帯状地に分割された。夏耕区は四月に、冬耕区は六月に、分配されていた。土地の平等な分割が几帳面に遵守された場合には、均斉の取れた耕地分割が非常に発達して、たとえばモスクワ県では平均して夏耕地と冬耕地のそれぞれ一一耕区が割り当てられ、したがって各農民は少なくとも二二の分散した区画耕地を耕作しなければならなかった。共同体は通常、別に地所を分けておいて、それは、緊急用として共同体目的のために耕作され、あるいはまた同じ目的のために貯蔵倉庫を設置して、各構成員は穀物を提供しなければならなかった。経営の技術的進歩のために、各農民家族はそれぞれの持ち分地を、それに施肥をするという条件で一〇年間保有することが許されたか、あるいはまた、施肥されて最初の割り替え期の一〇年に達する分割地にそれぞれの持ち分地が分与されるように配慮がなされた。たいていの亜麻作付け地や果樹園や菜園が、これと同じ規則のもとに置かれていた。種々の草地や牧場へと共同体の家畜を配分すること、牧人たちの雇い入れ、牧場の囲い、耕区の守り、農耕方式や個々の農作業の時期や割り替えの期限および仕方の決定、これらはすべて共同体すなわち村落集会の仕事であった。割り替えの頻度については非常にさまざまであった。一つの県、たとえばサラトフだけにおいても、一八七七年には、調査が行なわれた二七八の村落共同体のうちで約半数が割り替えを毎年行ない、残りのものは二年、三年、五年、六年、八年ごとおよび一一年ごとに行っていたが、他方で三八の共同体では、全体で施肥を施行して割り替えを全廃していた。[84]

ロシアのマルク共同体の最も独特な点は耕地分割の仕方である。ここで支配的だったのは、古代ドイツ人の場合のような均等な分配の原則とか、ペルー人の場合のような家族の必要の度合いとかではなくて、ただ一つ納税力の原則だった。「農民解放」以来、国庫の租税的利害が、村落共同体の全生活を支配し、村落におけるすべての制度は租税次第であった。ロシア皇帝の統治については、たしかに課税の基礎は、ピョートル大帝[85]治下の第一回農民人口調査以来約二〇年ごとになされる有名な「改正」によって確定された、年齢差別のない、共同体の全男子住民の「改正人頭数」[86]だけだった。この改正は、ロシア人民には恐怖であったので、それに直面すると全村落が離散したのだった。[87]

政府は修正された「人頭」数に応じて諸村落に課税した。しかし、共同体は、自己に割り当てられる租税総額を、労働力数に応じて諸農家ごとに査定して、こうして計算された納税能力に従って各農家の耕地の持ち分が測定された。耕地の持ち分は、ロシアでは一八六一年以来、はじめから農民の生計の基礎としてではなく、納税の基礎として現われたのであって、それは、個々の農家が要求した恩恵ではなくて、共同体から各成員に国家への奉仕として強制された義務であった。それ故に、土地の割り替えが行なわれたロシアの村落制度はとりわけ独特なものである。至るところで、過大に割り当てられた持ち分にたいする抗議を聞くことができ、主として女性または年少の成員からなっていたような適応労働力のない貧しい家族は、「労働力を欠く」ゆえに恩赦により持ち分一般を免じられたが、富裕な農民には、より貧しい農民大衆から大部分の持ち分が押しつけられた。ロシアの村落生活の要《かなめ》になっている租税負担もまた、このように法外なものであった。土地償却総金額には、程なく、人頭税、共同体税、教会税、塩税、等々が更につけ加わった。一八八〇年代には人頭税と塩税とが廃止されたが、それでもなお、租税負担は非常に巨額で、農民層のあらゆる経済的手段を食い尽くしてしまうほどだった。一八九〇年代の一統計によれば、農民層中の七〇％

は彼らの持ち分地からは最低生活費以下を回収し、二〇%の者は自分自身を養うことはできたものの、家畜を維持することができなく、約九%だけの者が自家需要を越える超過分を売りに出すことができた。そうであるがゆえに、「農民解放」の後にもなお、租税滞納はロシアの農村の日常的な現象になっていた。すでに七〇年代に、人頭税の平均年間収入五〇〇〇万ルーブルのうち、一一〇〇万ルーブルの年間滞納が明らかにされた。人頭税の廃止のあと、同時に一八八〇年代以後一層高く引き上げられた間接税のために、ロシアの村落の貧困は、ますますひどくなった。一九〇四年、租税滞納額は一億二七〇〇万ルーブルに達していたが、取り立てを完全にすることは不可能であることと、当面の革命的な騒擾とのために、そのほとんどが免除された。租税は、まもなく単に農民経済のほとんどの全利益を呑みこんだばかりでなく、農民たちに臨時収入を求めることも余儀なくさせた。一方では、農村には季節労働があって、収穫期のために現在もなお特に大きな民族移動をロシア国内にひき起こし、そのさい、村落の最も強壮な男性の住民は、大地主の農場に引っ張られてそこで日雇い賃金で雇われており、かれら自身の分割地のほうは老人や女性や未成人といったえてしてぜい弱な労働者たちにまかされていた。他方では、都市、製造業がかれらを手招いた。特に中央の産業地帯では、かの臨時労働者たちの階層はこうして形成され、かれらは冬期になると諸都市、たいていは織物工場に出かけて、春には儲けを持ってかれらの村に農耕労働をしに帰ったのである。更には、多くの地方では工業的な家内労働とか、運搬作業や木材伐採といったような農業の偶発的な副業がつけ加わった。こうして、それにもかかわらず、農民の大多数は極貧の暮らしを送るにすぎなかった。農耕からのいっさいの所得だけではなく、すべての工業的副業からの所得もまた、租税によってむさぼり取られてしまった。租税について連帯責任を負っていたマルク共同体は、その成員たちに対して、国家による強力な権力手段をもって装備されていた。マルク共同体は、租税滞納者を外部に貸出して賃労働をさせて、かれらが稼いだ金銭を差し押さえることができた。また、成員の農民がかれの村落から出るためには欠かせなかった旅券を貸与したり拒絶したりもした。最後にそのうえ、この共同体は、その成員には執拗な租税滞納者として体罰を科する、という法律上の権限をもっていた。そして、いまやロシアの村落は、ロシア国内の広大な全地域にわたって、まったく特異な光景を周期的に呈するに至った。徴税執行人たちが村落に到着すると、そこで、帝政ロシアが発案した専門用語でいう「滞納金の叩き出し」の手続きが始まった。村落集会には全員が出て、「滞納者たち」はズボンを脱いでベンチの上に横たわり、そこで同じマルクの構成員によって次々にはげしく鞭打たれなければならなかった。鞭打たれた人々のうめき声と高い泣き声――ほとんどの者がひげをはやした家父長、たまには白髪の老人だった――が、偉い役人を見送り、役人は仕事をすますと鈴をつけたトロイカに乗って別の村に走り、そこでも同じことをやった。農民たちが自殺によってこの公開強制執行をまぬかれたこともまれではなかった。こういう事態のもう一つ別の創作の花が「租税乞食」だった。困窮した老農夫は、乞食杖を持って放浪の旅に出かけ、支払い期限の来た租税を掻き集め、それを村に持って帰ったのである。こうして一つの租税搾出機械と化したマルク制度を、国家は厳酷に根気よく監視した。たとえば一八八一年の法律は、農民の三分の二が決議し、さらに内務大臣、財政大臣および国有地管理大臣の承認を要件とした場合にのみ、共同体全体によって農民地を売却することが許されると規定した。個々の農民は、自分たちが取得した世襲地を、自分たちのマルク共同体の成員にのみ売却することが許された。農民地にたいする抵当権設定は禁止されていた。アレクサンドル三世[88]の治下で、村落共同体はいっさいの自治権を奪われて「県知事（Landhauptleute）」[89]――プロイセンの郡長（Landräten）[90]に類似している制度――の厳重な監督のもとに置かれた。共同体集会の決議はこれらの官吏の承認を必要とし、土地の割替えはかれらの監督のもとに行なわれ、租税の査定および徴収も同様であった。一八九三年の法律は、割替えを一二年ごとにのみ許されるものとすると宣告することで、時勢の逼迫に若干の譲歩をしている。しかし、それと同時に、マルク共同体からの脱退は共同体の同意に、また、当事者は自分に負わされている償還債務を全額決済するという条件に縛られていた。

村落共同体を押しこめていたすべてのこのような巧妙な法律の締め付けにもかかわらず、また三つの官庁と一群の官僚（Tschinowniks）の後見にもかかわらず、（村落共同体の）解体はもはや押しとどめられなかった。圧殺的な租税負担、農業的および工業的副業によってもたらされた農民経済の衰退、土地の不足、特にすでに償却のさいにたいていは貴族によって横領された牧場および森林地で、しかしまた人口の増加にさいしては使用可能な耕地の欠乏、これらのすべてが、村落共同体の生活に二通りの決定的な現象を生みだした。すなわち、都市への逃走と村落の内部における高利貸の出現である。分割地が工業的またはその他副収入を合わせても租税を支払うに役立つだけになって、実際にはその支払いもできず最低の生活を送ることすら維持できなくなるにつれて、マルク共同体に所属することは鉄の枷となり、農民の首をしめる飢餓の鎖となった。そして、この鎖から逃れることは、より貧困な共同体員の全大衆が願望する当然の目標ごとになった。幾百人もの逃亡者が、旅券を持たない浮浪者として警察の手によってかれらの共同体につれ戻されて、そこではマルク成員たちによって見せしめのためにベンチの上で鞭をもってこらしめを受けた。しかし、鞭も旅券強制も、農民たちの集団逃亡にたいしては無力なことが証明された。農民たちは、夜と霧にまぎれて、自分達の「村落共産主義」の地獄から都市へと逃げこんで、ここで工業プロレタリアート大海のなかに最終的に身を沈めた。家庭的な束縛やその他の事情のために逃亡が得策でなかった他の人々は、合法的な方法で畑地共同体からの脱退を実行しようと試みた。しかし、そのためには債務の完済が必要であって、ここで高利貸がそれを助けた。租税負担そのもの同様に、納税のために余儀なくされた最悪の条件での穀物売却もまた、非常に早くからロシアの農民を高利貸の手に引き渡した。あらゆる窮状や凶作が、高利貸への逃げこみを繰り返し否応なくさせた。そして、ついに大多数の人々にとっては、共同体の束縛からの解放そのものが、高利貸の束縛に身を任せるより他には達成できなくなり、かれらは見通しのたたない期間にわたって高利貸への奉公と貢物の義務を負ったのである。貧しい農民たちが貧窮を免れるためにこのようにマルク団体（Verband）から逃れようとしていたあいだに、富裕な農民たちは、貧困者たちの租税についての負担になる連帯責任を免れようと、マルク団体［の義務］にたびたび背を向け、マルク共同体から離れた。しかし、富裕な農民が形式上の脱退を行わなかった場合にも、これらの農民――その大半は同時に村落の高利貸でもあった――はマルク集会では貧しい大衆にたいして支配力を形成しており、この力をもって債務を負って従属していた過半数を使って、自分に都合のよい決議を押し通すことができた。こうして、形式的には平等と共有とにもとづいている村落共同体の胎内に、小さいながらも勢力のある村落ブルジョアジーと、従属的で事実上はプロレタリア化した農民大衆へと、明瞭な階級区分が形成された。租税負担によって押し潰され、高利貸によって食いちぎられ、内部的に分裂した村落共同体の内面的な衰退は、ついに外部へと向かって発展していくことになった。すなわち、飢饉と農民暴動が一八八〇年代にはロシアにおいて周期的な現象となり、それは同じように国内の諸管区を容赦なく襲い、徴税執行吏や軍隊もまた、村落の「沈静」のために容赦なく暴動の足跡を追った。ロシアの農耕区は、広大な領域にわたって、飢餓による戦慄した絶滅と血まみれた騒擾の舞台になった。ロシアの農民は、インドの農民の運命をなめることになり、（インドでの）オリッサに当たるもの[91]が、ここでは、サラトフやサマラ、さらに遠くヴォルガにまでおよんだ。[92]終に一九〇四年および一九〇五年に、ロシアにおける都市プロレタリアートの革命が勃発したとき、それまでの混沌としていた農民暴動は、はじめて政治的要因としてそのすべての重みを革命の天秤皿に乗せることになり、農業問題が革命の中心点になった。今や、農民たちが抵抗し難い津波のように貴族の領地に流入して来て、土地を返せという叫びをあげながら「貴族の巣窟」に火を放ったとき、そして、労働者党が農民層の窮迫を、国有地と大所領地を無償で徴用して農民たちに引き渡せという革命的要求として定式化したとき、ついにロシア帝政は、鉄の耐久力をもってその数百年にわたって遂行してきた農業政策から引き下がった。マルク共同体はもはや滅亡を前にして救うことができなかった。それは廃止されなければならなかったのである。すでに一九〇二年には、その特有にロシア的な形態で、村落共同体の根底そのものに斧が下ろされていた。すなわち、租税についての連帯責任が廃止されたのである。もちろん、この処置は、ロシア帝政自身の財政管理によって実行力あるものとして準備されていた。国庫は、間接税がかなりの高さにすでに達していたので、直接税における連帯責任を容易に廃止することができた。たとえば一九〇六年の予算では、経常歳入総額二〇億三〇〇〇万ルーブルのうち、わずかに一億四八〇〇万ルーブルだけが直接税からで、間接税からは一一億万ルーブルがはいってきており、そのうち五億五八〇〇万ルーブルはもっぱら火酒（ウオッカ）専売権からのものだったが、この専売権は「自由主義的な」大臣ヴィッテ[93]によって飲酒癖を抑えるために実施されたのであった。[94]この租税の几帳面な納付には、農民大衆の貧困と絶望と無知が、最も確実な連帯責任を果たした。一九〇五年および一九〇六年には償還債務残存額は半分になり、一九〇七年には全額が償還された。そして、今や一九〇七年に実施された「農業改革」は小農民の私有地の創設を公然と目標にした。[95]このための手段としては、国有地や皇室の扶持、および部分的には大土地所有地の分割分画が役立っている。こうして、二〇世紀のプロレタリア革命自身は、その最初の不完全な段階においてさえすでに、農奴制およびロシア帝制によって人為的に保存されたマルク共同体の最後の遺物を、同時に一掃したのである。

二　原始共産社会の崩壊過程(96)

ロシアの村落共同体と共に、原始的農業共産主義の運命の変転をきわめた行路は終わりをつげ、円環は終了した。マルク共同体は、社会的発展の一つの自然発生的な所産として、社会の経済的進歩、社会の物質的および精神的繁栄の最良の保証として始まりながら、ロシアにおいて政治的および経済的な後進性の悪用された手段として終わるのである。ロシアの農民は、かれ自身の所属するマルク共同体員たちによって、ロシア帝政の絶対主義への奉仕のために懲らしめられる。これは、原始的な共産主義の狭くるしい拘束に対する最も残酷な歴史的批判であり、そしてこの社会形態も理性が不条理となり親切が仇になるという弁証法的な定理の基礎になっているという、事態の最も明白な表現である。

さまざまの国々および諸大陸におけるマルク共同体の運命を注意深く観察するならば、二つの事実がなによりもまず目に飛びこんでくる。原始的な共産主義的経済体制のこの最高にして最後の形態は、決して硬直して不変な杓子定規にではなく、なによりもまず果てしない多様性と柔軟性と順応性を示しており、常に歴史的な背景に応じてさまざまな形態をとって現われる。それは、どのような背景でも、またあらゆる諸関係のもとにあっても、緩慢であるがために外部に向かって当初はほとんど現象としては現われないが、それにもかかわらず社会の内部では、古きに代わり新たな諸形態を絶えず生みだしていて、こうして、自国あるいは国外の国家制度のどの政治的上部構造のもとでも、経済的および社会的生活において、不断に成立と消滅、発展または衰退を体験している静かな転変過程をたどったのである。

同時に、この社会形態は、まさにその弾力性と適応能力のおかげで、並外れた強靭性と耐久性とを示している。それは、政治史のあらゆる大暴風に屈せず、むしろ、それらすべてに受動的に耐えて、すべて頭上を吹き過ぎ去るにまかせて、どのような征服、他国人の支配、専制、および搾取からの圧迫にも、数百年にわたって我慢強く耐えている。だが、ただ一つの接触にだけには耐えきれず、生き延びられていない。それは、ヨーロッパ文明、すなわち資本主義との接触である。資本主義との衝突は、古い社会にとってはどこでも例外なしに致命的で、それは、数千年の時間も、野蛮きわまりない東洋の征服者たちもなしえなかったことをなし遂げている。すなわち、社会の全構造をその内部において解体し、いっさいの伝統的な紐帯を引き裂き、そして最短期間のうちに社会を跡形もなく荒廃させてしまったのである。

しかし、ヨーロッパ資本主義の死の臭いは、原始的社会の没落が遅かれ早かれ逃れられない最後のものにすぎず、唯一の要因ではない。没落の萌芽は、この社会そのものの内部にある。その没落をわれわれは様々な事例によって知っているが、さまざまあるこれらの仕方を総括すれば、疑うことのできないある歴史的な順序があきらかになる。生産手段の共産主義的な所有は、厳正に組織された経済様式の基礎として永い時代にわたって、社会の最も生産的な労働過程、ならびに社会の持続およびその発展の最良の物質的な安全装置を保証していた。しかも労働生産力の非常に緩慢な進歩が、時代を下がるにしたがって、共産主義的な組織とのある種の衝突を起こさざるをえなかった。だが、まさにその時においてさえも、その保証はなされていた。その後、この組織の胎内でより高度な農耕への——鋤の刃の使用への——決定的な進歩がなされて、マルク共同体がこの基礎の上でその強固な形態を保持してしまって以降は、ある一定の期間を経過してから、生産技術の発展におけるいっそうの進歩が、より集約的な土地耕作を必要なものにした。言うならば、当時の農業技術の段階では、ただ、より集約的な小経営によってのみ、個人労働力と土地とのより強固でより固有な結合によってのみ、その集約的耕作は達成されえたのである。個々の農民家族による一つの同じ分割地のより長い期間の利用が、その分割地のいっそう入念な取り扱いの前提条件になった。特に、土地への施肥が、ロシアにおいてと同様にドイツにおいても一致して、土地の割り替えがまれになる原因になった。概して、マルク共同体の生活の至るところで、一致して、土地割り替えの期間のますますの拡大が確認され、このことがやがて、遅かれ早かれ、割り替え地から世襲地への移行を至るところでもたらした。共有から私有への推移がどのように労働の集約化と歩調を共にするかは、次のような事実によって追跡することができる。すなわち、森林および牧場経済は、どこでも最も長く共用地を維持しているのに、より集約的に経営される農耕は、まず分割マルクへの道を、次いで世襲地への道を開く、という事実である。分割耕地における私有の定着化によっても共同的経済組織はまだけっして除去されるのではなく、この組織は諸耕地の混在によってなお長く維持され、また森林および牧場共同体によってその存続は強制されている。経済的および社会的平等もまた、そのことで古代社会の内部ではまだ除去されてはいない。ただ、生活条件において平等な小農民集団が差し当たりは形成されているだけである。かれらは、大概は数百年の長きにわたって古い伝統に従って労働し生活することができる。とはいえ、すでに土地財産の世襲およびそれに結びつく分割相続または長子相続によって、次いで農民所有地の売買可能性、そして譲渡可能性一般によって、とりわけ、将来の不平等に門戸が開かれるのである。

しかしながら、ここに示した過程による伝統的な社会組織の掘り崩しはきわめて緩慢に進行する。そのほかの歴史的な諸要因が作用して、よりいっそう急速且つ徹底的にこの仕事を助ける。こういうものとして包括的な公共的サービスがあるが、元来狭い限界内にあるマルク共同体にとっては当然のこととして手に余ることである。東洋における農耕にとって人工的な灌漑がどんなに決定的な意義をもっているかは、われわれがすでに見たところである。このような、労働の高度な集約化と労働生産性の強力な向上は、たとえば西欧における施肥への移行とはまったく違った重要な諸成果へと導いた。人工的灌漑の事業は、はじめから大規棋な集団労働、大経営を計算に入れている。マルク共同体的な組織の内部では、まさにこのようなものに相応する機関を見いだすことはできず、マルク共同体の上に立つ特別の機関をつくり出さなければならない。われわれが知っているように、公共的水利事業の管理は、聖職者支配およびあらゆる東洋的統治の最深の根底であった。しかし、西欧やその他の何処にでも、さまざまの公共的な事業がある。それらは今日の国家機関に比べればまったく単純なものだとはいえ、どの原始的な社会においても解決しなければならない。それは、社会の発展および進歩とともに増大し、したがって、時がたつにつれて特別な機関を必要とする。どこでも——ドイツでもペルーでも、インドでもアルジェリアでも[97]——われわれが発展の道程として確認することができたのは、原始的な社会における公共的な職務が、選挙で選ばれうること（Wahlbarkeit）から世襲性へ移行する、という傾向である。

緩慢にかつ感知されずに進行するこの変化も、さしあたりはまだ共産主義社会の基礎との決裂ではない。むしろ、公共的な職務の継承は、ここでもまた原始的諸社会の全存在におけるように、伝統と個人的に集積された経験を最も良く保証するという事情からの自然な道程として生じるのである。しかし、時がたつにつれて、ある一定の家族によるその職務の継承は、共同体の奉仕人からその共同体の支配者になる一地域の小貴族の形成へと不可避的に行き着く。とりわけ、当然のこととして公権力を直接保証されていた非分割マルク所属地やローマ人の公有地〔Ager publicus〕[98]が、この貴族の身分向上の経済的基礎として役立った。非分割または未利用のマルク所属地の窃盗は、農民大衆の上に君臨し、かれらを政治的に抑圧するすべての土着および外来の支配者の常とう手段である。それが文化的進歩の大道から隔離された民族の場合には、原始的な貴族はその全生活様式において大衆とほとんど区別されず、生産過程にまだ直接に関わっていて、諸慣習のある種の民主制的な純朴さが、財産の差異を覆い隠すこともありうる。たとえば、ヤクート族[99]の貴族は、ただ、大衆よりも所有する家畜数の多いことによって富んでおり、公共の業務においてより大きい影響力をもっているだけである。しかし、より高度に文明化した諸民族との接触や盛んな交易が加わってくると、やがて間もなく、洗練された生活欲求や労働からの離脱がこれまでの貴族の特権につけ加わって、社会における現実の身分の分化が完成される。その典型的な姿はホメロス[100]以後の時代のギリシアである。

こうして、原始的社会の胎内における分業は、遅かれ早かれ、不可避的に政治的および経済的平等を内部から爆破するようになる。しかし、公共的な性格をもつ一つの業務が、この過程においてまったく卓越した役割を演じて、この平和的な性格であった公共的な職務の仕事をよりいっそう精力的に遂行する。すなわち、戦争の遂行がそれであって、当初は社会の大衆の任務そのものであるが、とりわけ、生産の進歩の結果、時がたつとともに原始社会の一定の集団（Kreis）の専門となる。社会の労働過程がますます発展し規則的になり計画的になればなるほど、それは戦争生活の不規則性および時間と労力の浪費には耐えられなくなる。狩猟と遊牧畜においては、出征が経済組織のその時々の直接的結果であるにしても、農耕は社会の大衆の大いなる平和性と受動性に結びついているので、まさにそれゆえに、農耕は防衛のために戦士という一つの特別な身分をひんぱんに必要とする。それやこれやの理由で、戦争生活は――それ自身は労働生産性の狭い限界の表現にすぎないとしても――、すべての原始的な民族にあって一つの大きな役割を演じており、どこでも時を経るにつれて一つの新たな種類の分業へと導く。戦争貴族または戦争指揮層の分離は、どこでも、原始社会の社会的平等が耐えなければならない最強力の衝撃である。こうして、モーガンがイロクオイ人における幸運な一つの事例に描くことができたような、自由人と平等人との関係は、もはや何処においても、あるいは歴史的に伝えられているかまたは現存していることを知っている原始的な諸社会では、われわれの前に現われることはないのである。それとは反対に、いたるところに不平等と搾取そのものが、ながい分解の歴史の所産として、すべての原始的な社会の標識として、われわれの眼前に現われる。それは、東洋の支配者の身分の場合であっても、ヤクートの氏族貴族の場合であっても、スコットランドのケルト人における「偉大な一族の人」の場合であっても、ギリシア人やローマ人や民族大移動のさいのゲルマン人の戦士貴族の場合であっても、あるいはまた、現世のアフリカの黒人帝国における小さな専制君主の場合であっても、すべてそうである。たとえば、ポルトガル人が一九世紀の初めに侵入したルンダ国[101]の東方にある中央アフリカの有名なムアタ・カゼンベ国を観察してみると、われわれは、このアフリカの中心部そのもの、ヨーロッパ人によってほとんど踏みこまれたことのない原始的な黒人たちの領域においてすら、諸成員の平等と自由があまり見いだされない社会関係を観察する。たとえば、一八三一年にザンベジ[102]から出発して奥地へと通商および探検の目的で企てられたモンテイロ少佐とガミットー大尉のポルトガル探検隊は、状況を次のように記述している。最初に探検隊はマラヴィ族[103]の国にはいったが、この種族は原始的な鍬耕作を営んでおり、球形の柵小屋に住んで、ただ一枚の布を腰に巻いているだけだった。モンテイロとガミットーがマラヴィ国を旅行して回ったときには、この国はネーデという称号をもつ一人の専制的な首長の統治下にあった。いっさいの紛争は、その首都ムチエンダにおいて首長によって解決され、そしてこの決定にたいして抗議することはけっして許されなかった。形式的に首長は長老たちの会議を召集するが、長老たちはつねに首長の意見に同意しなければならない。この国はマンボ（Manbos）によって支配されている州に分かれ、そして、その州はさらに、その項点にフノ（Funos）が立っている区に分かれている。これらすべての官位は世襲である。「八月八日に、かれらはチェワ族[104]の最も有力な首長ムカンダの住居に到着した。種々の綿製品や赤色の布や種々の真珠や塩や宝貝を贈られたこの男は、翌日には黒馬に乗ってテントにやってきた。ムカンダは六〇歳から七〇歳までくらいの男で、愉快で堂々とした体躯をしていた。彼の無二の着衣は一枚のくすんだ布切れで、それを腰に巻きつけていた。かれは二時間ほどそこに留まり、別れの際には友好的だが抗しがたい方法で、各人から進物を懇願した。……首長の埋葬は、チェワ族の場合には極度に野蛮な儀式をともなう。死者の妻全員が、埋葬の仕度がすべて調うまで、しかばねと一緒に同じ小屋のなかに閉じこめられる。それから葬列が……墓穴に向かって進み、そこに着くと、死者の愛妻とそのほかの七人とが墓穴のなかに降りて、そこに脚を伸ばして身体を伏せる。この生体の土台を布で被い、その上に屍を置いて、それからさらに、前もって首を折っておいた他の六人の妻を墓穴のなかに突き落とす。そこで墓に蓋がされ、この身の毛のよだつような儀式は二人の若者を杭打ちにすることで終わりを告げる。若者の一人は太鼓と一緒に墓の頭部に据えられ、ほかの一人は弓と矢と一緒に墓の足端に打ち立てられるのである。モンテイロ少佐は、かれのチェワ国滞在中にこのような埋葬の目撃者だったのである。」ここから国の中央部へは上り道になっていた。かれらポルトガル人たちがやってきたのは、「高所にある、荒れて、食糧がほとんどまったく欠乏した地方だった。」いたるところに、以前の戦争による荒廃の痕跡が現われていて、飢餓が探険隊を危険をおかす程度まで襲ってきた。案内人を得るために、いくらかの贈り物をもたせて使者を最近隣のマンボに送り出したが、派遣された人々は、マンボがその家族とともに餓死に瀕して、まったく孤立して集落にいるのに出会った、という意気消沈させる知らせをもって帰ってきただけであった。……まだ国の中心部に近寄る前に、そこでは日常のことだった野蛮な裁判の標本を見かけた。なにか軽微な犯罪の罰として耳や手や鼻やその他の四肢を切断されている若い人々に出会ったこともまれではなかった。……一一月一九日にはやっと首都への到着を果たしたが、その際、ガミットー大尉が乗っていたロバが少なからず注目を喚起した。やがて四分の三時間程で長い街路に着いた。その街路は、太めの枝を編み合わせてきわめて規則的に完成されていて、壁のように見える二～三メーターの高さの垣根で両側を区切られていた。その通りの両側には、一定の間隔でわら壁のなかに小さな開いた戸が見える。街路の外れには一つの小さい四角形の小屋があって、それは西向きにだけ開いており、その真ん中には木製の台座の上に高さ七〇センチメーターの粗末な木彫りの人間像が立っている。開いている側の前には、三〇〇個以上の髑髏が山積みになっている。ここで街路は四角形の大広場となっていて、そのはずれに森があり、広場からはひとつの垣根だけで隔てられている。その垣根の外側には、両側に小さな門があり、外側に結び付けられて、装飾品として一列に並べられた三〇もの頭蓋骨が見える。……引き続いて、ムアタのもとでの引見が行われた。かれは、あらゆる野蛮な装飾物を身につけ、総勢五千から六千の兵から成る戦力に囲まれて、ポルトガル人の前に現れた、かれは、豹やライオンの毛皮の山積みの上に置かれて緑色の布で被われた椅子に腰かけていた。かれのかぶりものは、長さ半メーターの羽毛を集めて作った緋色の円錐形の帽子でできていた。かれの額は光輝く石の飾り鉢巻きで取り巻かれていた。首と肩にかかっていたのは一種のカラーで、それは渦状の飾りや四角な鏡の破片や模造宝石から成っていた。両方の腕には青色の布の幅広いリボンが巻きつけられ、その布は毛皮で縁取られていた。そのほかにも青色の石のたまきが上腕を飾っていた。下半身は赤と青とで縁どった黄色の布で被われ、この布は一本の帯で締められていた。脚も腕と同じように青色の石で飾られていた。

七色のあざやかな傘で日除けされて、ムアタはそこに堂々とすわった。かれは王座の笏として羚羊《かもしか》の飾り尾を振り回していて、箒を持った黒人一二人が、地上からのあらゆる塵や不浄物を彼の神聖な身辺から取り除く作業をした。支配者の周囲には、実にこまごました廷臣が展開していた。先ずは、獣角で飾った黒人の上半身を表わす高さ四〇センチメーターの二列の像が王座を守護していて、これらの像の間に、やや小さな像を入れた一つの籠が置かれてあった。これらの像の前には、芳香のある葉を火鉢でくすべる二人の黒人がすわっていた。上席には、二人の本妻が座っていて、そのうち第一位の者はムアタと同じような服装をしていた。背後には四〇〇人の女性の数になるハーレムが整列していた。これらの婦人達も腰巻きを取り払うと全裸だった。そのほかにも、さらに二〇〇人の黒人の婦人達があらゆる用命を待って立っていた。これら女性たちによって形づくられていた四方形の内部には、この国の最高位の高官であるキロロが、ライオンや豹の毛皮の上に座っていた。そのおのおのは、日除けをそなえてムアタと同じような服装をしていた。独特な形をした楽器でやかましい騒音を立てているいろいろな楽隊、そして毛皮と獣角をまとって走り回わる数人の宮廷道化師が、ムアタ・カゼンベの側近者を完全なものにし、このような姿で威儀を整えて、ムアタ・カゼンベはポルトガル人たちの行進を待ちかまえていた。ムアタはこの民族の上に立つ絶対的な支配者であり、その称号は単純に『主君（Herr）』を意味している。かれのすぐ下にはキロロまたは貴族があり、これは二つの階級にさらに分かれる。最高位の貴族には、皇太子、ムアタの最近親者、軍事力の最高指揮者が属している。しかし、ムアタはこれらの貴族の生命および財産をさえも専制的な仕方で意のままにすることができるのである。

この暴君の気分が優れないと、命令が正しく理解されないで聞きなおしたりする者があれば、〈もっとよく聞くことを教えるために〉即座に彼の耳を切り落とさせる。暴君の財産からの窃盗はすべて、耳と両手との切断をもって処罰される。暴君の妻たちの誰かと会ったり、話したりなどする者は、殺されるか全四肢を切断されるかされる。この支配者は迷信的な人民のあいだに非常な威厳があり、王に触れれば必ず王の魔術によって死ぬと人民の誰もが信じている。とは言うものの、こうした接触を必ずしも避けることはできないので、人民はこの死を防ぐ手段を考え出した。主君に触れた者は、主君の前にひれ伏し、主君は、伏している者の掌の上に自分の掌を神秘的な身振りで置いて、そのような形でかれを死の妖術から解いてやるのである。」[105] これは、すべての原始共同体の本源的な基礎から、平等と民主主義とから、はるかに遠く外れているひとつの社会の光景である。この場合に、政治的専制のこの形態のもとではマルク共同体的な諸関係、すなわち土地の共有も労働の共同組織も存続していなかった、ということで決着をつけてしまってはならない。服装や謁見の外面的な不格好さについてはきわめて綿密な記録を残したポルトガル人たちも、すべてのヨーロッパ人と同様に、経済的諸関係には、特にヨーロッパ的私有に反するようなことには、まったくの観察も関心も尺度もいだいてはいなかったのである。しかし、どの場合にも、原始的諸社会の社会的不平等や専制は、文明社会で支配的で、そこからはじめて原始社会に移植されるそれらのものとは本質的に違っている。原始的な貴族の地位上昇や原始的な首長の専制的な権力は、社会のその他の生活条件すべてとまったく同様に、社会の自然発生的な産物である。それらは、ただ、周囲の自然やそれ自身の社会的諸関係にたいする社会の困窮の別の表現でしかなく、この困窮は、周期的に起こる飢饉においてと同様に、礼拝の妖術においても等しく顕著になり、そのときには、専制的な首長たちも彼らの臣下の大衆と一緒に、半ばまたは全員が餓死する。それ故に、この貴族および首長による支配は、そのほかの社会の物質的および精神的な諸生活形態と完全に調和していて、原始的な支配者たちの政治的権力がつねに原始的な自然宗教および死者たちにたいする礼拝ときわめて密接に組み合わされており、また死者たちによって支えられている、という注目すべき事実において目に見えてくるのである。この見地からすれば、ルンダ黒人のムアタ・カゼンベが、かれ自身の信念においてもかれの人民の堅固な所信においても強力な妖術師であるために、一四人の妻を生きながらに墓場まで道づれにするとか、自分勝手な気分次第で臣下たちの死活を意のままにするにしても、あるいはまた、かのロマミ河畔の専制的な「カゾンゴ侯」――これは四〇年後にイギリス人カメロンの歓迎のために、女の服を着て、猿皮のモールを付け、汚れたハンカチを頭に巻いて、裸体の自分の二人の娘とともに、大威張りで配下の高官と人民の真ん中で跳ね踊りをやって見せた人物――にしても、こういうことができる。かれらムアタ・カゼンベやカゾンゴ侯が、一人の人間が、カントやヘルムホルツやゲーテを生み出した一民族の六七〇〇万人の上に、「神の恩寵」によるとして、君臨していることに比べて、より不条理で、より気違いじみているとは言えない。

この原始的な共産主義社会は固有の内的発展で不平等と専制の形成に至っている。そして、数千年の間、そのままの諸関係のもとで存続することができている。とはいえ、このような社会は遅かれ早かれ外国による侵略の餌食となり、その意味では、大なり小なりの範囲の社会的改造を受けるのが通例である。とりわけ、イスラム教徒の外国人支配が歴史的な重要性をもっている。というのは、かれらの支配は、アジアおよびアフリカにおいて広大な地域にわたって、ヨーロッパ人による外国人支配に先立っていたからである。イスラム教徒の遊牧民族――それは蒙古人であろうとアラビア人であろうと――が被征服国においてその外国人支配を開始し確立したところでは何処でも、ヘンリ・メーンおよびマクシム・コヴァレフスキーが国の封建制度化と特徴づけているある社会的過程が始まった。征服者たちは、地所と農耕地そのものを自分の所有とすることなしに、二種類の目標にかれらの注意を向けた。すなわち、貢租の納付と国土における支配の軍事的強化である。この両方の目的に役立ったのは、一定の行政的－軍事的組織であって、それによって、その国はいくつかの管区に区分されて、イスラム教徒たる官吏に一種の封土として与えられ、かれらは同時に租税徴収者でもあり行政者でもあった。また、未耕作のマルク所属地の大きな部分は軍隊駐留地の建設に向けられた。これらの制度は、確かに、回教の拡張に伴って、原始的諸社会の一般的な存立条件のなかで深く浸透する激変をもたらした。しかし、原始的諸社会の経済的諸条件がこれによって変えられることはほとんどなかった。生産の基礎も組織も同じまま、幾世紀もの長さにわたって――搾取や軍事的負担にもかかわらず――不変のまま存続した。確かに、イスラム教徒による支配は土着民の生活条件にたいしてはどこでも、あまり配慮のあるものではなかった。たとえば、アフリカの東岸におけるアラビア人は、幾世紀もの長きにわたって、ザンジバル領[106]からの広範囲な黒人奴隷貿易を営んでいたが、この貿易は、アフリカの奥地における正規の奴隷狩り、全ての黒人村落の人口絶滅と破壊、そして土着民首長の専制的な権力の増強をひき起こしたが、かれら首長は、自身の配下の奴僕または征服した隣接部族をアテビア人に売り渡すことに、魅了されてしまうという事業を見いだした。しかしながら、アフリカ社会の運命にとってきわめて徹底的な諸関係の激変は、ヨーロッパからの諸影響のさらに広範な結果として、初めて実現した。すなわち、黒人奴隷貿易は、一六世紀におけるヨーロッパ人による諸発見と諸征服との後にはじめて、アメリカおよびアジアにおけるヨーロッパ人の搾取する農場および鉱山に資するために、繁栄するにいたったのである。

どの点においても、原始的な社会関係にとって、ヨーロッパ文明の侵入ははじめての禍いとなった。ヨーロッパ人の征服者たちは、土着民の征服と経済的搾取とを目的とするだけではなく、生産手段そのものである土地と耕地を土着民たちの手から奪い取る最初の征服者である。しかし、そのことによって、ヨーロッパの資本主義は原始的な社会秩序を、その土台から取り払う。そこには、あらゆる圧制や搾取よりも悪質なもの、すなわち、まったくの無政府状態と独自にヨーロッパ的な現象、社会的存在の不安定が発生するのである。自分たちの生産手段から切り離される被征服人口は、ヨーロッパの資本主義には、ただの労働力とのみみなされ、もしかれらがそのものとして資本目的のために役立てば、奴隷状態に置かれ、もし役立たなければ根絶される。われわれは、このやり方をスペインやイギリスやフランスの諸植民地で見てきた。資本主義の前進を前に、先行したあらゆる歴史段階を乗り切ってきた原始的な社会秩序も降伏する。この秩序の最後の遺物は根絶され、その諸要素——労働力と生産手段——は、資本主義によって吸収されるのである。こうして原始共産主義社会は、どこでも——最後にはそれが経済的進歩にとり残されたために——崩壊して、新たな発展の展望に席を譲ることになった。この発展とこの進歩は、長い期間にわたって、一つの階級社会の極悪な諸方法によって代表されるであろうが、ついにはこの発展もまた追い越されて、いっそうの進歩によって脇に押し除けられる。権力とは、この場合にもまた、経済発展の単なる従僕でしかないのである。(107)

第三章の注

（1）（訳注）ナッサウ地方
ライン川とその支流のラーン川に挟まれた農業・森林地帯。中世以来からの伯爵領であった。ヴィースバーデンがその中心都市である。

（2）（訳注）プファルツ地方
プファルツ地方は、第二次世界大戦後、バイエルン州から分離して、ラインラント・プファルツ州（州都はマインツ）の一部を形成している。

（3）（訳注）ヴァンデ
フランスのペイ・ド・ラ・ロワール地域圏の県。一六〜一七世紀のユグノー戦争が最も激しかった地域であり、また、フランス革命期に革命政府軍に反乱を起こした地域としても有名。

（4）（訳注）ニーダーザクセン地方
低地ザクセン州で州都はハノーファーである。

（5）（編注）ゲオルク・ルートヴィヒ・フォン・マウラー『ドイツにおけるマルク制度の歴史』（エルランゲン、一八五六）、一一九ページ。

（6）（原注）ちょうど同じ地位を手工業者はホメロスの時代のギリシャ共同体において占めた。「すべてのこれらの人々（金属加工職人、大工、楽人、医師――ローザ・ルクセンブルク）はデミウルゴイ（デモス＝民衆のもの――ローザ・ルクセンブルク）である。すなわち、彼らは共同体の所属員のために労働をするのであり、自分自身のためではない。彼らは人格的には自由であるが、完全な権利をみとめられず、本来の共同体所属員である小農民の下にいる。しばしば彼らは定住しないで、次々と移住し、あるいはまた、彼らが名ある者たちであるならば、遠方から呼び寄せられる。」（エードゥアルト・マイアー『古代の経済的発展』（イェーナ、一八九五）、一七ページ。）

（7）（訳注）ドルフグラーフ
Dorfgraf（代官）

（8）（訳注）シュルトハイス
Schultheiß（町村の長）

（9）（訳注）ザクセン人
二世紀中ごろに初めて記録に登場し、七世紀末には多くの小部族を吸収して大部族に成長した。もともとホルスタイン地方南西部に居住していたが、その間、四世紀後半から五世紀にかけて大部族となったザクセン人は、その西側のエルベ川からエムス川にかけての北ドイツ一帯に広がった。フランク王国のカール大帝に征服され、同時にキリスト教をも受容した。

(10)（訳注）ピサロ

フランシスコ・ピサロ（Francisco Pizarro, 1471-1541）は、スペイン人の軍人。インカ帝国（ペルー）の征服者。一五〇二年にエスパニューラ島（西インド諸島）に渡り、一五一三年にバルボアのパナマ遠征に参加し、黄金郷ペルーの情報を得る。一五二三年、スペインに戻り、国王カルロス一世（後の神聖ローマ皇帝カール五世）からペルー支配の許可を得、ヌエバ・カスティーリャ提督に任命された。一五三一年にパナマを出港し、一五三二年インカ皇帝アタワルパに会見、生け捕りにし、一五三三年処刑し、インカ帝国を滅ぼした。

(11)（訳注）マックス・ヴェーバー

マックス・ヴェーバー（Max Weber, 1864-1920）は、ドイツの社会学者、経済学者。ドイツ新歴学派の新世代に属したが、価値判断論争《でシュモラーを批判し、》社会科学方法論論争《でオーストリア学派のカール・メンガーを擁護した。また、》社会主義経済論争《では、オーストリア学派のフォン・ミーゼス、ハイエクなどに多くの影響を与えた。ヴェーバーの社会科学方法論は個人主義的、主体的行動的理論である。資本主義経済の発展に対する理解においても、宗教的要因の作用を重視した。代表的著書には、『社会科学と社会政策にかかわる認識の「客観性」』（一九〇四）、『プロテスタンティズムの倫理と資本主義の精神』（一九〇五）、『遺稿集・経済と社会』（一九二一－一九二二）における『社会学の基礎概念』、『宗教社会学』、『支配の社会学』などがあり、今なお、現代の社会学や法学・経済学に大きな影響を及ぼしている。

(12)（訳注）ゴルティン

ゴルティン（英語名：Gortyn）は、ギリシア南部、クレタ島の南部ゴルティスにある古代遺跡。紀元前、ギリシアの英雄時代に、クレタ島の繁栄し、要塞化された都市の一つとしてホーマーによっても言及されている。

(13)（訳注）クラロス

クラロス（英語名：Claros）は、イオニア地方（現在のトルコのアナトリア半島の南西部に存在した地方のこと）のエーゲ海沿岸部に存在した一二の古代イオニア都市の一つであるコロフォン（英語名：Clophon）地域にある、古代ギリシアの神聖な場所のこと。そこにはアポロ神殿とアポロの神託僧がいた。クラロスのアポロ神殿は、デルフィと同様、重要な神託（＝予言）の中心であった。

(14)（訳注）ジュシティエン

ジュシティエン（ドイツ語名：Syssitien）は、ギリシアの古代ドーリア人の国家、とりわけスパルタにおいて行われていた、日常的な男性集会のことを意味する。それは、公的に平等な市民達の結束と国家への愛情を強めるためと考えられた。

(15)（原注）〔マックス・ヴェーバー『農業史』第一巻：〕『古代における農業事情』。『国家学辞典』、二版、第一巻、〔イェーナ、一八九八年〕、六九ページ。

(16)（編注）家族世襲財産は比較的大きな土地所有からなる家族財産であり、それは譲渡不可能で相続の再分配はされてはならなかった。それは、ユンカーの政治的権力の経済的基礎として大土地所有制を維持しなければならなかったから。年金機関は共同貯蓄機関で、それは毎年の寄付または出資金に応じて終身年金を与えた。

(17)（訳注）テサロニケ人
ギリシアの東部のテッサロニキ市を中心とする地域に住む人々のこと。ギリシアの北方に位置し、エーゲ海に面するサロニカの名で知られた都市のこと。歴史的には、マケドニア王国の支配下で興隆し、共和制ローマの自由都市として繁栄した。キリスト教の『聖書』におけるパウロの「テサロニケ人への手紙」で有名な地域である。

(18)（訳注）ペネステ人
ペネステ人（ドイツ語名：Penesten）は、古代テッサロニキ都市の構成員であったが、身分は小作農民で、スパルタの奴隷（ヘローテ）よりは自由を得ていた。

(19)（訳注）アイオリス人
アイオリス人（ドイツ語名：Äoliern）はイオニア人、ドーリア人と共に、古代ギリシアを構成した集団。彼らの代表的ポリスがテーバイである。

(20)（訳注）ビテュニア
ビテュニア（ドイツ語名：Bithynien）は、歴史的に存在した地名。小アジアの北西にあたり、マルマラ海、トラキア、ボスポラス海峡、および黒海に面している。トラキア人が移住して、先住部族のマリアンディン人（ドイツ語名：Mriandyner）などを征服して、古代ビテュニア王国を設立。共和制ローマ時代にはビテュニア属州として存在した。

(21)（訳注）トラキア人
トラキア（ラテン語：Thracia）はバルカン半島の東部の古代ギリシア時代の歴史的地名。現在は三カ国に分断されており、西トラキアがブルガリアの南東部とギリシアの北東部に、東トラキアがトルコのヨーロッパ部分である。この地域にインド・ヨーロッパ語族に属するトラキア人が古代ギリシアの時代から住んでいた。

(22)（訳注）チコッティ
エットレ・チコッティ（Ettore Ciccotti, 1863-1939）は、イタリアの歴史家で、大学教授（ミラノ、パヴィア大学、メッシーナ大学、ローマ）を務め、同時に政治家（下院議員と上院議員）でもあった。古代ギリシア、ローマに関する著書から、当時のイタリアの政治分析に関する著書が多数ある。

（23）（訳注）テオポンポス
テオポンポス（ドイツ語名：Theopompus, 紀元前、約 380-315）は、ギリシアの歴史家で修辞学者。彼はキオス島生まれで、イソクラテスの弟子である。
（24）（訳注）ラケダイモン人
ラケダイモン人（ドイツ語名：Lazedämoniern）はスパルタ人のこと。
（25）（訳注）アカイア人
アカイア人（ドイツ語名：Achäer）とは、紀元前二〇〇〇年ごろ、テッサリア方面から南下してきて、ペレポネソス半島一帯に定住したとされる古代ギリシアの集団。後に、その一部はイオニア人と呼ばれるようになった。
（26）（原注）チコッティ、三七―三八ページ。〔エットーレ・チコッティ『古代における奴隷制の没落』、ベルリン、一九一〇年。〕
（27）（訳注）ラス・カサス
バルトロメ・デ・ラス・カサス（Bartolomé de las Casas, 1484-1566）は、スペイン出身のカトリック司祭。一五〇二年に新総督に任命されたニコラス・オバンドとともにエスパニョーラ島（インディアスと呼ばれた）に渡り、その地で、スペイン軍によるインディオ（原住民）の反乱への残虐な対応に心痛める。一五〇六年、ラス・カサスはスペインに帰国し、一五〇七年、ローマで司祭に叙階された。一五一〇年、彼は再びエスパニョーラ島に戻る。一五一二年、スペイン軍はキューバ島征服軍を出動させ、この軍事行動でのスペイン軍のインディオへの虐殺を目撃した彼は、一五一四年、所有していたインディオ奴隷を解放し、自らのエンコミエンダ（＝スペイン王室から下賜されたインディオを委託する制度）を放棄、エンコミエンダ制度を批判した。さらに、一五一五年、ドミニコ会員モンテシーノスと共にスペインに行き、シロネス枢機卿、アドリアン枢機卿にエンコミエンダの廃止と奴隷虐待の即時中止を訴え、平和的キリスト教布教を提案した。その後、ィスパニョーラ島に戻り、布教活動に専念するが、インディアスのスペイン人の反感を買い、身の危険を感じて、ドミニコ会の修道院に匿われて著作活動に専念した。一五二六年、ラス－カサスはエスパニョーラ島のドミニコ会修道院の院長に任命された。彼の平和的布教活動はヨーロッパにおいて評価されるようになり、一五四二年、スペイン王カルロス一世（カール五世）による、インディオの保護とエンコミエンダ制の段階的廃止をうたった「インディアス新法」の公布に至った。
（28）（原注）『西インド諸島の破壊についての簡潔な報告』、セビーリヤ、一五五二年。〔マキシム・〕コヴァレフスキー〔『共同体的土地所有、その解体の原因、経過、結果』第一部、モスクワ、一八七九年、四七ページ〕における引用。
（29）（訳注）ハンデルマン
ゴットフリート・ハインリヒ・ハンデルマン（Gottfried Heinrich Handelmann, 1827-1891）は、デンマークのアルトナ（現在のハンブルク市の一部）生まれ。ベルリン大学、ゲッティンゲン大学で歴史学を学び、キール大学で博士の学位を得る。その後、一八六一年からキール市の『祖国古代美術・文書博物館』に理事として採用され、一八六六年からは学芸員として活動する。

(30)（原注）ハインリヒ・ハンデルマン『ハイチ島の歴史』、キール、一八五六年、六ページ。

(31)（訳注）ジロラモ・ベンゾーニ
ジロラモ・ベンゾーニ（一五一九－一五七〇年頃）は、イタリアのミラノ生まれ。一五四一年にアメリカに行き、アンティル諸島やパナマ、グアテマラ、そして南アメリカの西海岸を訪れている。一五五六年にスペインに、そしてイタリアに戻ってる。そこでの商売が成功しなかったのをスペイン人の妨害であると誤解し、帰国後、アメリカでのスペイン人を非難するため、一五六五年に『新世界の歴史』を書き、法王ピウス四世に献上している。

(32)（原注）ジロラモ・ベンゾーニ『新世界の歴史』、ヴェネツィア、一五六五年。〔マキシム・〕コヴァレフスキー〔前掲書〕、五一－五二ページにおける引用。

(33)（訳注）レパルティミエント
レパルティミエント（スペイン語でReparitimientoは分配という意味）は、スペインのレコンキスタ（国土回復戦争）やアメリカ植民地形成期に使用された制度である。やがて、エンコミエンダ（スペイン語でEncomienda：信託という意味）制度にとって代わられる。スペインによるアメリカ大陸、フィリピンの植民地支配で採用された制度である。スペイン王室はスペイン入植者に、その功績に対する下賜として、一定地域の先住民を「委託する（encomendar）」制度を採用した。エンコミンダの信託を受けた個人をエンコメンデロ（encomendero）と呼んだ。エンコメンデロの多くはコンキスタドール（＝征服者）であった。しかし、この制度によるアメリカ先住民への残虐な使用に対するラス－カサスなどの批判などにより、またレパルティミント制度に改められた。

(34)（原注）シャルルロワ『エスパニョーラ島またはサン・ドミニクの歴史』、パリ、一七三〇年、第一部、二二八ページ。〔マキシム〕コヴァレフスキー〔前掲書〕、五〇ページにおける引用。

(35)（原注）アコスタ『西インド諸島の自然と道徳の歴史』、バルセロナ、一五九一年。〔マキシム〕コヴァレフスキー〔前掲書〕、五二ページにおける引用。

(36)（訳注）ガルシア・デ・ロアイサ
ホアン・ガルシア・デ・ロアイサ・イ・メンドーサ（Huan Garcia de Loaysa y Mendoza, 1478-1546）は、スペインのドミニコ会修道士。カール五世（スペイン王カルロス一世）の聴罪司祭。セビーリャのドミニコ会大司教、枢機卿。一時、アメリカ原住民委員会の議長を務める。その際、彼はドミニコ修道会の立場から、一五四二年にアメリカ原住民保護のための新法を提案し、認められたが、この法律は一五四五年に廃止された。宗教審問所の委員長も務めた。

(37)（訳注）ハプスブルク家のカール五世
カール五世（Karl V. 1500-1558）は、ハプスブルク帝国の絶頂期に君臨した皇帝。始めは、母方のスペイン王位を継承し、カルロス一世（Carlos I, 一五一六－一五五六）と呼ばれ、続いて、父方のハプスブルク家を継承し、その後、神聖ローマ帝国の皇帝に選出された（一五一九－一五五六）。その結果、彼の支配する領土は、母方のスペイン本土とイタリアのナポリ、シチリア、サルデーニア、さらにスペイン領アメリカ、父方のブルゴーニュおよびフランドル地方、オーストリア、ハンガリーに及んだ。しかし、その治世は、フランスとの戦い、ルターの宗教改革とドイツ農民戦争、オスマン・トルコのヨーロッパ侵略、アメリカ先住民の取り扱いへの対応などに明け暮れた。

（38）（編注）この勅命は一五二五年カール五世によってマドリードで発布された。

（39）（訳注）ノアとハム
ノアは旧約聖書に出てくる人物。ノアの箱舟で有名。ノアは神とともに歩んだ正しき人であったと説かれている。ハムはノアの三人の息子の一人。このハムの犯した罪とは、箱舟によって大洪水から死を免れたノアが、葡萄酒を栽培するようになり、その葡萄酒を飲んで泥酔して裸のまま寝込んでしまったが、そのノアの裸の姿を見て、他の兄弟たちを呼んで、その醜態を暴露したことである。それを怒ったノアは、ハムの息子が、他の兄弟の奴隷になることを予言した。

（40）（編注）マキシム・コヴァレフスキー、前掲書、四九ページにおいて引用。

（41）（訳注）アコスタ
ホセ・デ・アコスタ（José de Acosta, 1539-1600）は、スペイン人のイエズス会修道士で、ラテン・アメリカの博物学者。一五五三年にイエズス会に入会し、一五六九年にペルーのリマのイエズス会に派遣される前には、神学の講師を務めた。一五七〇年に、パナマを経由して、船でペルーのリマに到着するが、その旅行の中で、熱帯の素晴らしい風景や珍しい動物を楽しんでいる。さらに、内陸部の総督との合流のためにアンデス山脈を越えるが、この時の困難な経験が、高山病などの最も早い紹介者となった。かれは、総督のインカ軍討伐に従い、副総督としてペルー国家の建設を助けた。かれはペルー滞在の大部分を、チチカカ湖畔の小さな町にあるイエズス会の主席として過ごし、原住民の言語を学び、天体を観測し、スペイン帰国後、『インディオ（原住民）の自然史』として出版した。その後、内陸部からリマに戻り、聖マルコ大学の神学の学科長を務めた。また、一五八六年にはメキシコへ行き、文明・宗教・アステカについて、この国の自然の産物について調査した。彼は、一五八七年に王命でスペインに帰国し、カトリック大学の神学の学科長、ヴァリャドリッドのイエズス会学院長、サマランカ大学の学長で生涯を終えた。

（42）（編注）同上。

（43）（訳注）教皇パウルス三世
教皇パウルス三世（Paulus III, 1468-1549）は、ルネサンスの文人。第二二〇代ローマ教皇（在位、一五三四－一五四九）。本名はアレッサンドロ・ファルネーゼ（Alessandro Farnese）。イエズス会を認可し、プロテスタント側との対話を求め、一五三七年の勅書で「新大陸（アメリカ大陸）の原住民も真の人間である」と宣言した。教会改革を目指してトリエント公会議（一五四五年）を召集した。しかし、プロテスタント側との対話は成功せず、ローマに異端審問所を設置してプロテスタントを弾圧する立場に転換した。一五四九年にはフランシスコ・ザビエルを宣教師として、日本に派遣している。

(44)（訳注）コルベルク
コルベルク（Kolberg）は、現在はポーランドの北西に位置するコウォブジェック市のドイツ語名である。第二次世界大戦の戦後処理によって、コルベルクの存在したポンメルン地方の一部は、ドイツ領（プロイセン）からポーランド領に変更された。

(45)（訳注）ギニア（Guinea）は、現在、アフリカ西端の共和国。一六世紀初頭に、ヨーロッパ人が奴隷貿易の地域の一つとして入植したところ。一八五六年にフランスから独立した。

(46)（訳注）ギアナ（Guayana）地域は、一四九九年に発見され、一六世紀にオランダ、イギリス、フランス人が入植し始める。アフリカから連れてきた黒人奴隷を使用して、始めはタバコを栽培し、やがてコーヒー、カカオ、サトウキビなどを栽培した。黒人奴隷の待遇は劣悪であり、多くの黒人奴隷がプランテーションから脱走した。現在のガイアナ共和国、スリナム共和国、そしてフランス領ギアナに分かれている。ガイアナ共和国はかってイギリスの植民地であり、スリナム共和国はかってオランダの植民地であった。

(47)（訳注）デイヴィッド・リヴィングストン
デイヴィッド・リヴィングストン（David Livingstone, 1813-1873）は三次に渡るアフリカ中央部の探検で、当時、知られていなかった南大西洋のアフリカ沿岸部からインド洋へと横断するルートを発見し、地図を作成して、その後の奴隷交易ルートの開拓につながった。しかし、彼の本来の目的はアフリカ奥地でのキリスト教の宣教活動であった。また彼は、すでにヨーロッパでは奴隷貿易が禁止されていたにもかかわらず、アフリカのスルタンたちによって公然と続けられていた奴隷貿易の廃絶を実現するために交易ルートを明らかにするという目的もあった。彼の意図とは逆に、奴隷貿易を盛んにさせることになるが、一八七一年に彼の運動は実を結び、ザンジバル（現タンザニア共和国）の奴隷市場が閉鎖される。それでも奴隷貿易は細々ながらも続き、今度は、ヨーロッパ列強の政治的介入の口実となった。なお、リヴィングストンのナイル川源流を探る第三次探検（一八六六－一八七三）の際、タンガニーカ湖畔のウジージで宣教活動中、イギリス国内では彼の消息不明、死亡説が流れ、彼の救出に乗り出したのが、『ニューヨーク・ヘラルド』の経営者、ジェームズ・ゴードン・ベネット・ジュニア（James Gordon Bennett,Jr. 一八四一－一九一八）であり、かれの莫大な資金提供と報奨金に応じたのが、同紙の特派員であったヘンリー・スタンリー（Sir Henry Morton Stanley, 一八四一－一九〇四）である。スタンリーはベルギー国王・レオポルド二世の委託で、コンゴ自由国の建国に多大な貢献をする。

(48)（編注）ホレース・ウォーラー『一八六五年から彼の没年一八七三年に至るまでの中央アフリカにおけるデイヴィッド・リヴィングストンの最後の旅行』第2巻、ハンブルク、一八七五年、一八九、二〇九、二一九ページを見よ。

(49)（訳注）エンコミエンダについては、第三章（33）（訳注）で述べたように、スペインのアメリカ大陸での植民地政策は、はじめはレパルミエント制度が採用され、つづいてエンコミエンダ制度に転換され、さらにこのエンコミエンダ制が一五四二年の「インディアス法」により段階的廃止されるにともなって、再度、レパルミエント制度に転換された。しかし、この再度のレパルミエント制度では土地は誰にも帰属せず、先住民労働力の割り当てはスペイン王室に直接帰属した。王室は、地方官吏を通じて、入植者のために数週間働く先住民労働力を割り当てた。しかし、一六世紀半ばには先住民の人口が激減し、貢納としての農作物が減り、農作物が値上がりした。また、先住民の村落に空き地が増えたので、農業や牧畜経営のために、その空き地をスペイン人が買い入れたり、スペイン当局が入植者に恩貸地として贈与した。これがアシェンダ（南米のスペイン語では、hacienda は大農場を意味する）の始まりである。一七世紀に入ると、採掘が農業へと入れ代わると、労働力の獲得よりも土地所有が有益となるとともに、アシェンダは発達した。

(50)（編注）ローザ・ルクセンブルクによる欄外書き込み：ここでも、インド、アルジェリア、（ロシア）、ジャヴァなど同じ事情である。

(51)（訳注）スリタ

アロンソ・デ・スリタ（Alonso de Zorita, 一五一二頃－一五八五頃）は、スペインの中央アメリカ植民地の官吏、著述家。一五四〇年に大学卒業後、アメリカで法律家の仕事をするために渡航。やがて、サント・ドミンゴ、ヌエヴァ・グラナダ、グァテマラ、メキシコなどで、高級司法行政官（オイドール）の仕事を務め、一五六五年にスペインに帰国する。帰国後、植民地の事情を、『ヌエヴァ・エスパーニャの領主たちに関する概要報告書』を書き、副王への個人意見書を書く。これは、この時期の、税制、法律、原住民社会の秩序などについての貴重な資料を提供している。

(52)（原注）スリタ、五七－五九ページ。〔［マキシム・］コヴァレフスキー〔前掲書〕、六二ページ、から引用。〕

(53)（訳注）ペソ

ペソ（peso）は、スペインや旧スペイン植民地で使われている、或いは使われていた通貨である。

(54)（訳注）レアール

レアル（real）はスペイン語圏、ポルトガル語圏の通貨。一四世紀半ばのペドロ一世の時代に初めて、レアル銀貨が発行された。その後も、さまざまなレアル銀貨が造られ続けた。八レアル銀貨は、ドルもしくはペソとも呼ばれた。

(55)（原注）スリタ、三二九ページ。〔マキシム・〕コヴァレフスキー〔前掲書〕、六二－六三ページにおける引用。

(56)（原注）スリタ、二九五ページ。〔マキシム・〕コヴァレフスキー〔前掲書〕、六五ページにおける引用。

(57)（訳注）フェリペ四世

フェリペ4世（Felipe IV. 1605-1665）は、スペイン王、ナポリ王・シチリア王（在位一六二一－一六六五）、ポルトガル王（在位一六二一－一六四〇）を受け継ぐが、対オランダ戦の再開、三〇年戦争への参加とその失敗により、ポルトガルの独立・カタロニアの反乱を招き、海外領土はイギリス海軍によって常に脅かされ続けた。

（58）（原注）〔マキシム・〕コヴァレフスキー、前掲書、六六ページからの引用。
（59）（編注）スリタ、〔［マキシム・］コヴァレフスキー、前掲書、六八ページにおける引用。〕
（60）（原注）スリタ、八七ページ：〔［マキシム・］コヴァレフスキー、前掲書、六九ページ、からの引用。〕
（61）（原注）スリタ、三四一ページ。〔［マキシム・］コヴァレフスキー、前掲書、六〇ページにおける引用。〕
（62）（訳注）ファン・オルティス・デ・セルヴァンテス
ファン・オルテス・デ・セルヴァンテス（Juan Ortiz de Cervantes, 一五八〇年にペルーのリマで生まれ、一六二九年にノエヴァ・グラナダのボコタで死ぬ。）は、植民地の行政官で、クリオーリョ（criollo: スペイン系中南米人）の記録者。サンタフェ・ボコタの王立裁判所の会計官とその後の聴訴官。サンマルコ大学で教会法規の学士と博士の学位を得て、王立裁判所で弁護士活動が認められた。クスコで開業し、エンコメンデーロの法律代理人として大都市の教会参事会に信用を得た。マドリードに行き、一連の請願書を提出している。その中で、彼はエンコミエンダの永続性のために、現地代官の乱行によるインディオ（原住民）の絶滅を防ぐことを、要求している。また、クスコの優位性が認められること、使用と利益において、インディア（新大陸）の人たちの優位性が認められること、などを要求している。
（63）（訳注）ミタヨス（Mitayos）とは、強制労働につく原住民（Mitayo）の複数形。
（64）（原注）『インディオの被害および減少の救済策に関する、元ペルー王国検事総長兼エンコメンデーロ、ファン・オルティス・デ・セルバンテスより陛下への上申書』、一六一九年。［マキシム・］コヴァレフスキー〔前掲書〕による引用。
（65）（訳注）マヌ法典
『マヌ法典』は紀元前二世紀から紀元後二世紀にかけて成立したと考えられている法典（ダルマ・シュードラ）。『マヌ法典』はそれ以前のインド法典類の中でも最も優れたもので、バラモン教、ヒンドゥー教などの教義の支柱となった。
（66）（訳注）バラモン
「バラモン」とは祭司階級のこと。正しくは「ブラーフマナ」と言う。「バラモン」は、祭祀を通じて神々と関わる特別な権限を持ち、宇宙の根本原理「ブラフマン」に近い存在とされ、敬われる。
（67）（訳注）法典ヤージュニャヴァルキア
ヤージュニャヴァルキア（ラテン語文字表記：Yajnavalkya）は、紀元前七〜六世紀に活躍した、ウパニシャッド（奥義書）哲学者の最大の哲学者による法典。
（68）（訳注）法典ナーラダ
ナーラダ（ラテン語文字表記：Narada）は、ヴェーダ（紀元前一〇〇〇〜五〇〇年頃にかけて、古代インドで編纂されたヒンドゥー教の経典の総称）の中でも最も重要な役割をする聖人。ヴィシュヌ神を敬う讃美歌を歌い、祈りを捧げ、楽器の演奏に優れていた。また、遠方を旅し、遠方の知識を伝える賢者であった。ナーラダ法典とは、彼が語った法典のこと。

(69)（訳注）ラーマーヤナ

「ラーマーヤナ」は「ラーマー王行状記」という意味。ヒンドゥー教の神話と、古代英雄であるコーサラ国のラーマ王子に関する伝節をまとめたもの。

(70)（訳注）マハーバーラタ

「マハーバーラタ」は「バーラタ族の物語」という意味。古代インドの宗教的、哲学的、神話的叙事詩。ヒンドゥー教の聖典のうちで最も重視されるものの一つである。グプタ朝（三二〇－五五〇）の頃に成立したとみなされている。

(71)（編注）ローザ・ルクセンブルクによる欄外書き込み：一．運河建設（分業）。それにもかかわらず、マルク共同体。二．共同体の様々な類型（コヴァレフスキー）。三．すべてこれらは、征服者マホメットにもかかわらず、維持された。封建制強化。四．イギリス人！

（訳注）アジア的生産様式は、まずマルクスの『経済学批判』序言（一八五九）で述べられ、後に、および遺稿『資本主義生産に先行する諸形態』（一九三九発表）において述べられている。そこでは、原始共産制から古代奴隷制への移行の時期に、中東地域から中国、インドに至る地域で、血縁的共同体による土地所有がおこなわれ、個人の土地所有が存在していなかったと考えられている。ローザは、マルクスには言及せずに、スペインがインカ帝国を略奪し収奪した際、またイギリスがインドを支配しようとした際に、そこには共同体による土地支配はあっても、個人の土地所有がなかったことに注目している。

(72)（編注）紀元前三三六年以来のマケドニア王アレクサンドロスは、紀元前三二七年から三二五年までインドへの遠征を行った。彼は紀元前三三四年から三二五年までに、インダス河に至るまでの西南アジアとエジプトを征服した。

(73)（訳注）ティムール・レンク

ティムール・レンク（ラテン語）表記：Timur Lenk. 一三三六－一四〇五）は、中央アジアのモンゴル＝テュルク系の軍事指導者。サマルカンドを首都とする広大な領域を有するティムール帝国を建設した。その領土は今日のウズベキスタンを中心とする中央アジア全体と、西方はシリアまで進出し、東方ではインドのデリーを攻略した。征服した都市では大規模な破壊と虐殺をすることで恐れられた。

(74)（編注）ティムール・レンク（一三三六－一四〇五）は中央アジアの軍司令官で、一三七〇年以来サマルカンドにおける支配者であり、多くの遠征において中央アジアとペルシアの全域を征服した。一三九八年のインド遠征においてティムール軍はデリーを破壊し、首都の住民を殺害した。

(75)（編注）ザドルガは、一九世紀末まで南スラヴ人のあいだで土地や財産の共同所有をともなう幾世代も続く家共同体であって、それには家父長が無制限の権力をもって臨んでいた。

（76）（編注）ローザ・ルクセンブルクによる欄外書き込み。ジェームズ・ミル！！

（77）（訳注）エーカー

エーカー（acre）は、ヤード・ポンド法の面積単位である。一エーカーは四万三五六〇平方フィートであるが、イギリスとアメリカでは数値が異なる。国際フィートを採用するイギリスでは、一エーカーは約四〇四七㎡であり、約〇・四haの面積である。

（78）（原注）カール・マルクス『資本論』第一巻、三二一ページ。〔カール・マルクス『資本論』第一巻。カール・マルクス／フリードリヒ・エンゲルス全集、第二三巻、三七八－三七九ページ。〕

（79）（編注）アルジェリアについての記述は手稿のなかには含まれていない。ローザ・ルクセンブルクの最初のページづけによる手稿では、イギリス領インドおよびアルジェリアが実例としてあげられているこの文章の直ぐ前の、四四枚から六七枚が欠けている。この節をローザ・ルクセンブルクは明らかに『入門』の手稿から取り去って、『資本蓄積論』のために用いたのであって、このなかではインドにおけるイギリス帝国主義の植民地経済についての記述のあとに、アルジェリアにおけるフランス帝国主義の諸方策についての記述が続いている。この箇所は、内容的に『入門』のなかの脱落を埋めており、また大きさから見ても欠如している手稿のページに相当している。

（80）（訳注）チチェーリン

ボリス・ニコラエヴィッチ・チチェーリン（Борис Николаевич Чичерин, 1828-1903）は、ロシア国家学派の完成者。自由主義政治思想家。帝政末期の自由主義政党・立憲民主党（カデット）の指導者の一人で、自由主義思想家でパーヴェル・ミリューコフ（Павел Николевич Милюков, 1859-1943）に大きな影響を与えた。

（81）（編注）『「フォルクスシュタート」からの国際問題』におけるエンゲルス。〔フリードリヒ・エンゲルス『ロシアの社会状態』のあとがき（一八九四年）、カール・マルクス＝フリードリヒ・エンゲルス『全集』第一八巻、六六三－六七四ページ、所収〕、エードゥアルト・マイヤー。また、（原注）として、〔『社会・新版辞典』。プレーハノフとロシア社会民主党。ロシアからの反論〕。の脚注が追加で記されている。

（82）（訳注）ロシア皇帝アレクサンドル二世

アレクサンドル・ニコラエヴィチ・ロマノフ（一八一八年四月二九日－一八八一年三月一三日）、ロマノフ朝第一二代ロシア皇帝（在位：一八五五年三月二日－一八八一年三月一三日）、ニコライ一世の第一皇子。二世自身は国家の西欧化改革を慎重に採用していくことで、伝統的な専制政治を延命させることが出来るという思想をもってロシアの大改革に臨んだ。旧弊な社会制度の象徴とされた農奴制の解体に着手し一八六一年に農奴解放令を発布、一八六四年に司法権の行政権からの独立を始め国家予算の一本化・徴税請負制の廃止・国立銀行創設ほか。一八八一年三月一三日、「人民の意志」党員のポーランド人イグナツィ・フリニェヴィエツキの投じた爆弾により、サンクトペテルブルク市内で暗殺された。

(83)(原注) 一デシャチーナ＝一・〇九ヘクタール。

(84)(原注)〔W・G・〕トリロゴフ〔『共同体と租税』ペテルブルグ、一八八二年〕、四九ページを見よ。

(85)(訳注) ピョートル大帝

土地の割り替え：ロシアの農村共同体〔ミール〕はその土地割替慣行が特徴で、この慣行が普及した時期の共同体は一六世紀にさかのぼるが、一七世紀後半とりわけ世紀末から増大し、貴族所領と教会領〈修道院領と主教領〉でほぼ一八世紀半ばまで一般的になり、一八世紀末以後に北ロシアなどの国有地に、さら一九世紀後半にシベリアの国有地に及んだ。

(86)(訳注) 人頭税

各個人に頭割りに課す税で近世・近代ロシアに限らず中世ヨーロッパでも、領主が隷属を示す身分的標識として領民に課した。しかし中国における人頭税は、身分税としての性格はなかった。

(87)(原注) 一七一九年にピョートルの一勅令によって実施された第一回「改正」は、敵対地における一種の懲罰捜索のように組織された。軍隊は、怠慢な知事たちに手錠をかけ、「彼らが改心するまで」彼らの庁舎のなかに拘置しておくことを委任された。農民名簿の作成を委託されていながら「人頭」の隠匿を見逃がした司祭たちは、彼らの職を免ぜられ、「たとえ高齢であろうとも、容赦ない体罰を加えられてから懲役刑に処せられる」ことになっていた。「人頭」隠匿の嫌疑をかけられた人々は拷問を受けた。その後、「改正」は残忍さをいくらか緩和されはしたが、なお同様に久しく実行された。

(88)(訳注) アレクサンドル三世

アレクサンドル・アレクサンドロヴィチ・ロマノフ(一八四五年三月一〇日－一八九四年一一月一日)、ロマノフ朝第一三代ロシア皇帝。先代の積極的政策による内政改革とは逆に、国内反体制派や異民族を弾圧し権力強化と体制維持に努めた。反面、一八九一年にフランスと同盟を結びフランス資本を活用してシベリア鉄道を起工、極東への進出を企てた。この時代、ロシアの工業は著しく発達した。

(89)(訳注) ローザ・ルクセンブルクの手書き原稿においても、ドイツ語の Landhauptleute という単語が使用されている。この言葉は、当時のドイツ帝国の地方行政組織(州→県→郡→市町村という位階)での州知事を指す。この単語に対応する当時のヨーロッパ・ロシアの地方行政組織(県→郡→地方自治体)の県知事(グベルナトール)である。一八九〇年代以降、市町村(ゼムストヴォ)の自由主義的公選制が廃止され、国による地方行政への統制が強化された。

(90)(訳注) 当時のプロイセンの地方行政組織において、ドイツ語の Landräten(Landrat の複数形)という職務は、国の行政の末端に位置し、同時に郡の警察部局長と市町村議会の議長の職務を遂行し、ユンカー階級(領主階級)から選出された。郡長制度は国家の地方行政管理の強化の手段となり、同時に、プロイセンにおけるユンカー階級の支配を強化する手段でもあった。宰相ビスマルクはこのようなユンカー階級出身であった。

(91)（訳注）オリッサ
オリッサ（Orissa）は、インド東部に位置する州。古代カリンガ王国が栄えていたとされ、インドの有名な叙事詩「マハーバーラタ」でもカリンガ国土着の民族が住んでいたと言われる。また、紀元前三世紀に、仏教を導入したマウリヤ朝のアショカ王の支配した地域として有名。

(92)（原注）C・レーマンおよびパルヴス〔『飢えのロシア　旅の印象、見聞、研究』シュトゥットガルト、一九〇〇年〕を見よ。

(93)（訳注）ヴィッテ
セルゲイ・ユリエヴィチ・ヴィッテ（Сергей Юльевич Витт, 一八四九年六月二九日－一九一五年三月一三日）、大蔵大臣、首相（大臣委員会議長）など政府要職を歴任、日露戦争の講和交渉にはロシア側代表を務めた。帝政ロシア末期の政治家。金本位制の確立などを実施、シベリア鉄道建設、フランス資本を中心とする外資の積極導入、ストルイピン時代の土地改革の基礎を用意するなど現実的な保守主義者であったが、専制政治を志向した。

(94)（編注）一八九二年から一九〇三年までのロシアの財政相、S・J・ヴィッテは、一八九五年から一八九八年までに、段階的に国家による火酒（ウオッカ）専売権を全ロシアに導入した。ヴィッテは君主制主義者であったが、大ブルジョアジーとの同盟および立憲制容認の用意があった。

(95)（編注）二四五ページの脚注二を参照：一九〇六年一一月九日にロシア皇帝はいくつかの現行法の改正に関する勅令に署名したが、これらの法律は土地の農民的な所有者および受益者に関するものだった。この勅令をもって帝政ロシアの農業政策における新たな行路が開始されたが、それは村落共同体の強力的な破壊に向けられていて、農村における資本主義の発展をいっそう前進させるものだった。―一九〇七年から一九一五年までの間、合計して二〇〇万八四三二戸、すなわち二五％の農家が村落共同体から離脱した。

(96)（訳注）ローザ・ルクセンブルクの手書きの原稿でも、この三の番号が付けられている。前後の文章の展開からも、この三の番号は二の番号の誤りである。

(97)（編注）『ローザ・ルクセンブルク全集』第五巻（ディーツ出版、ベルリン、一九七五）六七九ページ脚注、「アルジェリアに関する叙述は、草稿には存在しない。英領インドとアルジェリアが実例として挙げられているこの草稿のすぐ前では、ローザ・ルクセンブルクの本来のページ付にあった、四四から六七ページは、その草稿中に存在しなかった。この節を、ローザ・ルクセンブルクは、明らかに、『入門』の草稿から取り除き、『資本蓄積論』に補充したのである。この『資本蓄積論』では、イギリス帝国主義のインドにおける植民地経営に関する叙述に、フランス帝国主義のアルジェリアに関する方法が、続いている（三二五－三三二ページ）。この一節は、内容的には、『入門』の欠落を説明し、失われた草稿の数行の大きさを指し示す。」

(98)（訳注）ローマ人の公有地

ローマ共和政末期の公有地占有問題でグラックス兄弟の改革。民衆派（ポプラレス）護民官としてセンプロニウス農地法（リキニウス法）を実行に移して、ローマが獲得した公有地の貴族による占有の制限や無産農民への分配を図るなど社会再建にむけた制度改革を推進したが、その過程で元老院と対立し失脚、数千人といわれる支持者たちもまた処刑された。このグラックス兄弟の死と改革の頓挫によって共和政ローマの混迷は決定的なものとなった。

(99)（訳注）ヤクート族

北東アジア（シベリア）に居住するテュルク系民族で、サハと自称する。ロシア連邦サハ共和国の主要構成民族の一つ。もともとオリホン島およびバイカル湖一帯からレナ川中流域、アルダン川、ビリュイ川流域にかけての地域に居住し、エヴェンやエヴェンキなどの他の北方系少数民族と混交し、その後現在の地に移住したものと考えられる。

(100)（訳注）ホメロス

紀元前八世紀末のアオイドス（吟遊詩人）であったとされ、西洋文学最初期の二つの作品、『イーリアス』と『オデュッセイア』の作者とされる人物とされているが、今日なお、ホメロスが実在したのかそれとも作り上げられた人物だったのか、また本当に二つの叙事詩の作者であったのかを断ずるのはむつかしい。

(101)（訳注）ルンダ国

アンゴラ東部に位置し、北及び東を現在のコンゴ民主共和国と接する地域で、現在のザンビア共和国地域にあたる。ルンダ王国は一八五〇年頃に最盛期を迎えた。その時の王朝名をムワタ・ガゼンベと称した。西方ではコンゴー王国に進出してきたポルトガル人と、東方では東海岸のアラブ・スワヒリ商人との交易で栄えた。やがて、北西方向からベルギー勢力の、南方からはイギリス勢力から侵攻を受け、衰退した。

(102)（訳注）ザンベジ

ザンベジ川のこと。河口は現在のモザンビーク共和国にある。ザンベジ川はアフリカ大陸でナイル川、コンゴー川、ニジェール川に次いで四番目に長い川。

(103)（訳注）マラヴィ族

マラウイ湖周辺のバントゥー系の、マラウイ、ザンビア、ジンバブエ、モザンビークにおける複数の部族（black tribes）の総称で一六世紀頃から一九世紀末まで帝国を維持したが、その後の一八九一年にイギリス中央アフリカ保護領（植民地）となったことで、マラヴィ帝国は歴史上から姿を消した。

(104)（訳注）チェワ族

中央アフリカから南アフリカにかけて住む民族。居住地域の大部分はズールー族やクワズール・ナタール州およびトランスヴァール共和国由来を持つ民族であるンゴニ族影響下にある。チェワ族の言語はチェワ語（ニャンジャ語）。

(105)(原注)『スタンリーおよびカメロンのアフリカ旅行』ライプツィヒ、一八七九年、七四-八〇ページ。〔リヒャルト・オーバーレンダー『リヴィングストンの後継者。スタンリーおよびカメロンによる東部から西部へのアフリカ横断。旅行者の日記、報告書、記録による』ライプツィヒ、一八七九年。〕

(106)(訳注)ザンジバル

アフリカ東海岸のタンザニア連合共和国の沖にある島。当時の大英帝国領の島。一一世紀から一三世紀にかけて形成されたイスラーム系スワヒリ文明の周縁部で一九世紀オマーン帝国の中心として象牙、奴隷貿易によって繁栄。一八七〇年代より奴隷を求めて東アフリカ内陸部のタンガニーカ湖にまで進出した。宮廷の内紛に乗じて一八九六年にドイツとイギリスが支配。その後、イギリス単独の直接統治。一九六四年四月にタンザニア連合共和国が成立し大陸部のタンガニーカから強い自治権を確保したザンジバル革命政府によって統治されている。

(107)(訳注)ローザと原始共同体、共産主義から私有制への移行の問題

ローザは一八九三年にポーランド社会党の国家主義的な方針にレオ・ヨギヘスや Julian Marchiewski(またの名を Julius Karski)らとともに反対し、「Sprawa Robotnicza」(「労働者の大義」)紙を発刊。ポーランドの独立はドイツ、オーストリアおよびロシアでの革命を通してのみ可能であると考え、闘争はポーランド独立を目標とするものではなく、資本主義そのものに対するものでなければならないと主張した。ポーランド独立に反対したのは、彼女が「少数民族は支配階級をもたないため反動的に機能する。少数民族は支配民族に同化するべきである」(エンゲルス)として、カウツキーの「民族融合論」に賛同してレーニンらの唱える社会主義の下での民族自決権を否定した。こうした歴史認識を支えるために潜り抜けなければならなかった理論的理論作業が、以下のようなものであった。

当時のマルクス主義では、アジア的生産様式とは「原始共同体の解体によって発生した最初の階級社会」と位置づけられ、この生産様式は古代中国・インドにとどまらず、エジプト・メソポタミアなどの各古代専制国家、そして律令体制以前の日本にも存在したとされているが、もし、アジア的生産様式のアジアが、特定の地域、乾燥アジアであるならば、アジア的生産様式はアジアのエコ・システムや風土と深く結びついた概念ということになる。この場合、古代アジアと古典古代は、それぞれの風土との関わりから歴史発展のコースとしては、別の道を歩むという合意を持つことになる。逆に、アジアを特定の地域を指すのではなく、原始社会的或いは古典古代よりも古いという意味においてアジアを使っているとするならば、アジア的生産様式を特定の地域(すなわちアジア)の歴史に固有なものと考えアジア的な風土に結びつけることは間違いであるということになる。前者に対し後者は、歴史発展は歴史の別なく、それぞれの地域世界の風土特性にかかわらず、普遍的に貫徹しているとの理解になる。しかし、アジア的生産様式をアジア特有の風土に結びつけることは、マルクス主義をめぐる論争史において、強く非難されてきた。当時、ロシア・マルクス主義の父とされるプレハーノフがその批判を浴びた。また、第一次世界大戦前のアジア的生産様式論争においてアジア派と目された理論家のマ

ジャール、ウィットフォーゲルたちだった。さらに戦後のウィットフォーゲルの『オリエンタル・デスポティズム』（一九五七年）の発表は、アジア的生産様式論が地理的環境決定論であるとの批判に絶好の口実を与えることになった。マルクス主義においても、風土（地理的・環境）を語ることは難しい状況があった。一九八〇年代以降現代では、アジア的生産様式論が理論研究よりむしろ、アジア（乾燥アジア、湿潤アジア）、中近東諸国の実際の歴史に適用されるようになっており、その点においてどう考えるか、マルクス及びマルクス主義にとって重要な意義を持ったのは、マルクス及びエンゲルス「イギリスのインド支配」（一八五三年）、資本制生産に先行する諸形態におけるアジア的共同体論、『経済学批判』序言にアジア的生産様式という呼称の初出、マルクス「ザスーリチの手紙への回答下書き」（一八八一年）、プレハーノフ・レーニン論争、レーニン「ロシア社会民主労働党統一大会についての報告」、プレハーノフ『マルクス主義の根本問題』（一九〇八年）等がある。しかし、共通するのは、「アジア的な国家・社会に対する西欧からする違和」の表出、もしくは空間及び時間の遠近法把握といった方法論であった。つまり、西欧から遠ざかるほど「古い社会」の要素を残存させているとした見方であった。アジアとヨーロッパは起源及び発展コースとして異質な社会であるという認識は、おそらくザスーリッチへのマルクスの対話を知らされることの少なかった当時の、プレハーノフに始まる。異質性は棚上げに、共通の歴史発展コースが存在するのかの議論として、ローザのプレハーノフへの立場は問い続けたことには相違ない。

そしてレーニンの『帝国主義論』にも批判的なローザは、帝国主義の生成・発展・死滅の全体的歴史を、具象的に原始的蓄積、独占、帝国主義的な競争という資本主義のトータルな歴史としての理解を行おうとしたのである。ローザはマルクスをも検証して、可変資本である労働力の増加をその階級の「生殖による自然的増加」に還元しているが、「資本の突然的膨張欲求と歩調をあわせることはできない」として、「産業予備軍は、労働力が流れ出てくる他の社会的貯水池をもたねばならぬ」として、資本は全地球の生産手段および労働力なしにはやっていけないと、アジア的生産様式に原始共産制の「本源的蓄積」という原基である「非資本主義的な要素」が極小になりつつあることからの、独占と帝国主義にいたる資本主義の生産とその死を見通そうとした。

Ⅳ〔第四章〕 商品生産

われわれが取り組んできたのは、次の点を示すことであった。すなわち、共同体的労働がなければ、言い換えれば計画的で組織だった労働がなければ、社会は成り立ってゆかない、と。われわれはまた、時代を超えてそうした労働のじつにさまざまな形態を見出してきた。今日の社会にそうしたものはまったく見当らない。統治も掟も民主主義も、要するに計画や組織のひとかけらの痕跡も見当らない――無政府状態なのである。いったいどのようにして資本主義的社会は成り立っているのであろうか？[1]

一 商品経済の構造的特徴――労働の計画組織を備えた共同体との対比――

資本主義的なバベルの塔[2]の構造を理解する手掛かりをつかむために、ひとまず、労働計画組織を備えた社会をもういちど想定してみよう。その社会は、単に農業と工業とが分かれているのみならず、高度に発達した分業を伴っている、つまり農業でも工業でもさまざまな特殊部門が特定の労働者群のもとへ専門分化するにいたっていると想定する。[3]この社会には農夫や山番、漁師や庭師、靴屋や仕立屋、錠前屋や鍛冶屋、そして紡ぎ工や織布工等々が存在しているというわけである。こうして、社会を総体として見れば、あらゆる労働とあらゆる生産物とが備わっていることとなる。これらの生産物は、大量であれ少量であれ、ともかくも社会のすべての構成員に役立つ。というのも、労働は共同体的だからである。分業はなんらかの権威――統治者による専制的な定めであろうと、あるいは農奴制や他のなんらかの形態の組織であろうと――によって決定され、もともと計画的に組織されているというわけである。話を簡単にするために、その権威は既にインドの例において知ったような、共有財産制度を保持した共産制的共同体であると想定してみよう。また、さしあたりこの共同体内の分業は歴史的にそうであったよりはるかに進んでいると想定してみる。この共同体の構成員の一部はもっぱら農業に従事し、他の各種の労働は専門化した手工業者たちによって営まれていると想定してみる。この共同体の経済はきわめて明晰である。すなわち、共同体の構成員自身がすべての土地と生産手段とを共有しており、またかれらの共同意思が各種生産物のなかの何が、いつ、どれだけ生産されるべきかを決定する。そして産出された種々の生産物は、やはりすべての共同体構成員のものであるから、各構成員の必要に応じて[4]かれらのあいだで分配される。そのような状態にあったこの共産制的共同体において、ある朝、共有制度が終わりを告げ、それとともに共同労働とそれを規定していた共同意思も消滅したと想定してみよう。もちろん、かねて実現されていた高度に発達した分業に変わるところはない。靴屋はかれの靴型の脇に座り、パン屋は持っているのも熟知しているのもパン釜のみ、鍛冶屋には鍛冶場があるだけで槌を振るうことしか知らないといったぐあいである。にもかかわらず、これまでこれらすべての特殊な労働をひとつの共同体的労働へ、社会的経済へと結びつけていた連鎖は壊れてしまっている。いまや各人が、すなわち農夫、靴屋、パン屋、錠前屋、織布工などのそれぞれが自立している。それぞれが完全に自由な、独立した存在である。共同体はもはやかれらになにごとをも告げない。何人《なにびと》も全体のために働くようにかれらに命じることはできない。その反面で、何人もかれらそれぞれの必要に心配《こころくば》りしてくれない。かつてひとつの全体をなしていた共同体は、個々ばらばらの原子、個々ばらばらの粒子へと分解した。ちょうど数千の破片へとうち砕かれた鏡のように。各人はいまやいわば飛散した塵のように空中を漂い、どのように暮らしを立ててゆくか案じることとなろう。一夜にしてそのような破局に見舞われた共同体はいまやどうなるのであろうか。ご随意にと放置されたすべての人々は翌日何を始めるであろうか？　確かなのはまず次のことである。すなわち、かれらは翌日、なにはともあれ――働くであろう。以前とまったく同じように。なぜなら、働かずして人間の欲求は充足されえない以上、あらゆる人間社会は労働を避けられないからである。どのような変革や変化が社会に起ころうとも、労働はひとときも休止されるわけにゆかない。(5)　したがって、共産制的共同体のかつての構成員たちは、その紐帯が相互に断ち切られ、すべて各人のご随意にと放置されたのちも、なにはともあれ働き続けるであろう。しかも、それぞれの労働は既に専門化されていると想定されているのであるから、各人は自らがその専門家となって生産手段を所持しているかつてと同じ労働に従事し続けるほかない。つまり、靴屋は靴を作るし、パン屋はパンを焼くし、織布工は布を織り上げるし、農夫は穀物を育てるといったぐあいである。しかし、いまやただちに困難が生じる。すなわち、これらの生産者のそれぞれは、たしかにきわめて大切で、直接的に必要な使用対象を製作しており、靴屋、パン屋、鍛冶屋、織布工という専門家のひとりとして、昨日はまだ誰もが同じようにおおいに尊重される社会の有用な構成員、かれらなしに社会はやっていけない構成員であった。それぞれが全体のなかで各自の重要な席を保持していたのである。だが、いまやもう全体は消えうせ、各人はひたすら自分自身のためにのみ生きている。それでいて、誰もひとりでは、自らの労働の産物のみでは生きてゆけない。靴屋はかれの靴を食べたり飲んだりできない。パン屋はかれのパンですべての欲求を充たすわけにはゆかない。農夫は、穀物以外になにも所持していないのであれば、たとえ穀物倉庫がぎっしり詰まっていたとしても飢えと寒さで死んでしまうであろう。各人はさまざまな欲求を持っており、自身ではそれら諸欲求のただひとつを充足できるにすぎない。したがって、各人は他のすべての人々の生産物を大なり小なり使用する。かれらは誰もが相互に依存しあっているのである。だが、この相互依存はいかにして実現されるのか。というのも、われわれが知るように、個々の生産者のあいだにはもはやなんの関連も紐帯も存在しないからである。靴屋はパン屋のパンを切実に求めている。だが、このパンを手に入れる術《すべ》をもっていない。かれはパン屋にパンを提供するよう強制することはできない。なぜなら、かれら双方は等しく自由で、独立した存在だからである。かれがパン屋の労働の果実を享受したいなら、相互性に基づくよりない。つまり、かれのほうでもパン屋にとって役立つ生産物を提供するときにのみパンを得られるというわけである。もっとも、パン屋もまた同じように靴屋の生産物を必要とするし、まさに靴屋と同じ状況にある。したがって、相互性の基礎は与えられている。靴屋はパン屋からパンを得るために靴を与える。靴屋とパン屋は生産物を交換しあい、今や双方がそれぞれの欲求を充足できる。こうして、高度に発達した分業のもとで、しかも生産者たちが相互にまったく独立し、かれらのあいだにどんな組織も欠如しているところで、さまざまな労働の生産物をすべての人に入手可能なものとする唯一の方法は、交換にほかならないということがわかる。靴屋、パン屋、農夫、紡ぎ工、織布工、錠前屋、――みんなが相互に生産物を交換し、そのようにしてかれらの多岐にわたる欲求を充足する。こうして、交換は、ばらばらにされ、孤立させられ、相互に引き裂かれた私的所有者のあいだに新しい紐帯を創り出した。労働と消費は、つまり粉々にうち砕かれた共同体の生活は、再始動することができる。交換が、もういちど誰もがお互いのために働く可能性を人々に与えた。すなわち、ばらばらにされた私的生産という形態のもとにあっても、社会的協働、社会的生産をあらためて可能としたのである。

とはいえ、これはまさしくまったく新しい独特の社会的協働の様式であり、もっと詳しく考察されなければならない(6)。各人はいまや自らの一存で労働し、自らの計算で、自らの意思と判断とに従って生産する。各人はいまや生きるために、自身ではなく他者が消費する生産物を作らなければならない。したがって、各人は他者のために労働する。このことはそれ自体としては決して特殊なことでも新しいことでもない。共産制的共同体においてもみんなお互いのために労働していた。特殊なのは、いまや各人が自らの生産物を交換においてのみ他者に提供し、他者の生産物を交換という方法でのみ獲得できるということである。したがって各人は、いまや自ら消費する生産物を得るために、交換に向けた生産物を自らの労働によって作らなければならない。靴屋は、自らはまったく使わない、自らにとってはまったく無益でムダな靴をたえず生産しなければならない。靴はかれにとって、ただかれの消費する他のさまざまの生産物と交換できるという点で役に立ち、意味をもっているだけである。したがって、かれは、交換のために靴を前もって生産する。すなわち、商品として生産する。いまや各人は、かれが、他者の消費する生産物を、他者の消費に供するために自らの労働を費やした生産物を、携えて登場したときにのみ、自身の欲求を充たす、つまり他者が作った生産物を手に入れることができる。すなわち、各人は、すべての他者の生産物つまり社会的生産物のうちの自らの取り分に、かれ自身が商品を携えて登場するときにのみ手が届くというわけである。かれ自身によって交換のために作られた生産物は、いまや社会的総生産物の一部分に対するかれの請求権をなしているのである。社会的総生産物は、たしかにいまや共産制的共同体におけるようなかつての形態ではもはや存在していない。共産制的共同体においては、社会的総生産物はその塊、その全体において直接に共同体の富を表し、そののちはじめて分配された。すなわち、かつて社会的総生産物は共同体の計算に従って共同体の指揮のもとですべての構成員によってなされた協働の成果であったし、生産されたものはしたがって当初から社会的生産物として世に生みだされた。その後にはじめて個々人への分配が行われ、それからようやく生産物は個々の共同体構成員の私的消費へ入っていった。いまや逆のやり方がなされる。各人はばらばらの私人として各自の一存で生産し、完成された生産物は交換においてはじめて合体されて、社会的富として考察されることのできる総和を形成する。各人の持ち分は、社会的労働に対するそれとしても社会的富に対するそれとしても、いまやかれが自らの労働によって仕上げ、他者との交換に携えてきた特殊な商品によって表わされる。したがって、社会的総労働に対する各人の持ち分は、いまやかれに事前に割り当てられた労働の一定量において表現されるのではない。むしろ、かれが自らの自由な判断で提供する完成生産物、商品において表現されるのである。(7) 働きたくなければ、かれはまったく働かなくてよいし、漫然と散歩することもできる。そうだからといって、誰も非難しないし、共産制的共同体の反抗的な構成員であればそうされたであろうように処罰されたりはしない。共産制的共同体であれば、怠け者は必ずや「住民の頭《かしら》」、共同体の長によって厳しく警告され、あるいはさらに共同体集会において公然と侮蔑されたものであったのだが。いまや各人はなんら制約されるところのない自由な主人であり、共同体は権威として存在していない。だが、働かないのであれば、他者の労働生産物との交換に向けることができるものをもまた得ることができない。他面で、しかし、いまや個々人は、ひじょうに勤勉に働いたとしても、必要な生活手段を手に入れられるかどうかまったく不確かとなっている。というのは、誰もかれに、たとえかれの生産物と交換にであっても、かれの必要とする生活手段を与えるように強制されてはいないからである。交換は相互的欲求が存在するときにのみ実現する。かの共同体において靴はさしあたり必要とされないということであれば、靴屋はきわめて勤勉に働き、きわめて見事な商品を仕上げることはできるにしても、誰もそれを引き取らないし、それと引き替えにパンや肉などを与えはしないであろう。そうなれば、かれは生活必需品を手に入れられないままということになってしまう。ここにまた、かつての共同体における共産制的関係と比べての顕著な相違が現れる。かの共同体を全体として、それなりの期間をとってみれば靴は必要とされたから、共同体は靴屋を抱えていた。どれくらいの数の靴を仕上げるべきか、それは所管の共同体当局によってかれに告げられ、かれは単にいわば共同体の従僕として、共同体の官吏として働いたし、他の誰もがまさに同じ状況にあった。そして、共同体が靴屋を抱えるかぎり、共同体は当然靴屋を扶養もしなければならなかった。かれは他の誰もと同じように共同の富から取り分を獲得したし、この取り分はかれの労働の分担分となんら直接的関連をもたなかった。もちろんかれは働かなければならなかったけれども、働いたのだから、共同体の有用な構成員であったのだから、かれは扶養された。そして、かれがたまたま今月たくさんの靴を仕上げなければならなかったにせよ、少しの靴しか仕上げなくてよかったにせよ、あるいは一時的にまったく仕上げなくてすんだにせよ、なんら変わるところなくかれの生活手段を、共同体が保有する生活手段のうちのかれの取り分を獲得したのである。しかしながら、いまやかれは、かれの労働が必要とされる程度に応じてのみ、すなわちかれの生産物が交換において他者によって受け取られる程度に応じてのみ、自ら欲するものを順次手に入れるにすぎない。したがって各人は、好むやり方で、好むだけ、好むものをつくるためにまっしぐらに働く。かれが適切なもの、社会が必要とするものを生産したかどうか、かれがじっさいに社会的に必要な労働を遂行したかどうかは、かれの生産物が他者によって受け取られるかどうかという事実によって証明されるのみである。したがって、今では、それぞれのどんなに勤勉で堅実な労働も、当初から社会的観点で見た目的や価値をもっているわけではない。交換されることのできる生産物のみが価値をもつ。交換において誰によっても受け取られない生産物は、どれほどしっかりしたものであっても、無価値で、ムダな労働の産物ということになる。

こうしていまや各人は、社会的生産の果実を分与されるために、したがって社会的労働に参加するためにも、商品を生産しなければならない。だが、かれの労働がじっさいに社会的に必要な労働として認められるか否かは、誰からも告げられない。そのことをかれは、自らの商品が交換で受け取られるということ、すなわち自らの商品が交換可能であるということから、経験的に知るというわけである。したがって、総労働に対する、また総生産物に対するかれの取り分は、社会的に必要な労働という刻印、交換価値の刻印[8]がかれの生産物に押されることを通じてのみ保証される。かれの生産物が交換されないままに終われば、かれは無価値な生産物を作ったということであり、かれの労働は社会的に余計だったということである。そのときかれは、気晴らしのために皮革を裁断し、ぞんざいに靴を仕上げた私的な靴屋、いわば社会の外に佇む靴屋でしかないこととなる。社会はかれの生産物に対してなんら関心を払おうとしないし、それゆえ社会的生産物もまたかれの手に入らないからである。われわれの靴屋が今日幸運にもかれの靴を交換でき、引き替えに生活手段を得られたとすれば、かれは単に腹をふくらませ、衣服にくるまることができるというだけでなく、誇りをも抱いて帰宅できる。すなわち、かれは社会の有用な構成員として認知され、かれの労働は必要な労働として認知されたというわけである。しかし、もしかれが、誰もかれの靴を引き取ろうとしないので靴を抱えて戻っていくことになるとすれば、憂鬱にならざるをえない。かれはスープにも事欠いたままであるばかりでなく、同時にその事実を通じて、冷ややかな沈黙をもってではあるにせよ、おおよそ次のように宣告されたのである。友よ、社会は君を必要としていない、君の労働はまったく求められていない、だから君は誰に気遣うことなく首を縊ることのできる余計者［なのである］、と。こうしていつも、一足の交換可能な靴のみが、一般的に言えば交換価値をもつ商品のみが、われわれの靴屋に社会への結びつきを与える。もっとも、パン屋も、織布工も、農夫も——誰もがわれわれの靴屋とまさしく同じ状況にある[9]。かの社会、靴屋をときには認知し、ときには軽んじて冷たく締め出す社会は、相互に交換を求めて労働しているすべてのこれら個別的な商品生産者の総和にすぎない。こうしたやり方で実現される社会的労働及び社会的生産物の総和は、したがっていまや、かつて共産制的、共同体的経済のもとでそうであったのとはちがって、個別的な構成員の労働及び生産物の総和と等しくなるわけでは決してない。というのは、いまや誰かが勤勉に働いたとしても、かれの生産物は、交換を求める引き受け手を見出せなければ、ムダ使いとみなされ、まったく数のうちに入らないからである。交換のみが、何が労働として、また生産物として必要であったか、したがって社会的に計上されるかを決める。それはいわば、誰もがまず家で盲目的にしゃにむに働き、ついで仕上がった私的生産物をどこかの広場へと運び集め、そこで生産物が選別され、それからはじめて刻印が、すなわちこれとあれは社会的に必要な労働であり、交換において引き取られる、だがそれは必要な労働ではなく、したがって無であるという刻印が押されるようなものである。この刻印こそが告げる。これとあれは価値をもつ、それは無価値で、当該者の私的な楽しみに留まるか、あるいは当該者の私的不運を体現するものでしかない、と。

種々の個別的な論点をまとめると、商品交換という素朴な事実を通じて、他の誰からも干渉されたり支配されたりすることなく、次の三種の重要な関係が決定されているということがわかる。

一．社会的労働に対する社会の各構成員の分担分。この分担分は、種類と量とを共同体によって事前に割り当てられるのではもはやなくて、完成生産物を通して事後的に承認されたり、されなかったりする。かつてはわれわれの靴屋が仕上げた個々の靴は、直接的にそして前もって、既に靴型の上にあったときに、社会的労働であった。いまやかれの靴はさしあたり誰も関知しない私的労働である。その後、かれの靴は交換市場においてはじめて選別される。交換で受け取られるかぎりにおいてのみ、靴に費やされた靴屋の労働は社会的労働として認知される。交換で受け取られなければ、［靴は］靴屋の私的労働に留まり、無価値というわけである。

二．社会的富に対する各構成員の持ち分。かつて靴屋は共同体において生産された生産物のうちのかれの持ち分を分配されて得ていた。これは次の事柄によって決定された。第一には一般的な豊かさ、つまり共同体のその時々の資産の状態に従って、第二には当該構成員の必要に従って。多人数の家族は少人数の家族より多くを得るべきであった。民族移動の時代にヨーロッパに到り、ローマ帝国の廃墟跡に定着したゲルマン諸部族のもとで征服地が分配されたさいには、家族の規模もまたひとつの役割を果たした。一八八〇年代にはまだあちこちで共有地の割り替えを行っていたロシアの共同体は、そのさい頭数すなわち各世帯の「口」数を考慮に入れた。交換が一般的に支配するようになると、各共同体構成員の必要と社会的な富に対する持ち分との関係は、そしてこの持ち分と社会の富の総体の大きさとの関係もまた、消し去られる。いまや各構成員によって商品市場に提供される生産物のみが、そしてその生産物が社会的に必要なものとして受け入れられるかぎりでのみ、社会的な富に対するかれの持ち分の基準となる。

三．最後に、交換の機構そのものによって社会的分業もまた調整される。かつては共同体が、しかじかの数の農奴を使役し、またしかじかの数の靴屋、パン屋、錠前屋そして鍛冶屋などを用いると決定していた。各職業が適正な比率を保っているかどうかは、必要なあらゆる労働部門が遂行されているかに対する配慮と同じく、共同体とその選ばれた役人の責任であった。よく知られている有名な事例であるが、ある村落共同体の代表は、死刑を宣告された一人の錠前屋を放免し、その代わりに村に二人いる鍛冶屋の一人を吊すべきだと勧めた。これは、村落共同体において適正な分業を確保するために公的な配慮がなされていたことを示す格好の事例である（ちなみに、中世においてカール大帝が彼の領地の手工業者の種類と数とを明確に定めていた様子は既に見た。中世都市において同職組合の規則が個々の職業を適正な割合で実現することと及び欠如した手工業者を外部から都市に招くことに配慮していた様子もまた既に見た）[10]。自由で制限のない交換のもとではこのことは交換そのものを通じて調整される。いまや誰も靴屋に靴づくりを命じない。かれがそうしたいなら、シャボン玉を作ることも紙凧を作ることもできる。また、気が向けば、靴づくりの代わりに、織ったり、紡いだり、あるいは金細工にくら替えすることもできる。社会が一般的にかれを必要としているとか、かれをとくに靴屋として必要としているとかとは誰も告げない。もちろん社会は一般に靴づくりを必要としている。しかし、何人の靴屋がこの需要をまかなうことができるかは、いまや誰も決めない。したがって、現存数の靴屋が必要であるか否か、むしろ織布工や鍛冶屋が不足してはいないかといったことは、誰もわれわれの靴屋に告げない。しかし、誰もかれに告げないことを、かれはまたもやもっぱら商品市場を通じて経験的に知る。かれの靴が交換において受け取られるなら、社会はかれを靴屋として必要としていると知るのである。逆もまた成り立つ。かれが最良の商品を作ることができたとしても、他の靴屋が既に十分に需要をまかなっていたとすれば、かれの商品は余分なものとなってしまう。そうしたことが繰り返されれば、かれは靴屋という職業を断念しなければならない。よぶんな靴屋は、動物の身体からよぶんな成分が分泌されるのと同じ機械的なやり方で、社会によって取り除かれる。すなわち、かれの労働が社会的労働として受け入れられなければ、かれは社会から締め出される。自らの生存条件として他人に対して交換可能な商品を生産するという、この同じ強制の仕組みは、われわれのお払い箱とされた靴屋を、結局、より強い、まだ十分にまかなわれていない需要のある他の職業、たとえば機織《はたお》り業や荷馬車づくりへと導くであろう。そしてそのようにして、そこでの労働力の不足が充足されるというわけである。さらに、こうしたやり方で諸職業間の適正な比率が保持されるばかりでなく、職業自身が廃止されたり新しく創造されたりもする。ある欲求が社会から消えたり、以前とは異なる生産物によって充足されたりするばあい、かつての共産制的共同体における事例とは異なって、そのことが諸構成員によって確認され、それに応じて労働者がひとつの職業から引き上げられ、他の職業で活用されるというようにはならない。むしろ単純に、時代遅れとなった生産物の交換不能というかたちで現象する。一七世紀にはまだかつら師はいずれの都市でも不可欠の手工業部門をなしていた。しかし、その後ファッションは変わり、人々はかつらを着用しなくなった。こうして、かの職業はただかつらが売れなくなったということを通じて自然死を迎えた。近代都市における運河の普及や各住居に機械的に水を供給してくれる水道の普及とともに、水運び屋ないしウィーンで言うところの水売り(11)という職業はしだいに消えていった。ついで、逆の事例を取り上げてみよう。われわれの靴屋、かれの商品が繰り返し拒絶されることを通じて自らは社会的に求められていないことを社会からはっきりと自覚させられた靴屋が、にもかかわらず、自分は人間社会の不可欠の一員であって、どうしても［靴屋として］生活したいと信じるほどに思い込みが強かったと仮定してみる。生活するためには、われわれが知っておりかれもまた知っているように、かれは商品を生産しなければならない。そこで、かれはまったく新しい生産物、たとえば靴の飾りや不思議なつや出し靴墨を考案する。それによってかれは新しい社会的必要労働部門を創り出したであろうか、あるいは数多くの偉大な天才発明家と同様に真価を認められないままに終わったであろうか。[12] またもや誰もそれをかれに告げはしない。かれはそれを商品市場において経験的に知るのみである。かれの新しい生産物が持続的に交換において受け取られるならば、新しい生産部門が社会的に必要なそれとして認められ、社会的分業が新しく広がったというわけである。[13]

ご覧のように、われわれは、共産制的統治、共同所有制度が崩壊した後、つまり経済生活におけるあらゆる権威、労働におけるあらゆる組織と計画性、そして個々の構成員間のあらゆる紐帯が消滅した後、これらの破局の翌朝さしあたりまったく絶望的に見えたわれわれの共同体において、しだいにもういちど一定の連関を、一定の秩序を復活させた。しかも、きわめて機械的なやり方で。つまり、個々の構成員間でのなんらの相互了解なく、またより上位の権力によるなんらの介入もなく、いまや個々の断片は全体へとまがりなりにもつなぎ合わさった。いまや交換そのものが、一種のポンプ装置とまったく同様に機械的なやり方で経済全体を調整する。すなわち、交換が個々の生産者のあいだに紐帯を作り出し、かれらに労働を強制し、かれらの分業を規制し、かれらの富とこの富の分配を決定する。交換が社会を統治する。いまわれわれの眼前で生まれたのは、もちろんちょっと奇妙な秩序である。社会はいまや共産制的共同体体制のもとでのかつてのそれとはまったく別物に見える。当時、社会はコンパクトな全体、その構成員がみんな相互にくっつきあい、強靭《きょうじん》に団結した一種の大家族、堅固な有機体、いなそればかりか骨化した、ほとんど動きのとれない、硬直した有機体であった。いまや社会は、そのうちで個々の構成員がたえず分散し、また結びつくような、ずばぬけて緩やかな構成体である。じっさい、見てきたように、われわれの靴屋に対して何人《なにびと》も、労働すべきだとか、どんな労働をすべきだとか、どれだけ労働すべきだとかということを告げない。他面で、また何人も、かれが生活手段を得ているかとか、何を得ているかとか、どれだけ得ているかとか尋ねない。誰もかれのことを気にかけておらず、かれは社会的には存在していない。かれは商品市場に自らの労働生産物を携えて現れるということを通じてのみ、自らの存在を社会に知らせる。かれの商品が受け入れられたとき、かれの存在は受け入れられる。かれの靴が交換において受け取られてのみ、またそのかぎりで、かれの労働は社会的に必要なものとなり、したがってかれは社会の労働成員として認められる。かれの靴が商品として受け取られてのみ、そしてそのかぎりで、かれは社会的な富のなかから生活手段を獲得する。したがって、ただのひとりの私人としてかれはなんら社会の構成員ではないし、同様にただの私的な労働としてかれの労働はまだなんら社会的ではない。かれは交換可能な生産物を、商品を作ってのみ、またそのかぎりで、そしてかれがそうした商品を所持し、売ることができてのみ、またそのかぎりで、かれははじめて社会の構成員となる。交換された靴のひとつひとつがかれを社会の構成員とし、売れなかった靴のひとつひとつがかれを再び社会から締め出す。靴屋はしたがって靴屋自身として、人間として、なんら社会と結びついていない。かれの靴がはじめてかれに社会とのつながりを与える。しかも、それは靴が交換価値をもち、商品として売られることができてのみ、そしてそのかぎりにおいてのことである。したがって、それはなんら安定したつながりではない。むしろ、つねに更新され、また解消されるつながりである。とはいえ、われわれの靴屋と相並んですべての他の商品生産者が同じ状況にある。そして社会にはじっさい商品生産者以外にはなにものも存在しない。というのは、人々は交換を通してのみ生活手段に手が届くからである。すなわち、生活手段を得るために、誰もが商品を携えて登場しなければならないのである。商品を生産することが生存の条件なのであり、こうしてそこでは、すべての人間がまったくばらばらの諸個人として、それぞれの生活を営んでいる社会状況が生まれる。諸個人は、お互いのために存在するのではなく、むしろもっぱら商品を通じて、全体とつながったり、このつながりから再び締め出されたりということをたえず繰り返しているのである。それはきわめて締まりのない、ぐらぐらした、その個々の構成員のたえまない渦巻き運動の過程のなかにある社会である。

こうして、計画的経済の廃止と交換の導入とは、人間の社会関係の全面的な変革を引き起こし、社会をまったく別物に変えてしまうということがわかる。

二 多数者間での交換に伴う困難を解消する手段としての貨幣の成立

社会の構成員のあいだの唯一の経済的な連結環としての交換は、しかしながら、大きな困難を伴っており、これまで前提してきたようにただちにそうすんなり円滑に進行するわけではない。事態をより詳細に考察してみよう。われわれが取り上げた二人の個別的生産者間の交換のみを、すなわち靴屋とパン屋との交換のみを観察しているかぎりでは、事態はまったくシンプルであった。靴屋は靴だけでは生活してゆけず、パンを必要とする。パン屋は、既に聖書が語っているように、パンのみでは生きてゆけず、といってこのばあい神の御言葉でもなく、靴を必要とする。ここには完全な相互性が存在しているので、交換は滑らかに実現される。すなわち、パンは、それを必要としないパン屋の手から靴屋の手へと移される。靴は靴屋の仕事場からパン屋のチェストへと移る。双方がそれぞれの欲求を充たし、双方の私的労働が社会的に必要な労働として確証された。だが、同じことが靴屋とパン屋とのあいだでのみ生じるのではなく、すべての社会構成員のあいだで、すなわちすべての商品生産者のあいだでいっときに生じると仮定してみよう。われわれがこのように仮定することは不当ではない。否、むしろこのように仮定するしかない。なぜなら、すべての社会構成員はなんといっても生きてゆかなければならないし、さまざまな欲求を充たさなければならないからである。社会の生産は――先述のように――ひとときも休止するわけにはゆかない。なぜなら消費はひとときも休止しないからである。いまやさらにこうも付け加えなければならない。いまでは生産は個々の自立した私的労働に分裂しているのだから、そしてその私的労働のいずれもが当該の労働者ひとりの欲求に対してさえ十分でありえないのだから――社会の消費が休止しないとすれば――交換もまたひとときも休止することができない、と。したがって、誰もがたえず誰もと生産物を交換する。いかにしてそうしたことが生じるのであろうか。われわれの事例に立ち返ってみよう。靴屋はパン屋の生産物のみを必要とするのではなく、他のあらゆる商品をいくばくかずつ得たいはずである。パンのほかに肉屋から肉、仕立屋から上着、リンネル職布工から肌着用の布地、帽子職人からシルクハットなどなどをも必要とするというぐあいである。かれはこれらすべての商品を交換という方法でのみ手に入れることができる。だが、かれの方でそれらに対して提供できるものはつねに靴のみである。だから靴屋にとって、生活のために自らが必要とするすべての生産物は、さしあたり靴という姿をとっている。パンを必要とするとき、かれはまず一足の靴をつくる。肌着を必要とするなら、やはり靴をつくる。帽子や葉巻が欲しいときにも、なにはともあれとにかく靴をつくる。かれが専門とした職においては、かれが入手できる社会的な富の総体はかれにとって靴という姿をとっているのである。商品市場での交換を通じてはじめてかれの労働は靴という限定された姿から、かれの必要とする多様な生活手段の姿へと転じることができる。しかしながら、この生活手段への転化がじっさいに生じるためには、つまり靴屋がさまざまの生活上の喜びをもたらすと期待をかけたかれの多大な勤労が靴の姿に固着したままで終わらないためには、われわれには既になじみの重要な条件が必要である。すなわち、靴屋がその労働生産物を必要とする他の生産者たちのまさしく全員がまたかれの靴を必要とし、交換で受け取ろうと求めているということである。かれの生産物、靴がすべての他の生産者によって切望される商品であってはじめて、靴屋はすべての他の諸商品を獲得することができるのである。もしかれの靴がいつでもあらゆる人によって切望されている商品、したがって無制限に切望されている商品であるとすれば、かれはいつでもすべての他の諸商品のなかからかれの労働生産物によって交換しうるかぎりを獲得することができるであろう。だが、既に靴屋ひとりについてさえ、かれの特殊な商品が人類にとってそれほどに絶対的で無制限に不可欠であると信じるのは、明らかにかなりの思いあがりであり、根拠のない楽観論であろう。しかるに、他のいずれの個別的生産者もまたまさに靴屋と同じ状況にあるのだから、事態はより悪い。すなわち、パン屋、錠前屋、織布工、肉屋、帽子屋、農夫等々がみんな同じ状況にあるというわけである。かれらの誰もがきわめて多様な生産物を切望し、必要としながら、かれらの側ではそれぞれただひとつの生産物しか提供できない。各人はかれの特殊な商品がいつでも社会のあらゆる人によって切望され、交換において受け取られるときにのみ、かれの欲求を十分に充たすことができるであろう。だが、ほんの少し考えてみれば、これはまったく不可能であることがわかる。誰であれいつでも同じようにすべての生産物を切望したりできない。誰であれいつでも、したがって無制限に靴やパンや衣服や鍵や糸や肌着や帽子や靴の飾りなどなどの買い手ではありえない。だが、だとすれば、すべての生産物がいつでもすべての生産物と交換できるということにはならない。しかしながら、たえざる全面的な関係としての交換が不可能であるとすれば、社会のあらゆる欲求が充足されるということは不可能であり、社会のあらゆる部面に広がる労働は不可能であり、社会の存続は不可能であろう。そしてそうだとすれば、われわれは再び苦境に陥っているのであって、われわれがかつて立てた課題を解決できていないこととなろう。すなわち、個々ばらばらの分裂した私的生産者たちから、なんの共同的な労働計画ももたず、なんの組織ももたず、なんの紐帯も結んでいない私的生産者たちから、それでもなお社会的な協働が、ひとつの経済が、いかにして実現されうるのかを解き明かすという課題である。交換が、たとえ不可思議なやり方ででではあるにせよ、これらすべてを調整することのできる手段であることは既に十分明らかとなった。だが、そのためには、交換がまず一般的に成立して、規則的な機構として機能できなければならない。にもかかわらず、いまやわれわれは交換そのもののうちに、既にその第一歩において、いかにして交換が一般的にすべての生産物にわたってたえざる取引として生じるのかをまったく理解できないという困難に遭遇したのである。

さて、この困難を克服し、社会的交換を可能にするための手段は既に見出されている。それを発見したのはかのコロンブス、といったたぐいの話ではまったくない。社会的な経験と慣習とが知らぬまに交換それ自身のうちにその手段を発見した。いわば「生活」そのものが課題を解決したのである。一般にそうであるように、社会的生活は困難と同時にそれを解決する手段をもまた創り出す。すべての商品があらゆる人によっていつも切望される、すなわち無制限に切望されるということはむろんありえない。しかし、いつの時代にも、どのような社会においても、あらゆる人にとって生存の基礎財として重要で、不可欠で、有用な、それゆえにつねに切望される或るなんらかの商品が存在した。人間がそれほど見栄っ張りでないように、この商品が靴である必要はまったくなかったであろう。しかし、そうした生産物はたとえば家畜でありえた。靴のみをもって暮らしはたてられないし、衣服のみでも、帽子のみでも、穀物のみでも暮らしはたてられない。だが、経済の基礎としての家畜はつねに社会の存立を保障してくれる。すなわち、肉を、乳を、皮革を、そして労働力などを提供してくれる。じっさい、多くの遊牧民族においては全財産がおおよそ家畜の群から成っている。アフリカの黒人部族はいまでもほとんどもっぱら家畜の群に依拠して生活している。少なくとも、ごく最近までそのように生活してきた。そこでいま、われわれの共同体において家畜が切実に望まれている富の素材であると――唯一ではなく、その社会で生産されている多くの生産物のうちでより好まれているものにすぎないにせよ――仮定してみよう。ここでは、ちょうど靴屋が靴に、織布工が亜麻布にかれらの私的労働を振り向けるなどなどのように、畜産家はかれの私的労働を家畜の飼育に振り向ける。仮定にしたがえば、畜産家の生産物のみがすべての他の生産物にまさって一般的な、無制限の人気を享受する。なぜなら、それがすべての人々にとってもっとも不可欠のもっとも重要な生産物と思われているからである。したがって、家畜はあらゆる人にとって歓迎される収入である。われわれの社会においては交換というやり方以外ではなにも、また他の誰からも手に入れられないという状態にあることに変わりはないので、おおいに切望されている畜産家の家畜も明らかに他の労働生産物との交換を通じてしか手に入れることができない。だが、前提したように誰もが家畜を所有したいと思っているとすれば、誰もが家畜とならいつでもかれの生産物を交換に引き渡そうとすることになるであろう。ということは、逆に家畜と引き替えにならいつでもあらゆる種類の生産物を手に入れることができるわけである。したがって、家畜を所有している人は、欲しいものを選択しさえすればよい。すべてのものを自由にできるからである。そして、まさにそうだから、逆にあらゆる人は自らの特殊な労働生産物をなによりも家畜と交換しようと望む。家畜と引き替えにならいつでもすべてのものを獲得でき、したがって家畜を所有しさえすればすべてのものを所有することになるからである。時の経過とともにひとたびこのことが知れわたり、慣習化したなら、家畜はしだいに一般的商品となる。[14] すなわち、唯一の、制限なく一般的に切望される、交換可能な商品となる。そしてそのような一般的商品としていまや家畜がすべての他の特殊な諸商品のあいだの交換を媒介する。靴屋はいまやかれの靴と引き替えにパン屋から直接にパンを受け取るのではなく、むしろ家畜を受け取る。というのは、そうすればかれは家畜でもって望むときにパンでも他のどんな商品でも買うことができるからである。いまやパン屋も靴に対して家畜で支払うことができる。というのは、まさにかれ自身の生産物つまりパンと引き替えに、他の人々から、つまり錠前屋、畜産者、肉屋などから、同様に家畜を獲得していたからである。誰もが自らの生産物と引き替えに他者から家畜を受け取り、他者の生産物を得たいときにはまた同じ家畜でもって支払う。こうして家畜は或る人の手から別の人の手へと移る。それはあらゆる交換を媒介する。それは個別的商品生産者たちの精神的な紐帯である（そして家畜がますます多く、ますます頻繁にそのように交換取引の媒介者として或る人の手から別の人の手へと移れば移るほど、その一般的な無制限の人気はますます固着し、唯一のつねに切望される、交換可能な商品へと、すなわち一般的商品へとますます転じてゆく）。

先に見たように、共同体的な労働計画を備えない、分裂した私的生産者たちから成る社会においては、あらゆる労働生産物はさしあたり私的労働にとどまる。この労働が社会的に必要であったか否か、したがってその生産物が価値をもち、労働者に総生産物に対する分け前を保障するか否か、むしろムダな労働ではなかったかどうか、こうしたことはただ次の事実のみが、すなわちこの生産物が交換で受け取られるか否かという事実のみが示す。だが、いまやすべての生産物は家畜とのみ交換される。したがって、いまや、生産物はそれが家畜と交換されるかぎりでのみ、社会的に必要なものと認められることとなる。家畜との交換可能性、家畜との等価性が、いまやはじめて、それぞれの私的生産物に社会的に必要な労働という刻印を押すこととなる。われわれは次のことをも、やはり既に見た。すなわち、商品交換を通してはじめて、そして商品交換を通じてのみ、個別化された、孤立させられた私人たちは社会成員としての刻印を押される、と。いまやより正確に次のように言わなければならない。すなわち、家畜との交換を通して、と。家畜がいまや社会的労働の化身であり、したがって家畜がいまや人々のあいだの唯一の社会的紐帯なのである。

ここまでくると、きっとあなたがたは、われわれが迷路に迷い込んでしまったと内心感じることであろう。先ほどまでは、すべてある程度なっとくできる話であり、耳を傾けるに値した。だが、至りついたのは、一般的商品としての家畜、社会的労働の化身としての家畜、人間社会の唯一の紐帯としてのかの家畜――これはまったくばかげた幻想であり、おまけに人間社会にとって侮辱的な幻想である！　しかしながら、あなたがたがなにかそのように考えるとすれば、あなたがたは根拠もなしに、侮辱されたと感じていることとなろう。というのは、あなたがたが哀れな家畜をあんなにも軽蔑し、うえから見下しているのと同じように、次のこともどのみち明らかだからである。すなわち、家畜は人間のずっと身近に存在し、人間にある程度似ているということ、たとえば土から拾ってきたひと塊の粘土や小石と比べれば、あるいは鉄片と比べれば、はるかに人間に似ているということである。家畜が少なくとも無機的なひと塊の金属より人間のあいだの生きた社会的紐帯を表すのにふさわしいであろうことは認められなければならない。それでいて人類は、この事例においてまさしく金属を優先させたのであった。というのは、交換における家畜の既述したような意味と役割においては、家畜は――貨幣以外のなにものでもないからである。あなたがたがいまや貨幣を鋳造された金ないし銀の断片あるいは紙製の銀行券の姿においてしかまったく思い浮かべられないとすれば、そしてそのさい、これらの金属製ないし紙製の貨幣が人々の交流の一般的媒介者として、社会的な権力としてなにか自明の存在であるように思うとすれば、そして逆に家畜にこの役割を演じさせたわたしの叙述を非常識と思うとすれば、それはただあなたがたの頭がどれほど今日の資本家的世界の観念にとらわれているかを示しているだけである。(15)

そのようにしてあなたがたにとって、まだなかば道理に適って見えていた社会関係の像がまったく馬鹿げたものとして現れ、むしろまったくの非常識が自明のものとして現象する。じっさい家畜の姿での貨幣は金属貨幣とまったく同じ機能をもっているし、貨幣をやがて金属からつくるようにさせたのは便利さを考慮してのことにすぎない。家畜はもちろん等質の金属片ほどうまく交換されないし、正確にその価値を測定することもできない。また、家畜貨幣の保管のためには家畜小屋のような、あまりに大きな財布をもたなければならない。しかしながら、人類が金属から貨幣をつくることを思いつく以前に、貨幣は交換の不可欠の媒介者としてとっくに存在していた。というのは、貨幣すなわち一般的商品は、それなしには一般的交換がはかどらない、それなしには個別的生産者から成る無計画な社会的経済が存立できない、まさに不可欠な手段だからである。

じっさいに、ここで交換にさいしての家畜の多面的な役割を見てみよう。なにがわれわれの探求している社会において家畜を貨幣とならしめたのか？　家畜が誰からもいつでも切望される労働生産物であったという事実である。しかし、なぜ家畜はいつでも誰からも切望されたのか？　既に述べたように、家畜が多面的な生活手段として生存を保障することのできる、ずばぬけて有用な生産物だったからである。そうだ、最初はそのとおりである。だが、その後、家畜が交換全体において媒介者として用いられれば用いられるほど、生活手段としての家畜の直接的使用はますます後景に退いていった。いまや自らの生産物と交換に家畜を入手する者は、その家畜を屠殺してたいらげたり、あるいは鋤につないだりしないように気をつけるであろう。すなわち、家畜はかれにとっていまやいつでも随意の商品を購入できる手段としてずっと貴重なのである。家畜の受取人たちはしたがっていまや家畜を生活手段として消費するのではなく、むしろ将来の交換取引のための交換手段として保管する。あなたがたは次のことにも気づくであろう。すなわち、われわれがこの社会に前提しているような高度に発展した分業のもとでは家畜の直接的消費はそれほど可能でもない、と。たとえば、靴屋は家畜そのものでなにをすべきであろうか。あるいは、農業を営んでいない錠前屋や織布工や帽子屋はなにをすべきであろうか。生活手段としての家畜の直接的な有用性はこうしてますます度外視され、したがって家畜がすべての人からいつでも切望されるのは、もはやそれが屠殺や搾乳やあるいは耕作に役立つからではなくて、むしろそれがいつでも随意の商品との交換を可能にしてくれるからなのである。交換を可能にすること、すなわちたえず私的生産物を社会的生産物に、私的労働を社会的労働に転化させることに仕《つか》えるということが、ますます家畜にとっての特殊な有用性、使命ということになる。こうして家畜は生活手段として人間に奉仕するというその私的利用法をなおざりにして、もっぱら社会の個別的成員間のたえまない媒介という機能に自らを捧げる。その結果、しだいに他のあらゆる生産物と同じ私的生産物であるということをもやめて、むしろもとから、生来、いわば家畜小屋にいるときから、社会的な生産物となり、そして畜産家の労働はいまや社会のすべての他の労働とは異なった、唯一の直接的に社会的な労働となるのである。したがって、また、家畜はもはや生活手段としての消費のためのみに飼育されるのではなく、むしろそれと並んで、社会的な生産物として、一般的商品として、貨幣として機能することを直接の目的に飼育されることとなる。もちろん、家畜はわずかであれまだ屠殺もされるし、鋤にもつながれる。しかし家畜のこのいわば私的消費、私的性格は、貨幣としてのその公的性格の前にますます姿を消している。そしてそうしたものとして、家畜はいまや社会生活において傑出した、多面的な役割を演じるのである。

一、家畜はもはや揺らぐところのない、一般的な、公的に認められた交換手段となる。いまやもはや、誰も靴をパンと、あるいは肌着を蹄鉄と交換したりしない。そんなことを望む者は、肩をすくめて追い返されるであろう。家畜との交換でのみ人はなにかを手に入れることができる。しかしながら、それを通じて、以前の両面的であった交換は二つの分離した営みへと、すなわち売りと買いへと分解する。以前には、錠前屋がパン屋とかれらの生産物を交換するとき、各人は単一の取引を通じて同時に自らの商品を売り、他者の商品を買っていた。買いと売りはひとつの一体の営みであった。いまや、靴屋が靴を売るとき、かれは交換に家畜を手に入れるし、また家畜のみしか受け取らない。かれはまずさしあたり自身の生産物を売ったのである。続いていつかれが買うか、なにを買うか、あるいはそもそも買うか否かは、別問題である。ともあれ、靴屋はかれの生産物を売り払った。かれはかれの労働をいまや靴という形態から家畜という形態へと転化したのである。だが、家畜という形態は、われわれが知っているように、労働の公的、社会的な形態であり、この家畜という形態において靴屋は労働の公的、社会的な形態をかれの望む期間保蔵することができる。というのは、かれはいつでも自由にかれの労働生産物を家畜という形態から再び随意の労働生産物へと転換できることを、すなわち購買を実行できることを知っているからである。

二．だが、まさにそのことを通じて、家畜はいまや富を蓄え、集積する手段、すなわち蓄蔵手段ともなる。靴屋がかれの生産物を直接に生活手段とのみ交換していたかぎりでは、日々の欲求を充たすために必要なちょうどそれだけ働いていた。働いて靴を蓄えて、あるいはパンや肉や肌着や帽子などの大きな蓄えをつくったとして、いったいかれになんの利益があるだろうか？　日々の消費対象は、より長く保存したり貯蔵したりすれば、たいてい、損なわれるしかなく、まったく使用不能になったりもする。しかしいまや、靴屋は、かれの生産物と交換に手に入れた家畜を将来のための手段として保蔵することができる。いまやわれわれの親方のもとで倹約しようという気持ちも目覚め、かれはできるだけ多くを売ろうとするが、保有する家畜をすべて再び支出するといったことはしないように気をつける。むしろ、かれは家畜を蓄積しようとする。というのは、家畜はいつでも誰に対しても有効なので、家畜を節約し、将来のために積み増し、こうしてかれの労働の果実を子どもたちに遺贈するからである。

三．家畜は、同時に、すべての価値と労働との尺度ともなる。靴屋が、一足の靴が交換においてかれにもたらすもの、ないしかれの生産物が値するところのものを知ろうとするとき、かれはたとえば次のように独り言をつぶやく。わたしは靴一足に対して半頭の牛を手に入れる、わたしの一足の靴は牛半頭に値する、と。

四．最後に、家畜はこのようにして富の化身となる。いまや人々は次のようには、すなわち誰それは多量の穀物、畜群、衣服、装身具、召使いを所有しているから裕福であるとは言わない。むしろ、かれは多くの家畜を所有していると言う。あの男には脱帽せよ、かれは一万頭の雄牛を持つ「資産家」だ、あるいは哀れなやつ、あいつには一頭の家畜さえない！　と、人々は言うのである。

見てきたように、家畜が一般的交換手段として普及するにつれて、社会は家畜形態でしか思考できないこととなる。人はいつも家畜について噂し、家畜のことを夢見ることとなる。文字通りの家畜崇拝と家畜礼賛が形成される(16)。少女は、彼女の魅力が持参金としての家畜の大群によって高められるなら、求婚者が養豚業者ではなくて教授や牧師あるいは詩人であったとしても、結婚相手として最高に好まれるであろう。家畜は人間の幸福の化身である。家畜とその不思議な力に対して詩歌がつくられる。家畜のために犯罪がなされ、殺人が犯される。そして人間は首を傾げながら繰り返す。「家畜が世界を支配する」と。この格言がピンとこなければ、家畜をラテン語で表してみるとよい。古ローマン語(17)のペキュニア（pecunia）＝貨幣は、ペキュス（pecus）＝「家畜」から派生しているのである(18)。

三．商品経済についての理論的考察と歴史的過程の対比

われわれはこれまで、共産制的共同体に見出された諸関係は、共同体的所有と共同体的労働計画とが突然崩壊してしまったのちにはどうなるであろうかということについて考察してきた。こうしたわれわれの考察は、みなさんには純理論的な穿《うが》ちだてであり、五里霧中状態での徘徊であると思われたことであろう。だが、じっさいには、それは商品経済が歴史的にどのようにして生成してきたかについての、圧縮され、単純化された叙述にほかならず、基本的な

ところでは史実にぴったり合致する。

たしかに、私たちの叙述にはいくつかの修正が施されなければならない。

一．共産制的社会を一夜にして砕き、自由な私的生産者たちの社会へと変えてしまった突然の破局としてわれわれが描いたプロセスは、現実には数千年を要した。もちろん、突然の、暴力的な破局としてそのような変化を思い描くこともまったくの幻想というわけでは決してない。この描写は、原始的な原共産制的部族が既に高度な資本制的発展段階にある国民と接触するところではどこでも現実にあてはまる。そのような事例は、ヨーロッパ人によっていわゆる野蛮で半文明的な国々が発見され、征服されたおおかたのばあいに見られるものである。すなわち、スペイン人によるアメリカの発見やオランダ人によるインドの征服及びイギリス人による東インドの征服がそうである。さらに、イギリス人、オランダ人、ドイツ人によるアフリカにおける占守にも同じことが言える。大半のこうした事例において、これらの土地へのヨーロッパ人の突然の侵入は当地の原始的諸部族の生活の破局を伴った。われわれが二四時間のなりゆきと想定したものは、じっさいにはたかだか数十年を要したのみということが多かった。ヨーロッパのいずれかの国によるある土地の征服ないしこれらの土地の若干のヨーロッパ人交易居留地への入植のみでも、共同体的土地所有の暴力的廃止、土地財産の私有財産への分解と細分化、家畜の群れの略取、伝統的な社会諸関係全体の転覆がほどなくもたらされた。ただ、そのさい、結果はたいてい、われわれが想定したように共産制的共同体が商品交換を伴った自由な私的生産者たちの社会へと転換するということではなかった。というのは、分解された共有財産は原住民の私有財産になるのではなく、むしろヨーロッパ人侵略者が盗み、強奪した財貨へと化した。そして、伝統的な生存形態と生存手段を奪われた原住民自身は、賃金奴隷になるか単にヨーロッパ商人の奴隷になるか、もしくはそれら両者が不可能であったところでは——端的に根絶させられた。したがって、植民地におけるすべての原始的部族にとって、原始共産制的状態から近代資本制的状態への移行は、じっさいには突然の破局、このうえなくおそろしい、苦悩にみちた、言語に絶する不幸として立ち現れた。しかしながら、ヨーロッパの住民のばあいこの移行は破局ではなく、むしろ幾世紀も続いた緩慢で、漸次的で、それと気づかれることのないプロセスであった。ギリシア人やローマ人はまだ共有財産制度を保持して歴史に登場した。紀元直後に北から南へと侵入し、ローマ帝国を滅ぼし、自らヨーロッパに定住した古代ゲルマン人は、なお共産主義的原始共同体のもとにあり、その制度をその後長く保持した。ヨーロッパ諸国民のもとでの発達した商品経済は、既述のように、中世末、一五、一六世紀にようやく広まったのであった。

二．われわれの叙述に施されるべき第二の修正は、第一の修正から派生する。すなわち、先述のところでは次のように想定されていた。既に共産制的共同体の胎内においてすべての可能な労働部門が専門化され、分離されている、つまり社会内の分業がひじょうに高度な発展を遂げている。したがって、共同所有を廃し、交換を伴う私的生産をもたらした、かの破局が生じたさい、交換の基礎としての分業は既に準備されていた、と。この想定は歴史的には正しくない。原始的な社会状態にあっては、共同所有が存続しているかぎり、分業は未だ僅かであり、ようやく萌芽的に展開しているのみである。この点、インドの村落共同体の例に即して既に見た[19]。多数の共同体住民のなかからたかだか一二人の人々のみが分離され、特殊な職業を委ねられていたのであり、そのなかで本来の手工業者は六人のみ、すなわち鍛冶屋、木工、陶工、理髪師、洗濯屋、そして銀細工師であった。糸紡ぎ、布織り、裁縫、パンづくり、屠殺、ソーセージづくりなどのようなたいていの手工労働は、すべて各家族によって、本業の農業と並ぶ副業としてそれぞれの家庭で営まれていた。ちょうど、いまもなおロシアの多くの村落では、住民が既に交換ないし商業に引き込まれているということでないかぎり、そうされているように。分業、すなわち個々の労働部門の排他的で専門的な職業としての分離は、私的所有と交換とが既に存在していてはじめて真に発展することができる。私的所有と交換とがはじめて特殊な専門的職業を発展させることができるのである。というのは、一般に生産者は、かれの生産物を規則的に他者の生産物と交換できると見込めてはじめて、自ら特定の生産に専念しようと考えるだろうからである。そして、貨幣がはじめて各生産者にその勤労の果実を保存、蓄積できるようにし、それを通じて、市場向けにできるだけ多く規則的に生産しようと駆り立てもする。他面で、しかしながら、この市場向けの生産と貨幣の蓄積は、かれの生産物とその収益がかれの私有財産となってはじめて生産者のめざすところとなる。だが、共産主義的な原共同体においてはまさにこの私有財産制度が排除されていた。そして歴史はわれわれに次のことを示す。私有財産制度は交換と労働の専門化によってはじめて生み出されてきた、と。したがって、専門的職業の発達すなわち高度に発展した分業は、私有財産制度と発展した交換のもとでのみ可能ということが明らかである。だが、他面で、交換自体は分業が既に存在してはじめて可能だということも明らかである。そもそもみんなが同じものを生産している生産者たちのあいだで交換という営みにどんな目的があるというのか？　たとえば、Xは靴のみを生産し、Yはパンを焼くのみというときにはじめて、この二人が生産物を交換することに意味や目的が生まれるというものであろう。こうしてわれわれは不可解な矛盾に突き当たる。交換は私有財産制度と発展した分業のもとでのみ可能だが、分業は交換の結果として、そして私有財産制度に基づいてはじめて生成することができるし、私有財産制度は、これはこれで交換を通じてはじめて生成するという矛盾である。しかも、より詳細に見れば、これは二重の矛盾である。すなわち、分業は交換以前に存在していなければならないが、同時に、交換は分業以前に存在しているべきである。さらに、私有財産制度は分業と交換との前提でありながら、私有財産制度それ自身は分業と交換からしか発展することができない、と。どのようにしてそのような錯綜した関係が成り立つことができるのか？　われわれは明らかに堂々めぐりをしていて、原始共産制的な原共同体から抜け出す最初の一歩が既に不可能であるかに思われてくる。人間社会はここでどうやら、いっそう発展することができるか否かがその解決にかかっている矛盾につかまっていたかに見える。さて、しかし、出口喪失は単にみかけだけにすぎない。だが、社会生活全体においては、より詳しく眺めてみると、そのような矛盾がたえず見出される。今日はある他の現象の原因として登場したものが明日は後者の帰結となる、そしてその逆もまた生じる。しかも、こうしたたえざる関係の交代が社会生活を滞らせるといったことはない。むしろ逆である。個々人のばあい私生活において矛盾に直面すれば立ちすくむしかない。日々の生活に関しては、矛盾はあるはずのないものと考えられている。したがって、法廷において自己矛盾に陥った被告は、そのこと自身で既に虚偽が認められたものとみなされ、そうなるとかれが陥った矛盾は、状況しだいでかれを刑務所へ、それどころか絞首台へさえ連れてゆくこととなりかねない。だが、全体としての人間社会はたえず矛盾に陥っている。それでいて、それだから崩壊するということはない。むしろ逆に、矛盾に陥ったときにはじめて運動し始める。社会生活における矛盾はつねに発展へと、文明の新しい進歩へと解消されてゆく。偉大な哲学者ヘーゲルは語っている。「矛盾は進歩の導き手である」と。[20] そして、このかまびすしい矛盾が導く運動こそ、まさに人類史が発展してきた現実のあり方にほかならない。ここでわれわれが関心を抱いた上記の事例においても、すなわち共産制的社会から分業と交換を伴った私有財産制度への移行にさいしても、われわれが見出した矛盾は、ひとつの特別の発展のうちに、長い歴史の歩みのうちに解消されていった。そしてこの歴史の歩みは、ここで加えられた修正を捨象するなら、本質的には既述したところにまさしく合致していた。

なかんずく、交換は共同体的所有制度を備えた未開の原始状態のもとでじっさい既に始まっている。しかも、やはりみてきたように、物々交換すなわち生産物と生産物とが直接に交換されるかたちで始まっている。物々交換は、人類のきわめて初期の文化段階において既に見出されるのである。しかしながら、既に詳しく述べたように、交換には両交換当事者の私有財産が必要なので、そしてそうしたものは原始共同体内には存在していないので、最初の物々交換もまた、共同体内ないし部族内ではなく、むしろ共同体の外部で、同一部族ないし共同体の成員間ではなくむしろ互いに触れあうこととなった異なる部族間、共同体間で行われた。しかも、このばあい、見知らぬ他部族と物々交換したのは部族の個々の成員ではなくて、全体としての部族ないし共同体が相互に物々交換に歩み入ったのであり、首長どうしによって物々交換したのである。したがって、経済学者たちのかのありきたりの表象、すなわちアメリカの原生林のなかで人類文化の黎明期に相互に魚と獲物を交換した原始的漁師と原始的猟師という表象は、歴史的には二重の幻像である。原始時代には、既に見たように、孤立した、自立して生活し労働する個人など存在してはいなかったばかりでなく、個人と個人とのあいだでの物々交換もまた数千年ものちになって初めて生まれたのである。さしあたり歴史が知っていたのは、相互に取引する部族ないし民族のみであった。アメリカの未開人についての著作のなかでラフィトーは述べている。「未開民族はたえず相互に交換を営んでいる。かれらの取引は古代人のそれと共通するところをもっている。すなわち、かれらの取引は生産物と生産物との直接的な交換である。これら諸民族の各々は他の民族が保持していないなにかを保持しており、取引はこれらすべての物をある民族から他の民族へと移す。それらには穀物、陶器、毛皮、タバコ、鹿皮、小舟、野牛、世帯道具類、魔よけのお守り、木綿、一言で言えば人間生活を維持するために必要とされるすべてのものが含まれる。……かれらの取引は民族全体を代表する部族の長によって率いられている。」(21)

さらに、われわれは、先述のところでは交換を個別的事例――靴屋とパン屋との交換――でもって開始し、これを偶然のこととして扱ったが、これもまた厳密な史実に合致している。当初、個々の未開部族間ないし未開民族間の交換は純粋に偶然的で不規則なたぐいのものであった。すなわち、それはかれらのあいだのかなり偶然的な遭遇や接触にかかっていた。したがって、われわれは最初の規則的な物々交換の登場を遊牧民において目にすることとなる。というのも、かれらはたびかさなる移動を通じてもっとも頻繁に他の民族と接触したからである。[22] 交換が偶然的であるかぎり、部族ないし共同体において自らの必要を充足したのちに残った余剰生産物のみが、他民族との交換に提供されることともなる。しかし、時を経て、偶然的な交換がしばしば繰り返されるにつれて、交換はますます習慣的になってゆき、やがて規則的となり、しだいに人々は直接に交換を求めて生産物をつくりはじめる。こうして部族ないし民族は、交換のためにますますいずれかの、ないしいくつかの生産部門を専門化させてゆく。部族ないし共同体のあいだで分業が発展する。そのさい、交易はなおずいぶん長いあいだ、純然たる物々交換すなわち生産物と生産物との直接的交換に留まっていた。アメリカ合衆国の多くの地方では、一八世紀末にまだそうした物々交換が広がっていた。メリーランド[23]では議会がタバコ、油、豚肉、パンが相互に交換されるべき比率を定めていた。コリエンテス[24]では一八一五年にまだ行商の若者が「塩とろうそくの交換はいかが、タバコとパンの交換はいかが！」と叫びながら往来を駆けていた。ロシアの村々では一八九〇年代にいたるまで、ところによってはいまもまだ、巡回する行商人いわゆるプラソルによって農民との単純な物々交換が営まれていた。さまざまな小間物、すなわち針、指貫、リボン、ボタン、パイプ、せっけんなどといったものが、ブラシ用の毛、羽毛、うさぎの毛皮などなどと交換された。ロシアでは荷車で巡回する陶工やブリキ職人などによっても類似の交易が営まれていて、かれらは自らの生産物を穀物や亜麻、麻、亜麻布などと交換する。[25] だが、交換機会が頻繁になり、規則的になるにつれて、既にひじょうに早くからそれぞれの地方において、それぞれの部族のもとで、もっとも容易に生産されることができ、したがってもっとも頻繁に交換に用いられることのできる商品が、あるいは逆にもっとも欠如していて、だからみんなに切望される商品が自然に選び出された。たとえばサハラ砂漠における塩や椰子の実、イギリス領西インド諸島[26]における砂糖、ヴァージニア[27]やメリーランドにおけるタバコ、シベリアにおけるいわゆるレンガ茶（茶葉と油脂をレンガ状に固く練り合わせたもの）、アフリカの黒人たちのあいだでの象牙、あるいは古代メキシコにおけるカカオ豆がそうした役割を演じた。こうして、既にさまざまな地域の気候風土が、あらゆる取引の土台、あらゆる交換行為の媒介者として役立つのに適したひとつの「一般的商品」を選び出したのである。同じことは、もっとのちの発展とともにそれぞれの部族に特有な生業から生まれた。狩猟民族においては、当然のことながら野生動物がありとあらゆる生産物に対してかれらが提供する「一般的商品」となった。ハドソン湾社会の交易においては、ビーバーの毛皮がこの役割を演じた。漁労部族においては、魚がすべての交換行為の自然な媒介者をなす。フランス人旅行家の話によれば、シェットランド島では劇場のチケットを購入するときでさえつり銭として魚がよこされる[28]。一般的な交換仲介者としてそのように一般的に好まれる商品が不可欠であることは、しばしばきわめて切実に実感させられる。じっさい、たとえば有名なアフリカ旅行家サミュエル・ベーカーは、アフリカ奥地の黒人部族との物々交換を次のように描いている。「食料の調達はますます困難になる。原住民は穀粉を肉と交換にしか売らない。だからわれわれは穀粉を次のように調達する。すなわち、トルコ人商人のもとで衣服や靴と交換に鉄製の『鎚』（鍬）を買う。ついで、鎚と交換に雄牛を買い、この雄牛を辺鄙《へんぴ》な村へと連れてゆき、屠殺し、およそ一〇〇の肉片へと解体する。部下がこれら肉片と大きな三つのかごを持って地面に座ると、原住民がやってきて肉片ひとつごとと交換に小さな籠に入った穀粉を部下が持つ籠のなかにぶちまける。これがやっかいな中央アフリカの穀粉取引の一例である。」[29]

牧畜への移行とともに家畜は物々交換における一般的商品に、そして一般的な価値尺度になった。これは、ホメロスが描いているように、古代ギリシアの事例でもあった。たとえばそれぞれの英雄の装備を正確に描写し、査定しながら、ホメロスは、グラウコスの装備一式は一〇〇頭の牛に値し、ディオメデスのそれは九頭の牛に値すると述べている。[30] しかし、当時ギリシア人のもとでは家畜と並んでさらに他のいくつかの生産物も貨幣として用いられていた。同じくホメロスが述べている。トロイアを包囲したさい、レメソス産のワインに対して、ときには毛皮、ときには雄牛、ときには銅器や鉄器が支払われた、と。[31] 古代ローマ人のもとでは、先述のように、「貨幣」という概念は家畜と同一視されていた。同様に、古代ゲルマン人においては家畜が一般的商品として認められていた。農業への移行とともに、いまや金属すなわち鉄や銅が、一部は武器生産の素材として、だがさらにいっそう農業用労働手段の素材として、経済のなかで抜きん出た重要性を獲得する。金属は、生産が増え、その使用が普及するにつれて一般的商品となり、家畜をこの役割から押しのける。まず、その自然的利用によって——さまざまな道具の素材として——一般的に有用となり、求められるというまさにそのことを通じて、金属は一般的商品となる。この段階では金属はまた未加工の素材そのものとして、延べ棒としてただ重量に基づいて、交易で使用される。ギリシア人のもとでは鉄が、ローマ人のもとでは銅が一般的に用いられ、中国人のもとでは銅と鉛の合金が用いられた。ずっとのちになっていわゆる貴金属、すなわち銀や金が利用されるようになり、交易においても用いられるようになる。だが、もちろんこれらもまたひじょうに長いあいだ未加工のままの状態で、鋳造されることなく、重量に基づいて交易に用いられている。[32] ここではしたがって、一般的商品すなわち貨幣商品は、なにかに使われて役立つ普通の生産物に由来するということがまだ明瞭である。ある日に穀粉との交易において交換に提供されていた単なる銀片は、翌日にはまだまばゆい騎士の盾を作るのに直接に利用されるかもしれなかったのである。貴金属をもっぱら貨幣すなわち鋳貨として用いることは、古代のヒンズー教徒のもとでもエジプト人のもとでも、あるいは中国人のもとでも知られてはいなかった。古代ユダヤ人もまた、金属片をさしあたり重量によってしか認識していなかった。したがって、アブラハムは、旧約聖書に述べられているように、ヘブロンにおいてサラのために墓地を買ったさいに、四〇〇シケルの正確に秤量された交易銀を支払った。[33] 鋳貨は紀元前一〇世紀、ともすると同八世紀にはじめて登場したのであり、しかもギリシア人によってまず導入されたと考えられている。ローマ人はギリシア人から学び、紀元前三世紀にかれらの最初の銀貨や金貨を作ったのである。[34] 金や銀からの硬貨の鋳造によって、長期にわたった、幾千年をも数えた交換の発展史はその完全な、もっとも成熟した、最終的な形態に到達した。

既に述べたように、貨幣すなわち一般的商品は、貴金属が一般に造幣に用いられる以前に既にすっかり完成されていた。たとえば、既に家畜の姿において、貨幣はじっさい、交換において今日《こんにち》金貨が持っているのとまさしく同じ機能を持っている。すなわち、交換行為の媒介者、価値尺度、蓄蔵手段、富の化身として機能している。しかしながら、金属貨幣の形態においてはじめて、貨幣とはどういうものであるかということがその外観にも表われることとなる。交換がふたつの随意の労働生産物の単純な取替によって始まることは既に見た。この単純な取替は、一方の生産者が——共同体ないし部族が——他方の生産者の労働生産物なしではうまくやっていけないから生じる。かれらは、この取替を行うことによって、お互いに相手の労働生産物で一時的にやりくりする。そのような取替行為がひんぱんになり、規則的となるにつれて、あるひとつの生産物が、一般的に熱望されることで特別の存在として優遇されるものとなる、そしてこの生産物があらゆる取替行為の媒介者、一般的商品となる。あらゆる労働生産物が、物自体としてはそのような商品、つまり貨幣になることができるであろう。すなわち、靴でも帽子でも、亜麻布でも羊毛でも、あるいは家畜や穀物でもなれるであろうし、そしてまたきわめてさまざまな商品がときどきにこの役割を演じてきたことをわれわれは知っている。どの商品がまさしく選ばれるかは、その民族の特殊な欲望ないし特殊な活動しだいである。

家畜はさしあたり有用な生産物、生活手段として一般的に好まれる。だが、やがて家畜は主に貨幣として熱望され、受け取られるようになる。というのは、そのように一般的に愛好されるものとして、家畜は誰にとっても、社会のなかの自らが好むどんな労働生産物とでもいつでも交換可能という形態で各自の労働の成果を保蔵するために役立つからである。既に述べたように、家畜は、いつでも無条件に交換可能な生産物であるから、すべての他の私的生産物とは区別された、唯一の直接的に社会的な生産物なのである。だが、家畜のばあいには貨幣商品の二重性格はなお強く現れている。家畜を一目見れば、それが一般的商品、社会的生産物でありながら、同時に、人が屠殺し、食べ尽くすことのできる単なる生活手段、人間労働の、牧畜民族の労働のありふれた生産物であることがわかる。それに対して金貨の場合、単なる生産物からそれが生まれてきたということのあらゆる記憶が既に消え去っている。刻印を施された小さな金の円板は、それ自身としては交換手段、一般的商品として用いられる以外にはなんの役にも立たず、なんらの用途をももたない。貨幣は、それもまた他のあらゆる商品と同じく人間労働の、金採掘工及び金細工師の労働の生産物であるかぎりでは一般的になお商品なのではあるが、生活手段としてのあらゆる私的な用途を喪失してしまっており、私的生活にとって有用で、よく利用されるどんな形態をももたない一片の人間労働でしかない。それはもはや食物、衣服や装身具あるいはなんであれ私的生活手段としての用途をまったく目的とせず、ただ純粋に社会的な用途、すなわち他の諸商品の交換の媒介者として役立つという用途のみを目的としているのである。そしてまさにそうだからこそ、それ自体としては無意味で無目的な対象、すなわち金貨において、貨幣ないし一般的商品の帯びる純粋に社会的な性格がもっとも純粋で成熟した表現をはじめて獲得することとなる。

貨幣が最終的に金属形態において完成した結果、次のことがもたらされた。すなわち、商業の力強い広まりと、それまで商業ではなくむしろ自家消費に向けられていたすべての社会的諸関係の衰退[35]。古い共産制的な共同体は商業によって崩壊させられる。というのは、商業は共同体成員間の財産の不平等を、共同体的所有の解体を、そして最終的には共同体自身の崩壊を促すからである。[36] さしあたり自分自身のためだけにすべてのものを生産し、いわばタンス預金のために余ったもののみを売っていた自由な小農経済は、しだいに、とりわけ金納の導入を通じて、最終的には彼の全生産物を売ってそれから食物や衣服や世帯道具のみならず播種用の穀物までをも買うことを余儀なくされる。農民経済が自給用の生産から市場向けの生産へとそのようにして転換し、それを通じて崩壊していった例をわれわれはほんの眼前に、ついこの十年のロシアに経験している。古代奴隷制のもとでは商業は底深い変化をもたらした。奴隷が家政のために、すなわち主人とその家族の必要を充たすための農業労働や手工労働にだけ用いられていたかぎりでは、奴隷制はまだ家父長的な寛大な性格を帯びていた。ギリシア人が、のちにはローマ人が、貨幣の味を覚えて商業のために生産させるようになったときはじめて、奴隷の非人間的な酷使が始まり、それは最終的には奴隷の大衆蜂起へと導いた。この大衆蜂起は、それ自体としてはまったく展望がなかったとはいえ、奴隷制が時代遅れとなったこと、もはやもちこたえようのない秩序となったことの前兆であり、明白な徴候であった。[37] まったく同じことが中世において賦役制度に即して繰り返される。当初、賦役制度は保護関係であり、その保護に対して農民が貴族である保護領主にかれら自身の欲望の充足に役立つ農産物ないし労役のかたちで、きちんと定められた量の穏当な貢租を義務づけられるというものであった。のちになって貴族が貨幣の便利さを知るようになったとき、労役や貢租は商業を目的としてどんどん引き上げられ、賦役制度は農奴制となり、農民が限界ぎりぎりまで酷使されるようになる。結局、この一体をなした商業の広がりと貨幣の支配とは、農奴からの物納ないし労役を金納へと変えた。だがそれとともに、まったく時代遅れとなった賦役制度に終わりが告げられた。[38]

最後に、中世において商業は自由都市に権力と富をもたらしたが、それを通じて古い同業組合的手工業の解体と没落をも導いた。きわめて早い時期に、金属貨幣の登場によってとりわけ世界貿易が勃興した。既に古代においてフェニキア人[39]のような特定の民族が諸民族のあいだの商人の役割に専念し、この方法で大量の貨幣を手に入れ、富を貨幣形態で蓄積した。中世ではこの役割は自由都市、さしあたりイタリアの諸都市のものとなった。一五世紀末におけるアメリカの発見及び東インド航路の発見後、世界貿易は突然の大拡張を経験した。すなわち、新しい土地は、貿易にとっての新生産物とともに新しい金鉱、つまり貨幣材料を提供した。[40] 一六世紀にアメリカからおびただしい金の流入がもたらされたのち、北ドイツの諸都市が――主にハンザ諸都市が[41]――世界貿易を通じて巨万の富者となった。ついでオランダとイギリスが続いた。それとともにヨーロッパ諸都市において、そして大部分の平野部においても、商品経済すなわち交換のための生産が経済生活の支配的な形態となった。そのようにして交換は、既にはるかな太古の時代に未開の共産制的部族の交わるところでかすかな目立たぬかたちで始まり、自由で単純な農民経済、東洋的専制政治、古代奴隷制、中世の賦役制度、都市の同業組合規制[42]といった、次々と継起したすべての計画的な経済組織と並存しそれらに絡みつきながら成長して、それらすべてを次々と蚕食し、その崩壊に手を貸し、そしてとうとう、ばらばらな私的生産者たちの完全に無政府的で無計画な経済を唯一の、全面支配する経済形態として君臨させるに至ったのである。[43]

四[44] 商品経済をめぐる諸経済学説

商品経済が、少なくとも都市で、ヨーロッパにおける生産の支配的形態になったのち、すなわち一八世紀において、学者たちは、この経済すなわち一般的交換はなにに基づいて営まれるのかという問題を研究し始めた。あらゆる交換は貨幣によって媒介され、交換において各商品の価値は貨幣で表現されている。それでは、この貨幣表現はなにを意味し、また、取引される各商品の価値はなにに基づいているのか。これが、経済学の研究した最初の問題であった。そこで、一八世紀の後半及び一九世紀の初めに、イギリス人のアダム・スミスとデーヴィド・リカードゥ[45]によって偉大な発見がなされた。各商品の価値はその商品に含まれる人間労働にほかならず、したがって、商品の交換においては多様な種類の等量の労働が相互に交換されるということの発見である。その場合、貨幣は単なる媒介者にすぎず、各商品に含まれる相応の労働量を価格において表現するにすぎないこととなる。ところで、こうしたことを偉大な発見などと言うのは、本来、不思議に思われよう。なぜなら、誰もが同意するだろうように、商品の交換はそれらに含まれている労働に基づいているということほど確かでわかりやすいことはないからである[46]。にもかかわらず、商品価値が金で表現されることが一般的な唯一の習慣となり、この当然の事実を覆い隠してしまったのである。じっさい、靴屋とパン屋がかれらの生産物を相互に交換するという場合、次のことはきわめて明らかである。すなわち、そうした交換が行われるのは、用途こそ違え、照応する労働が両者に費やされたからである。言い換えれば、それらが等しい時間を要したかぎりにおいて、一方が他方と等しい価値を有するからである、と。しかし、一足の靴が一〇マルクであると言うばあい、この表現は、よく考えてみると、まずもってはなはだ謎に満ちている。いったい一足の靴と一〇マルクとに共通なものがあるのか。それらが相互に交換されるばあい、等しい点はどこにあるのか。そもそも、いかにして、このように異なったものを相互に比較することができるのか[47]。そして、人々は、靴のように有用な生産物の交換対象として、なぜ、刻印された金片や銀片のように無用で意味のないものを受け取ったりするのか。最後に、まったく役に立たないこの金属片が、交換において世界のあらゆるものを入手する魔力をもつなどということは、どのようにして生じるのか。いずれにせよ、これらすべての問題に、経済学の偉大な創始者たち、すなわちスミスとリカードゥは、解答するにいたらなかった。貨幣と同様に、各商品の交換価値には人間労働が含まれているにすぎず、したがって、各商品の価値はその生産に多くの労働を要すれば要するほど大きくなり、逆もまたそうであるということの発見、こうした発見は、結局、真理の半分を示すに過ぎない。真理の他の半分は、人間労働は、そもそもいかにして、なぜ交換価値という奇妙な形態を、さらに貨幣という不可思議な形態をとるのかを解明することにある。(48) イギリスの経済学の創始者たちは、人間労働が交換をめざして商品や貨幣を生み出すということを、人間労働が生まれつきもった、自然に与えられた特性とみなしていたので、この後者の問題を提起することはいちどもなかった。言い換えれば、彼らは、人間が食べたり飲んだりしなければならないこと、頭に毛髪があり、顔に鼻があることと同様に、自分の手で取引のための商品を生産しなければならないことを当然のことと前提していたのである。彼らは、このことを固く信じ込んでいたので、たとえば、スミスは、動物も互いに取引しないのかどうかという問題を大真面目に提起し、動物についてこうしたことを誰もまだみかけたことがないという理由だけで、これを否定しているのである。かれは次のように述べている。(49)

しかし、この素朴な見解は、経済学の偉大な創始者たちが次のような確固たる観念の枠内で生きていたことを意味するものにほかならない。すなわち、すべてのものが商品であり、すべてのものが交易のためにだけ生産されるという今日の資本制的社会秩序は、人類が地上に生存するかぎり存続する、唯一可能な永遠の社会秩序だというきわめて硬直的な観念である。社会主義者として、資本主義的秩序を永遠の唯一可能な社会形態ではなく、むしろ過渡的で歴史的な社会形態だと捉えたカール・マルクスがはじめて、今日の諸関係とそれ以前の他の時代の諸関係との対比を行なったのである。それによって、人間は貨幣や交換などというものをあまり知らないままに、数千年を生き、労働していたことが明らかになった。社会において共同的に計画された諸労働がすたれ、社会が私有財産をもつ完全に自由で独立した生産者たちからなるばらばらの無秩序な集団に分解されたことに対応して、はじめて、交換は、分散された諸個人とその労働をひとつに結合された社会経済に統合する唯一の手段になったのである。こうして、生産に先行する共同的経済計画に代わって、唯一の直接的な社会的結合手段になった貨幣が登場した。しかもそれは、貨幣が、多様な私的労働における唯一の共通項をまったく特定の有用性をもたない人間労働のかたまりとして表現するがゆえに、そしてまさにそのことによってこそのことである。すなわち、貨幣は人間の私的生活にはなんの役にも立たないまったく無意味な生産物であるがゆえに、うえのような社会的結合手段になったのである。こうして、この意味をもたない発明品はひとつの必需品であって、これがなければ交換というものは、したがって原始共産主義の解体以来のこれまでの全文明史は、ありえなかったということになるだろう。もちろんブルジョア経済学者たちも、貨幣をきわめて重要な、不可欠なものとみなしているが、それは、商品交換の純粋に表面的な利便性の視点からにすぎない。そして、じっさいのところ、貨幣についてこうしたことが言えるのは、人類がたとえば宗教を利便性のために発明したと言うことができるのと同じ程度の意味においてにすぎない。事実、貨幣と宗教は人類の二つの重大な文化的生産物であるが、これらは特定の過渡的な諸関係に起因しているのであって、時の経過につれて生まれてきたように、時の経過につれ不要なものになる。毎年の金生産のための膨大な支出は、礼拝祭式のための支出や、刑務所、軍国主義、公共的慈善のための支出と同様に、今日では、社会経済の重荷となり、この経済形態が存在するもとでは欠くことのできない費用ではあるが、商品経済の廃絶とともにおのずからなくなるものである。

われわれがその内的メカニズムを認識するにいたった商品経済は、驚くほど調和的な、最高の道徳原理を基礎とした経済秩序のようにみえる。なぜなら、第一に、じっさい、完全な個人的自由が支配している。すなわち、各人は、まったくの自由意思のもとに、どのように働くか、どのような仕事につくか、あるいはどれほど働くかについて意のままに決める。各人が自らの主人であり、自己の利害のみを志向するだけでよいからである。第二に、人々はかれらの商品すなわちかれらの労働生産物を他の人々の労働生産物と交換し、労働と労働とが交換され、しかも平均的には等量の労働どうしが交換される。したがって、利害の完全な平等と互恵さえ支配している。第三に、商品経済のもとでは、まさに商品対商品、労働生産物対労働生産物のみが存在する。したがって、自分の労働の生産物を提供できない者、労働しない者は、食べるものも手に入れることができない。それゆえ、これもまた究極の正義である。事実、営業の自由の完全勝利のために闘い、古い支配的諸関係——同業組合規制や封建的農奴制(50)——という最後の遺物を廃止するために闘った一八世紀の哲学者たちや政治家たち、フランス大革命を担った人々は、人類に、自由、平等、友愛が支配する地上の楽園を約束した。

一九世紀前半の多くの重要な社会主義者たちも、また同様の意見であった。科学的な経済学が生み出され、すべての商品価値は人間労働を根拠としているというスミス―リカードゥによる偉大な発見は、労働者階級の一部の盟友たちに、ただちに次のような観念を抱かせるようになった。商品交換が正当に行われるばあいには完全な平等と互恵とが社会において支配するにちがいない、と。なぜなら、労働と労働はつねに等量で交換される。そのばあいには、富の不平等が生じる余地はなく、せいぜい勤勉な者と怠惰な者とのあいだの相応の不平等が生じるぐらいで、全体の社会的富は、働く者たち、すなわち労働者階級に属するにちがいないからである(51)。したがって、にもかかわらず今日の社会では人々の状態に大きな相違があり、貧困の傍らに富が存在し、まさに労働しない人々のもとに富が、そして自分の労働によってすべての価値を生み出している当の人々には貧困があるとすれば、それは、明らかに交換のさいの不正に起因するものであって、しかも労働生産物の交換のさいに貨幣が媒介者として侵入する事情によって生じるにちがいない。貨幣は、すべての富がほんとうは労働に由来することを見えなくし、たえざる価格変動を引き起こし、恣意的な価格、つまり他者の犠牲による詐欺と富の集積を可能にする。だから、貨幣は廃止せよ！　この貨幣の廃棄を志向する社会主義は、最初は、既に前世紀〔一九世紀〕の二〇年代、三〇年代に、トムソン、ブレーその他の、ひじょうに才能豊かな著述家たちが論陣を張っていたイギリスに現れ、続いて、保守的なポンメルンのユンカーで抜んでた国民経済学の著述家ロートベルトゥスがプロイセンでこの種の社会主義を考案し、三番目に、プルードンが、一八四九年にフランスで、この社会主義を考え出した[52]。この方針を志向した実践的な試みすら企てられた。うえに触れたブレーの影響下で、ロンドンやその他のイギリスの多くの都市で、いわゆる「公正な労働交換のためのバザー」が設けられ、そこへは、商品が、貨幣の媒介なしに、厳密にそれらに含まれている労働時間にしたがって交換されるために搬入された。プルードンもまた、この目的のために、かれのいわゆる「人民銀行」の設立を提案した。これらの試みは、理論そのものと同様、まもなく破綻した。事実、貨幣なしの商品交換は考えられないし、また、かれらが廃止しようとした価格変動というものが、じっさいには、商品生産者たちに次のことを示す唯一の手段なのである。すなわち、かれらが過少に商品を生産しているのか、過剰に商品を生産しているのか、その生産に必要とされるよりも過少な労働を使用しているのか、必要以上の労働を使用しているのか、つまりは、かれらが適切な量の商品を生産しているのか否か、ということを示す唯一の手段なのである。無政府的な経済において孤立した商品生産者たちのあいだのこの唯一の意思疎通手段を廃止したら、かれらはまったく途方に暮れ、言語能力や視覚能力を失ってしまう。しついには、生産は停止されなければならないし、資本制的なバベルの塔はこっぱみじんに打ち砕かれ、崩壊する。したがって、貨幣の単なる廃止だけで資本制的な商品生産から社会主義的なものを生み出そうとする社会主義計画は、まったくのユートピアというわけである。

しかし、それでは、商品生産のもとで自由、平等、友愛は現実にはどのようになっているのか。各人が労働生産物を対価としてのみなにかを手に入れることができ、等しい価値と等しい価値のみが交換される一般的な商品生産のもとで、いかにして富の不平等が生じうるのか。しかし、誰もが知るように、今日の資本主義的経済は、まさに人々の物質的状態におけるひどい不平等、一方の少数者における巨大な富の集積と、他方の大衆的貧困の増大の点で、おおいにきわだっている。こうして、上述のところから、われわれに論理的に生ずるさらなる問題は、商品経済や価値に基づく商品交換のもとで、資本主義はいかにして可能かということとなる。

第四章の注

（1）（訳注）ローザ・ルクセンブルクの手稿では、このパラグラフは欄外に書き込まれている。

（2）（訳注）旧約聖書創世記に、ノアの洪水の後、バベル（バビロン）で人間が天にまで届くような塔を建てようとしたため、神の怒りをかい、言語が分断されてコミュニケーションがとれなくなって、工事不能となったという物語がある。資本主義に付されたこの形容詞は、以下に叙述されるように、人々の分断を伴った巨大な仕組みという点で、市場機構はこの物語をほうふつさせるということを示唆している。

（3）（原著者欄外書き込み）このような想定が許容されるか否か、あるいはどの程度まで許容されるかについては、のちほどあらためて追補検討する。

（4）（訳注）「能力に応じて働き、必要に応じて受け取る」という共同体のこの協働原則は、マルクスが生産力の十分に発展した段階の共産主義社会の協働原則として掲げた姿でもあることが、ここで想起されてよいであろう。西雅雄訳『ゴータ綱領批判』岩波文庫、二八―二九ページ参照。

（5）（訳注）この点については、注（6）及び（46）を参照。

（6）（訳注）人間が協働し、相互に依存しあって生きるのは、どんな社会にも共通のいわば社会の「実体」をなす事象である。だが、この実体的事象がどのような様式ないし「形態」で行われるかは社会によって異なる。われわれは、相互依存したがって生産物のやりとりが、「市場交換」を通じてなされることを自明のこと、人間の本性に適ったこととみなしがちである。だが、K・ポランニーも指摘していたように、生産物のやりとりは、等価性を伴わない「互酬」、あるいは領主がいったんすべてを収得したうえでの「再分配」といったかたちでも実現されうるし、じっさい前近代の社会では互酬や再分配のほうが生産物のやりとりの一般的な形態であった。言い換えれば、市場交換は近代においてはじめて広く普及した、人類の長い歴史のなかでは「特殊な」形態なのである。したがって、市場交換を自明のものとみなしてどんな社会にも共通の「実体」的関係に即して理解するだけに留めるのではなく、むしろ他のやりとりの形態と比べたときの独自性、個性に即して深く理解すべきである、そうしないと市場交換をほんとうに理解したことにはならないというのが、マルクスの考え方であった。今村仁司、三島憲一、鈴木直訳『資本論第一巻上』マルクスコレクションⅣ、筑摩書房、第一篇第一章第四節、とりわけ一一七ページ以下、及び本訳書、二八三－二八四ページを参照。ローザ・ルクセンブルクは、ここで、こうしたマルクスの考え方を共同体における協働との比較というかたちで生かして、市場交換の独自性、個性を明らかにし、その帰結として「貨幣」の本質をとらえてゆこうとしている。ちなみに、互酬はたとえばお歳暮や親戚間のお年玉のやりとりとして、再分配もまた税の徴収と社会保障制度などとして現代社会に生きている。なお、ポランニー（Karl Polanyi 1886-1964）は、市場経済や現代社会の特異性、ひいては限界に独自の視点で鋭く切り込んだ、ハンガリー出身の経済人類学者である。

（7）（原著者欄外書き込み）しかし、今やかれが相手にし、またかれの生産物に対してたえず欲求を感じるのは、全体としての共同体ではなく、むしろ個々の共同体構成員である。

（8）（原著者欄外書き込み）社会的労働その1．社会構成員相互の労働の総計として。その2．各個別者の生産物自身が多数の協働の成果（原料、道具）、それどころか社会全体の協働の成果（科学、欲求）であるという意味において。それらのいずれの点でも、社会的性格は交換によって媒介される。共産主義的共同体における知識、賦役経済における知識、そして現代の知識。

（9）（原著者欄外書き込み）注意。過剰に生産され、交換されえない商品と、組織された共同体における消費されえない蓄え、すなわち共産主義的共同体（インドの米）、奴隷経済、賦役経済（中世における修道院）。それらの相違、すなわち、前者は社会的労働ではないが、後者は十分に社会的労働である。「欲求」（一方における支払不能な欲求及び他方における販売不能な商品の過剰生産）に対する関係、社会主義社会における過剰生産物。

（10）（訳注）本訳書、五四－五六ページなど参照。

（11）（訳注）ウィーンは生活用水を得られる泉がきわめて限られていて、一九世紀まで、馬車に水桶を積んで町を行く水売りが大多数の住民に生活用水を供給していた。なお、本訳注や第五章注（26）、また本文中のいくつかの語句について、滋賀大学経済学部金子孝吉教授より懇切な教示を得た。記して感謝したい。

（12）（訳注）原語はBartbinde. この語はピンと張った口髭を整える抑えのこと。ここでは、そうしたものを想起させる靴の飾りを指しているとみられる。

（13）（原著者欄外書き込み）綿布は一九世紀に亜麻布を駆逐した。

（14）（訳注）一般的商品と言うと、平均的な、ありふれた商品のように解されるかもしれないが、ここでの「一般的」は直後の本文に説明されているとおりの意味である。ちなみに、『資本論』では、価値形態論として、すなわち社会的存在としての価値が私的生産物の集合である商品世界においてどのようにして自らの表現形態を得るかを追及するかたちで、貨幣の生成が論じられている。そのなかで、貨幣の一歩手前の段階において価値を一般的に表現する媒体となる商品を一般的等価物と名付けている。ローザ・ルクセンブルクは、入門的講義では難解とみたのであろうか、直接に価値形態論に拠ることはしていない。だが、名称では『資本論』を踏襲していると思われ、価値形態論において慣用されているとおり「一般的」と訳した。

(15)（原著者欄外書き込み）奴隷についてのアリストテレスの捉え方を想起。本訳書二二四－二二五ページ参照。

(16)（訳注）本来は人々のあいだの社会関係であるものが物を媒介にして現象し、やがて物がそれ自体として生来備えている属性のように思われるようになって、そうした物を人間が跪拝することを「物神崇拝」としてマルクスは批判している。ここでは、人間の労働関係が家畜の生来の属性として現れて、人間がそれを跪拝しているというわけである。

(17)（訳注）印欧語のひとつであるイタリック語派の方言から発達したローマの言語がローマン語ないしラテン語と呼ばれる。ラティニ族やサビニ族などの言語が混合した方言として成立し、紀元前七世紀～同六世紀までは古形がよく保たれていたが、その後数世紀の間に急激な変化を蒙ったと言われる。

(18)（原著者欄外書き込み）金属貨幣において使用価値の捨象が完成する！

(19)（訳注）本訳書二〇六～二〇八ページ参照。

(20)（編注）ゲオルグ・ヴィルヘルム・フリードリッヒ・ヘーゲル『論理学』第二部、ゲオルグ・ラッセン編、ベルリン、一九七一年、三二、三三ページ。四八－六二ページをも参照。

（訳注）ヘーゲル（Georg Wilhelm Friedrich Hegel 1770-1831）は、ドイツ観念論を代表する哲学者の一人。マルクスは、青年の頃ヘーゲル左派グループに属して観念論の限界を批判しつつ、弁証法、すなわち矛盾する二つの要素を分析的に分離してとらえることに留まるのではなく、むしろそれらを不可分な統一体を構成するものととらえるとともに、その内包する矛盾のうちに運動、発展の契機を見出す方法論を高く評価した。武市健人訳『改訳大論理学』中巻、ヘーゲル全集七、岩波書店、第二巻本質論の第一篇第二章cが矛盾論を展開している。そこでは「矛盾は、あらゆる運動と生命性の根本」（七八ページ）といった叙述が随所にみられる。

(21)（原注）ラフィトー『原始時代の習俗と比較したアメリカ未開人の習俗』、パリ、一七二四年、第二巻、三三二－三三三ページを、ジーベルより引用。［N・J・ジーベル『社会学的・経済学的研究におけるデーヴィド・リカードゥとカール・マルクス』『経済学選集』第一巻、モスクワ、一九五九年］、二四五ページ。但し、［　］内は編者による補足。以下同様。

（訳注）ラフィトー（Joseph Fransois Lafitau 1670-1740）は、アメリカ先住民の神話・習俗などを研究したフランスの民俗学者。

(22)（原著者欄外書き込み）注意。前史！　なかんずく遊牧。

(23)（訳注）メリーランド州は、ワシントンDCに隣接してアメリカ南東部に位置し、最初に独立した一三州のひとつ。州都アナポリスは合衆国最初の首都であった。一六三〇年代に本格的な入植が開始され、タバコ、小麦などの栽培のために奴隷輸入を行ったこともあるが、のちには工業的にも発展した。

(24)（訳注）アメリカ合衆国にはこの名称の著名な地は見出せなかった。南アメリカではあるが同じくアメリカ大陸に所在する都市としては、アルゼンチン北東部のコリエント州の州都が挙げられる。スペインの植民地として開発され、一八一四年には州として認められている。

(25)（原注）ジーベル参照［前掲書］二四五－二四六ページ。

(26)（訳注）西インド諸島は、南北アメリカ大陸間に点在し、大西洋とメキシコ湾及びカリブ海を区切る一二、〇〇〇余りの島々から成る。キューバやドミニカ共和国、プエルト・リコなどを含む大アンティル諸島、プエルト・リコ沖合からベネズエラ湾口へと続く小アンティル諸島、フロリダ半島東方から南西に延びるバハマ諸島の三つの島群に分かれる。コロンブスによる発見後スペインの植民地となったが、その後各国の係争地となり、イギリス、アメリカ、フランス、オランダが領有化した。イギリス領は小アンティル諸島に多い。

(27)（訳注）メリーランド州の南に位置し、一六〇七年にイギリスの植民地が建設された。州名はイギリスのエリザベス一世（ヴァージン・クイーン）に由来するが、G・ワシントンはじめ八人の大統領を輩出し、「大統領の母」というニックネームをもつ。タバコ、トウモロコシの栽培や牧畜が盛んで、植民地時代には黒人奴隷を労働力としてタバコのプランテーション栽培が営まれていた。

(28)（原著者欄外書き込み）ジーベル参照［同上書］二四六ページ。

（訳注）ハドソン湾はカナダ北東部にある大きな湾で、フォックス湾を経て北極海に通じている。周囲にはツンドラが続き、毛皮獣やホッキョクグマの生息地である。古くよりエスキモーのイヌイット族が居住していた。また、シェットランド諸島は、スコットランドよりさらに北方に位置し、氷河湖を多数有する。スコットランドに属するが、住民はスカンディナヴィア系でスカンディナヴィアの古い習慣が残っている。

(29)（原注）サミュエル・ベーカー『ナイル源流への旅』［アルバート・ニャンツァ『ナイル川大盆地とナイル源流探査』第一巻、イェーナ、一八六七年］、三二六ページ。

（訳注）ベーカー（Samuel White Baker 1821-1893）は、イギリスの探検家。ナイル川の源流を求めて白ナイル川を遡り、アルバート湖を発見したことで著名である。

(30)（訳注）ホメロス（Homeros ca.800-750BC.）は、初期のギリシア文学の二大叙事詩『イーリアス』及び『オデュッセイア』の作者と伝えられるギリシアの詩人。『イーリアス』には、グラウコスがトロイアの味方として来援したさい、父祖以来の友情の印として自らの黄金の武具とディオメデスの銅の武具とを交換したという逸話が詠われている。

(31)（訳注）トロイアは、小アジアの古代都市。発掘調査の結果、紀元前三、〇〇〇年頃からローマ時代に及ぶ九層の住居跡が発見されている。黒海とエーゲ海、ユーラシアの交通の要衝として繁栄し、後背地には銀も産出された。ギリシアと一〇年にわたって激戦を繰り広げ、木馬の故事で有名なトロイア戦争は、紀元前一、二〇〇年頃、第七層Aの時代とされている。また、レメソスはキプロス島南部の海岸沿いの地域。古代には近郊のアマントスやクーリオンに挟まれて目立たなかったようであるが、後世のイギリス統治時代にワインの積出港として整備されたという記録も残っている。

(32)(原著者欄外書き込み)なぜ貴金属はこの機能に留まってきたのか?

(33)(訳注)旧約聖書創世記に、アブラハムが亡くなった妻サラのために墓所として洞穴を買い求めたという記述がある。その後、アブラハムらも同所に埋葬され、ヘブロンはキリスト教、ユダヤ教、イスラム教の聖地となっている。また、シケルは、バビロニアで使用されたのち、フェニキアの銀貨の貨幣単位として採用され、一四・〇グラムの重量を有していたとされる。

(34)(原著者欄外書き込み)ジーバー[前掲書]、二四七ページ。

(35)(原著者欄外書き込み)留意。貴金属たとえば金による汎用金属の置き換え。

(36)(原著者欄外書き込み)より詳しく。

(37)(原著者欄外書き込み)カール・マルクス『資本論』第一巻一九七ページ。[『資本論』第一巻『マルクス・エンゲルス選集』二三巻所収、二四九－二五〇ページ。]前掲邦訳『資本論第一巻上』三四三－三四四ページ。

(38)(原著者欄外書き込み)同上書一九八－二〇〇ページ[同上書二五〇－二五三ページ]。同上邦訳三四五－三四九ページ。

(39)(訳注)フェニキア人は、現在のレバノンあたりの地中海沿岸部に居住して仲介貿易に携わり、紀元前一三世紀頃から紀元前八世紀にかけてもっとも栄えた。乾魚、オリーブ油、織物、金銀、青銅、象牙、宝石などを取扱い、最盛期にはインド洋、紅海、地中海、大西洋をまたにかけて活躍した。

(40)(原著者欄外書き込み)留意。無計画社会における空費。無計画社会は貨幣においていわばもういちどその社会的富を生産しなければならない。

(41)(訳注)ハンザとは旅商仲間や彼らの特権などを意味する。そうした旅商仲間のうち、北ドイツの商人が結成したものが一四世紀中葉にそれら商人の属する諸都市の政治的、軍事的同盟を導き、一七世紀までヨーロッパ商業史上で大きな役割を演じた。これら諸都市には、北海及びバルト海沿岸の多数の諸都市、たとえばリューベック、ハンブルク、ブレーメン、さらにはケルンなどが含まれる。

(42)(訳注)中世において、元来は同じ都市において同一手工業に従事する者の相互扶助を目的として結成された組合が、やがて親方になる資格やそのための修業態様、修業期間などに関する規約を定め、その手工業を排他的に支配する特権的存在となった。

(43)(原著者欄外書き込み)留意。前史時代以来の交易の文明的意義。国際的な連関!

(44)(原著者欄外書き込み)留意。貨幣幻想。すなわち、いわば金を求めての狩り。――アメリカの発見。カール五世の重商主義政策。

錬金術（金）。

（45）（訳注）カール五世については、本訳書第三章注（37）を参照。

（45）（訳注）スミス（Adam Smith 1723-1790）は、スコットランドの経済学者。『諸国民の富』を著し、経済学をはじめて体系的に展開した「経済学の父」として知られる。「神の見えざる手」を信頼し、政府の介入を排して自由な市場取引に委ねたほうが経済は発展すると主張した自由主義経済学者としてしばしば引用されるが、スミスの立論は『道徳感情論』における人間の考察、すなわち人間が共感能力を備えた社会的存在であることの考察を前提としたものであって、自由な市場取引における利己心の跳梁を単純に肯定していたわけではなかった。また、リカードゥ（David Ricardo 1772-1823）は、イギリスの経済学者で、スミスの価格論に含まれていた混乱を整理し、投下労働価値説に一元化して、古典派経済学の論理的体系化に大きく貢献した。マルクスは、このリカードゥの業績を引き継ぎ、労働と労働力の区別を確立することで自らの資本主義的経済の分析を確立した。なお、労働価値説については次注を、また労働と労働力の区別に基づく搾取論の確立については次章を参照。

（46）（訳注）このように、商品の交換価値はその商品の生産に標準的に必要とされる労働量に基づいているとみなす理論を労働価値説と呼ぶ。スミスも労働こそ「本源的購買貨幣」、つまり人間がなにかを取得するために費やしているものはもとをただせば労働にほかならないと論じているように（大内兵衛、松川七郎訳『諸国民の富』㈠岩波文庫、一五一ページ）商品の交換価値を規制するものはその取得のために人間が本源的に費やしている費用としての労働であるという認識が労働価値説の基底には伏在している。そして、そのこと自体はきわめてわかりやすい話だとローザ・ルクセンブルクは述べているのである。マルクスのばあい、『資本論』冒頭では、いわゆる蒸留法、すなわち、交換したがって等値が成立しているのは交換される二つの商品のあいだに共通の第三者が存在するからであると認識し、その共通の第三者を探索するという方法で、労働価値説に到達している。しかしまた、同じ第一章商品論の第四節では、無人島に漂着したロビンソンを例に、労働こそ人間が生活物資を入手するための本源的資源であって、その合理的配分は時代を超えて社会の存立のために重要な課題をなすことを論じ、こうした人間社会にとっての共通課題こそが労働価値説の基底にあると説いている。ローザ・ルクセンブルクが、人間は生きてゆくために一日も労働を休むわけにはゆかないと述べていたことも（本訳書二四九ページ）、こうしたマルクスの認識と通じるものと言える。

（47）（訳注）ローザ・ルクセンブルクは、前注で触れたように、基本的に社会存立の実体的根拠に即して労働価値説を理解していると解されるが、この論述からは蒸留法を否定していたわけではないこともわかる。

（48）（訳注）この批判の意味については、注（6）をも参照。

（49）（編注）ローザ・ルクセンブルクの著した原文にはこの引用文は欠如。
（訳注）前掲邦訳『諸国民の富』㈠、一一七ページに、対応するスミスの主張を見出すことができる。

（50）（原著者欄外書き込み）自然経済。

（51）（訳注）リカードゥの労働価値説に従えば商品の交換価値の源泉は労働にある。だとすれば、商品が生み出す全収益は、本来は労働者のもののはずという認識に到達し、こうした認識にたって資本主義を批判した人々をリカードゥ派社会主義者と呼ぶ。こうした主張は、労働者が販売しているのは労働力であって労働そのものではないことを理解していない謬論であると批判し、資本主義における搾取の仕組みを価値法則に則った、商品経済的には正当なものとして解明したのがマルクスである。詳しくは次章を参照。

（52）（訳注）トムソン（William Tomson 1785-1833）は、リカードゥ派社会主義の代表的論客の一人。ロバート・オーエンの影響を受けて社会主義者となり、自らの所有地を提供して協同組合的経営に委ねるといった活動も行った。ブレー（John Francis Bray 1809-95）は、やはりイギリス（但し、アメリカ生まれ）の初期社会主義者、労働運動家。同じく労働価値説に基づいて搾取を説明しようとした。それに対してロートベルトゥス（Johann Karl Rodbertus 1805-75）は、ドイツの経済学者で、合法的手段により社会問題を解決しようとするドイツ社会主義の基礎を築いた。経済学者としては、絶対地代論を展開するとともに、資本主義的生産力の増大が不可避的に賃金を低下させ、労働者階級の貧困化と消費不足を招いて恐慌をもたらすといった主張も展開している。プロイセンの国会議員や、短期間だが文部大臣も務めた。さらに、プルードン（Pierre Joseph Proudhon 1809-65）は、『所有とは何か』（一八四〇）において「所有とは盗みである」という有名な私有財産批判を唱えたフランスの社会主義者。無政府主義的な社会主義を唱え、マルクスと対立した。商品と貨幣とはそもそも不可分であるという本文のような労働貨幣論批判も、マルクスがプルードンに投げかけた批判にほかならない。なお、ポンメルンは、ポメラニアのドイツ名で、ドイツのシュトラルズントからポーランドのヴィスワカ川にいたるバルト海沿岸地方を指す。また、ユンカーは東部ドイツ（エルベ川より東）で賦役大農場を所有していた土地貴族。さらに、プロイセンは、ブランデンブルク、プロイセン、ヒンター・ポンメルン、マグデブルクなどを領土として一七〇一年に成立したプロイセン王国のこと。フリードリヒ二世による領土の拡張、ナポレオンとの戦い、関税同盟の結成などを通じてドイツ統一の先頭に立ち、やがてビスマルクを擁して一八七一年ドイツ帝国の成立にこぎつけた。

V〔第五章〕 賃金法則[1]

一・労働力の商品化（資本主義的搾取のカギ）が意味するもの

すべての商品は、それらの価値に基づいて、すなわちそれらに含まれている社会的に必要な労働[2]に基づいて、相互に交換される。貨幣が仲介者の役割を演じていても、この商品交換の原則はまったく変わらない。貨幣それ自体は社会的労働をありのままに表現したものにすぎず、各商品に含まれている価値の量は、商品がそれに対して販売される貨幣の量によって表現される。この価値法則を基礎として、市場では商品間に完全な平等が支配している。そして、市場の随所で交換されるにいたった無数のさまざまな商品種類のなかできわめて特殊な性質をもつ唯一の商品、すなわち労働力を除けば、商品の販売者においても完全な平等が支配している[3]。労働力商品は、自分では他の商品を生産するために生産手段をもたない人たちによって、市場に提供される。もっぱら商品交換に基礎を置く社会では、周知のように、交換という方法以外ではなにも入手できない。いかにも、既に見てきたとおり、各人によって市場に持ち込まれる商品は、この者の社会的生産物の分け前に対する請求権の唯一の源泉であり、同時にまたこの分け前の尺度でもある。各人は、かれ自身がなんらかの商品形態において社会的に必要な労働を供給したとちょうど同じ量の、社会で行われた労働を、自由に選んだ任意の商品を通して入手する。それゆえ、各人は、生きてゆくためには、商品を供給し、販売しなければならない。商品生産と商品販売は人間が生きるための条件となった。市場に商品を持ち込まない者は、生活用品が手に入らない。しかし、なんらかの商品を生産するためには、道具などの労働手段、さらには原料や補助材料、そして労働場所、照明などの労働に必要な条件を備えた仕事場、最後に生産の期間中と商品の販売までの時間をしのげるだけの量の生活用品が必要である。生産手段を用いることなく生産されうるのは、ごくかぎられた少数の商品にすぎない。たとえば、森で採取される茸や漿果、海岸の住人が浜辺で採取した貝などである。しかし、ここでも、やはり籠などなんらかの生産手段は必要であり、ともかく労働する期間の生存を可能にする生活用品は必要である。さらにまた、発達した商品生産を伴う社会では、大部分の種類の商品は、生産手段に対するひじょうに多くの支出、一部には膨大な支出を必要とする。こうした生産手段をもたない者は、それゆえ商品を生産することができず、自分自身を、すなわちかれ自身の労働力を、商品として市場に持ち込む以外に途はない。

他の諸商品と同様に、労働力商品もそれ特有の価値をもっている。各商品の価値は、周知のように、その生産に必要とされる労働量によって決定される。労働力商品を生産するためには、同様に、一定量の労働、すなわち労働者のための食料や衣類などの生活用品を生産するだけの労働が必要である。したがって、人間に労働能力を保障するために、つまりかれの労働力を維持するために必要とされる分量の労働が、かれの労働力の価値の量でもある。それゆえ、労働力商品の価値は、労働者の生活用品の生産に必要な労働量によって表現される。さらに、他の諸商品のばあいと同様に、労働力の価値は市場における価格、すなわち貨幣において評価される。労働力商品の価値の貨幣表現、すなわちその価格が賃金である。他の諸商品においては、需要が供給よりも急速に増大すれば価格は上昇し、逆に商品の供給が需要よりも増大すれば価格は低下する。同様のことが、労働力商品についても認められる。労働者に対する需要が増大しているばあいには、賃金は一般的に上昇する傾向にあり、需要が減少するか労働市場が新しい商品で満たされるばあいには、賃金は下落傾向を示す。最後に、他の諸商品のばあいと同様に、労働力の価値は、最終的には、その生産に必要な労働量が増大すると――価値とともにその価格も――上昇する。これは、労働者の生活用品がその生産のためにより多くの労働を必要とするばあいである。そして、それとは逆に、労働者の生活用品の生産のために必要な労働に対するすべての節約は労働力の価値の下落、したがってその価格、すなわち労働賃金の下落を導く。リカードゥは一八一七年に次のように書いている。「帽子の生産費が低下すれば、その価格は、たとえ需要が二倍、三倍あるいは四倍になっても、最終的には、その新たな自然価格に戻るであろう。労働者の生計費は、その生活を維持する食料や衣類の自然価格の下落によって減少し、賃金は、労働者に対する需要が相当上昇する傾向にあったとしても、最終的に低下するであろう。」(4)

こうして、市場における労働力商品は、さしあたり次の点でしか他の商品と区別されない。労働力商品は売り手である労働者から分離できず、それゆえ、他の大部分の商品であれば販売されるまでの多少の待ち時間を十分にもちこたえられるのに対して、この商品は、生活用品が欠乏すれば、その保有者である労働者とともに消滅してしまうほかなく、長いあいだ買い手を待つことに耐えられないということである。したがって、労働力商品の特殊性は、交換価値だけが問題となっている市場という舞台ではまだ表面に出てこない。その特殊性は別の場所――この商品の使用価値にある。各商品は、使用することで生まれる効用のために購入される。靴は、履物としての役を果たすために購入される。カップは、それで茶を飲むために購入されるわけである。購入された労働力はなんの役に立つのか。いうまでもなく労働のためである。しかし、それではまだなにもわからない。まず、人間社会が存在するかぎり、人間はつねに労働することができたし、また労働しなければならなかった。だが、売り物の商品としての労働力はまったく知られることなく、まる数千年が経過した。他方で、人間がその労働力をフルに使って自らの生計を立てることしかできないとすれば、このような労働力の購入、したがって商品としての労働力は無意味なものとなる。なぜなら、ある人が労働力を購入して代価を支払い、自らの生産手段を用いて労働させ、その結果として、購入した商品の保有者である労働者のための生活用品を得るだけの結果に終わるとすれば、労働者は、自分の労働力を販売することによって、他人の生産手段を手にして、自分自身のために労働するだけになるからである。これは、商品交換として見れば、誰かがのちに謝礼として靴を靴屋に返すために靴を買うのとまったく同様に、無意味な取引であろう。人間の労働力に他の使い方がないならば、労働力は購買者にとってはなんの利点もないであろうし、したがって、それは商品として市場に現われることもできないだろう。一定の効用をもつ生産物だけが商品として現れることができるのである。それゆえ、一般に労働力が商品として現われるためには、人間は生産手段があれば労働できるというだけでは十分ではない。かれは自分の生活用品の生産に必要とされる部分を超えて労働できるということが必要となる。かれは自分自身の生計のためだけではなく、むしろ自分の生活用品の生産に必要とされる部分を超えて労働できるということが必要となるのである。つまり、かれは自分自身の生計のためだけではなく、かれの労働力の買い手の利益にもなるように労働することができるのでなければならない。したがって、労働力商品は、その使用において、単にそれ自身の価格、すなわち賃金を補填できるだけではなく、それ以上に買い手にとっての剰余労働を提供できなければならない。事実、労働力商品はこれに適合した特性をもっているのである。しかし、それはどういうことであろうか。人間が剰余労働を提供できるというのは、人間あるいは労働者の生来の特性なのであろうか。人間が幾年もかかって石から斧を作り、二つの木片を幾時間もこすり合わせて火を熾《おこ》し、またたったひとつの弓を製作するのに数ヶ月を要した時代には、きわめて狡猾で容赦のない企業家でも、人間から剰余労働を搾取することはできなかったであろう。したがって、一般に、人間が剰余労働を提供できるためには、人間労働の生産力の一定の高さが必要である。すなわち、人間の道具、熟練、知識、自然力に対する支配が既に十分な高さに達し、それによって、人間の力が、単に自分自身の生活用品だけではなく、それを超えて、つまり、ばあいによっては他者の生活用品をも生産することができるようになることである。しかし、こうした道具の完成、知識、自然に対するある程度の支配は、人間社会の数千年にわたる労苦に満ちた経験によってようやく獲得される。当初の粗末な石器や火の発見から今日の蒸気機関や電気機械にいたるまでの隔たりは、人類の社会的発展の全過程、すなわちまさに社会内における人間の社会的な共同生活と協働によってのみ可能となった発展を意味している。したがって、今日の賃労働者の労働力に対して、剰余労働を提供するというそれに適合した特性を付与している労働生産力というのは、自然によって与えられた人間の生理的特殊性ではなく、社会的現象であり、長い発展的歴史の成果なのである。労働力商品が剰余労働を行えるということは、ひとりの人間の労働によって数人の人間の扶養を可能にするような社会的労働の生産力を示す、もうひとつ別の表現にすぎない。

しかし、剰余労働を生み出すことのできる労働生産力が、とりわけ、恵まれた自然的諸条件によって原始的文明段階において既に得られるこうした労働生産力が、いつどこでも労働力の販売とその資本家的搾取という結果を導くというわけでは決してない。ここで、アメリカ発見ののちに一九世紀の初頭までスペインの植民地であった、中南米の神の恵みを受けた熱帯地域にしばらく身を置いて考えてみよう。この地域は、バナナが住民の主要食料で、高温な気候と肥沃な土地をもっている。フンボルトは次のように書いている。「地上に、これほど狭い土地で、これほど多くの栄養に富んだ物質を生み出す植物がほかにあるとは信じられない。」[5] また、フンボルトは次のように算定している。「この原理にしたがえば、とくに肥沃な地方では、大きな品種のバナナ（アートン）が栽培されている半ヘクタールの土地で五〇人以上の人間を養うことができる。これに対してヨーロッパ地方の同じくらいの土地では（豊作のときを仮定して）たった五七六キログラムの小麦粉しか、すなわち二人分の食料にもならない分量しか産出しないという、驚くべき事実がある。」[(6)] おまけに、バナナはごくわずかの人間の労苦しか必要とせず、根の回りの土地を一、二度軽く掘り起こすだけでよい。フンボルトはさらに「コルディリエーラ山脈の麓、ベラクルス、バリャドリッドあるいはグアダラハラのスペイン総督府の管轄下にある湿潤な山間の平地では、家族全員を養うためには、ひとりの人間が一週間に二日間だけ重労働に従事すればよい」[(7)] と述べている。ここでは労働の生産力それ自体が搾取を可能にしていることは明らかであり、マルサスのような真正の資本家的魂をもった学者は、この地上の楽園の記述について涙さえ浮かべて、「無限の富を生産する、なんと素晴らしい手段であろうか！」[(8)] と叫んでいる。言い換えれば、これらの怠け者たちを駆使して労働させることができれば、事業欲のある企業家のために、これらのバナナを食べる人間の労働からどんなに見事に金を叩き出すことができるだろうか、ということである。しかし、現実はどうであったのか。この神の恵みをうけた地域の住民は、あくせく働いて貨幣を蓄積しようとは考えず、そこらでほんの少し木を探すだけでバナナを食べることができたし、多くの自由な時間を日向《ひなた》で寝ころび、人生を享受できたのである。フンボルトはきわめてはっきりと次のようにも述べている。「スペインの植民地では、熱帯地域（熱い土地《ティエラカリエンテ》）の住民は、バナナ・プランテーション（農園《プラタナレス》）を破壊するという勅命が出ないかぎり、数百年来陥っている無気力の状態から抜け出せないであろうという主張がしばしば繰り返されるのを耳にする。」[(9)]［傍点はローザ・ルクセンブルクのもの］。ヨーロッパの資本家的見地からのいわゆる「無気力」こそ、人間労働の目的が、単に人間の自然的欲求の充足として現れ、富の蓄積としては現れていない未だ原始共産主義的な諸関係のもとで生活しているすべての人民の精神状態である。しかしながら、この諸関係が支配するかぎり、労働の最大の生産力のもとでも、ある人間の他の人間による搾取、剰余労働の生産のための人間労働力の使用は考えられない。

だが、近代の企業家が人間の労働力のこの適合的な性質を最初に発見したわけではなかった。事実、既に古代において、労働しない人間による剰余労働の搾取がみられる。中世の賦役関係や農奴制と同様に、古代の奴隷制は、既に達成された生産力、すなわちひとりの人間よりも多くの人々を養える人間労働の能力を基礎にしている。両者は、社会のある階級が他の階級によって養われるという、この生産力を利用する形態が異なっているにすぎない。この意味では、中世の農奴と古代の奴隷とは、今日の賃金労働者の直系の祖先である。しかし、古代でも中世でも、労働力は、適合的な生産力やその搾取があったにもかかわらず、商品とはならなかった。今日の賃金労働者と企業家との関係にみられる特殊な点、すなわちそれが奴隷制や農奴制とどこが異なるのかは、なによりもまず労働者の人格的な自由である。たしかに、商品販売は、各人の完全な個人的自由に基づく、自発的で私的な取引である。自由でない人間は自分の労働力を売ることはできない。しかし、さらにもうひとつの条件として、労働者は生産手段を所有していないことが必要になる。もし彼が生産手段をもっていれば、自分で商品を生産して、自分の労働力を商品としては売らないだろう。したがって、労働力が生産手段から切り離されていることが、人身的自由とともに、今日において労働力の商品化を生みだしているのである[10]。奴隷制経済では、労働力は生産手段から分離されておらず、むしろ労働力自身が生産手段となって、道具や原料などとともに私有財産としてその主人に属している。奴隷自身は、奴隷所有者の無差別な大量の生産手段の一部にすぎない。賦役関係においては、労働力は、法的には、直接的に生産手段すなわち土地に縛りつけられ、それ自身は生産手段の付属物にすぎない。賦役や貢租は、人ではなく土地から供出される。不動産が遺産などとして他の労働する者の手に移ると、それとともに貢租も移行する。今日では、労働者は人格的に自由で、誰の所有物でもなければ、生産手段に縛りつけられてもいない。逆に、生産手段はある者の手に、労働力は他の者の手にあって、しかもこの二人の所有者は、独立した自由な所有者として、買い手及び売り手として――買い手としての資本家と、労働力の売り手としての労働者——対峙する。最後に、だからといって、人格的自由及び労働力の生産手段からの分離があっても、また労働の生産力が高いばあいであっても、つねに賃労働、すなわち労働力の販売にいたるとはかぎらない。こうした例は、奴隷経済を手にした大貴族所有者の形成によって大量の自由な小農民がかれらの土地から駆逐されたのちの古代ローマにおいてみられた。かれらは人格的には自由な人間であったが、所有地（地所）すなわち生産手段をもたなかったために、地方からローマへ群をなして自由なプロレタリア[11]としてやってきた。しかし、ここでは、かれらは、労働力の買い手が見つからなかったので、自分たちの労働力を売ることは決してできなかった。富裕な地主や資本家たちは、奴隷たちの手によって生活することができたために、買い入れる自由な労働力を必要としなかった。当時、地主たちは奴隷たちに可能なものはすべて作らせていたので、奴隷労働は、地主たちのすべての生活必需品を完全に満たしていた。しかし、奴隷生産の目的は自己消費のみで商品販売ではなかったので、地主たちは、自分たちの生活と奢侈のため以上に労働力を使用することはできなかった。したがって、古代ローマのプロレタリアは、自分自身の労働による生活源泉をすべて閉ざされ、物乞いをして——国家の乞食となって、定期的な生活用品の分配によって——生きる以外に途はなかった。したがって、古代ローマでは、賃労働ではなく、国費による無産自由民のための大量炊き出しが行われ、それゆえフランスの経済学者シスモンディ[12]は次のように述べた。古代ローマでは社会がそのプロレタリアを養っていたが、今日ではプロレタリアが社会を養っている、と。しかし、今日、プロレタリアの労働が自分と他人を扶養でき、かれらの労働力の販売が可能なのは、今日では自由な労働が生産の唯一の、もっぱらの形態だからであり、自由な労働が、商品生産として、直接的な消費ではなく販売のための生産物の生産に向けられているからである。奴隷所有者は自らの便宜と奢侈のために奴隷を購入し、封建領主は同じ目的のために、言い換えれば一族郎党とともに放縦な生活を送るために、農奴から賦役と貢租を搾取した。近代の企業家は、自分で使用するために食料、衣料、及び奢侈品を労働者に生産させるのではなく、貨幣を手に入れるために、販売向けの商品を生産させている。そして、まさにこうした取引が、かれを資本家にし、労働者を賃労働者にするのである。

こうして、商品としての労働力の販売という単純な事実は、一定の社会的・歴史的関係の連鎖全体を指している。単に労働力が商品として市場に出現したということ自体、次の事象を示している。一．労働者の人格的自由、二．労働者の生産手段からの分離、及び生産手段の非労働者の手中への集積、三．労働生産力の一定の高さ、すなわち剰余労働を生み出す可能性、四．商品経済の一般的な支配、すなわち販売向けの商品という形態に体現される剰余労働が、労働力購入の目的となっていること。

市場の見地からすれば、労働力商品の売買は、表面的には、靴や懐中時計の購入がいまも何千回となく行なわれているのと同様のまったくありふれた取引である。商品の価値とその変化、商品の価格とその変動、市場における買い手と売り手の平等と独立性、取引の自発性――すべては、他のそれぞれの取引行為のばあいとまったく同じである。しかし、この商品の特殊な使用価値によって、またこの使用価値を最初に生みだす特殊な諸関係によって、商品世界のこの日常的な市場取引は、新しいまったく特殊な社会関係になる。引き続き、この市場取引からなにが生み出されてくるかをみていこう。

二．資本主義の下での剰余労働の搾取

企業家は労働力を買い、労働者に対して賃金として労働者の生活費にあたる価格を支払う。そのことで、あらゆる

買い手と同じように、その価値すなわちその生産費を支払うのである。しかし、買われた労働力は、その社会において標準的に使用されている生産手段を用いて、単なるそれ自身の生産費を超えた、より多くの価値を生産することができる。われわれが知るように、このことは既に取引全体の前提となっている。そうでなければ、この取引は意味をなさない。まさにここに労働力という商品の使用価値がある。労働力の維持費の価値は、他のあらゆる商品におけるばあいと同様に、その生産に要する労働量によって規定される。そこで、労働者を労働可能な状態に日々保つのに必要な食料や衣料などがたとえば六時間の労働を要すると仮定してもさしつかえないであろう。このとき、労働力商品の価格すなわち賃金は、標準的には、貨幣の姿をとった六時間の労働でなければならない。しかし、労働者は企業家のために、六時間ではなく、もっと長く、たとえば一一時間働く。そうすると、かれは、この一一時間において、まず六時間で受け取った賃金を企業家に償い、そのうえになお無償で付け加えた五時間の労働を企業家に贈与することになる。こうして、あらゆる労働者の労働日は、次の二つの部分から成り立たざるをえないし、またそれが当然ともなっている。すなわち、労働者がかれ自身の生活費の価値だけを償う、いわば自分自身のために労働する支払い部分と、労働者が資本家のために贈与労働ないし剰余労働を成し遂げる不払い部分とである。(13)

社会的搾取のかつての諸形態においても労働日の状況は類似していた。のみならず、隷農制の時代には、隷農によってなされる自らのための労働と領主のための労働とは時間的にも空間的にも分かれていた。農民は、いつ、どれだけを自分のために働き、いつ、どれだけを慈悲深い領主や貴族や聖職者たちを扶養するために働くのか、まがうことなく知っていた。かれは、まず数日間自分の耕地で働き、それから数日間領主の耕地で働いた。あるいは、午前中は自分の耕地で働き、午後は領主の耕地で働いた。数週間続けて自分の耕地でのみ働き、それから数週間領主の耕地で働くというばあいもあった。たとえば、アルザス地方のマウルスミュンスター修道院領(14)のある村では、一二世紀半ば頃、賦役労働は次のように定められていた。四月中旬から五月中旬までは、各農家がひとりの男子を週にまる三日提供する。また、五月から聖ヨハネの祝日（六月二四日）までは週に一日午後だけを、聖ヨハネの祝日から干し草用の刈り入れまでは週に二日を、収穫時期には週に三日午後だけを、そして聖マルティンの祝日（一一月一一日）からクリスマスまでは週にまる三日を提供する、と。むろん、中世のもっと後期になると農奴制への発展とともに領主のための労働が持続的に増大していって、やがて週のうちのほとんど毎日が、そして年のうちのほとんど毎週が賦役にあてられるようになってしまい、農夫は自身の耕地を耕す時間をもはやほとんど保持できなくなった。しかし、そうしたばあいでも、かれは、自らが自分のためではなく他人のために働いていることをはっきりわかっていた。このことについては、もっとも愚かな農民でさえ錯覚することはなかった。

近代の賃労働のばあいには、事態はまったくちがっている。労働者は、労働日の第一の部分でかれ自身が用いる対象、すなわちかれの食料や衣料などを生産し、第二の部分で企業家のための他の物財を生産したりなどはしない。反対に、労働者は、工場や仕事場で一日中まったく同じ対象を生産する。しかも、たいていは、それはかれ自身の個人的な消費にはほんのわずかしか必要としないような、あるいはまったく必要としないような対象、たとえばただ鋼鉄製のばねだけとか、ゴムベルトだけとか、絹織物だけとか、鋳鉄管だけを生産している。こうして、かれが終日かかって生産した鋼鉄製のばねとかベルトとか織物などの無差別な堆積物からどの一片を取り出しても他の一片と寸分たがわず同じに見えて、そのうちのある部分が支払い労働であるか不払い労働であるかとか、あるいはある部分は労働者のためのもので他の部分は企業家のためのものであるかとかいったことはまったくわからない。それどころか、かれの労働の産物はかれにはまったく役立たないし、またそのうちの一片ですらかれのものにはならない。労働者が生産するものはすべて企業家のものである。この点に賃労働と隷農制との外面的にわかる大きな相違がある。賦役農民は、通例の賦役関係のもとでは、自らの耕地で働くためのいくばくかの時間を無条件に保持していたし、自分のために働いた分はやはりかれのものであった。近代の賃金労働者のばあいには、かれの生産物はすべて企業家のものであり、工場内でのかれの労働はかれ自身の生活の維持とはなんら関わりがないようにみえる。かれは自分の賃金を受け取ったのであり、それを好きなように使うことができる。そのかわり、かれは企業家が指示するものを作らなければならないし、かれが生産するものはすべて企業家のものとなる。しかしながら、労働者には見えない相違は、あとになって、企業家が労働者によって生産されたものから得られる収益を計算するとき、企業家の計算のなかにしっかり現れてくる。それは、資本家にとっては、生産物を売って受け取る貨幣額と、生産手段や労働者の賃金に対するかれの前貸し(15)との差額である。利得としてかれに残る差額は、まさに不払い労働によって生み出された価値、すなわち労働者が生み出した剰余価値にほかならない。したがって、各々の労働者は、単にゴムベルトとか絹織物とか鋳鉄管とかだけを生産しているときにも、まずかれ自身の賃金を生産し、それから資本家に贈与される剰余価値を生産しているのである。たとえば、かれが一一時間で一一メートルの絹布を織ったのであれば、そのうちの六メートルはかれの賃金の価値を含んでおり、五メートルは企業家のための剰余価値をなしているというわけである。

しかし、賃労働と奴隷労働または賦役労働との相違は、さらにもっと重大な結果をもたらす。奴隷も賦役農民も、主に自分自身の個人的欲求と主人の消費のために労働を提供した。かれらは、主人のために食料、衣料、家具、奢侈品などを作った。ともかくも、これが、奴隷制や賦役関係が商業の影響によって衰退し、没落に向かう前のふつうの状態であった。しかし、いつの時代であれ、人間の消費能力には、また個人的生活における奢侈にも、一定の限界がある。いっぱいに詰まった貯蔵庫や家畜小屋、豪華な衣服、自分自身や屋敷全体に贅を尽くした生活、飾りつけられた部屋、これ以上のものは古代の奴隷所有者や中世の貴族には必要となりえなかった。じっさい、日常の欲求に役立つこうした財は、貯蔵しておくとだめになってしまうから、一度に過剰な貯蔵をすることができない。穀物は腐りやすく、ネズミに食べられたりするし、干し草や麦わらの貯蔵は火事になりやすく、服地は痛んだりなどする。乳製品や果物や野菜は一般に貯蔵が難しいといったぐあいである。それゆえ、奴隷経済においても賦役経済においても、消費には、どんなに贅沢な生活であっても、自然的限界があったし、したがって奴隷や農民の通例の搾取にも限度があった。労働力を商品生産のために購入する近代の企業家のばあいには、事情が異なっている。労働者がふつう工場や仕事場で生産するものは、かれ自身にはまったく役に立たないが、この点は企業家にとってもまさしく同様である。企業家は、買った労働力に衣料や食料を企業家自身のためにしつらえさせるのではなく、自分自身はまったく使用しないなんらかの商品を生産させる。かれは、絹布とか鉄管とか棺桶を、できるだけ早く手放す、つまり販売するために生産させる。かれは、販売して貨幣を手に入れるためにそれらを生産させるのである。そして、自分の前貸しを貨幣形態で取り戻すとともに、労働者から贈与された剰余労働を貨幣形態で受け取る。この目的のために、すなわち労働者の不払い労働を貨幣として打ち出すために、かれはすべての取引を行ない、労働力を買うのである。しかし、既に知ったように、貨幣はかぎりない富の蓄蔵手段である。貨幣形態における富は、貯えておくだけでさえ増大するように価値を失わない。それどころか、のちにみるように、貨幣形態をとれば、富はどんなに長く貯蔵されてもみえてくる。こうして、貨幣形態においては、富はまったく限界を知らず、無限に増大することができる。それに照応して、近代の資本家の剰余労働への渇望もまた限界をもたない。労働者からより多くの不払い労働が取り出されれば取り出されるほど望ましいのである。剰余労働を搾り取ること、しかも際限なく搾り取ること――これこそが、労働力を購入することの真の目的であり、果たすべき課題というわけである。

労働者から搾り取る剰余価値を拡大しようとする資本家の自然的衝動は、なかんずく、二様の単純な方法を、すなわち労働日の構成を考えるといわば自然に浮かんでくる二様の方法を見出す。既にみたように、あらゆる労働者の労働日は通例二つの部分から成り立っている。労働者が自分自身の賃金を補填する部分と、不払い労働すなわち剰余価値を提供するもうひとつの部分とである。したがって、第二の部分をできるかぎり大きくするために、企業家は二つの方面へと進むことができる。労働日全体を延長させるか、労働日の第一の部分をなす支払い部分を短縮する、すなわち労働者の賃金を押し下げるかである。(16) じっさい、資本家は同時に両方の方法に触手を伸ばしており、それゆえ賃労働制度のもとではたえざる二重の傾向が生じる。一方で、労働時間の延長の傾向、他方で賃金の押し下げの傾向である。

資本家が労働力商品を買うとき、かれは、あらゆる商品におけると同様に、労働力商品から有用性を引き出すために買う。さらに、あらゆる商品の買い手は、その商品をできるだけ利用しようとする。たとえば、靴を買うなら、その靴をできるだけ長く履こうとする。商品の買い手にとって、商品の使用、商品の有用性に関する全権はかれの手にある。したがって、労働力を買った資本家が、この買い入れた商品を自分のために、できるだけ長く、できるだけ多く役立たせようとするのは、商品購入の観点からはまったく正当である。かれが労働力に一週間分を支払ったとすれば、彼はその一週間分を使用できるのであり、買い手としての立場からは、労働者に可能なら週当たり二四時間の七倍の労働をさせる権利をもっている。しかしながら、他方で、労働者は商品の売り手としてまったく反対の立場にある。たしかに、資本家には労働力を使用する権利がある。だが、使用権があるといっても、労働者の肉体的及び精神的な仕事能力には限度がある。馬なら、使いものにならなくしてしまわないとすれば、毎日毎日八時間以上働かせるようなことはできない。人間も、労働で費消した力を回復するために、衣食や休養などのための一定の時間が必要である。そうした時間がなければ、かれの労働力は費消されるだけではなく、決定的に損なわれてしまう。過度の労働によって労働力は衰弱し、労働者の寿命は短くなる。したがって、資本家が労働力を無制限に使用することにより週ごとに二週間分ずつ労働者の寿命を縮めるとすれば、それはあたかも資本家が一週間分の賃金で三週間分を自分のものにしているのと同じことである。となると、それは、商品取引というまさしく同じ観点から、資本家が労働者から盗んでいることを意味する。こうして、資本家と労働者は、双方が商品市場といういわば同じ土俵にのぼりつつ、労働日の長さに関してふたつのまったく相対立する立場を代表することとなり、労働日のじっさいの長さは、力関係の問題として資本家階級と労働者階級とのあいだの闘争を通じてのみ決定される(17)。したがって、労働日はそれ自体としては決して特定の制限に結びつけられているわけではない。事実、時代や場所によって、八時間、一〇時間、一二時間、一四時間、一六時間、一八時間といった労働日がみられる。要するに、労働日の長さをめぐっては何世紀にもわたって闘争されてきたのである。

　この闘争にはふたつの重要な時期が見出される。第一の時期は、既に中世末、一四世紀に始まる。ようやく資本主義がその第一歩をおずおずと踏み出し、同職組合支配の堅固な防御のよろいを揺さぶり始めた時代のことである。通例の慣習的な労働時間は、手工業の全盛期には約一〇時間であって、そのもとで食事や睡眠や休養の時間、日曜や祭日の休息は、きわめてゆったりと、またきわめてこと細かく守られていた。のどかな労働方法を備えていた古い手工業にはそれで十分であった。だが、始まりつつあった工場経営には不十分であった。こうして、資本家たちが政府から勝ち取った最初のものが、労働時間延長の強制立法だったのである。一四世紀から一七世紀末にかけては、イギリスでもフランスでもドイツでも、もっぱら最小労働日(18)に関する法律が、すなわち労働者や職人に一定の労働時間以下しか働かないようなことを許さない法律が見出される。しかも、その最低労働時間は、たいていは一日一二時間にのぼった。労働者の怠惰との闘争、これが中世以来一八世紀にいたるまでの声高な叫びだったのである。しかし、古い同職組合的手工業の力がうち破られて、一方にいっさいの労働手段を失って労働力の販売に頼るほかなくなった大量のプロレタリアートが現れ、他方に熱病的な大量生産を伴った大規模なマニュファクチュア[19]が発生して以来、すなわち一八〔世紀〕このかた、状況は一変する。あらゆる年齢の労働者に対して、また男女を問うことなく、突然の、際限のない搾取が始まり、全労働者人口がわずか数年のうちにペストにかかったようになぎ倒された。一八六三年にイギリスの議会で、ある議員は次のように表明した。「綿工業は九〇年を数える。……それは、イギリス人の三世代のあいだに、綿工業労働者の九世代を食い尽くした。」[20]さらに、ブルジョアのイギリス人著述家ジョン・ウェード[21]は、『中間階層及び労働者階級の歴史』という著書のなかで次のように記している。「利得追求にさいしての工場主たちの貪欲さ、残虐さは、黄金を求めてスペイン人がアメリカインディアンに対してはたらいた残虐さに劣らなかった。」[22]イギリスでは、一九世紀の六〇年代になってもなお、レース編み工場のようないくつかの工業部門では、九歳から一〇歳までの幼い子供たちが朝の二時、三時、四時から夜の一〇時、一一時、一二時まで働かされていた。[23]ドイツでは、水銀を貼った鏡の製造業や製パン業ではつい最近まで、既製服製造業や家内工業ではいまもなお、こうした状態が支配的であること、周知のとおりである。近代の資本制的工業が初めて、それまではまったく知られていなかった夜間労働というものを考案してみせた。それまでのすべての社会状態では、夜間は、元来、人間にとっての休息のためにとっておかれる時間とみなされていた。[24]資本制的経営は、夜間に労働者から搾り取られる剰余価値がそれ自体としては昼間に搾取される剰余価値となんら区別されないことを見つけ出し、昼夜交代制を導入したのである。同様に、中世には同職組合的手工業によってきわめて厳格に守られていた日曜日が、資本家の剰余価値渇望の犠牲にされて、その他の労働日のうちに編入された。さらになお、労働時間延長のための何ダースもの細々《こまごま》とした発見が付け加わった。すなわち、休憩なしに仕事中に食事をとること、通常の労働時間中ではなく終業後に、つまり労働者にとっての休息時間のあいだに機械を清掃することなどである。最初の数十年間、こうしたことを資本家がまったく自由にかつ際限なく実行したため、やがて今度は、労働時間の強制的な延長ではなくて短縮のための労働日に関する一連の法律が必要になった。しかも、最大限労働日に関する最初の法的諸規定は、労働者からの圧力に強《し》いられたというよりむしろ資本主義社会の自己保存本能そのものに強いられてのものであった。大工業の制約なき経済活動は最初の数十年間でただちに労働大衆の健康と生命に破滅的な影響を及ぼした。とほうもない数の死亡、疾病、肉体的な不具、精神的荒廃、疫病、兵役不適格が生み出された。そのため、社会の存続自体が根底から脅かされているようにみえた[25]。剰余価値を求めて自然に膨れ上がってゆく資本の衝動は、国家によって制御されなければ、遅かれ早かれすべての国を労働者の骨だけしか見当たらない巨大な墓地に変えてしまうであろうことが明らかであった。しかし、労働者がいなければ労働者の搾取もない。したがって、資本は、自己の利益のために、将来も搾取ができるように、現在の搾取をいくばくか制限せざるをえなかった。労働者としての国民の力は、引き続いてその搾取を確実にするためには、多少ともいたわられなければならなかった。不経済的な略奪経済から合理的な搾取へと移行されなければならなかったのである。こうしたところから最大限労働日に関する最初の諸法が生まれたのであって、この点はすべてのブルジョア的社会改良の誕生にも当てはまる。これと対をなすものを狩猟法にみることができよう。法律によって赤鹿[26]に一定の禁猟期間を確保することで、それを合理的に繁殖させて狩猟の対象として安定的に役立たせることができるのと同じく、社会改良はプロレタリアートの労働力に一定の禁猟期間を確保し、それによって労働力が資本による搾取に合理的に奉仕できるようにしているのである。あるいは、マルクスが言うように[27]、工場労働に対する制限は、農場経営者が畑に施肥せざるをえないのと同じ必然性によって課せられたというわけである。工場法は、個々の資本家の抵抗との数十年にわたる厳しい闘争を通じて、まず児童と女性とのために、いくつかの個別産業において、一歩一歩生み出されていった。それにフランスが続いた。フランスでは、一八四八年の二月革命[28]によってはじめて、勝利を収めたパリのプロレタリアートが最初にかけた圧力のもとで、一二時間労働日が宣言された。それは、すべての労働者の労働時間に関する、したがってすべての労働部門における成人男子の労働時間にも適用される、最初の一般法であった。合衆国では、奴隷制を廃止した一八六一年の内戦の直後に、八時間労働日を求める労働者の一般的運動が始まった[29]。そしてこの運動はヨーロッパ大陸へと波及していった。ロシアでは、モスクワの工場地帯における一八八二年[30]の大規模な工場騒擾から女性と未成年者のための最初の保護法が生まれ、一八九六年と九七年[31]のペテルスブルクにおける紡績労働者六万人による最初のゼネストから成人男子のための一一時間半労働日が生まれた。ドイツは、現在のところ、女性と児童に対する保護法があるのみで、他のすべての近代的な大国に遅れをとっている。

これまで、賃労働のただひとつの側面、すなわち労働時間についてだけ述べてきたのであるが、既にそのかぎりでも、単なる単純商品取引すなわち労働力の売買が、どれほど固有の諸現象を生み出してきたかということを見出した。ともあれ、ここではマルクスの言葉でもって語ることが欠かせない。「われわれの労働者は生産過程に入ったときとは様変《さまが》わりしてそこから出てくるということが告白されなければならない。市場ではかれは、他の商品所有者たちに対して『労働力』という商品の所有者として、すなわち商品所有者に対する商品所有者として登場した。かれがかれの労働力を資本家に売った契約は、かれが自分自身を自由に意のままにできることを、いわば墨痕鮮やかにと表現できるがごとく明白に示していた。だが、商取引ののち見出されるのは、かれがけっして『自由な取引主体』ではなかったこと、かれが自由に労働力を売ることのできる時間とはそれを売ることを強制されている時間であること、じっさいにかれの吸血鬼は『一片の肉、一本の腱、一滴の血でも搾り取れるあいだは』かれを手放さないということであった。かれらを苦悩させる蛇から『身を守る』ためには、労働者たちは団結し、階級として、かれら自身が資本との自由意志による契約によって自らと同胞を死と奴隷状態へと売り渡すことを防ぐ国法を、すなわちきわめて強力な社会的後《うし》ろ盾《だて》を、力ずくで手に入れなければならない。」(32)［傍点はローザ・ルクセンブルクのもの］。

労働者保護法は、じっさい、今日の社会による次のことの初めての公式の表明にほかならない。すなわち、商品生産と商品交換の基礎にある形式的な平等と自由とは、労働力が商品として市場に現われて以来、既に破綻し、不平等と不自由へと転化している、と。

三　剰余価値を増産する第二の手段としての労賃の引き下げ

資本家たちが剰余価値を増大させる第二の方法は、労賃の引き下げである。労賃も、労働日と同じく、それ自体けっして一定の限界と結びついているわけではない。労賃について語るばあい、なかんずく、労働者が企業家から受け取る貨幣と、労働者がその貨幣で手に入れる生活手段の量とを区別しなければならない。ある労働者の賃金について、たとえば一日二マルクだということだけを知ったとしても、それはまったくなにも知らないのに等しい。というのは、この二マルクで、物価高の時期には、物価安の時期よりもはるかに少ない生活手段しか買うことができないからである。さらに、同じ二マルク硬貨が、ある国と他の国とでは、それどころか同一国内の諸地域においてさえ、異なった生計内容を意味している。労働者は、また、以前よりも多くの貨幣を賃金として受け取るにもかかわらず、以前よりも生活がよくなるとはかぎらず、あいかわらず悪いままであったり、もっと悪くなったりすることさえありうる。したがって、真の、実質的な賃金とは、労働者が受け取る生活手段の総量なのであって、これに対して貨幣賃金は名目的な賃金にすぎない。こうして、賃金がたんに労働力の価値の貨幣表現にすぎないとすれば、労働力の価値は、真実には、労働者の必要とする生活手段に費やされる労働総量によって表わされることとなる。しかしながら、「必要とする生活手段」とは何なのであろうか。ある労働者と他の労働者とのあいだの個人的相違といった枝葉の相違を別にしたとしても、国や時代が違えば労働者階級の生計内容は違っている。このことからして、「必要とする生活手段」の概念がひじょうに変わりやすく、さまざまな解釈を施しうるものであるということがわかる。生活状態のよい今日のイギリスの労働者は、ビーフステーキを毎日食べることを生活に必要と考えているが、中国の苦力《クーリー》[33]はひと握りの米で生活している。「必要とする生活手段」という概念についてさまざまな解釈が可能であるということから、資本家と労働者とのあいだで賃金の額をめぐって、労働日の長さをめぐる闘いと同様の闘いが展開される。資本家は、次のように言明することによって、商品の買い手としての自らの立場に立脚する。すなわち、わたしが、あらゆる誠実な買い手と同様に、労働力商品に対して価値どおりに支払わなければならないというのはまったく正当な言い分である。だが、労働力の価値とは何なのか。必要とする生活手段とは何なのか。よろしい、わたしの労働者に対して生活にちょうど必要なだけを与えるとしよう。だが、ひとりの人間が生きてゆくのに絶対に必要なものは何なのか。それを教えてくれるのは、第一に科学、生理学であり、第二に一般的な経験[34]である。そして、わたしがまさにこの最低限きっかりを与えるというのは当然のことである。というのは、一ペニヒでも余分に与えるとしたら、わたしは誠実な買い手ではなく、商品を買ったその相手に自分のポケットから贈り物をする愚か者、慈善家になってしまうからである。わたしは靴屋やたばこ屋に対しても一ペニヒたりとも贈るようなことはせず、かれらの商品をできるかぎり安く買おうとする。同様に、わたしは労働力をできるかぎり安く買おうとするのであり、労働者に対して生きてゆけるぎりぎりの最低限を与えれば、われわれはまったく五分五分なのである。このように言うとき、商品生産の立場からすれば、資本家はまったく正当である。しかしながら、労働者が商品の売り手として次のように言い返すとき、かれもいささかも劣ることなく正当である。すなわち、もちろんわたしは労働力というわたしの商品のじっさいの価値以上のものを要求するべきではない。だが、わたしがまさしく求めているのは、きみがこの商品の完全な価値を現実に支払ってくれることなのだ。だから、わたしは必要とする生活手段以上のものを欲しているわけではない。しかし、必要とする生活手段とは何なのか。人間が生きてゆくために最低限必要とするものを示す生理学という科学及び経験がその解答を与えてくれるときみは言う。ということは、きみは「必要とする生活手段」という概念に、絶対的、生理的な必要性をこっそり押しつけているのである。しかし、これは商品交換の法則に反している。なぜなら、わたし同様にきみもよく知っているとおり、市場におけるあらゆる商品の価値にとって、それを生産するのに社会的に必要な労働こそが基準となるからである。もし、靴屋が一足の靴をもってきて、それを作るのに四日間労働したという理由で二〇マルクを要求するとすれば、きみは靴屋に次のように言うであろう。「そういう靴であれば、工場製ならたった一二マルクで手に入る。工場では機械を使って一日で一足が作られるのだから。したがって、あなたの四日分の労働は、機械を使って労働していないのであなたには必要だったとしても、――靴を機械で生産することが既に通例となっているのだから――社会的には必要だとはみなされない。しかし、それはわたしにはいかんともしがたいことで、わたしはあなたに対して社会的に必要な労働に相当するだけを、すなわち一二マルクだけを支払う」。きみが靴を買うばあいにこのようにふるまうのであれば、労働力というわたしの商品を買うにさいしても、それを維持するために社会的に必要な費用をわたしに支払わなければならない。だが、わたしの生活にとって社会的に必要なものとは、われわれの国でいまの時代にわたしの階級の人間にとって慣習的に生活費とみなされているもののことである。一言でいえば、きみはわたしに、動物にエサを与えるかのように、かろうじて生きていけるような生理的な必要最低限をではなく、社会的に通例となっている最低限を、つまりわたしに慣習的な生活を保障してくれる最低限を支払わなければならない。そうしてはじめて、きみは誠実な買い手として労働力商品の価値を支払うのでありさもなければきみは価値以下で買っているのだ。

このように、労働者は、純粋な商品取引の観点からすると、少なくとも資本家と同じくらい正当である。しかしながら、労働者がこの観点を社会的に認めさせるには一定の時間を要する。というのは、労働者は――社会的階級として、すなわちまとまって、組織としてのみ――それを社会的に認めさせることができるからである。労働組合や労働者政党が成立して初めて、労働者は、その労働力を価値どおりで販売し始める。すなわち、社会的、文化的に必要なものとしての生活費を社会的に認めさせ始めるのである。だから、この国に労働組合が登場し、それがあらゆる個別産業部門で認められるまでは、賃金水準の基準となったのは、生活手段を生理的な、いわば動物的な最低限にまで押し下げようとする資本家の性向、すなわち労働力に対してたえず価値以下に支払おうとする性向であった。労働者の連帯や労働者組織による抵抗にまだ出会わない、資本による勝手気ままな支配の時代には、工場法導入以前の労働時間についてと同様に、賃金についても労働者階級は野蛮に貶められた。それは、労働者がかつての手工業や農民経済の時代からずっと慣れ親しんできた、生活におけるぜいたく、快適さ、くつろぎのあらゆる痕跡に向けられた資本の十字軍であった。それは、家畜への給餌や機械への注油と同様に、労働者の消費を、肉体に最小限の飼料を補給するだけのまったく味気ない行為にまで引き下げようとする努力であった。そのときには、最低生活の、もっとも欲求の少ない労働者が、甘やかされた労働者にとって模範や手本とされた。労働者の人間的な生計に向けたこの十字軍は――資本主義的工業と同じく――イギリスでまず始まった。イギリスのある著述家は一八世紀に嘆いている。「わが国のマニュファクチャ労働者は、蒸留酒、ジン、紅茶、砂糖、外国産果物、強いビール、捺染した亜麻布、嗅ぎタバコや喫煙タバコなどといったムダなものをぞっとするほど大量に消尽していることがあまりに明白である」。当時、イギリスの労働者にとって、フランス、オランダ、ドイツの労働者が節制の模範であるとみなされた。だから、イギリスのある工場主は次のように書いている。「フランスでは、労働はイギリスよりも三分の一も安い。というのは、フランスの貧民（労働者はそう呼ばれた――ローザ・ルクセンブルク）は、骨の折れる労働を行い、食事や衣服には最小限しか使わない。主に消費するのはパン、ふつうは食べないような茎や葉、地下茎、干し魚であって、ごくまれにしか肉を食べず、小麦の価格が高いときにはパンもごくわずかしか食べない」。(35) 一九世紀の初めごろ、アメリカ人のランフォード伯爵は、特異な『労働者のための料理本』、すなわち労働者の食費を安くあげる調理法を載せた料理本を書いた。さまざまな国のブルジョアジーにおおいなる熱狂をもって迎え入れられたこの有名な本から、例としてひとつ調理法を引いてみると、次のように書かれていた。「大麦五ポンド、トウモロコシ五ポンド、ニシン三〇ペニヒ分、塩一〇ペニヒ分、酢一〇ペニヒ分、コショウと薬味二〇ペニヒ分の総計二・〇八マルクで、六四人分のスープができる。いな、平均的な穀物価格でなら、一人当たり三ペニヒ未満にまで費用を押し下げることができる」。(36) 南アメリカの鉱山の労働者たちの毎日の仕事は、ことによると世界中でもっとも苛酷であって、一八〇ポンドから二〇〇ポンドの鉱石の荷を四五〇フィートの深さから肩に担って地上へ運び出すものであるが、かれらについてユストゥス・リービヒは語っている。かれらはパンと豆だけで生活している、と。かれらはできるなら食料としてパンだけを選びたいであろうが、パンだけではそれほど激しい労働はできないことを見出したかれらの主人が、豆の方がパンよりも骨の形成に役立つからというわけで、かれらを馬のように扱って、豆を食べることを強いているのである。(37) フランスでは、既に一八三一年に労働者の最初の飢餓暴動があった――リヨンの絹織物工の暴動である。とはいえ、資本による賃金切り下げの祝宴が頂点に達したのは、本来の機械工業がフランスに導入された、一八六〇年代の第二帝政(38)のもとでのことである。企業家は、より安価な人手を見つけるために、都市を避けて田舎へと向かった。そして、かれらは、そこに、日給一スウすなわち約四ペニヒで働く婦人がいることを見つけ出すにいたった。もちろん、こうした僥倖は長続きしなかった。というのは、そのような賃金は動物的な生存にとっても十分ではなかったからである。ドイツにおいては、資本は、似たような状況をまず繊維産業で引き起こした。そこでは、賃金が生理的最低限以下に押し下げられたため、一八四〇年代にシュレジアとボヘミアで織物工の飢餓暴動が起きたのである。[39]今日、労働組合が生計費に対して影響力をもたないところではどこでも——ドイツの農業労働者や、既製服製造業、さまざまな手工業部門において——生活手段の動物的な最低限が賃金の基準になっている。

四.[40] 産業予備軍の発生

労働負担を強化し、労働者の生活水準を動物的な限界にまで引き下げ、一部にはそれをかなり下回る水準にまで引き下げるという点では、近代の資本主義的搾取は、奴隷経済及び農奴制という二つの経済形態がもっとも悪化した時期、すなわち両者がそれぞれの没落に近づいた時期の搾取に相当する。それに対して、ただ資本主義的商品生産だけが生み出したもの、それ以前の時代にはまったく存在しなかったもの、それは部分的失業、すなわち常態化した現象としての労働者の非消費、いわゆる労働者の予備軍の出現である。資本主義的生産は市場によって左右され、その需要に従わざるをえない。しかし、この需要はたえず変動し、年や、季節、月ごとに、いわゆる好況と不況とを交互にもたらす。資本はつねにこの景気変動に適応しなければならないが、そのためには労働者の雇用を増やしたり減らしたりしなければならない。したがって、資本は、市場が求める最大の要求に対しても必要な労働力数を即座に用意するために、就業労働者以外にかなりの数の職を失った労働者を予備の状態に保っておかなければならない。就業していない労働者たちは、それ自身としては賃金を入手することなく、かれらの労働力は購入されず、単に貯蔵されているだけである。したがって、労働者階級の一部の非消費は、資本主義的生産の賃金法則の本質的要素の一部を構成している。これらの失業者たちが生計をいかに立てていくかは資本のまったく関知しないところであるが、予備軍をなくそうとするあらゆる試みに対しては、資本は自己の存立にかかわる利害を危険に陥れるものとして拒否する。一八六三年のイギリスの綿花恐慌は、この種の明白な事例を提供している。アメリカの原綿の不足によってイギリスの紡績業や織物業は、突然、生産を中断することを余儀なくされ、一〇〇万人近い労働人口が失職したとき、失業者の一部は迫り来る餓死を避けるためにオーストラリアに移住することを決断した。かれらは、職を失った五万人の労働者が移住できるように、イギリス議会に対して二〇〇万ポンド・スターリングの基金の可決承認を求めた。しかし、労働者のこの無理、無法な要求に対して、紡績工場主たちは憤怒の叫び声をあげた。工業は機械なしにはやっていけない。そして、労働者もまた機械であり、したがってかれらは貯蔵されていなければならない。飢えた失業者が突然国を離れるとすれば、「国家」は四〇〇万ポンド・スターリングの損失を被るであろう、と。この声に応じて、議会は移住基金を拒否し、失業者は飢餓に縛りつけられた状態に留まり、資本にとって必要な予備を形成することとなった。もうひとつの他の顕著な例は、一八七一年にフランスの資本家が提供している。パリ・コミューン[41]が崩壊したのち、パリの労働者の虐殺が、裁判形式をとるかとらないかにかかわらず法外な規模で行われ、何万人ものプロレタリア、それも最良で有能なプロレタリア、労働者たちのエリートが無謀にも虐殺された。そのとき、企業家たちのあいだでは、かれらの復讐感情が満たされたただなかで、貯蔵された「人手」の不足がやがて資本を苦しめるのではないかという不安が生まれた。すなわち、工業は、戦いの終結後、ちょうどその頃に事業の活発な躍進を迎えたのである。そこで、パリの企業家たちのなかには、コミューン戦士の訴追を軽減し、労働の人手をサーベルによる殺戮から資本の腕に保護するために裁判官に取り入った者もいた。

ともあれ、予備軍は、資本に対して二重の機能をもっている。第一に、事業の突然のあらゆる活況に対して労働力を提供する機能であり、第二に失業者たちの競争を通じて就業者に対して恒常的な圧力を課し、就業者の賃金を最低限に抑える機能である。

マルクスは、予備軍を、四つの異なった階層に区分している。そして、それら諸階層の資本にとっての機能と諸階層の生活条件はさまざまなかたちをとっている。最上層は周期的に失職する工業労働者であり、すべての職業のなかでもっとも恵まれた状況にある職業においてさえも常時みられる。この層の労働者は、各人がある時期には失業し、他の時期には就業しているということから、たえず変化する。その数は経済のなりゆきによって激しく変動し、恐慌時にはきわめて大きくなり、好景気のときはとるに足らぬ小さなものとなる。しかし、それが消滅することは決してなく、工業的発展の進行とともに一般的に増加する。第二の層は、農村から都市へ流入するプロレタリアートである。かれらは不熟練の労働者で、最低限の要求をもって市場に現れ、単純労働者として、特定の労働部門に縛られることなく、すべての労働部門に対する貯水池として雇用されるのを待ちわびている。第三の層は、最底辺のプロレタリアートで、不規則にしか就業できず、つねにあちこちの臨時雇用の仕事を捜し求めている。そこでは、最長の労働時間と、最低の賃金がみられ、それゆえ、この層は、上述のより上層の人たちと同様に、資本にとって単に好都合なだけでなく、不可欠のものとなっている。この層は、工業や農業における余剰部分、すなわち零落しつつある小手工業や、消滅しつつある下位の職業からたえず補充される。それは、家内工業にとっての広範な基礎を形成し、いわゆる産業の舞台裏で、すなわち表舞台の背後で労働している。しかし、この層は、いまのところ、消滅する傾向にはなく、逆に、きわめて旺盛な出生率と都市や農村における産業活動の発展によって増大している。

最後に、プロレタリア予備軍の第四の層は、そのものずばりの被救護者[42]、貧民である。その一部は、労働能力のある者で、工業や商業の事業内容が好調なときには部分的に雇用されるが、恐慌時にはまっさきに放逐される。他の一部は、労働能力のない者、すなわち工業がもはや使うことのできない高齢の労働者、プロレタリアの寡婦、孤児、被救護児童、大工業や鉱業において障害を被った犠牲者、最後に労働の習慣を断《た》った者、すなわち浮浪者やその類の者である。この層は、ルンペンプロレタリアート[43]、すなわち犯罪者や娼婦へと直接に流れ込む。マルクスによれば、被救護者は労働者階級の傷病兵収容所やプロレタリア予備軍の死重を形成する。その存在は、予備軍が産業の発展から生ずるのと同様に、予備軍のなかから必然的かつ不可避的に生じる。貧民及びルンペンプロレタリアートは、資本主義の存立条件のひとつであり、資本主義と一体化している。社会的な富、機能している資本とそれによって雇用される労働者大衆が大きければ大きいほど、失業者の在庫層、すなわち予備軍もますます大きくなる。予備軍が就業労働者大衆に比べて大きくなればなるほど、貧民、被救護者と犯罪者から成る最下層も増加する。したがって、資本や富にあわせて、不可避的に不就業者や賃金を支払われない者の数、労働者階級の最下層――公認の貧民――も増加する。マルクスによれば、「これが、資本主義的蓄積の絶対的・一般的法則である」[44]。

既に述べたように、恒常的で増加傾向にある失業者層の成立は、以前のあらゆる社会諸形態においては知られないものであった。共産主義的な原始共同体においては、言うまでもなく自明のことであるが、各人は、一部には直接の生活の必要から、一部には部族や共同体の道徳的・法的権威の圧力のもとで、暮らしを立てるのに必要な範囲内で労働を行う。他面で、社会のすべての成員に生活資料が手に入るように用意されている。原始共産主義的な諸集団の生活水準は、もちろんかなり低くて簡素なものであり、生活の便宜は原初的なものである。しかし、生活資料が存在するかぎり、それはすべての者に対して平等で、今日の意味における貧困、すなわち社会に現存する生活資料を奪われているなどということは、その時代にはまったく知られていない。原始的な部族は、不利な自然環境がかれらを追い詰めたばあいには、ときによって、あるいはしばしば飢えることがあるが、その窮乏は社会それ自身の窮乏であり、社会成員の他の部分に余剰があるなかで成員の一部に窮乏が存在することは考えられない。なぜなら、社会の生活資料が全体として保障されているかぎり、各成員の生存は保障されているからである。

オリエントや古代の奴隷制においても同様のことが言える。エジプトの国有奴隷あるいはギリシャの私有奴隷がいくら搾取され、酷使されたとしても、またかれらの取るに足りない生活水準と主人の華美とのあいだの差異がいくら大きくなったとしても、その生活水準は奴隷関係それ自身によって保障されていた。現代において誰もが自分の馬や家畜を給餌不足で死なせることがないように、奴隷を窮乏のために死なせることはなかった。同様のことが中世の賦役関係でも言える。そこでは、農民が土地に縛りつけられ、きわめて封建的な隷属制度が堅固に構成され、すべての人が他の人間の主人であるか、主人の下僕であるか、あるいは同時にその両者であるかでなければならなかった。だが、この体制は各人に定席を割り当てていた。そして、農奴の搾取がきわめて過酷であったにしても、領主にはかれらを土地から追放する権利、したがって生活資料を奪うような権利はなかった。逆に、賦役関係は、領主に対して、火災、洪水、雹のような災害にさいしては、零落した農民を援助する義務を課していたのである。中世末期、封建制の崩壊と近代資本主義の到来とともに、初めて領主による農民の所有地の没収[45]が始まる。しかし、中世には、労働者大衆の生存は一般的に保障されていた。既に当時においても、たび重なる戦争や個人的な破産の結果、ごく少数の貧民や乞食の群れが一部で生じた。しかし、この貧民たちの扶養は、社会の義務であると考えられていた。既に、カール大帝は、かれの勅令《カピトゥラーレ》のなかで次のように明瞭に規定している。[46]「国内を放浪している乞食について言えば、家臣の各々が、貧民たちに土地を貸し与えるなり、あるいは家のなかに置くなりして、かれらを養い、貧民たちが他所へ物乞いに行かないようにすることを求める」と。のちには、貧民たちを宿泊させ、かれらに労働能力があるばあいには仕事を斡旋することが、修道院の特別の使命となった。したがって、中世においては、困窮する者はすべて家屋に収容されることを保障され、無産者の扶養は当然の義務とみなされ、今日の乞食のように軽蔑の汚名と結びつけられることはまったくなかった。

過去の歴史において、人口の多くが仕事を失い、飢えた状態に置かれたのはただひとつのばあいだけである。それは、既に言及したように、土地を追われてプロレタリアートに転化されながら、どのような仕事からもあぶれてしまった古代ローマの農民層のばあいである。農民のこのプロレタリア化は、明らかに、ラティフンディウム(47)の成立と奴隷経済の拡大との論理的、必然的結果であった。しかし、このプロレタリア化した農民は、奴隷経済や大土地所有の存立のために必要なものではまったくなかった。逆に、仕事を失ったローマのプロレタリアートは、社会にとって単なるひとつの不幸、純粋な負担であって、社会は、土地の定期的配分、生活資料の分配、大量の穀物輸入の調整、穀物の人為的な価格引き下げなどを通じて、できるかぎりのあらゆる手段をもって、農民のプロレタリア化やかれらの貧困の防止に努めた。結局、古代ローマのこれらの多数のプロレタリアートは、良くも悪くも国家によって直接的に養われていたのである。

したがって、資本主義的商品生産は、人口のなかの大きくて増大しつつある層の失業状態や無産状態、及び他の同様に増大しつつある層のまったく絶望的な貧困が、この経済の単なる結果というだけではなくて、むしろひとつの必然性であり、ひとつの存立条件でもあるような、人類史上最初の経済形態である。労働者大衆全体の生存の不安定性と慢性的窮乏、部分的には特定の広範な層の直接的な貧困が社会の通常の現象となったのはこれが初めてである。そして、現存する社会形態以外のものを想像することのできないブルジョア学者たちは、この失業して食べ物のない階層の存在を自然的、必然的なものと確信していて、それを神の意思による自然法則として説明しようとする。一九世紀の初めに、イギリス人のマルサスは、この説に基づいて、かれの有名な人口論を組み立てた。それによれば、貧困が生ずるのは、人類が生活資料の増産より速くかれらの子どもを増やす悪い習慣をもっているからである。

しかし、われわれが見たように、こうした結果をもたらすのは、商品生産と商品交換とのシンプルな作用以外のなにものでもない。形式的に完全な平等や自由に基礎を置くこの商品法則は、まったく機械的に、法や権力のいかなる干渉もなしに、鉄の必然性をもって、ある人間の他の人間に対する直接的支配に基礎を置く従来のすべての諸関係においてはまったく知られなかったような著しい社会的不平等を生み出す。ここにはじめて、直接の飢えが労働大衆の生活を日々駆り立てる鞭となる。そして、人はこれを自然法則として説明するのである。イギリス国教会の牧師であるタウンゼンド(48)は、既に一七八六年に次のように書いていた。「貧民がいくぶんか無思慮であり、その結果、そのうちの若干の者がつねに共同体のもっとも屈辱的で汚らしく野卑な職務を遂行するために存在するということは、自然法則のように思われる。それによって人類の幸福の基底はおおいに強まり、貴人は苦役から解放され、より高い職業などに心おきなく従事することができる。……救貧法は、神と自然とがこの世に創り給うたこの制度の調和と美、均整と秩序とを乱そうとするものである」(49)と。

ちなみに、他者の犠牲のうえに立って生活している「貴人」は、これまでにも、かれらに搾取生活の喜びを保障するあらゆる社会形態のなかに、神の手と自然法則とを見出してきた。もっとも偉大な精神の持ち主もこの歴史的な迷妄から免れていない。イギリスの牧師より数千年の昔に、ギリシャの偉大な思想家であるアリストテレスは次のように書いていた。「奴隷制を生み出したのは、自然そのものである。動物は雄と雌に分かれる。雄はより完全な動物であり、支配するものである。雌は完全さの点で劣り、従属するものである。これと同様に、人類のなかには、肉体が魂の下位に立ち、動物が人間の下位に立つのと同じように、他の人間のはるか下位に立つ個人が存在する。それは、肉体労働に役立つだけで、さらに高級ななにかを成し遂げる能力のない存在である。これらの個人は、自らにとっては他者に従属する以外によりよきものが存在しないので、その本性によって奴隷に定められている。……それでは、結局、奴隷と動物とのあいだにきわめて大きな違いが存在するであろうか？　それらの労働は似ていて、その肉体を通じてのみわれわれに役立つ。したがって、われわれは、この原則に従って次のように結論する。すなわち、自然は、自由に適合した人間たちと奴隷状態に適合した別種の人間たちとを創造したのであり、それゆえ奴隷が従属するのは有用でかつ正当なことである」[50]と。したがって、搾取のそれぞれの形態に対する説明責任を負わされる「自然」は、いずれにせよ、時代とともにその品位をおおいに損なってきたにちがいない。なぜなら、アリストテレスのような自由な哲学者たちや天才の名声を高めるために多くの大衆に奴隷制の汚名の辱めを与えることがまだやりがいのあることだとしても、下賤な工場主や肥った牧師たちを養うために今日の何百万人のプロレタリアの地位を引き下げることは、少しばかり人をたぶらかす話だからである。

五．相対賃金（いわゆる労働分配率）と社会主義運動

これまで、われわれは、資本主義的商品経済は労働者階級とそのさまざまな階層にどのような生活水準を保障するのかについて探求してきた。しかし、われわれは、労働者のこの生活水準と社会的富全体との関係の詳細についてはまだなにも知らない。というのは、たとえば、労働者があるばあいに以前より多くの生活用品、より豊かな食料、よりよい衣服を手に入れることはありうるとしても、他の階級の富がそれよりさらに速いスピードで増大すれば、労働

者の社会的生産物に対するシェアはいっそう少なくなっているからである。労働者の生活水準それ自体は、絶対的には上昇できるが、その取り分は、他の階級との関係で相対的には低下するかもしれない。そして、各個人及び各階級の生活水準は、それをその時代の生活水準及びその社会の他の諸階層の生活水準を基準に評価したばあいにのみ正しく判断される。アフリカの原始的な、半未開的な、あるいは野蛮な黒人部族の族長は、ドイツの平均的な工場労働者より生活水準は低く、かれらよりも簡素な住まい、粗悪な衣類、粗末な食料で生活している。しかし、この族長は、ドイツの工場労働者が裕福なブルジョアの華美や今日の時代の欲求と比較すればまったく惨めな生活をしているのに対して、その部族の資産や欲求と比べればやはり「王侯的」な暮らしをしている。したがって、今日の社会において労働者が置かれた地位を正しく判断するためには、絶対的賃金、すなわち労賃そのものの大きさだけではなく、相対的賃金、すなわちかれの労働が生み出す全生産物のなかで労働者の賃金が構成するシェアを調べることが必要である[51]。先に、われわれの例では、労働者は、一日一一時間労働のばあい、最初の六時間の労働によってかれの賃金すなわち生活資料分を返済し、あとの五時間で資本家のために無報酬で剰余価値を作り出さなければならないと仮定した。したがって、この例で、われわれは、労働者のための生活用品を生産するために六時間の労働が必要であると前提した。また、われわれは、資本家は、不払い労働すなわち剰余価値を可能なかぎり大きくするために、労働者の生活水準をあらゆる手段を尽くして低く抑えようとすることを見た。だが、ここでわれわれは、労働者の生活水準は不変であると、すなわちかれらはつねに同量の食料、衣類、肌着、家具などを手に入れる状態にあるものと仮定する。したがって、賃金は、絶対的には下落しないものと仮定する。しかし、これらすべての生活用品の生産が生産の進歩によってより容易になり、いまやその生産により少ない時間しか必要としなくなれば、労働者は自らの賃金を働いて返済するためにこれまでより短い時間しか必要としなくなるであろう。われわれは、労働者が日々必要とする食料、衣類、家具などの量は、もはや六時間の労働ではなく、五時間の労働しか必要としないものと仮定してみよう。そのばあい、労働者は、一日一一時間の労働にさいして、かれの賃金を補塡するために六時間ではなく五時間だけ労働することとなり、かれにとって、まる六時間が不払い労働として、資本家にとっての剰余価値を創造するために残る。労働者の生産物に対するかれのシェアは六分の一少なくなり、資本家のシェアは五分の一多くなる。しかし、そのばあいにも、絶対的な賃金はまったく低下していない。いやそれどころか、労働者の生活水準が引き上げられることもありうる。すなわち絶対的賃金が一〇％上昇し、貨幣賃金だけでなく労働者の現実の生活用品が多くなることがありうる。しかし、労働の生産性が、それと同時に、あるいはやがて、これまでより一五％上昇すれば、労働者の生産物に対するシェア、すなわちその相対的賃金は、絶対的賃金が上昇しているにもかかわらず、じっさいに低下する。したがって、労働者が産み出した生産物に対するかれのシェアは労働の生産性に依存する。かれの生活用品がより少ない労働で生産されるようになればなるほど[52]、かれの相対的賃金はますます低下する。かれが身につける下着や長靴や帽子が、製造業の進歩によって、以前より少ない労働で生産されるようになれば、かれは、賃金によって同じ量の肌着や長靴や帽子を入手できるとしても、いまでは、社会的富すなわち社会的総労働のより少ない部分しか入手していないのである。しかし、労働者の毎日の消費には、ありとあらゆる生産物や原料が一定量入り込む。というのは、単に肌着製造業だけが労働者の生活水準を安価にするのではなく、肌着の材料を供給する綿工業や、ミシンを供給する機械工業、糸を作る製糸工業も労働者の生計費を安くするからである。同様に、労働者の生活資料を安くするのは、パン製造業の進歩だけではない。大量の穀物を供給するアメリカの農業や、穀物をアメリカからヨーロッパへ輸送する鉄道や汽船といった運輸における進歩などもそうである[53]。こうして、産業のあらゆる進歩、人間労働の生産性のあらゆる上昇は、労働者の生活維持のために必要な労働をますます減少させる。したがって、労働者は、かれの労働日のますます少ない部分をかれの賃金の補塡に向ける結果となり、不払い労働、すなわち資本家のための剰余価値を生み出す部分はますます大きくなる。

しかしながら、技術の恒常的でたえまない進歩は、資本家たちにとってのひとつの必然性、ひとつの生存条件である。個々の企業家間の競争は、かれらのそれぞれに生産物を可能なかぎり安くすること、すなわち人間労働を可能なかぎり節約して生産することを強制する。資本家のなかの誰かがかれの工場に新しく改善された手段を導入すれば、この競争によって同じ部門のすべての他の企業家は、戦場からすなわち商品市場から追放されないように、技術を同様に改善せざるをえなくなる。これは、手工業経営に代わる機械経営の一般的導入や古い機械に代わる新しく改善された機械のいっそう迅速な導入において外見的にも明白に現れている。生産のあらゆる領域における技術的発明は日々の糧となっている。だから、本来の生産においてであれ、運輸機関においてであれ、すべての産業における技術的革命は、資本主義的商品生産の恒常的な現象であり、生存原則である。そして、労働生産性のあらゆる進歩は、労働者の生活維持に必要な労働量の減少となって現れる。すなわち、資本主義的生産が前進するときは、つねに労働者の社会的生産物に対する分け前の減少を伴う。技術的新発明や機械の改良、生産や輸送における蒸気や電気の新しい応用などがあるごとに、労働者の生産物に対するシェアは小さくなり、資本家のそれは大きくなる。相対的賃金はますます押しとどめがたく、たえまなく低下し、剰余価値すなわち不払いの、労働者から搾り取られた資本家の富は、同様にとどめがたく、たえまなく、いっそう増加する。

われわれは、ここで、ふたたび、資本主義的商品生産とそれ以前の社会のすべての経済的諸形態とのあいだに決定的な相違を見出す。原始共産主義的社会においては、われわれが知るように、生産物は生産されたのちただちにすべての労働する者、すなわちすべての成員のあいだで――なぜなら労働しない者は存在しないと言ってもいいので――

平等に分配される。それに対して、隷農的諸関係のもとでは、平等ではなく、労働しない者による労働する者の搾取が一般化している。だが、労働する者、すなわち賦役農民の労働の成果に対する取り分が決められているのではなく、逆に、搾取する者、すなわち賦役を課す領主の取り分が、領主が農民から入手すべき一定の賦役や貢租として厳格に固定されている。それらを控除したのちに労働時間や生産物で残存するものが農民の取り分である。こうして、農奴制が最悪化する以前の通常の関係のもとでは、農民は、自らの労働を尽くすことによってある範囲まで自分の取り分を増やす可能性をもっていた。もちろん、農民のこの取り分は、中世の深化とともに、貴族や聖職者の貢租や賦役に対する要求が増加することによってますます減少した。しかし、賦役農民や封建的搾取者の生産物に対する取り分を決定するのは、たとえそれがきわめて恣意的に決定されたものであるにせよ、つねに一定の規範、すなわち人間――これらの人間が、たとえ人でなしの人間であったにせよ――によって規定された明白な規範である。それゆえ、中世の賦役農民や農奴は、より大きな負担が課されて自分の取り分が削減されるばあいには、きわめて正確に感知する。その結果、取り分のこの減少に対する戦いが生じうる。それは、じっさい、うわべだけでも戦いを起こせる可能性があれば、労働生産物における取り分の減少に対する搾取された農民の公然たる戦いとして勃発している。そして、この戦いは一定の条件のもとでは成功する。都市の市民階級の自由が成立したのは、まさに次のようにしてであった。すなわち、当初は隷属していた手工業者が、種々の賦役、遺産の家畜や衣服に対する領主のさまざまな請求権など(54)、封建時代の幾千もの吸血手段と言われていたものから漸次ひとつずつ解放され、最後に残ったもの――政治的権利――を公然たる戦いのなかで獲得するようになるというかたちによってである。

賃金制度のもとでは、労働者の生産物に対するかれの取り分に関して、法律的あるいは慣習法的な規定はなく、強権的で恣意的な規定さえ存在しない。この取り分は、その時々の労働の生産性の程度や技術状態によって決定される。搾取者のなんらかの恣意ではなく、技術的進歩が、労働者の取り分を恒常的に無慈悲なまでに押し下げるのである。したがって、労働者からかれの生産物のいっそう大きな部分を奪い、より小さな部分しか残さないのは、まったく目に見えないこの力、すなわち競争と商品生産とのシンプルな機械的作用であって、この力は、労働者の背後で、目に見えないかたちで静かに働き、それに対抗する闘いはまったく不可能である。搾取者の個人的な役割は、絶対的賃金、すなわち実質的な生活水準が問題となるばあいにはまだ明らかである。労働者の実質的な生活水準の引き下げを招く賃金の削減は、資本家の労働者に対する明白な暴虐であって、労働組合がその影響力を拡大しているところでは、即座に応戦されるのがふつうであり、うまくいけば回避されることもある。これに反して、相対的賃金の低下は、外見的には資本家の個人的関与がまったくないかたちで行われ、これに対して労働者は、賃金制度のなかでは、すなわち商品生産の基盤上では、闘ったり阻止したりする可能性をまったくもっていない。労働者は、生産の技術的進歩、種々の発明や機械の導入、蒸気や電気、交通機関の改良などに対して、抗争することはできないのである。つまり、これらのすべての進歩が労働者の相対的賃金に及ぼす影響は、商品生産や労働力の商品的性格からまったく機械的に生じる。それゆえ、どんなに強力な労働組合も相対的賃金の急速な低下傾向に対してはまったく無力である。ということは、相対的賃金の低下に反対する闘いは、労働力の商品的性格に対する闘い、すなわち資本主義的生産全体に対する闘いをも意味することとなる。したがって、相対的賃金の下落に対する闘いは、もはや商品生産の基盤上での闘いではなくて、この経済の存立に対する革命的で、転覆的な攻撃であり、それはプロレタリアートの社会主義的な運動なのである。

こうして、資本家階級は、当初は激しい怒りをもって駆除しようとした労働組合に対して、社会主義的な闘争が始まったのちには、労働組合が社会主義に対立しているかぎりは、好意をもつようになる。フランスでは、団結権の獲得をめぐる労働者の闘いは、一八六〇年代まですべて徒労であり、労働組合はきわめて厳しい刑罰をもって迫害されてきた。しかし、ほどなく、コミューンの反乱がすべてのブルジョアジーを赤い妖怪[55]に対する狂気じみた恐怖に陥れたのち、世論の急激な転換が突然始まった。ガンベッタ首相[56]の機関紙である『フランス共和国』や「満ち足りた共和主義者」[57]のすべての支配的政党が労働組合運動を容認し始めたばかりでなく、むしろ熱心に宣伝さえ始めた。一九世紀の初めには、控えめなドイツの労働者がイギリスの労働者に対して模範として示されていたが[58]、今日では逆に、イギリスの労働者が、まさに控えめではなく「貪欲」でビーフステーキを食べるような労働組合主義者が、ドイツの労働者に対して優等生として真似ることを推奨されている。したがって、次のことはまったく真実である。すなわち、ブルジョアジーにとっては、労働者の絶対的賃金の増額をめぐる激しい闘争でさえ、もっとも聖なるもの――相対的労働賃金を不断に押し下げる資本主義の機械的な法則――に対する攻撃に比べれば、無害で些細なことのように思われる、と。

六　資本主義的賃金法則と労働組合

われわれは、これまでに述べた賃金関係のすべての結果を総括することによってはじめて、労働者の物質的な生活状態を規定する資本主義的賃金法則をイメージすることができる。そのさい、なによりもまず絶対的賃金と相対的賃金とを区別しなければならない。絶対的賃金は、さらにまた二重の形態で現れる。第一に、貨幣額として、すなわち名目賃金として現れ、第二に、労働者がこの貨幣で獲得することのできる生活資料の総量、すなわち実質賃金として現れる。労働者の貨幣賃金は不変にとどまることも、上昇することもありうるし、そのさいに生活水準すなわち実質賃金は低下することがありうる。じっさい、実質賃金は、絶対的最低限、すなわち肉体的な生存最低限にまで低下する不断の傾向をもち、資本には労働力に対してその価値以下に支払おうとする不断の傾向がある。資本のこの傾向に対しては、労働者の組織化によってようやくバランスがもたらされる。労働組合の主たる機能は、次の点にある。すなわち、労働組合は、労働者の欲求を高め、労働者を精神的に成長させることによって、肉体的生存最低限に代わって、文化的・社会的な生存最低限、すなわち賃金をそれ以下に引き下げればただちに団結による闘争や阻止行動を引き起こすような労働者の一定の文化的生活水準を作り出すことである。ことに、社会民主主義がもつ大きな経済的意味は、それが広範な労働者大衆の精神的・政治的鼓舞を通じてかれらの文化的水準を高め、それによってその経済的欲求を高める点にある。たとえば、新聞を購読し、小冊子を購入することが労働者の生活習慣となることによって、それに正確に照応するかたちで、かれらの経済的生活水準が上昇し、その結果として賃金が上昇する。この面における社会民主主義の影響は、ある国の労働組合が社会民主主義と公然たる同盟を維持するかぎり、二重の効果をもっている。なぜなら、そのばあいには、社会民主主義に対する敵対者はブルジョア階層を競合的労働組合の設立に駆り立て、それらの組合は、それはそれで、プロレタリアートのより広い範囲において組織化の教育的作用と文化水準の向上とをもたらすからである。このようにして、ドイツでは、社会民主主義と結合した自由な労働組合のほかに、多くのキリスト教的、カトリック的、自由主義的な労働団体が活動している。同様に、フランスでは、社会主義的な労働組合と闘うためにいわゆる黄色労働組合[59]が設立され、ロシアにおいては、今日の革命的な大衆ストライキの激しい発生は「黄色」労働組合、すなわち体制に忠実な労働組合に始まっている。これに対して、労働組合が社会主義と距離を置いているイギリスでは、ブルジョアジーは、プロレタリア諸階層そのものに団結の思想を持ち込む努力はしていない。

したがって、労働組合は、近代的賃金制度のもとでは不可欠の、その一環をなす役割を果たしている。すなわち、商品としての労働力は、労働組合によってはじめてその価値で販売されるようになる。資本主義的商品法則は、労働力に関しては、ラサール[60]が間違って考えたように労働組合によって止揚されるのではなく、逆にはじめて現実化されるのである。資本家は、近代的賃金制度がシステムとして生み出す賃金の捨て値価格で労働力を購入しようと努めてくるが、この価格は組合活動のおかげで労働者の暮らしにとって多少とも実質的な意味をもつ価格に引き上げられる。

しかし、労働組合は、この機能を資本主義的生産の機械的法則の下で行う。すなわち、第一に、非就業労働者の恒常的な予備軍の圧力のもとで、第二に、景気の上昇と下降のたえざる交代という圧力のもとで行う。この二つの法則は労働組合の影響を克服しがたい制限内に押し込めている。産業の景気の不断の変化は、労働組合に対して次のように強《し》いる。景気が下降するたびに資本の新しい攻撃から既得権を守り、景気が上昇するたびに、闘争によってようやく、低く抑えられた賃金状態を良好な状態にふさわしい水準にまで再び持ち上げるように、と。こうして、労働組合はつねに守勢にまわっている。そのうえ、失業者たちの産業予備軍は労働組合の影響をいわば空間的に制限する。労働組合の組織とその影響の及ぶ範囲は、失業が周期的にすぎず、マルクスの表現に従えば「流動的」で、より恵まれた状態にある産業労働者の上層に限られている。これに対して、農村から都市へ不断に流入する未熟練の農業プロレタリアートやレンガ製造や土木工事のような半農村的で不規則的なあらゆる職業の下層の者は、かれらの仕事の種類の空間的・時間的条件や社会的環境のゆえに労働組合組織にはまったく適合しない。最後に、予備軍のなかの広範な、より下層の者、すなわち不規則的な仕事や家内工業に従事する失業者、さらにはたまにしか仕事をしない貧民たちは、組織とはまったく無縁である。一般に、プロレタリアートのある層の窮迫と圧迫が大きくなればなるほど、労働組合の影響の可能性はさらに小さくなる。したがって、労働組合活動の影響は、プロレタリアートの奥行きの面ではきわめて弱いが、逆に幅の面では強力である。すなわち、労働組合がプロレタリアートの最上層の一部だけを把握しているだけに過ぎないばあいでも、その影響は最上層の全体に広がる。なぜなら、その成果は関連の職業に従事している労働者全体にとって役立つからである。したがって、労働組合活動は、産業労働者の上層の組織力をもった前衛を困窮状態から引き上げ、ひとつに結集し、強化することで、プロレタリア大衆内部でのさらなる分化をもたらす。労働者階級の上層と下層のあいだの隔たりはそれによっていっそう拡大する。その隔たりがイギリスほど大きい国はない。イギリスでは、たとえばドイツで強く現れているような、社会民主主義がより下層のほとんど組織能力のない層に及ぼすような補足的な文化的影響が欠けている。

資本主義的賃金諸関係について述べるばあい、就業している産業労働者へじっさいに支払われた賃金だけを考慮することは間違っている。しかし、こうした考えは、多くのばあい、労働者自身にも、ブルジョアジーや御用学者たちから無反省に受け継がれた慣習になっている。一時的に仕事を失った熟練労働者から最下層の貧民や公認の被救護者に至る失業者の予備軍全体が、賃金諸関係の決定に同等の権利をもった要因として入り込んでくる。不十分にしか、あるいはまったく仕事をしていない困窮者や社会の落伍者たちの最下層は、ブルジョアジーが当然のごとく主張するように「公の社会」の数のうちに入らない社会のくずではなくて、予備軍のあらゆる連鎖を通じて、最上の状態にある産業労働者層と生きた内的な絆によって結ばれている。この内的連関は、数字的には、不景気のときに予備軍の下層がそのつど突然に増加し、好景気のときには収縮することによって、さらには階級闘争の発展とそれによるプロレタリア大衆における自負の向上とともに、公的な貧民救済に逃げ込んだ者の数が相対的に減少していることに示される。そして、最後に、労働中に障害を被ったり、不幸にも六〇歳になった労働者はすべて、一〇〇のうち五〇が、極貧の下層そのものに、すなわちプロレタリアートの「沈殿層」に身を落とす可能性をもっている。したがって、プロレタリアートの最下層の生活状況は、資本主義的生産の法則自体によって変動させられ、上下に引きずられる。プロレタリアートは、農村労働者の広範な階層や、失業者の軍勢や最上層から最下層に至るすべての階層と一体となってはじめて、ひとつの有機的全体、ひとつの社会的階級を形成しており、その困窮と苦境のさまざまな陰影を手掛かりとして、資本主義的賃金法則の全体を正確に理解することができる。しかし、最終的には、絶対的賃金の動きを認識しただけでは、賃金法則の半分を把握したに過ぎない。労働の生産性の進歩に伴う相対的賃金の機械的低下の法則がはじめて、資本主義的賃金法則を現実的に有効なものに完成するのである。

労働者の賃金は、平均的には、必要な生活資料の最低限になる傾向があるという観察は、既に一八世紀にフランスやイギリスのブルジョア経済学の創始者によってなされた。しかし、かれらは、この賃金最低限が調整されるメカニズムを、独特の方法で、すなわち職を求める働き手の供給の変動によって説明した。この学者たちの説明では、労働者が、生活のために絶対的に必要である以上の賃金を入手するばあいには、労働者は頻繁に結婚し、多くの子どもをつくる。それによって、労働市場は再び過剰となり、資本の需要をはるかに凌ぐようになる。そうなると、資本は、労働者間の激烈な競争を活用して、賃金を著しく押し下げる。しかし、賃金が、必要な生活費に達しないばあいには、労働者は、大量に死亡して、その隊列はまばらになって、資本が使用できるだけの人数しか残らなくなり、それによって賃金は再び上昇に向かう。労働者階級におけるこの過度の増加と過度の死亡とのあいだの振り子の往復運動を通じて、賃金は繰り返し生活資料の最低限に引き戻される。ラサールも、一八六〇年代まで経済学を支配していたこの理論を継承して、それを「鉄の無慈悲な法則」と名づけた……[61]。

この理論の弱点は、資本主義的生産が完全に発展している今日では明らかである。すなわち、大工業は、事業と競争とが賃金の押し下げを伴いながら熱病的に進行しているばあいには、労働者に生活の余裕ができてようやく結婚数を増加させ、子どもをたくさんつくって、これらの子どもが十分に成長して労働市場に現れ、望みどおりの供給過剰を招くまで待つことはできない。賃金の動きは、産業の脈動に一致していて、各振動が一世代すなわち二五年かかる振り子のようなのんびりした歩調ではなく、たえず変動的な動きをする状態にある。したがって、労働者階級がその繁殖をもって賃金の高さを調整する可能性があるわけでも、産業がその需要に照応する労働者の繁殖を待つことができるわけでもない。第二に、産業労働市場は、一般に、その大きさの点では、労働者の自然的増加によって規定されているのではなく、新たなプロレタリア層が農村から、手工業や小工業から、労働者自身の妻子などから持続的に流入することによって規定されている。労働市場の供給過剰は、まさに予備軍というかたちをとった近代産業の恒常的な現象であり、そのひとつの生存条件である。したがって、賃金の高さを決定するのは、労働力の供給における変化、すなわち労働者階級の動きではなくて、資本の需要における変化、すなわち資本の動きである。労働力は、過剰に存在する商品としてつねに貯えられた状態にあり、資本の都合しだいで好況時には労働力を強く吸収したり、恐慌の二日酔いのときには再び大量に吐き出すことによって、賃金の支払いが良かったり、悪かったりする。

したがって、賃金法則のメカニズムは、ブルジョア経済学やラサールが考えたものとはまったく異なっている。しかし、その結果は、すなわちじっさいにそこから生じる賃金関係の姿は、その古い想定から見たものよりもはるかに困ったものである。資本主義的な賃金法則は、「弾力性」のある法則であり、たしかに「鉄の」法則ではないが、より無慈悲でより残酷なものであり、伸縮する細い脆弱な綱に頼る広範な失業者層全体を生死のあいだで足掻かせるやり方で、就業労働者の賃金を生活資料の最低限にまで引き下げようとする。

刺激的で革命的な性格をもつ「鉄の賃金法則」を主張することは、ただブルジョア経済学の初期、すなわち青年期においてのみ可能であった。ドイツでラサールがこの法則を扇動の基軸にしたそのときから、ブルジョアジーの経済学の下僕は、あわてて鉄の賃金法則を否定し、それを間違ったもの、謬説であると宣言し、弾劾するようになった。ファウハー、シュルツ・デーリッヒ、マックス・ヴィルト[62]といった、製造業者の凡庸な御用学者の集団はすべて、ラサールや鉄の賃金法則に対する聖戦を開始し、そのさい、自らの先駆者、すなわち、スミスやリカードゥや他のブルジョア経済学の創始者を容赦なく貶めた。一八六七年に、マルクスが、資本主義の弾力的な賃金法則を予備軍の作用との関係で解明し、実証して以来[63]、ブルジョア経済学は最終的に沈黙した。今日では、ブルジョアジーの公認の講壇経済学[64]は総じて賃金法則をもたず、扱いにくいテーマを避け、ただ失業の同情すべき状態や、穏健で控えめな労働組合の効用についてとりとめのないおしゃべりをしているにすぎない。

資本家の利潤はいかにして形成され、どこから来るのかという経済学の他の主要問題に関しても、同様の状況が見られる。社会の富に対する労働者の取り分についてと同様に、資本家の取り分に関しても、既に一八世紀の経済学の創始者たちが最初の科学的な解答を与えている。この解答のもっとも明晰な形態は、リカードゥの理論によって示され、かれは、資本家の利潤を鋭利かつ論理的にプロレタリアートの不払い労働として説明した。

七．賃金労働者（生産手段から分離された労働者）はどこから現れたか

われわれは、賃金法則の考察を、労働力商品の売買から始めた。しかし、そのためには、既に、生産手段をもたない賃金プロレタリアートと、生産手段を所有し、より正確にいえば近代的企業を創設するに十分な量のそれを所有している資本家が存在していなければならない。かれらは、どこから商品市場にやってきたのか？　われわれは、これ

までの叙述では、商品生産者だけを、すなわち自分の生産手段をもち、自らが商品を生産し、それを交換する人々だけを考えてきた。等しい商品価値を交換することによって、なぜ、一方には資本が、他方にはまったく資産をもたない者が生じてくるのだろうか？　われわれがこれまで見てきたように、労働力商品をその価値どおりに購入したとしても、この商品を使用することによって、不払い労働あるいは剰余価値、すなわち資本の形成が導き出される。たしかに、賃労働とその作用を見れば、資本及び不平等の形成は明らかになる。しかし、そのためには、既にそれ以前に、資本とプロレタリアートが存在しなければならない！　したがって、この問題は次のように言える。最初のプロレタリアートと最初の資本家はどこから、どのようにして生まれてきたのか？　単純商品生産から資本主義的生産への最初の跳躍はどのようにして行われたのか？　この問いは、言葉を変えれば次のようになる。中世の小手工業から近代的資本主義への移行はいかにして行われたのか？

近代的プロレタリアートの最初の成立については、封建制の解体の歴史が答えを与えてくれる。働く人間が、賃労働者として市場に現れることができるためには、かれは人格的自由を獲得していなければならなかった[65]。したがって、第一の条件は、農奴制やギルド強制からの解放であった。しかし、この人間は、また、すべての生産手段をも喪失していなければならなかった。これは、大規模な「農民追放」によって実行されたのであって、それによって、近代の初期に、土地所有貴族がかれらの現在の財産を形成したのである。無数の農民が、何世紀も以前から自分のものであった所有地からいとも簡単に追放され、農民たちの共有地は領主のものに付け加えられた。たとえば、イギリスの貴族がこれを行ったのは、中世における商業の拡大とフランドル地方[66]の羊毛マニュファクチュアの繁栄によって、羊毛工業のための羊の飼育が儲かる事業であることが明確になった時期であった。耕地を牧羊場に転換するために、農民たちはいとも簡単に家屋敷や農場から追放された。この「農民追放」は、イギリスでは一五世紀から一九世紀まで続いた。したがって、たとえばサザーランド[67]の伯爵夫人の農場では、いまだ一八一四~二〇年にも、一万五〇〇〇人以上の住民が追放され、村は焼き払われ、畑は牧草地に転換され、そののちには農民に代わって一三万一〇〇〇頭の去勢された羊が飼育された。追放された農民から「自由な」プロレタリアートが強制的に作り出されるにあたって、ドイツにおいて、とりわけプロイセンの貴族によってなにが行われたかについては、ヴォルフ[68]による『シュレージェンの一〇億』という小冊子がひとつの観念を与えてくれる。生活の道を失い、追放された農民は、餓死する自由か、あるいはじっさいにそうであったように飢餓的賃金で自らを売る自由以外のなにももたなかった。[69]

第五章の注

(1)(訳注) 本翻訳の底本とした全集版では Lohnarbeit (賃労働) となっているが、Bundesarchiv に遺されているローザ・ルクセンブルクの手稿では、Ⅳの下に章題はなく、欄外の書き込みで言及されている前ページの関連箇所には Lohngesetz (賃金法則) という字句が見出される。本章第七節の冒頭で本章を振り返って、「われわれは、賃金法則の考察を、労働力商品の売買から始めた」とあるように、また第四節における産業予備軍の考察についても「労働者階級の一部が消費されないままに留まることは、資本家的生産の賃金法則の本質的要素の一部」と記しているように、産業予備軍や労働時間の長さをめぐる興味深い考察を含む本章全体を、広い意味で「賃金法則」をめぐる考察とローザ・ルクセンブルクは意識していたように思われる。

(2)(訳注) 交換価値の基準として認められるものは、単にその生産に費やされた労働というのではなく、社会的に標準となっている技術を用い、社会的に標準的な勤勉さでもって生産に臨んだときに必要とされる労働でなければならない。

(3)(訳注) 労働力商品の使用価値、すなわち買い手にとっての有用性は、それが労働を行うというところにある。労働価値説を前提すれば、労働力商品は労働を行うことで交換価値を紡ぎだす商品というわけである。しかも、労働力商品が一日に紡ぎだす交換価値は、生産力がある程度発展した社会では、労働力商品自体の交換価値より大きくなる。なぜなら、一日分の労働力の生産に必要な労働量(労働者家族が生活に用いる一日分の生活用品の生産に必要な労働量に帰着)は、一日の労働時間の一部分で足りるようになるからである。こうして、労働力商品は、価値法則に従って、それゆえ商品経済的には正当に、受け取った以上の交換価値を買い手に与える。つまり、売り手と買い手とのあいだの不等価交換を結果として生み出すという特殊な性質をもっている。この点は、労働者が販売しているのは労働ではなく労働力なのだということを明確にし、この労働力商品に的確に労働価値説を適用することによって、リカードゥの労働価値説になお残されていた混乱、ひいてはリカードゥ派社会主義者の誤謬を乗り越えて、資本主義経済システムの科学的解剖に成功したとマルクスが自負するところである。ローザ・ルクセンブルクが本章において立ち入って考察しようとしているのも、この問題にほかならない。

(4)（編注）デーヴィッド・リカードゥ著、ゲアハルト・ボンディ訳『経済学及び課税の原理』、ボンディ氏による序文付き、ベルリン、一九五九年、三七六ページ。リカードゥの原著の邦訳、羽鳥卓也、吉澤芳樹訳『経済学および課税の原理』下巻、岩波文庫では、二三三ページに対応。

(5)（編注）フリードリッヒ・アレクサンダー・フォン・フンボルト『新スペイン王国の政治的状況についての試論』第三巻、チュービンゲン、一八一二年、一七－一八ページ。

（訳注）新スペイン王国（ヌエヴァ・エスパーニャ）とは、中南米のスペイン植民地のこと。また、フンボルト（Alexander Freiherr von Humboldt 1769-1859）は、ドイツの地理学者。当時の学問の思弁的傾向に反対して実験を重視し、厳密な科学的研究を開拓した近代地理学の祖とされる。植物学、動物学、天文学、鉱物学などの分野でも重要な成果を挙げた。

(6)（編注）前掲書、二二ページ。

(7)（編注）前掲書、二四ページ。

（訳注）コルディリエーラとは「山脈」という意味のスペイン語で、南北アメリカの太平洋岸沿いにパナマ海峡を挟んで南北に延びる大山岳地帯を指す。また、ベラクルスはメキシコ湾岸にあるメキシコの港湾都市で、バリャドリッドはユカタン半島にあるメキシコの都市。さらに、グアダラハラはメキシコ中西部にある都市である。

(8)（編注）トーマス・ロバート・マルサス『経済学原理―その実践的適用への見解とともに』ロンドン、一八二〇年、三八三ページ。小林時三郎訳『経済学原理』下巻、岩波文庫、二〇五ページ。

（訳注）マルサス（Thomas Robert Malthus 1766-1834）は、一九世紀初頭にリカードゥの論敵となったイギリスの代表的経済学者のひとり。人口は倍々と幾何級数的に増殖してゆくが土地の生産性は算術級数的にしか増加せず人口増に追いつかないという自然法則的理解によって貧困を説明した人口論で著名である。貧困はなにより社会構造の問題であり、マルサスの人口論はこの問題から目を逸らさせるという致命的欠陥をもっているが、人口爆発が地球の許容量を超えることへの懸念という現代的課題を考えると、マルサス説にも汲むべきところがある。本訳書、第六章、三五六－三五七頁及び注（7）をも参照。

(9)（編注）フリードリッヒ・アレクサンダー・フォン・フンボルト、前掲書、二三－二四ページ。

(10)（訳注）労働力が商品化するためのこれら二つの条件、すなわち人格的自由を保障されて自らの労働力を自らの意志で自由に処分できることと、生産手段から切り離されて労働力を売るしかない状態にあることを、マルクスは「二重の意味での自由」と呼んだ。後者の条件に日本語では「自由」という語は含まれず奇異に感じられるかもしれないが、「生産手段から切り離されている」はドイツ語では frei von Produktionmittel であって、frei（自由）を用いて表現されることに由来する。

(11)（訳注）資本主義社会における賃金労働者ないし無産者（財産のない人々）や彼らの階級のこと。ここでは、この言葉の起源をなす語であるプロレタリウスが意味していた古代ローマの無産者を指す。

(12)（訳注）シスモンディ（Jean Charles Leonard Simonde de Sismondi 1773-1842）は、スイスの経済学者、歴史家。スミスの『諸国民の富』の解説者から出発したが、のちには資本主義を批判し、過少消費説すなわち有効需要不足に基づく市場不均衡から恐慌の発生を説明した。

(13)（訳注）労働者が自分自身のために労働する、支払い部分に相当する労働時間は「必要労働時間」と呼ばれ、資本家のために贈与労働をなす、不払い部分に相当する労働時間は「剰余労働時間」と呼ばれる。そして、この剰余労働時間がつくりだす「剰余価値」こそが、われわれが慣れ親しんでいる日常的表象では、「利潤」として現象してくるのだと、マルクスやローザ・ルクセンブルクは解している。

(14)（訳注）現在はフランス領であるアルザス地方に六世紀に設立された修道院で、フランス名はマルムティエ修道院である。

(15)（訳注）資本家による投資のこと。利潤を伴って回収することを目的としてまず最初に支出されるので、「前貸し」と表現されている。

(16)（訳注）労働日全体を延長することで剰余労働時間を増大させる方法を「絶対的剰余価値の生産」と呼び、労働日の長さを変えないで必要労働時間（注13参照）を短縮することで剰余労働時間を増大させる方法を「相対的剰余価値の生産」と呼ぶ。後者には、次節で扱われるように労働者の生活水準を切り下げることで必要労働時間を短縮する方法と、第五節で扱われるように、労働者用の生活用品に関わる労働生産性を高めることで必要労働時間を短縮する方法とがある。第二の方法の場合、労働者が消費できる生活用品が増え、労働者の生活水準が高まっても、それを上回る労働生産性の上昇を実現できれば、剰余労働時間の増大、したがって剰余価値生産の増大を果たすことができる。

(17)（原著者欄外書き込み）資本主義的生産自身の利益？

(18)（訳注）標準労働日が、これが限度という最大の労働時間についてではなく、むしろ少なくともこれ以上の時間働かなければならないという最小限度について定められていた。

(19)（訳注）資本主義の初期の工業生産の形態で、雇い入れられた熟練手工業者を中心とする分業と協業に基づく工場制手工業。

(20)（原注）マルクス『資本論』第一巻、二二九ページ。［『資本論』第一巻、マルクス／エンゲルス全集第二三巻所収、二八二ページ］前掲邦訳三九一－三九二ページ。

(21)(訳注)ジョン・ウェード(John Wade 1788-1875)。『中間階層及び労働者階級の歴史』の理論編は、経済学概要ではあるけれど商業恐慌論などに独創性が認められるのに対して、歴史編は他者からの借り物だとマルクスはコメントしている。『資本論』同上邦訳、三五七ページ。

(22)(原注)前掲書、二〇四ページ[前掲書、二五八ページ、脚注六四]を見よ。同上邦訳、三五七ページ。

(23)(訳注)『資本論』では、『デイリー・テレグラフ』の記事を引用して、ノッチンガム市公会堂におけるある会議での、こうした内容を含む州治安判事の発言が紹介されている。前掲邦訳、三五七ページ。ちなみに、イギリスでの労働時間の制限は一八三三年の工場法に始まり、児童労働についても、九歳未満の児童の使用が原則禁止され、一三歳以下の児童の労働時間にもいちおうの制限が課せられた。だが、例外を認められた業種が存在するとともに、規制対象業種であっても、早出組と遅出組をリレーで働かせて工場全体としての長時間労働を確保しようとするとか、午前と午後とで同一工場の別部門で働かせて一日の労働時間を工場視察官に把握させにくくするなど、さまざまな脱法行為が絶えなかった。前掲邦訳、四〇七ページ以下を参照。

(24)(原著者欄外書き込み)エジプトの奴隷制度。

(25)(原注)国民皆兵制の導入以来、成年男子の平均的な体格は小さくなり、その結果徴兵にさいしての法的基準もますます小さくなった。大革命以前フランスの歩兵の最低身長は一六五㎝であったが、一八一八年の法律では一五七㎝、一八五二年以降は一五六㎝であり、基準に満たないか、虚弱であるために、平均的に半数以上が不適格としてはねられている。ザクセンでは徴兵基準は一七八〇年に一七八㎝であったが一八六〇年代にはわずか一五五㎝となり、プロイセンでは一五七㎝であった。ベルリンでは一八五八年に補充兵の割り当てを充足できず、一五六人が欠員となった。

(訳注)J・リービヒ『農業及び化学の応用』を引用した『資本論』の叙述が、この原著者脚注の典拠とみられる。同上邦訳、三四九-三五〇ページ。なお、リービヒ(Justus Freiherr von Liebig 1803-73)は、ドイツの化学者。有機化学、生化学の発展に貢献し、近代的な化学教育を創始した人物として知られ、『資本論』でも資本主義的農業が土壌を略奪し、農地を荒廃させる性向をもっていることの解明に絡めてしばしば引用されている。たとえば、前掲邦訳、一九七-一九八ページ参照。

(26)(訳注)原語のEdelwildは、文字通りには貴重な野生動物を意味するが、Rotwildを指す。近代に入るまで、ヨーロッパでは狩猟は上流階級の特権であり、かれらはその獲物を確保するためにシカなどの野生動物を保護した。市民革命によってこの特権が失われると、一時期、乱獲が行われたが、その後、法律による狩猟規制が強化された。

(27)(訳注)『資本論』、前掲邦訳、三四九ページ。

(28)(訳注)本訳書第二章注(50)を参照。

(29)(訳注)『資本論』によれば、「黒い肌の労働に烙印が押されている場所で、白い肌の労働が解放をとげることはありえない」。南北戦争によってその制約が取り払われ、八時間労働運動は瞬く間に大西洋岸のニュー・イングランドから太平洋岸のカリフォルニアへと広がって、一八六六年八月のボルティモアでの一般労働者会議では、果たすべき第一の急務として八時間労働の法制化が宣言された。同上邦訳、四四一―四四二ページ。

(30)(編注)一八八二年六月一日に未成年者に対する保護法が公布された。それは、工場やマニュファクチャにおける一二歳未満の児童の労働を禁止し、一二歳から一五歳までの子供の労働時間を八時間に制限した。一八八五年六月三日には、木綿工場、リンネル工場、羊毛工場における女性及び一七歳未満の未成年者の夜間労働を禁止した、さらに改善された法律が続いた。

(31)(編注)一八九七年六月二日にツァー政府は、事業所における労働日を一一時間半に短縮し、祝祭日を休養日と定めた法律を公布しなければならなかった。これは一八九八年一月一日に発効した。

(訳注)ツァーとは、一五、一六世紀からロシア革命までのロシア皇帝を指す称号で、立法、行政、司法の最高権限を皇帝に集中させる専制的な支配機構を確立していた。

(32)(編注)『資本論』第一巻、マルクス/エンゲルス全集第二三巻所収、三一九―三二〇ページ。前掲邦訳、四四二―四四三ページ。

(33)(訳注)もともと、中国、インドなどの下層労働者を指し、かれらは荷物の運搬などに使われていた。一九世紀後半、黒人奴隷に代わって、西インド諸島、アフリカ、アメリカなどのイギリス植民地でも酷使された。

(34)(訳注)ドイツの補助通貨の単位。マルクの百分の一。

(35)(訳注)これら二つの引用文は、『資本論』において、『産業と商業に関する一論』(一七七〇年)というロンドンで出版された匿名書から紹介されている。ちなみに、件の工場主は、ノーサンプトンシャーの工場主。前掲邦訳『資本論第一巻下』三三五ページ。三三六―三三七ページをも参照。

(36)(訳注)『資本論』において、ランフォード伯(Sir Benjamin Thompson Court of Rumford 1753-1814)自身の『政治、経済、哲学論集』から引用されている。前掲邦訳、三三五―三三七ページ。ちなみに、この「ラムフォード伯のスープ」は慈善用のスープとして普及したが、やがて、パン屑、野菜屑、骨を煮ただけの「屑と骨のスープ」にまで質が低下したという。高橋哲雄『東西食卓異聞』ミネルヴァ書房、二〇〇七年、七〇ページ参照。

(37)(訳注)『資本論』前掲邦訳、二九四―二九五ページ参照。また、リービヒについては注(25)を参照。

(38)(訳注)二月革命後の第二共和政下で選出された大統領ルイ・ナポレオンが一八五二年にクーデターによって議会を解散し、改憲して、皇帝(ナポレオン三世)に即位した。この年から一八七〇―七一年の普仏戦争(プロイセンとフランスとの戦争)で敗北するまで約二〇年間にわたって存在した帝政のこと。

(39)(編注)一八四四年六月四日から六日までの三〇〇〇人のシュレジアの織物工の蜂起は、ドイツの労働者階級が資本主義的搾取と封建的な軍事的抑圧に対して起こした最初の自立的な闘いであった。それは工場主たちによる恣意的な賃金引き下げに立ち向かったもので、プロイセンの軍隊によって残虐に鎮圧された。

（訳注）シュレジアは、現在のポーランド南西部からチェコ北東部の旧プロイセン王国に属する地域の歴史的名称。ノーベル文学賞を受賞したドイツの劇作家、小説家のハウプトマン（Gerhart Johann Robert Hauptman 1862-1946）は、彼の国際的名声を確立した『織工』（一八九二年）で、この地方における機械の発達にともなう手工業の衰退、織工たちの一揆、鎮圧のための軍隊出動、工場主の邸宅の襲撃等を描いている。

（40）（原著者欄外書き込み）産業予備軍の発生。

（訳注）ローザ・ルクセンブルクの有力な後継者であったパウル・レーヴィーの編集した『経済学入門』（ベルリン、一九二五）では、第四節の表題として、「産業予備軍の発生」が記されている。ローザは古代の奴隷や中世の農奴と比較して賃労働者を論じ、産業予備軍の発生を奴隷、農奴と相違した賃労働者の特徴と見ている。

（41）（訳注）普仏戦争後の一八七一年三月二六日に、パリで労働者階級を主とする民衆によって樹立された社会主義政権の先駆。約二か月（七二日間）でプロイセンの支援を受けた政府軍によって鎮圧されたが、のちの社会主義、共産主義の運動に大きな影響を及ぼした。マルクスが著した国際労働者協会（第一インターナショナル）総務委員会第三宣言（木下半次訳『フランスの内乱』岩波文庫）参照。本訳書第二章注（52）をも参照。

（42）（訳注）救貧法の対象者。

（43）（訳注）プロレタリアートのなかでも、日雇いなど種々雑多の最下層の労働者や生産的労働に就かない浮浪者、犯罪者などはこのように呼ばれることがあった。

（44）（編注）カール・マルクス『資本論』第一巻、マルクス／エンゲルス全集第二三巻所収、六七四ページ。前掲邦訳『資本論』第一巻下、三九八－三九九ページ。

（45）（編注）『ローザ・ルクセンブルク』全集第五巻、三一八ページ、脚注一を参照。

（訳注）全集第五巻には『経済学入門』に先んじて『資本蓄積論』が所収されている。当該脚注は『資本蓄積論』に含まれているもので、以下のようである。「買入れを通じて、とはいってもたいていは荘園領主による農民の情け容赦のない追放を通じて、農民と土地は領主の土地へと転化した。そうした農民の没落の最盛期は、イギリスでは一五世紀と一六世紀、大陸では一七世紀と一八世紀であった。当時、プロイセン東部とメクレンブルクにおいてとくにそうした状況が広がった。」

（46）（訳注）カール大帝（七四二～八一四）は、フランク王国カロリング朝の国王（在位七六八～八一四）で、カール一世（シャルルマーニュ）ともいう。ゲルマン諸部族を統合し、版図を拡大し、ローマ教皇より西ローマ皇帝の冠位を受けた。たびたび勅令（カピトゥラーレ）を発し、中央集権をめざして法制を整備し、学者を保護し学芸を振興して、中世ヨーロッパが形成されるさいの基礎をつくった。

（47）（訳注）古代ローマ時代に普及した大土地所有制のこと。第二回ポエニ戦争以降、征服地の捕虜奴隷などを活用して発達し、有力者への土地集中と中小自営農民の没落をもたらした。しかし、三世紀頃からは、奴隷制経営の困難などにより、没落農民を労働力とするコロヌス制が進行し、中世における農奴制へとつながった。

(48)（訳注）タウンゼンド（Joseph Townsend 1739-1816）は、英国国教会の高教会派牧師。高教会は、英国国教会の他の二派に比べてもっとも保守的、貴族的であった。なお、マルクスによれば、マルサスの人口論はタウンゼンドに負っており、タウンゼンドはJ・スチュアートから粗雑に借りている。前掲邦訳『資本論』第一巻下、四〇三ページなど参照。

(49)（編注）カール・マルクス『資本論』第一巻、マルクス／エンゲルス全集二三巻所収、六七六ページからの引用。前掲邦訳『資本論』第一巻下、四〇二ページ。

(50)（編注）アリストテレス著、オイゲン・ロルフェス訳『政治学』ロルフェス氏による解説的注釈及び索引付き、ライプツィヒ、一九四八年、二七－三二ページを参照。

（訳注）邦訳では『アリストテレス全集　一五　政治学　経済学』（山本光雄　村川堅太郎訳）岩波書店、一九九四年、一三～一四ページに該当箇所がある。なお、アリストテレス（Aristoteles B.C.384-22）は、ソクラテス、プラトンと並び称されるギリシャの哲学者。その作った種々の哲学用語が今日にまで伝えられるとともに、『自然学』、『政治学』、『ニコマコス倫理学』など、幅広い分野の著作で知られる。

(51)（訳注）賃金そのものの大きさ、ないし賃金で入手できる諸生活用品そのものの大きさで測られるのが絶対的賃金であるのに対して、他者（資本家や地主）の所得と比較したさいの賃金を表すのが相対的賃金である。相対的賃金は、日常的に慣れ親しまれている用語を使えば、生産によって産み出された付加価値がどれだけの割合で労働者たちの賃金にまわされているかという労働分配率に関わる問題ということになる。また、そうした日常的表象の基底に潜む本質的関係としての価値関係に即して見れば、必要労働時間に対する剰余労働時間の比率（注13参照）、つまり剰余価値率に関わる問題ということになる。

(52)（訳注）これは、パンや衣服やといった、労働者が直接に使用する生活用品の産業分野で生産性が上昇し、より少ない労働でそれらが生産できるようになるという事例にはかぎられない。直後の本文にもあるように、衣服を作るさいには綿布やミシンが必要となるわけで、それらを生産する産業部門で労働生産性が上昇し、それらがより少ない労働で生産できるようになっても、衣服を生産するためにトータルで必要となる労働量は減少することとなる。この点は、さらに、綿布の原料となる綿花を栽培する農業分野の労働生産性が上昇しても、ミシンの素材をなす鉄を生産している製鉄業での労働生産性が上昇しても、同じことである。ちなみに、ローザ・ルクセンブルクは、こうした技術進歩のもたらす作用のゆえに相対的賃金は必然的に低下すると解しているが、労働組合の活動や労働市場の逼迫《ひっぱく》によって絶対賃金が生産性の伸び率を上回って上昇すれば、相対的賃金の上昇も生じうる。

(53)（訳注）一八世紀イギリスで起こった産業革命は、その後、交通革命をも生み出した。産業革命を進めるには、工場生産の原材料や製品の輸送が不可欠で、蒸気船や鉄道の開発は、きわめて重要な役割を果たした。

(54)(訳注) 原語は、Kurmeden,Besthaupt,Gewandrecht. 領主は、本来、隷属民の全遺産に対する請求権をもっていたが、のちには、男性が死亡したときには最良の家畜一頭に、女性の死亡時には最良の衣服に限定されるようになった。そして、前者がBesthauptないしKurmedeなどと呼ばれ、後者がGewandrecht、Gewandfallなどと呼ばれた。

(55)(訳注) マルクス、エンゲルスらが執筆した『共産党宣言』(一八四八)は、「ヨーロッパを赤い妖怪が徘徊している。共産主義という赤い妖怪が」という言葉で始まっている。

(56)(訳注) ガンベッタ(Leon Gambetta 1838-82)は、一九世紀フランスの政治家。雄弁家の共和主義者として知られ、普仏戦争後の第三共和国の樹立と安定に大きな役割を果たした。一八八一年一一月一四日から一八八二年一月三〇日まで七七日間だけ首相を務めた。パリ・コミューンをテーマにした大佛次郎のノンフィクション『パリ燃ゆ』(朝日新聞社、一九六四年)では、ガンベッタについて多くの章が設けられている。

(57)(訳注) 一八七六年の総選挙では、共和派が保守派に圧勝し(三六三対一八〇)、第三共和制への道を開いた。

(58)(訳注) 本訳書、三一六-三一八ページ参照。

(59)(編注) 一九世紀末にフランスで発生したいわゆる黄色労働組合は、企業家によって養われたスト破りの組織であった。したがって、「黄色」という呼称はおそらく、一八九九年六月に、モソレ・ミンで、スト破りが、フランスの闘争的な労働者によって粉々に壊されたかれらの集会所の天窓に、黄色い紙を張り付けたことに由来する。かれらの仲間とその妻たちは、団結のしるしとして、黄色のエニシダの花をつけていた。

(60)(訳注) ラサール(Ferdinand Johann Gottlieb Lassalle 1825-64)は、ドイツの社会主義者。一八四八年の三月革命ではマルクスらに従ったが、やがてマルクスと別れ、革命という手段をとらず、労働者の参政権を拡大し、議会政治の枠内で改革を図ろうとした。その思想は、のちのドイツ社会民主党の主流となった。本訳書第一章注(13)をも参照。

(61)(編注) この点線はローザ・ルクセンブルクの原文のもの。

(62)(訳注) ヴィルト(Max Wirth 1822-1900)は、ドイツの経済学者。ジャーナリストから出発し、のちにはベルンのスイス統計局長を務めた。

(63)(編注) カール・マルクス『資本論』第一巻、マルクス/エンゲルス全集 第二三巻所収、六五七~六八八ページ参照。
(訳注) 内容的に見て、六五七~六七七ページかと思われる。前掲邦訳『資本論』第一巻下、二七七-四〇四ページ参照。

(64)(訳注) 類語に講壇社会主義がある。これは一八七〇年代以降のドイツにおける支配的な経済思想の通称で、新歴史学派をその社会政策上の主張から特徴づけた呼称である。かれらは、私有財産制度の廃棄につながる社会主義的変革に反対する一方で、古典派経済学の自由放任主義をも採用せず、国家の積極的な介入によって労働者の窮状を救う改良主義的な主張を展開した。

(65)(訳注) 注(10)を参照。

（66）（訳注）旧フランドル伯領を中心とする、オランダ南部、ベルギー西部、フランス北部にかけての地域。中世に毛織物業を中心に商業や経済が発達した。
（67）（訳注）スコットランドのハイランド北部の地方。
（68）（編注）ウィルヘルム・ヴォルフ『シュレージェンの一〇億』ホッチンゲン－チューリッヒ、一八八六年。
（訳注）ヴォルフ（Wilhelm Wolff 1809-64）は、ドイツ労働運動の闘士で、マルクス、エンゲルスの忠実な協力者として「新ライン新聞」などを通じて活動した。『資本論』はかれに捧げられている。
（69）（編注）本章末尾、ローザ・ルクセンブルクの草稿のなかに鉛筆で記された次の言葉がある。改革！ 二九三枚目以下。迫害された乞食から近代的賃金奴隷の心理的類型の形成、三五〇枚目。

Ⅵ〔第六章〕資本主義経済の傾向

一・資本主義的生産様式の矛盾

われわれは、一定の計画的な生産組織をもったすべての社会形態――原始共産主義社会、奴隷経済、中世の賦役経済――が順次に解体したあと、商品生産がいかにして成立したかを見てきた。さらに、われわれは、単純な商品経済から、すなわち中世末期における都市の手工業的な生産から、まったく機械的に、すなわち人間の意志や意識には関係なく、今日の資本主義経済がどのようにして成長してきたのかを見てきた。最初に、われわれは、資本主義経済はいかにして可能であるかという問いをたてた。じっさい、これは、科学としての経済学の基本問題でもある。今日では、この学問は、われわれにこの点について十分な解答を与えている。それは、われわれに、資本主義経済はその完全な無計画性やあらゆる意識的な組織が欠けていることからして、一見したところ不可能なもの、解きがたい謎のように見えるが、それにもかかわらずひとつの全体へと組み合わさり、存在しうることを示している。より正確に言うと、次のようにである。

商品交換と貨幣経済によって。資本主義経済は、これによって、すべての個別的な生産者及び地球上の遠く隔たった地域を相互に経済的に結合し、その結果、分業を世界中に浸透させる。

自由競争によって。技術的な進歩を保障し、同時に小生産者を常時プロレタリアートに転化させ、それによって売り物としての労働力が資本に供給される。

資本主義的な賃金法則によって。この賃金法則は、一方では、賃金労働者がプロレタリアの身分から這い上がって資本の命令下にある労働から逃れることの決してないように、機械的に配慮し、他方では、不払い労働のますます多くを資本に蓄積し、生産手段のますます多くの集積と拡大を可能にする。

産業予備軍によって。これは、資本主義的生産に対して、社会の諸欲求に対応するあらゆる拡大能力と適合能力を与える。

利潤率の平均化によって。これは、ある生産部門から他の生産部門への資本の不断の移動を条件づけ、それによって分業の均衡を調整する。そして最後に。

価格の変動と恐慌によって。これは、毎日、あるいは周期的に、盲目的で混沌とした生産と社会の欲望とのあいだに均衡をもたらす。

資本主義経済は、このようにして、社会の意識的ななんらの干渉なしに、まったくそれ自身として成立しているところの、上述の経済法則の機械的作用を通じて存在している。すなわち、こうして、個々の生産者間における組織化された経済的関連はまったく欠如しているにもかかわらず、また人々の経済的営みにおけるまったくの無計画性にもかかわらず、社会的な生産とその消費との相互連関が生じ、社会の大衆が労働に結びつけられ、社会の欲望はなんとか充足され、経済的進歩、すなわち人間労働の生産性の発展は、文化の進歩全体の基礎として保障されるということが可能となっている。

しかし、これは、あらゆる人間社会が存立するための基本的条件である。歴史的に発生したひとつの経済形態がこの条件を充足させるかぎり、それはそれ自体として存立しうるし、その経済形態はひとつの歴史的必然である。

しかしながら、社会的諸関係は、固定化された不動の形態ではない。社会的諸関係がどのようにして時間の経過とともに多様な変化を示し、不断の変化を蒙り、そのなかで、まさしく人類の文明の進歩、すなわち発展の道が開かれてきたかを、われわれは見てきた。長い幾千年にもわたる原始共産主義的経済は、人間社会を未だ半動物的存在の初期から文明の高い発展段階へと導き、言語と宗教の形成、牧畜と農業、定住生活と村落形成へと導いてきたが、それに続いて原始共産制の漸次的な解体が生じた。次には、社会生活における大きな新しい進歩をもたらす古代奴隷制が形成されたが、それらは古代世界の没落とともに再び終わりを告げる。中欧におけるゲルマンの共産主義社会からは、古代世界の廃墟の上にひとつの新しい形態——中世封建制がその基礎を置く賦役経済——が生まれた。発展はさらにたえまなく進行する。中世の封建社会の胎内では、都市において完全に新しい経済・社会形態の萌芽が生じ、同職組合的手工業、商品生産、定期的商業が形成され、最終的には封建的賦役社会を解体する。それはやがて瓦解して、世界貿易やアメリカやインド航路の発見のおかげで手工業的商品生産から成長してきた資本主義的生産に席を譲る。

資本主義的生産様式は、それ自身としては既に最初から、歴史的進歩というきわめて巨視的な展望においては、決して永久不変のものではなくて、先行する社会諸形態のすべてと同様に、ひとつの単なる過渡的局面であり、人類の文明発展の巨大な階段のひとつにすぎない。事実、より詳細に見れば、資本主義の発展それ自身が、自らの没落を導き、自らを越えて進む。これまで、われわれは資本主義経済を可能にする諸関連を探求してきたとすれば、いまや資本主義を不可能にする諸関連を知るときである。そのためには、われわれは、資本支配の固有の内的法則を、より幅広い作用において追究すればよい。この内的法則はそれ自身、発展のある高さに達すると、人間社会がそれなしには存続することのできない基本的条件のすべてに逆らうようになる。資本主義的生産様式が、それ以前のすべての生産様式に対してとくにきわだっているのは、それが全地球上に機械的に拡大し、それ以前の他の社会秩序をことごとく駆逐する内的志向をもっている点である。原始共産主義の時代には、歴史研究が近づきうるすべての世界は、等しく共産主義的経済で覆われていた。しかし、個々の共産主義的な共同体や部族のあいだには、関係はまったく存在しないか、あるいは、近隣の共同体のあいだにのみ微かな関係があるに過ぎなかった。このような共同体のそれぞれ、あるいは部族のそれぞれは、それ自身で閉鎖的な生活を送っていた。そして、われわれが、たとえば、中世のゲルマンの共産主義的共同体と南アメリカの古代ペルーの共産主義的共同体とは、前者が「マルク」、後者が「マルカ」と呼ばれているというように、ほとんど同じ名前であったという注目すべき事実を発見したとしても、このことは、われわれにとって、単なる偶然ではないにしても、今日まであいかわらず解明されていない「謎」である。また、古代奴隷制が拡大した時代にも、われわれは、古代の個々の奴隷経済や奴隷国家の組織や諸関係に多少の類似点を見出すだけで、それらのあいだにおける経済生活の共通点を見出すわけではない。同様に、同業組合的手工業とその解放の歴史も、中世のイタリア、ドイツ、フランス、オランダ、イギリスなどのたいていの都市で多かれ少なかれ似たかたちで繰り返された。それは、たいてい、それぞれの都市そのものの歴史であった。

　資本主義的生産は、すべての国々に拡大し、それらのすべてを経済的に同じようにかたちづくるだけでなく、単一の巨大な資本主義的世界経済へと結合する。

　ヨーロッパの各工業国の内部では、資本主義的生産が小経営の手工業的生産や小農生産をたえず駆逐してゆく。同時に、資本主義的生産は、ヨーロッパのすべての後進諸国や、アメリカ、アジア、アフリカ、オーストラリアのすべての国々を世界経済のなかに引き込む。それは二つの方法で生ずる。世界貿易によって、そして植民地征服によってである。両者は、既に一五世紀末のアメリカ大陸の発見以来、ともに手をとって始まり、それに続く諸世紀の経過のなかでさらに拡大し、とくに一九世紀には最大の飛躍を遂げていっそう拡大する。両者――世界貿易と植民地征服――は次のようなやり方でともに手をとって作用する。まず、それらは、ヨーロッパの資本主義的工業諸国を、古い文明段階や経済段階にある他の諸大陸のあらゆる社会形態、すなわち農民的な社会形態、たとえば奴隷経済や封建的賦役経済、とりわけ原始共産主義的経済と接触させる。これらの諸経済は、それらが引き込まれた交易によって急速に解体され、崩壊する。外地での植民地貿易会社の設立あるいは直接的な征服を通じて、生産のもっとも重要な基盤である土地や、家畜がいるところでは家畜の群れが、ヨーロッパの国家や貿易会社の手に入る。それによって、原住民の自然発生的な社会的諸関係や経済様式はいたるところで破壊され、すべての民族が一部では絶滅され、他の一部ではプロレタリア化され、あれこれのかたちで奴隷あるいは賃労働者として産業資本や商業資本の支配下に置かれる。一九世紀の全体を通じて行われた、数十年にわたる植民地戦争の歴史――アフリカではフランス、イタリア、イギリス、ドイツに対する蜂起、アジアではフランス、イギリス、オランダ、合衆国に対する蜂起、アメリカではスペイン、フランスに対する蜂起(1)、それらは、古い原住民社会が近代資本によるかれらの絶滅とプロレタリア化に対して行った長期的で粘り強い抵抗であるが、結局のところいたるところで資本が勝利者になった戦争である。

このことは、まず第一に、資本の支配領域の巨大な拡大、すなわち世界市場と世界経済の形成を意味している。そこでは、地球上の人間が住むすべての国々が相互のための生産物の生産者であり購入者であって、互いに協力して労働し、地球を包む同じひとつの経済の関係者となっている。

しかし、他面では、地球上の人間のより広い範囲の貧困化とかれらの生存の不安定化が進行している。かつての共産主義的関係、農民的な関係、あるいは賦役関係は、生産力が制限され、福利状態は貧弱ではあったが、すべての人に対する生存条件は確定され、保障されていた。これに代わって、資本主義的な植民地的諸関係、プロレタリア化や賃金奴隷制が登場することによって、アメリカ、アジア、アフリカ、オーストラリアでは、降りかかってきた災難に戸惑うすべての民族に、赤貧といままで経験したことのない耐え難い労働の負担、それに加えて、生存の絶対的な不安が迫った。肥沃なブラジルの大地は、ヨーロッパや北アメリカにおける資本主義の需要のために、広大な荒野と単調なコーヒー・プランテーションに転化されたが、先住民大衆のすべてが農園でのプロレタリア化された賃金奴隷に転化されてしまったのち、これらの賃金奴隷は、それに加えて、純粋に資本主義的な現象、いわゆる「コーヒー恐慌」(2)によって、突然、長期にわたる失業とむき出しの飢餓にさらされる。豊かで広大なインドは、数十年にわたる必死の抵抗ののち、イギリスの植民地政策によって、資本の支配に従属させられ、それ以来、一度に数百万人の命を奪い去る発疹チフスや飢餓がガンジス川流域を周期的に襲った。アフリカの内陸では、最近二〇年間に、イギリスやドイツの植民地政策によって、すべての民族が、一部は賃金奴隷に転化され、一部は餓死させられて、すべての地域にかれらの骨がばら撒かれている。巨国の中国での絶望的な蜂起と飢餓による伝染病(3)は、この国の古い農民的な手工業的経済がヨーロッパ資本の到来によって粉砕された結果である。ヨーロッパ資本主義の合衆国への到来は、まず、移住したイギリス人による原住民のアメリカインデイアンの絶滅とかれらの土地の収奪を伴い(4)、次には一九世紀初めのイギリス工業のための資本主義的原料生産の創設、さらにはそれに続いて四〇〇万人のアフリカ人の奴隷化を伴った。かれらはヨーロッパの奴隷商人によってアメリカに売られ、綿花農園、砂糖農園、タバコ農園などで、労働力として資本の支配下に置かれた。

こうして、各大陸が次々と、そしてそれぞれの大陸では各地域や各種族が次々と、資本の支配下に不可避的に組み込まれ、それとともに、新たに幾百万の人々がたえまなくプロレタリア化、奴隷化、生存の不安定化、一言で言えば貧困化に陥れられる。[5] 他面では、資本主義的世界経済の構築は、ますます大きな貧困と耐え難い労働負担、生存不安の全地球上における増加を招き、これに相応して資本は少数者の手に蓄積される。資本主義的世界経済は、資本蓄積という目的のために、無数の欠乏と苦難のもとで、肉体的・精神的退化のもとで、全人類を過酷な労働にますます駆り立てることを意味する。既に見たように、以前の各経済形態のもとでは目的であった人間的消費は、資本主義的生産様式にとっては、本来の目的である資本主義的利潤の蓄積に役立つひとつの手段に過ぎないという特性をもっている。資本の自己増殖は、全生産の出発点と終着点であり、自己目的と存在意義のように見える。しかし、この諸関係の狂気じみた点は、資本主義的生産が世界生産に成長するに応じてまず現れる。ここにおいて、資本主義的経済の不合理な点が、世界経済の規模で、人類によって無意識的に創出された盲目の社会的権力である資本のくびきのもとで、恐ろしい苦難に呻吟する全人類という像のうちに、まさしく現出する。すべての社会の生産形態の根本目的である、労働を通じての社会の維持、社会的欲求の充足は、ここではじめて完全に転倒したかたちで出現する。すなわち、全地球上で、人間のための生産ではなく、利潤のための生産が法則となり、過少消費、消費の不断の不安定、膨大な数の人間の一時的に完全な非消費が通例となっている。

同時に、世界経済の発展は、さらに他のとりわけ資本主義的生産それ自身にとって重要な現象を引き起こす。既に述べたように、ヨーロッパの資本支配のヨーロッパ以外の諸国への到来は、二つの段階を経過する。まず、商業が侵入し、それによって先住民を商品交換のなかへ引き入れ、部分的には、先住民の従来の生産形態を商品生産に転化させ、さらには先住民からなんらかのかたちで、土地、したがって生産手段を没収する。これらの生産手段は、ヨーロッパ人の手中で資本に転化され、他方では先住民はプロレタリアートに転化される。しかし、通常は、最初の二つの段階に続いて、第三の段階が遅かれ早かれ出現する。移住したヨーロッパ人によるにせよ、あるいは富裕化した先住民によるにせよ、植民地において固有の資本主義的生産が生み出される。まずイギリス人によって、そして他のヨーロッパからの移民によって植民されたアメリカ合衆国は、長い戦争においてアメリカインディアンが絶滅されたのち[6]、最初は資本主義化されたヨーロッパの農業的後背地を形成し、綿花や穀物などといったイギリスの工業のための原材料を提供し、それと交換にヨーロッパからあらゆる種類の工業製品を購入した。しかし、一九世紀の後半には、アメリカ合衆国で、固有の工業が起こり、それは、ヨーロッパからの輸入を駆逐するだけでなく、まもなく、ヨーロッパそのものや他の大陸でヨーロッパの資本主義との激しい競争を引き起こす。同様に、インドでは、土着の織物工業やその他の工業で、イギリスの資本主義にとって脅威となる競争者が生まれた。オーストラリアは、植民地国から資本主義的工業国への発展という同様の道をたどった。日本では、既に第一の段階で――世界貿易をきっかけとして――固有の工業が発展し、このことが、日本をヨーロッパの植民地として分割されることを防いだ。中国では、ヨーロッパの資本主義による国土の割譲と略奪の過程は、ヨーロッパの資本主義的生産に対して防御するために日本の助力を得て自らの資本主義的生産を創設しようとするこの国の努力によって複雑化され、その結果、国民に二重の複雑な苦しみが生まれる。このようにして、資本の支配と命令は世界市場の創造によって全世界に拡大したばかりでなく、資本主義的生産様式もしだいに地球全体に拡大する。しかし、それによって、生産の拡大欲求とその拡大範囲すなわち販売可能性とは、互いにいっそう危険な関係に陥る。既にわれわれが見たように、資本主義的生産の最奥の欲求であり、かつ生存法則は次の点にあった。資本主義的生産は、安定的に留まるのではなく、ますます広く、ますます急速に拡大する可能性をもっているということ、すなわち、ますます改良された技術的手段を保有する、ますます大きな企業で、ますます巨大な商品量を、ますます急速に生産する可能性をもっているということである。資本主義的生産のこの拡大可能性は、技術的進歩に限界がなく、またそれとともに大地の生産力にも限界がないために[7]、自らの限界を知らない。しかし、この拡大欲求はまったく決定的な制限、すなわち資本の利潤関心に出会う。生産とその拡張は、少なくとも「通常」の平均利潤が生み出されるかぎりでのみ意味がある。しかし、この事情は、市場、すなわち消費者側の有効需要と生産される商品の量や価格との関係に左右される。資本の利潤関心は、一面ではますます急速で、ますます巨大な生産を必要とし、みずから生産の拡大に対する激しい衝動の前に立ちはだかる市場の制限をいたるところで作り出す[8]。そこから、既にわれわれが見たように、産業恐慌や商業恐慌の不可避性が生じるのであって、この恐慌は、それ自身としては無拘束で制限のない資本主義的な生産衝動と資本主義的な消費の制限との関係を周期的に調整し、資本主義の存続といっそうの発展を可能にする。

しかし、より多くの諸国がみずからの資本主義的工業を発展させればさせるほど、生産の拡大欲求と拡大可能性は一面ではより大きくなり、市場制限緩和の可能性はそれに比例してさらに小さくなる。イギリス[9]がまだ世界市場で支配的な資本主義国であった一八六〇年代や七〇年代にイギリスの工業が遂げた飛躍と、ドイツやアメリカ合衆国が世界市場でイギリスを著しく押しのけて以来最近の二〇年間におけるイギリス工業の成長とを比べた場合、その成長は、以前のものと比較してきわめて緩慢になっていることが明白である。しかし、イギリスの工業そのものの運命は、不可避的に、ドイツや北アメリカの工業にも、そして結局は世界の工業全体に差し迫っている。資本主義的生産は、自らの発展の一歩ごとに、拡大や発展がますます緩慢で困難になる時代にとめどなく接近してゆく。もちろん、資本主義的発展そのものはさらに大きな拡大の道を備えていて、そのなかで資本主義的生産様式それ自体はまだようやく地球上の全生産のごく小さい部分を占めているに過ぎない。しかも、ヨーロッパのもっとも古い工業国でさえ、あいかわらず大工業経営と並んで、きわめて多くの後進的な小規模の手工業経営が存続し、とりわけ農業生産の最大部分、すなわち農民的な生産は、資本主義的に経営されていない。そのうえにヨーロッパには、大工業がほとんど発展せず、土着の生産がもっぱら農民的、手工業的な性格を有する諸国がかなり存在する。そして、最後に、アメリカの北部を除く他の諸大陸では、資本主義的生産の所在地はごく小さな、分散的な諸点を形成するにすぎない。国土のきわめて広大な地域について見れば、その一部分は、かつて単純な商品生産にさえ移行したことがない。もちろん、ヨーロッパにおけるこれらすべての、それ自身が資本主義的に生産を行っていない社会的諸階層あるいは諸国の経済生活も、ヨーロッパ以外の諸国におけると同様に、資本主義によって支配されている。ヨーロッパの農民は、自らはまだきわめて原始的な分割地経営を行っていても、巨大な資本主義経済、すなわち資本主義的諸大国の貿易や関税政策が農民たちをそれに接触させた世界市場にことごとく左右されている。これと同様に、ヨーロッパ以外のもっとも原始的な諸国も、植民地政策や世界貿易を通じて、ヨーロッパや北アメリカの資本主義の支配下に組み入れられている。しかし、資本主義的生産様式そのものは、それがすべての後進的な生産形態をいたるところで駆逐すべきものとすれば、まだ強力な拡大の可能性をもっている。また、既にわれわれが詳しく述べたように、一般的には、発展はこの方向に動いている。しかし、資本主義は、まさにこの発展に関しては根本的な矛盾に陥る。資本主義的な生産が後進的な生産に取って代わることが多ければ多いほど、利潤関心によって生み出される既存の資本主義的経営の拡大欲求に対する市場制限はそれだけ狭くなる。こうした事態は、資本主義の発展がおおいに進んで、全地球上で、人間によって生産されるすべてのものが、ただ資本主義的にのみ、すなわち近代的賃金労働者を使用する大経営の資本主義的私的企業家によってのみ生産されることを一瞬でも思い浮かべるだけで、まったく明らかになる。そのとき、資本主義の不可能性が明確に暴露される。

第六章の注

(1) (訳注) 代表的なものとしては、エジプトにおけるイギリスに対する「ウラビーの反乱」(一八八一～八二)、イギリスのインド支配に対する「インド大反乱」(セポイの反乱、一八五七～五九)、オランダのインドネシア支配に対する「ジャワ戦争」(一九二五～三〇)、スペインのメキシコ支配に対する「メキシコ独立戦争」(一八一〇～一八二一) などがある。

(2) (編注) 既に一九〇〇年には、世界のコーヒー生産の七五%がブラジルで展開されていた。一九〇七年には、国際コーヒー市場での価格急落が、サンパウロ州で最初の大きなコーヒー恐慌をもたらした。

(3) (原著者欄外書き込み) インドの発疹チフス。

(4) (編注)『ローザ・ルクセンブルク全集』第五巻、三五〇ページ、脚注一を参照。

(訳注) 前章注 (45) と同様に、当該脚注も『資本蓄積論』において付されたもので、以下のようである。「アメリカ合衆国におけるインディアンの総数は、一五〇〇年にはおよそ百万人と見積もられた。だが、一八八七年には二四万三〇〇〇人しか数えられなかった。一八世紀の半ばまでにインディアンはアレゲーニ近くまで駆逐されるか根絶させられていたのである。アメリカ合衆国の領土は一七九〇年から一八六〇年の間に八六万七九八〇平方マイルから二九七万三九六五平方マイルへと膨れ上がり、そのさい先住民の駆逐と根絶とが絶頂に達したのであった。」ちなみに、文中の一八世紀は、一九世紀の誤記と解される。また、定義にもよるが、現在の人口は増加傾向にあり、約二百五十万人とみなされている。

(5) (原著者欄外書き込み) 原始的諸民族の絶滅。

(6) (訳注) 厳密に言うと、一部は保護区に隔離された。しかし、それはかれらの文化的、社会的存続に役立ちはしなかった。たとえば、鎌田遵『ネイティブ・アメリカン』岩波新書、二〇〇九年、参照。

(7) (訳注) 人口爆発が地球の容量を超えることが懸念されている現代的状況からすれば、ローザ・ルクセンブルクのこの評価は楽観的過ぎたと言えるだろう。

(8) (訳注) このように、ローザ・ルクセンブルクは、一方で、資本主義はますます生産力を拡大させようとする衝動と、それを実現させる能力をもっているとみなす。他方で、資本主義はそれに巻き込まれる人々を貧困に陥れるとみなしていた。こうして、ローザ・ルクセンブルクに従えば、肥大化する生産力が生み出す生産物とそれに対する有効需要 (単に買いたいという欲求があるだけでなく、買うだけの貨幣をもっているという裏付けのある需要) とがきたすアンバランスのうちに、資本主義の限界を見ている。そうした矛盾は一定の周期性をもって生起する恐慌を通じて、つまり大量の売れ残りを抱えた資本の破産、したがって大量の失業者を生み出すことを通じて、過剰な生産能力の一部が整理され、さしあたりは解消されてゆく。だが、そうした解決だけであれば繰り返しのなかで矛盾はますます膨れ上がってゆくことになるであろう。それに対する脱出口となるのが、非資本主義的な地域 (国内における農村及び国外の未だ資本主義化されていない国々）である。しかしながら、資本主義はそうした地域をも次々と自らの世界に編入してゆく。こうして、上記の矛盾のはけ口はますます狭いものとなる。このように、資本主義は自らの内部では解決しえない矛盾を抱え、したがって自らにとっての外部をたえず求めてゆくことになるけれども、それは自らの内部を広げて外部を狭めることになるだけで、結局、ゆき詰まってしまうととらえたのが、ローザ・ルクセンブルクの資本主義観の特徴である。こうした資本主義観は、資本主義内部の産業部門間の需要・供給関係をコンパクトにまとめた再生産表式を用いた理論的分析として彫琢された。だが、この再生産表式を用いた資本主義崩壊論に対しては賛否両論が続き、方法論的な疑問も提起されている。

（9）（編注）ローザ・ルクセンブルクの原文では、"Sie" という指示代名詞となっている。

解　説

ここに翻訳する『経済学入門』は、『資本蓄積論』とともにローザ・ルクセンブルクの代表的な経済的著作として知られている。すでにわが国においても、佐野文夫訳と岡崎次郎・時永淑訳の二つの訳が刊行されている。本訳はできる限り平易な訳を目指し、また内容理解を深めるべく注釈を多くした。

本書は、経済学の対象が国民経済ではなく世界経済であると論じる第一章、原始時代以来の共同体経済から近代私有制への移行とそれらの特徴を論じる第二〜三章、および市場経済制度の仕組み、賃金法則と産業予備軍、資本主義経済の将来的動向を論じる第四〜六章の三部から成り立っている。

第一部では、国民経済学とは国民経済における人間の経済的関係を論じたものだという歴史学派のシュモラー等の国民経済学に関する定義を批判し、国民経済の集まりというよりは世界経済における諸国民経済の運動と捉えるべきだと論じた。個々の国民経済の輸出と輸入の実情や、資本輸出と植民地政策の実情を国際収支統計に基づいて分析し、工業国とされる国も他の工業国から工業製品の輸入を行なうとともに、自国の工業製品を輸出していること、農業国とされる国も資本と技術の導入によって徐々に工業化していることを明らかにし、諸国民経済を固定的に工業国と農業国とに類型化する歴史学派の方法を批判する。ローザは国民経済の比較というよりは、国民経済の活動を世界経済の運動として捉える視点を提起した。

さらに、原始共産主義社会から、古代社会（貴族と奴隷）をへて中世社会（領主と農奴）までの共同体社会を、生産と消費とが計画的に管理された社会であると特徴づけ、他方、市民革命以後に発展してきた近代社会の経済関係を資本主義的商品経済と名付け、その特徴が無政府的な生産であり、生産と消費とが意識的組織的に調整できない経済だと見做した。ロシアやドイツにおいては、また、インドや南米諸国においては、マルク共同体といわれる土地の共同所有が一九世紀中ごろまで残存したことから、土地などの生産手段は、市民革命以後にも、かなり広範な地域で、共同所有が認められていたと見る。それらの地域における農民の土地の割り替えの存続はその証拠であった。このように、以前の共同体社会では、生産と消費の一致が意識的組織的に実現されていたが、生産力の発展した近代社会の資本主義的商品経済では、無政府的生産が支配し、生産と消費とが、一致しない。このため、恐慌、失業、価格変動というような経済現象が、近代社会の経済の特徴になってきているという。

このように、原始共産主義社会以来の古代および中世の、あるいは、二〇世紀の発展途上国の部族経済が、人々の欲求と労働によるその充足を、それなりに計画的に実現しているのに比べて、近代社会の資本主義的商品経済においては、欲求と労働によるそれの充足との適合という点で、成功していない。そして、どうしてそのような事態が発生したのか謎であり、経済学は、この謎を解明し、人間の経済行為とかれらの意識との不一致を研究すべきだと主張する。

ローザは、「マルクスは、かれの立場から、どのようにして、今日の経済秩序の同じ法則が、この秩序そのものの没落を目指して働くか、明らかにしたのである。」と述べている。彼女は、マルクスの主著が『資本論―政治経済学批判』と名付けられた意味を問い、かれが経済学の古典学派の理論を内在的に批判し、資本主義的商品経済の法則の理論的解明を通じて、社会主義社会の実現のための行動を見通そうとした。理論的認識は、実践的な社会変革の行動に結びついており、プロレタリアートによる社会主義革命になると見た。このように、資本主義的商品経済の運動の解明が、この経済社会の崩壊の証明となると見るのが、経済学についてのローザの立場であった。先進資本主義国が、世界貿易と植民地政策により、世界資本主義をもたらすが、このことにより生産の拡大と市場の制限による、資本主義の崩壊を生じさせると論じた。他方、そうしたマルクスの経済学は、資本主義的商品経済に関する理論であるから、それとはまったく違った原理によって組織されると考えられる社会主義経済についての理論ではないと見ていた。

ちなみに、彼女の経済学には、現代の経済学の課題とされているような、企業統治の問題、企業のイノベーションの役割といった経営学的問題意識は無かった。また、恐慌の克服、失業の解決のために、政府が経済過程に介入すべくマクロ経済政策を駆使すべきだという問題意識も見られなかった。

さらに第一部では、またマルクス経済学の批判の対象となる古典派経済学の成立にいたる経済学史が概説されている。イタリア、スペインを出発とし、イギリスの重商主義、フランスの重農主義、イギリスにおけるスミス、リカードゥによる古典学派などの経済理論が論じられている。古典学派までの経済学がブルジョア階級の立場に立ち、マルクスの経済学は「政治経済学批判」としてこれに対立する労働者の立場にたっているという立場を明らかにするものであった。他方また、第一部では、フーリエ、サン・シモン、オーウェンなどの初期社会主義者、ラサールなどのドイツの社会主義者、ブランキなどの革命家など、一八世紀の社会主義者について、時代背景を踏まえた論述が見られる。マルクスが、空想的な政策提案ではなく、政治闘争をつうじて社会主義を達成しようとする立場に立つと論じている。

では、第二部では、どのような主張が述べられたのか。またそれはどのような問題を提起するのだろうか。

ローザは、人間社会における「共同体所有」の存在の永続性を強調する。このため、ドイツの「マルク共同体」、インドの「村落共同体」、アラビアの「氏族協議会」、インカ帝国の「農業共産主義」などを紹介する。ついで、モーガンの『古代社会』の「未開⇒野蛮⇒文明」という文化発展の歴史観をマルクス同様に高く評価する。未開社会における共産主義の存在というモーガンの主張には、当時グローセなどにより批判が出ていた。これにたいして、ローザはオーストラリアの原住民の狩猟や獲物の分配の在り方、カリフォルニアの島のインディアンの狩猟生活、ブラジルのポポロ族、ベンガル湾のミンコピー部族、カラハリ砂漠のブッシュマンなどの狩猟と分配などにおいて、高度な計画性と分配の平等性が見られることを指摘している。共同体所有が、原始時代以来今日まで、長期にわたって維持されてきたこと、資本主義生産の無政府性、混乱はそれを破壊しているが、社会主義による共同体の復活は不可避だと見ている。もっとも、これまでの共同体が個人の自由、平等、人権のような近代市民革命が強調した価値を認めなかったことも認識していた。だが、共同体は個人の保護と計画的な取り扱いを行ったとみて、資本主義の無政府性を批判している。

ついで、ローザは、ゲルマンのマルク共同体が完全な農業共産主義からの首長制支配に推移したこと、インカ帝国の共同体が支配民族の共同体による非支配民族の共同体支配から外国による支配に変化したこと、スペイン人の支配は独自の共同体を持っていた新大陸の原住民を征服し破壊したこと、「マヌ法典」以来マルク共同体を所有したインド人も祭司階級の階級支配に陥ったこと、エジプトでは、大規模な灌漑工事の必要性のために、各地のマルク共同体を超えた権力者が世襲的閉鎖的階級を構成したこと、ロシアでは耕地の利用は農民の共同利用の下にあったが、アレクサンドル二世による「農民解放」は農民を重い担税を負荷された存在とし、ついには都市労働者に転化させたことを指摘した。したがって、共同体の下に置かれていた農民たちは、農村地帯が外国の支配を受けるか、あるいは商業流通に巻き込まれるなかで、共同体の崩壊を経て私有制に移行したと見る。

共同体所有は、現実には、外国人の支配や自国における商品経済の発展の中で、私有制化した。しかし、資本制生産の発展の果てにあらわれた恐慌、失業、大幅な価格変動の弊害などは、私有制の結果であり、共同体所有への移行を要請している。ローザは、この原始共産社会・古代および中世の共同体経済が、ふつうは未組織の未熟な社会と見做されているところを、むしろ、人々の生産と消費が社会的に計画的に組織されていたと見做し、それに比べると、現代の資本主義的商品経済の方が無組織、無政府的なものであると評価する。したがって、社会主義経済は、意識的に組織的に管理・運営され、生産と消費、供給と需要の調整がなされるところに特徴があると見ていた。このような共同体所有による共産主義経済は、地下水流として生き続けていると見ていた。そして一八七一年のパリ・コミューンが共同体所有原理による共産的経済組織の復活の予兆とみなした。

第三部は、資本主義経済という無政府的経済組織の存立可能性を説く「商品生産」、一般商品と異なった労働力商品の特徴を説く「賃金法則」、資本主義生産が資本主義世界経済に成長し、その蓄積の困難性から社会主義世界経済が成立すると展望する「資本主義経済の傾向」の三部分から成り立つ。歴史学派の国民経済学を批判して、資本主義世界経済の発展を予想し、それが社会主義世界経済をもたらすとみる、資本主義崩壊論で締め括られている。

「商品生産」では、いっさいの計画的組織や規則のない資本主義経済において、いかにして、社会的分業が調整され、各社会成員の労働負担が定められ、さらに生産の成果が分配されて人々の生活が成り立ってゆくのかを問う。そして、それらが商品交換を通じて、したがって人と人との社会的関係が商品という物象間の関係というかたちをとって、実現されてゆくことを明らかにする。また、貨幣の生成過程を追跡してゆくとともに、貨幣の諸機能について説明を加えている。こうした考察を踏まえて、一方でスミスやリカードゥといった古典派経済学者の歴史感覚の欠如を批判する。かれらの功績とされる労働価値説の確立、つまり商品価値の実体を労働に見出すことは、価値法則論の半面でしかなく、そんなに難しいことでもない。むしろ、そうした労働の関係がなぜ価値として、すなわち商品という物象の属性として現象しなければならないかを明らかにしてこそ価値法則をほんとうに解明したことになる。だが、かれらは商品経済制度を自然なもの、超歴史的なものと見て、そこに気づいていない、と。

「賃金法則」論では、古代にも中世にも見られなかった資本主義経済の顕著な特質として、この経済が景気変動を通じて労働者の非消費、つまり働く機会を奪われた労働者を大量に生み出すことを指摘し、この産業予備軍の存在が、働く労働者の賃金にたいする抑圧要因になると指摘する。さらに、産業予備軍を大量に生み出す資本主義経済がいかに特殊なものであるかを強調している。というのも、古代や中世においてさえ生活困窮者を補助する社会的仕組みがあったのであるから。さらに、農奴は必要労働と剰余労働を区別できたが、賃労働者は同じ場所で同じ物を作っているので、自己労働の中の必要労働と剰余労働とを区別できない。このことが労働搾取への抵抗を困難にする。資本家は抽象的な貨幣の増殖に専念するので、生産の際限なき拡大に向かう。ここから見られることは、労働力商品の売買と労働者の際限なき過重労働への傾向も、資本家の投下資本の増大への傾向も、資本主義的生産関係の形成という「一定の社会的・歴史的関係の連鎖の総体」によって生じたことである。経済現象の背後に資本主義の成立という背景があり、古代、中世との相違の原因があった。

さらに、賃金には賃金の高さ自体を表す絶対賃金と分配率を表す相対賃金があり、前者は労資の交渉によって変更されうるが、後者は技術革新と生産力の発展という資本主義経済の本性的傾向によって低下するので、その改善は資本主義を覆すしかないと、ローザは考えた。

「資本主義経済の諸傾向」は、資本主義経済がいかにして存立しているかを確認した上で、存立不能に追い込まれてゆく過程を明らかにしようとする。資本主義経済においては、商品交換と貨幣経済、自由競争、賃金法則、産業予備軍、利潤率の均等化、価格変動と恐慌といった諸契機を通じて、計画化組織も規則もない条件下に、社会の諸欲求に対応した分業が編成されてゆく。同時に、資本蓄積が拡大し、小生産者は解体し、プロレタリアートが増大し、グローバルな経済統合が果たされ、技術進歩が達成されてゆく。その結果、資本主義経済がますます大量の商品を生産してゆく一方で、まさにそうした本性が相対賃金の低下をもたらし、大量生産される商品に対する市場を狭隘化して、資本主義経済のグローバルな進出を促さざるをえなくなる。遅れた発展途上国は資本主義化し、この後発資本主義国を強力なライバルとして育てる。このことによって、やがて資本主義経済にとってのフロンティアを枯渇させ、資本主義経済は新しい経済システムへの移行の時を迎えると見做すのである。

本書の評価は、最終的には、読者に任されている。本書の内容から何を引き出すかは、読者の自由である。訳者としては、この解説のなかでその一例を示したに過ぎない。われわれは、この約一〇〇年前に執筆された本書を読むことによって、資本主義商品経済の共同体的社会経済との決定的相違を知ることができる。このことによって、また、生産と消費、供給と需要とを調整することに失敗し、その結果、恐慌・失業・資産の価格変動などに悩まされ続ける、資本主義商品経済の問題と限界に気づかされる。そのことはまた、資本主義商品経済の経済様式が、歴史的に限界のある体制だという結果にいたる。今日の新自由主義は、資本主義商品経済に対する外部（政府その他の外的組織）からの一切の制約と介入を排除し、完全な自由主義競争を達成すれば、経済の目的としての資源配分と経済成長および社会的福祉が達成されると考える。しかし、資本主義商品経済の経済体制の限界を解明した彼女の見解からは、規制緩和・撤廃による自由競争の完成に、社会発展の手段を求めるかれらの見解の限界もまた明らかになるだろう。ローザ・ルクセンブルクは、一〇〇年前に、資本主義世界経済が崩壊し、社会主義世界経済へと変転すると予想した。しかし、ロシアで一九一七年に革命によって成立し、その後、世界の三分の一を占めた「社会主義圏」は、一九九〇年代には経済的に行き詰まり、やがてその目指した計画経済を放棄し、資本主義世界経済に再統合した。こういう現実の中で、ローザの資本主義研究から何を学ぶことができるのか。また、逆にこの書物が今日の経済学や経済政策の実情によってどのように批判されるのか。これらの問題は読者の課題であるだろう。本書冒頭の「目次」は、本書の内容を紹介したものであり、本書を読むうえで、有益と思われる。

訳者を代表して　保住敏彦（執筆に当たり、久間清俊氏と梅澤直樹氏の助言を得た）

あとがき

本書の最初の翻訳は、一九二六年佐野文夫訳で叢文閣より刊行され、後に岩波書店で刊行された。これは、一九二五年にベルリンでパウル・レーヴィーによって刊行された原著の邦訳である。レーヴィーはローザ・ルクセンブルクをつぐドイツ共産党の指導者であり、佐野文夫は一九二六年一二月から一九二八年頃まで日本共産党の中央委員長（後政治部長）であった。日本資本主義は一九三〇年代には国内の繊維産業および重化学工業等の経済発展とともに、朝鮮、台湾、中国（満州）へと対外進出を行っていた。しかし、国内の農業恐慌と一九二九年の世界恐慌の影響を受け、国内経済の困難を打開するために対外進出する状況であった。

国内の産業発展にともない資本主義のもたらす社会問題（劣悪な労働条件、景気変動、失業問題など）の発生により、資本主義批判の思想や社会運動が高揚した。わが国の社会運動は、山川均等の社会民主主義と幸徳秋水等の無政府主義が著名であったが、ロシア革命以後は共産主義が強力になった。一九一七年のロシア革命の影響により、ソ連邦中心のコミンテルンの理論家たちが紹介されたが、同時に、一九一八年のドイツの未完の革命を指導したローザ・ルクセンブルクやカール・リープクネヒトなどのドイツ共産党の指導者たちも紹介された。こうした状況の中で、最初の邦訳は刊行された。本文には、伏字もみられる邦訳であった。しかし、一九四三年版の岩波書店刊文庫本が、太平洋戦争中であったが刊行されている。

第二次大戦後、一九七八年に岩波書店の刊行で岡崎次郎・時永淑の邦訳が出た。岡崎次郎は、マルクスの『資本論』、『マルクス・エンゲルス全集』、等の邦訳に貢献した人物であり、時永淑は古典学派、マルクス経済学、ドイツ社会民主主義を研究する経済学史家である。第二次大戦後は、太平洋戦争の敗北により、明治帝国憲法が新憲法に変更され、平和主義、議会主義、人権尊重が唱えられるようになった。この戦後民主主義の開花により、議会と報道の自由化、労働組合や社会運動の発展、左翼政党の進出により、マルクス主義関係の研究や発表が進展した。第二インターナショナル（社会民主主義）も第三インターナショナル（共産主義）も広く研究された。その背景には、大戦後のわが国の政治情勢の激しい内部対立があった。一方には、敗戦にもかかわらず、戦前の大日本帝国の憲法体制に復帰しようとする勢力が根強く残っており、他方には、労働組合や社会主義政党の合法化によって可能になった広範な国民的社会運動があった。第二回目の邦訳は、こうした我が国の第二次大戦後の労働運動・社会運動の高揚とアカデミズムにおけるマルクス研究者の活動を背景にしていた。

世界経済は、第二次大戦後、大きく変化した。資本主義は、一九五〇年代からのフォーディズムに基づく高度成長の時期を経て、一九七〇年代には英・米および独・仏を始めとする先進資本主義国は、経済不況下でのインフレーションの進行という危機に陥り、これから脱するために、レーガン大統領・サッチャー首相の断行した規制緩和の政策とそれを根拠づけた新自由主義が、影響力をもつにいたった。

他方で、旧ソ連邦と第二次大戦後社会主義化した諸国は、企業と土地の国有化と中央集権的な計画経済を実施した。当初は重工業化により経済成長と国民生活の向上に成功したものの、冷戦体制に強制されて、軍事力強化の競争に巻き込まれ、国民の消費生活を無視する状況に陥り、その政治的な抑圧体制とあいまって、国民の支持を失った。こうして、一九九〇年の東西ドイツ（ドイツ連邦共和国とドイツ社会主義民主共和国）の統一を契機に、東欧、アジアの社会主義諸国は計画経済を放棄し、市場経済に復帰するにいたった。

一九九〇年以来、今日に至る世界経済は、先進資本主義諸国の経済的停滞とアジア・アフリカ・中南米の発展途上諸国の目覚ましい経済発展をもって特徴づけられるだろう。前者の地域では、新自由主義の思想と政策に基づき市場経済の自由競争を強化することにより、経済成長を促進しようという思想が、政府の政策におおきな影響を及ぼしている。また、この新自由主義の興隆と結びついてグローバリズムという経済・政治・文明における国際化もこの時代の特徴であった。他方で、その過程で顕著になってきた社会問題に対処するために社会保障を強化すべきだとする福祉国家思想も存在する。経済成長しつつある発展途上国においては、国家資本主義への傾斜が見られる。ロシア共和国や中国人民共和国においては、市場経済の不十分さを国家の干渉政策によって是正しようとする動きが特徴的である。

第二次大戦後の先進国での工業発展、先進国から途上国への資本主義の拡大、および、一九九〇年代における社会主義諸国の市場経済化などによって、資本主義の世界経済化は格段に進展した。こうして、出現してきたのが、グローバリズムである。一九九〇年から二〇一〇年代まで、グローバリズムは新自由主義と結びつき、世界経済の自由主義化を目指していた。

ところが、近年では、上記の新自由主義とグローバリズムへの流れに反する運動が生じてきている。その原因の一つは欧州およびアメリカへの中東諸国およびアフリカからの難民の流入である。いま一つは、アメリカおよびイギリス、あるいはEU諸国におけるナショナリズムの再発である。具体的には、ラテンアメリカからのいわゆる不法移民、あるいは中東諸国およびアフリカからの大勢の難民がアメリカ、EU諸国へ流入し、これらの諸国において、反グローバリズムとナショナリズムの潮流が生じているのである。先進国からの発展途上国への資本主義の流出も、後者から前者への難民の流出も、資本主義の世界化をもたらしている。問題は多面化しつつ、資本主義世界経済の拡大がみられる。

本書は、御茶の水書房の刊行する『ローザ・ルクセンブルク選集（経済論集）』の一巻として刊行される。同書房はローザ・ルクセンブルクの選集および全集の刊行を計画し、すでに、選集として、『資本蓄積論』（Die Akkumulation des Kapital）を分冊で刊行し、また、全集としてローザの最初期の論文（ポーランド語論文など）を含む第一巻を刊行している。『経済学入門』は、『資本蓄積論』とほぼ同時期に執筆され、理論的にも深い関連がある。『経済学入門』は資本主義世界経済の崩壊と社会主義世界経済の出現を予想したが、『資本蓄積論』はその世界資本主義の崩壊を論証しようとするものであった。

本訳書の底本としては、旧マルクス・エンゲルス・レーニン研究所の刊行した、『ローザ・ルクセンブルク全集』の第五巻に収められている原本（Roza Luxemburg Gesammelte Werke, Band 5 Öekonomische Schriften,Dietz Verlag Berlin 1975, SS.524-778）を利用した。さらに、伊藤成彦氏、橋本盛作氏などが、ドイツの文書館（Budesarchive）から入手したローザ・ルクセンブルクの手書きの草稿（Kopie aus dem Bundesarchiev）を、利用することができた。原典の内容は、ローザがドイツ社会民主党のベルリンの中央党学校において、一九〇九年から一九一三年にかけて講義した経済学講義をもとに執筆された。原典は一九一三年頃に執筆され始めたが、執筆途上で、『資本蓄積論』の執筆にかかわり、その後、加筆された。周知のように、ローザの所持していた書物、手稿、書簡などのアルヒーフは、ドイツ革命の初期の一九一九年一月には、ドイツ社会民主党政権の認めていた元軍人など「自由義勇軍」によって破壊され、消失させられた。ローザ自身も、ランドヴェール運河に投下され、殺害された。パウル・レーヴィーは、一九二五年にベルリンの出版社より、『経済学入門』を刊行した（Rosa Luxemburg „Einführung in die Nationalökonomie“ Herausgeben von Paul Levi, 1925 E.Laub' sche Verlagbuchhandlung G.m.b.H Berlin

W30)。だがMEGA版の『経済学入門』(ベルリン、一九七五年)の編集者注釈は、この書物をあまり評価しなかった。むしろ原著の草稿はクチンスキーが保管したので、散逸が免れたという。だが、草稿がどのようにしてドイツ文書館に収蔵されるにいたったのか。この間の草稿の保管と移動については十分にはわからない。

本訳書は、既訳の二書よりも、充実した資料を利用できた。近年古典的書物の再刊が見られ、好調を得ているようであるが、本書もそうあることを願っている。本書の刊行に当たり、御茶の水書房の橋本盛作社長、小堺章夫氏にお世話になりました。心から感謝します。

保住敏彦

〈訳者紹介〉

保住敏彦（ほずみ・としひこ）（第1章）

京都大学経済学研究科博士課程修了，経済学博士

現職：愛知大学名誉教授

専攻：経済学史・社会思想史

著書：『ドイツ社会主義の政治経済思想』（法律文化社，1992年）など

久間清俊（くま・きよとし）（第2章・第3章）

九州大学経済学研究科修士課程修了，経済学修士

現職：熊本県立大学名誉教授

専攻：経済学史・社会思想史

著書：『近代市民社会と高度資本主義』（ミネルヴァ書房，2000年）など

桂木健次（かつらぎ・けんじ）（第2章・第3章）

九州大学経済学研究科修士課程修了，経済学修士．助手制度改革で博士課程中途退学．

現職：富山大学名誉教授

専攻：環境経済学

著書：『環境経済学の研究』（松香堂出版，1996年）など

梅澤直樹（うめざわ・なおき）（第4章・第5章・第6章）

京都大学経済学研究科修士課程修了，経済学博士

現職：滋賀大学名誉教授

専攻：社会経済学

著書：『価値論のポテンシャル』（昭和堂，1991年）など

柴田周二（しばた・しゅうじ）（第4章・第5章・第6章）

京都大学経済学研究科博士課程修了，経済学博士

現職：京都光華女子大学名誉教授

専攻：社会経済学

著書：『生活の思想と福祉社会』（ナカニシヤ出版，2011年）など

二階堂達郎（にかいどう・たつろう）（第4章・第5章・第6章）

京都大学経済学研究科修士課程修了，経済学修士

現職：大手前大学現代社会学部教授

専攻：経済学史・産業考古学

著書：『転換期におけるくらしと経済』（共著，ナカニシヤ出版，2002年）など

編者
『ローザ・ルクセンブルク選集』編集委員会
代表　**保住敏彦**（ほずみ・としひこ）
同　　**小林　勝**（こばやし・まさる）

経済学入門《けいざいがくにゅうもん》

2018年8月31日　第1版第1刷発行

著　　者――ローザ・ルクセンブルク
訳　　者――保住敏彦
　　　　　　久間清俊
　　　　　　桂木健次
　　　　　　梅澤直樹
　　　　　　柴田周二
　　　　　　二階堂達郎
発 行 者――橋本盛作
発 行 所――株式会社 御茶の水書房
〒113-0033 東京都文京区本郷5-30-20
電 話　03-5684-0751

Printed in Japan　　組版・印刷・製本――東港出版印刷(株)

ISBN978-4-275-02084-0　C3033

『ローザ・ルクセンブルク選集』編集委員会編（代表：保住敏彦・小林 勝）

ローザ・ルクセンブルク経済論集

以下続刊

（価格は税別）

第一巻 資本蓄積論

［第一分冊］第一篇 再生産の問題　小林 勝 訳　菊判 二〇四頁 価格 三八〇〇円

［第二分冊］第二篇 問題の歴史的叙述　小林 勝 訳　菊判 二四〇頁 価格 五六〇〇円

［第三分冊］第三篇 蓄積の歴史的諸条件　小林 勝 訳　菊判 二三二頁 価格 四二〇〇円

第二巻 資本蓄積再論　〈未刊〉

第三巻 ポーランドの産業的発展　バーバラ・スキルムント 小林 勝 訳　菊判 二六二頁 価格 四五〇〇円

第四巻 経済学入門　保住敏彦・久間清俊・桂木健次 梅澤直樹・柴田周二・二階堂達郎 訳　菊判 四〇〇頁 価格 八八〇〇円

増補改訂版

クラーラ・ツェトキーン――ジェンダー平等と反戦の生涯

伊藤セツ 著　菊判 一〇八四頁 価格 一五〇〇〇円

ルカーチと革命の時代――『歴史と階級意識』への道

安岡 直 著　菊判 二六二頁 価格 五〇〇〇円

民族問題と社会民主主義

オットー・バウアー 丸山敬一・倉田 稔・相田愼一・上条 勇・太田仁樹 訳　菊判 五四八頁 価格 九〇〇〇円